本系列由澳门大学法学院策划并资助出版

澳门特别行政区法律丛书
葡萄牙法律经典译丛

澳门特别行政区法律丛书
葡萄牙法律经典译丛

债法总论

（第二卷）

Das Obrigações em Geral
(Vol. II)

〔葡〕若昂·德·马图斯·安图内斯·瓦雷拉 / 著
(João de Matos Antunes Varela)

马　哲　陈淦添　吴奇琦　唐晓晴 / 译

社会科学文献出版社
SOCIAL SCIENCES ACADEMIC PRESS (CHINA)

澳門大學
UNIVERSIDADE DE MACAU
UNIVERSITY OF MACAU

"葡萄牙法律经典译丛"编辑委员会

总　序

　　葡萄牙法律经典译丛是澳门大学法学院在累积超过二十年教学科研成果的基础上，充分发挥自身优势，组织院内院外中葡双语精英（包括法律和法律翻译方面的专家）倾力打造的一套大型丛书。随着这套书的陆续出版，中国读者将有机会全方位接触在大陆法系内颇有特色，而且与中华人民共和国澳门特别行政区现行法律秩序关系密切的葡萄牙法学。

　　实际上，这套丛书的出版一开始就肩负着众多任务。首先，它当然是一个学术研究项目：系统地将一个国家或地区的代表性法学著作翻译成中文，对乐于博采众长的汉语法学家群体而言，肯定有比较法意涵。这些法学论著不仅深刻影响了葡萄牙本国的立法和司法活动，而且直接影响了继受葡萄牙法的非洲、拉美和亚洲法域（包括澳门）。深入研究相关著作既有助于他山攻玉、前车引鉴之事，也有利于中国与有关国家的交流理解。其次，由于澳门是中华人民共和国的一个特别行政区，而澳门现行法体系主要是继受葡萄牙法而来，系统地研究葡萄牙法学相当于是对中国多元法制中一个组成部分的一次观照。最后，这套丛书本身也是对澳门社会内部一些要求的响应。自20世纪80年代末澳门开始在本地进行法学教育以来，就一直有声音指出既能以中文出版又能深刻揭示澳门现行法体系的法学文献奇缺。虽然经过二十多年的努力，状况有所改善，可是仍然难言足够。在一个双语（中、葡）运作的实证法体系中，以葡萄牙语为母语的法律职业者只参考葡语著作，而以汉语为母语的同行则难以接触同样的材料，这会使这个社会的法律职业人渐渐走向信息不对称（甚至割裂）的状况。这对于澳门法律和社会的长远发展不是好事。因此，这套译著的推出对于澳门的法学教育和法律实务都大有裨益。

尽管翻译葡萄牙法学著作的意义非同一般，然而在比较法的语境下，援引法国法、德国法或英美法和援引葡萄牙法的分量肯定是不一样的。法学界一般认为，古代的罗马法、近现代的法国法和英国法以及自 19 世纪末到 20 世纪的德国法和美国法是法律概念和法学知识的输出者。因而，在实践论辩中援引上述法域的理论或立法实践在某种意义上是诉诸权威（有时被冠以"先进"之名）。当然，权威论证一直是法律修辞的一个重要组成部分。可是在比较法这幅色彩斑斓的画卷中，权威肯定不是唯一的颜色。不论学者也好，社会行动者也好，也许只有在历史的特定时刻和特殊的主观状态下才会频繁地诉诸权威。当自身已经累积了一定的自信而再将目光投向外界时，可能就不再是寻找庇荫与垂怜，而是对同一天空下的不同经验、体验或生活方式的旁观与尊重，偶尔也可能灵光一闪而备受启发。果真如此，葡萄牙法就是一个非常值得关注的对象。早在其律令时代，葡萄牙法就一直与西方法学史上著名的西班牙《七章法》有着千丝万缕的关系。到法典化时期，葡萄牙法虽然算不上时代的弄潮儿，但是其跟随欧洲法学主流的步伐一点不慢。1867 年的《塞亚布拉法典》以《法国民法典》的新框架和新思维重整了律令时代的旧规则，并保留了旧法的很多传统内容；1966 年的《民法典》则追随《德国民法典》的步伐，将原本充满法国法和旧律令印记的《民法典》改成五编制，同时又吸收了 20 世纪上叶制定的《意大利民法典》和《希腊民法典》的一些元素。这样曲折的发展过程注定了葡萄牙法学的面貌是丰富多彩的（真实地展示了大陆法系法、德两大流派如何融为一体），而且值得比较法学者关注。

最后，感谢社会科学文献出版社领导和编辑的大力支持，他们的辛勤劳动是本丛书能在中国与读者见面的重要原因。

项目委员会主任
唐晓晴教授

作者简介

　　若昂·德·马图斯·安图内斯·瓦雷拉教授（1919—2005），1943 年毕业于科英布拉大学，获法学学士学位，1950 年于该校获得法学博士学位，并自 1955 年起担任该校法学院教授。

　　在科英布拉大学，安图内斯·瓦雷拉教授主要教授债法、民事诉讼法、法律研究概述等课程。

　　安图内斯·瓦雷拉教授出版了多部重要的作品，包括两卷本的《债法总论》、六卷本的《民法典注释》（与 F. Pires de Lima 教授合著，某些卷次和版次还有 Henrique Mesquita 教授参与）、《民事诉讼法教程》（与 José Miguel Bezerra 教授和 Sampaio e Nora 教授合著）、《亲属法》第一卷、《遗嘱之不产生效力与遗嘱人的推定意思》、《论预约合同》，等等。

　　1954 年至 1967 年，担任葡萄牙司法部部长，在 1966 年《葡萄牙民法典》的准备工作中发挥着重要的作用。

　　安图内斯·瓦雷拉教授为澳门法学教育的发展作出了突出的贡献。他曾见证澳门大学法学院的建立，并担任民事诉讼法学科的协调教授；为葡文法学士项目和葡文法硕士项目教授短期课程；曾在澳门大学法学院就多个论题发表过多次演讲，包括由澳门大学法学院及法学院学生会组织的题为《人工授精与亲子关系问题》《澳门法中的取得时效问题》等的演讲。《澳门大学法律学院学报》第 23 期和第 24 期曾刊登过安图内斯·瓦雷拉教授所著《民事诉讼法教程》（与 José Miguel Bezerra 教授和 Sampaio e Nora 教授合著）中的部分章节。

1993 年 11 月 6 日，澳门大学向安图内斯·瓦雷拉教授颁授荣誉博士学位。

Apresentação do Autor

João de Matos Antunes Varela (1919 – 2005) – Licenciou-se em 1943 na Faculdade de Direito da Universidade de Coimbra, onde se doutorou em 1950 e da qual se tornou professor catedrático em 1955.

Em Coimbra regeu as cadeiras de Direito das Obrigações, Direito Processual Civil e Introdução ao Estudo do Direito.

Publicou várias importantes obras como *Das obrigações em geral*, incluindo 2 volumes, *Código Civil Anotado* (em colaboração com F. Pires de Lima, alguns com a colaboração de Henrique Mesquita), 6 volumes, *Manual de Processo Civil* (com a colaboração de J. Miguel Bezerra e Sampaio e Nora), *Direito da Família*, Volume 1, *Ineficácia do Testamento e Vontade Conjectural do Testador*, *Sobre o Contrato-Promessa*, entre outros.

Foi Ministro da Justiça no regime do Estado Novo, de 1954 a 1967, tendo assumido um papel de destaque nos trabalhos preparatórios do Código Civil Português de 1966.

Fez contribuições extraordinárias para o desenvolvimento da educação jurídica em Macau. Foi Professor Coordenador da área de Ciências jurídico-processuais civis, acompanhou o estabelecimento da Faculdade de Direito da Universidade de Macau; leccionou por curtos períodos no Curso de Licenciatura e nos cursos pós-graduação em Direito em Língua Portuguesa; proferiu comunicações na Faculdade de Direito da Universidade de Macau sobre vários temas, designadamente sobre «A inseminação artificial e o problema da filiação» e«A usucapião em Macau», organizadas pela Faculdade Direito e pela Associação dos Estudantes da Faculdade de Direito da Universidade de Macau. Foi publicada no Boletim da Faculdade de Direito da Universidade de Macau, N. ^{os} 23 e 24, parte do Manual de Processo Civil (em co-autoria com J. Miguel Bezerra e Sampaio Nora).

Recebeu o Título de Doutor Honoris Causa em Direito pela Universidade de Macau, em 6 de Novembro de 1993.

Contents

目　录

第四章

履行与不履行

第一节　履行[*]

第一分节　概述

274[①]. 履行的概念

履行债务是指自愿作出债务人须为之给付，是对债之关系中给付义务的实现。[②]

---

[*] Vaz Serra, *Do cumprimento como modo de extinção das obrigações*, 1953; Pires de Lima e A. Varela, *Cód. Civ. anot.*, comentário aos arts. 762. °e segs; Cunha de Sá, *Direito ao cumprimento e direito a cumprir*, na *Rev. Dir. Est. Soc.*, XX, 1973, Pág. 149 e segs; Calvão da（转下页注）

[①] 本书为第二卷第七版，其中的编号接续第一卷第九版中的编号：两卷书出版的总版次不同，导致现在两卷书的编号之间有暂时性的出入（译者注：第一卷至第 277 目结束，本卷自第 274 目开始）。

[②] 复杂意义上的债之关系，不仅包括债的积极方面，而且包括债的消极方面，对此，Ugo Natoli 在其四卷本的长篇巨著中进行了详细论述，见 *L'attuazione del rapporto obbligatorio*，Ⅰ，Ⅱ，Ⅲ，Ⅳ。

正如第 762 条所规定的*，"债务人作出其须为之给付者，即为履行债务"。

尽管原则上给付既能由债务人为之，亦能由对债之履行有利害关系或无利害关系的第三人为之，但作为一个术语问题，应当认为履行这一用语仅指债务人自愿作出其须为之给付的情况（参看第 768 条第 2 款中的行文"……如债务人反对……之履行……"）。

严格地说，其实不可谓第三人履行债务，因为第三人并不须（受拘束）作出该项给付。

从广义上可以说，只要义务人（obrigado）作出给付，无论是自发给付还是强制给付（分别规定在第 762 条和第 817 条中），皆为履行债务。

但从其本义来看，即在更严格的意义上，履行并不包括通过司法执行程序（execução）而强制作出的给付，因为后者中不存在自愿行为，而自愿行为是履行的核心。① 在纯正的履行与通过执行程序强制作出的给付之间存在一个中间概念，即在强迫性金钱处罚（sanção pecuniária compulsória，第 829.°–A 条）情形下所作之履行。在履行时，债务人的行为可能是在债权人诉诸执行程序甚至自己的财产被即时判令查封（见《民事诉讼法典》* 第 811 条第 1 款）的一般（genérica）压力下作出的，而在强迫性金钱处罚下，其行为是在法官单独向其施加额外处罚的具体（específica）威胁下作

（接上页注＊）Silva, *Cumprimento e sanção pecuniária compulsória*, Coimbra, 1987, esp. ^{te} pág. 67 e segs；Andreoli, *Contributo alla teoria dell'adempimento*, 1973；Macchin, *Il pagamento*, 1936；Martorano, *Natura giuridica del pagamento*, 1927；Schlesinger, *Il pagamento al terzo*, 1961；Catala, *La nature juridique du payement*, 1961；Di Majo, *Pagamento (dir. priv.)*, na *Enc. del dir.*；Giorgianni, *Pagamento (dir. priv.)*, no *Novis. Dig. Ital.*；Nicolò, *Adempimento*, na *Enc. del dir*；Trabucchi, *Istituzioni*, 36.ª ed., n.° 225, pág. 531；Ehmann, *Die Funktion der Zweckvereinbarung bei der Erfüllung*, na J. Z., 1968, pág. 549；Id., *Ist die Erfüllung Realvertrag?*, na N. J. W., 1969, pág. 1833；Jackisch, *Der Begriff der Erfüllung im heutigen Recht*, J. J., 68, pág. 287；Wiese, *Beendigung und Erfüllung vom Dauerschuldverhältnissen*, no Fests. für Niperdey, 1, 1965, pág. 837；Zeiss, *Leistung, Zuwendungsweck und Erfüllung*, na J. Z., 1963, pág. 7 e Gernhuber, *Die Erfüllung und ihre Surrogate*, Tübingen, 1983.

＊ 译者注：如无特别说明，本书所指条文均为 1966 年《葡萄牙民法典》中的有关条文。

① 相同的观点，见 Larenz, *Lehrbuch des Schuldrechts*, I, 14.ª ed., 1987, §18, I, pág. 236, 尽管该学者注意到，履行与执行在实践中的结果（即其法律效力）可能是相同的。

＊ 译者注：葡萄牙于 2013 年颁布了新的《民事诉讼法典》，此处所指的是在此之前所施行的旧的《民事诉讼法典》。

出的。①

在法律关系的一般框架中，履行通常被视为消灭债的方式（modos de extinção das obrigações）之一。

但是，在成为债之拘束的消灭原因（causa de extinção）之前，② 履行首先意味着法律规定用以满足债权人之利益（satisfação do interesse do credor）的手段的实现。③ 履行是标志着债之关系生命周期达到顶点的一个行为，因为要求一方主体为实现对方利益而作出的牺牲至此已经实现。

事实上，债务人被免去所负的债务（给付义务）与债务人履行债务是两件非常不同的事情。例如，应向债权人交付的某物因不可归责于债务人而毁灭，而根据第 790 条第 1 款的规定，债务人将被免去责任。但此时不能说已履行债务。这一区别在双务合同有关要求对待给付（contraprestação）的权利的规定上表现明显：如果债务人只是被免去所负之义务，而并没有履行其义务，则其原则上将失去要求对待给付的权利（第 795 条第 1 款），这与通过其给付履行债务的情形不同。

正是为了突出履行的这一首要功能（função），《民法典》将履行及与之相关的不履行（não-cumprimento）的问题纳入单独的一章（第七章：第 762 条及以下），区别于规范其他债务消灭原因的一章（第八章：第 837 条及以下）。④

履行与第八章所规定的其他消灭原因有一个共同效力，即对债之关系生命周期的外部（externo）或反射（reflexo）效力，除此之外，在它们之间具有一个根本（essencial）区别，这来自债之生命周期所发挥的特有的功能。

在作出应为之履行（债务人负有的作为或不作为义务，即债务人须为之给付）的同时，由于履行在此意义上是解除债务人所负债务的一种手段，

---

① 强迫性金钱处罚是通过 6 月 16 日第 262/83 号法令引入的，对该项创新制度的批判性分析，见 Pires de Lima e Antunes Varela, *Código Civil anotado*, Ⅱ, 3.ª ed., anot. ao art. 829.° – A。

② 履行并不总是债之拘束的消灭原因：参见代位（sub-rogação）的情形。

③ 关于履行可能面对的三个方面（遵守作出给付的义务、满足债权人的利益、解除债务人的债务），参见 Antunes Varela, *Pagamento*, na Enciclop. *Verbo* e Diez – Picazp, n.°732。

④ 关于罗马法中债（obligatio）之清偿（solutio）问题，Sebastião Cruz, *Da solutio*, 1962, n.° 5 中已经进行过论述。这一功能上的（funcional）或工具性的（instrumental）重要性还解释了为什么 1867 年的《民法典》在其别具特色的体系之中，将履行加入被概括性地命名为"合同的效力与履行"的一章中。《意大利民法典》采纳了与现行《葡萄牙民法典》类似的次序（参见《意大利民法典》第 1176 条及以下以及第 1230 条及以下）。

所以，履行原则上保证了债权人利益获得满足。当通过有关给付不能达到债权人所期望的最终结果时，会发生这样的情况，即使对于手段之债亦然。在结果之债中，履行本身已经包含了产生想要通过给付实现的效果或其替代效果，因此债务人的作出给付与债权人利益的完全满足之间严丝合缝。

275. 履行与善意原则

第 762 条第 2 款明确规定，不论履行债务，还是行使相应的债权，当事人均须以善意为之，[①] 这涉及履行的两个基本问题。

一方面，从这一法律规定可以推知，仅在形式（formal）上作出债务人须为之给付，有时并不足以认定为履行债务。例如，债务人明知债权人或其亲朋好友发生了不幸事件却提议在该日履行，就可能违背善意。[②]

另一方面，除从债之关系中产生的主要给付或次要给付义务，履行可能还包括需要遵守多种从属的行为义务。[③] 因为它们的性质，这些从属的行为义务不能成为第 817 条所规定的履行之诉（通过司法途径要求债之履行）

---

① 在达成协议或磋商以前，当事人亦负有同样的（法律）义务（法国学者将此称为"pour-parlers"：Carbonnier, pág. 77）：第 227 条。

② 善意原则是债之关系运行过程中的指导思想（《德国民法典》第 242 条），关于该原则在实践中的各个方面，德国的司法实践和学说理论十分丰富。有些学者甚至寻求批判性地整理适用了善意原则的案例群，以尝试使之系统化，这将有助于澄清该规则的含义，避免其在实际适用时被滥用，Brox, pág. 47 e segs。

对此的详细阐述，参见 Palandt, *Bürgerliches Gesetzbuch*, 25.ª ed., 1966, §242；Staudinger, *Kommentar*, 11.ª ed., vol. II, 1, b, §242；Siebert, *Treu und Glauben*, Erl. zu §242 (Soergel-Siebert, B. G. B., 9.ª ed., 1959)，以及 Vaz Serra 的详细论述及其著作中所引文献（*Objeto da obrigação - A prestação. Suas espécies, conteúdo e requisitos*, n.ᵒˢ 12 e segs. e, especialmente, nota 84）。

最后，参见葡萄牙学者的著作：Menezes Cordeiro, Da Boa Fé no Direito Civil, 1984, I e II 以及 Carneiro da Frada, Contrato e deveres de protecção, Coimbra, 1994, especialmente n. 7 e segs., pág. 69 e segs。

在意大利法学中，《意大利民法典》第 1375 条的规定，关于应当以何种方式执行合同，参见 Stolfi, *Il principio di buona fede*, na *Riv. dir. com.*, 1964, I, pág. 174；Carusi, *Correttezza* (*Obblighi di*), na *Enc. del dir.*, pág. 790 e segs；Salvatore Romano, *Buona fede* (*dir. priv.*), na *Enc. del dir.*, V, pág. 677 e segs；A. Giaquinto, *L'esecuzione del contratto*, 1967, pág. 365 e segs；U. Breccia, *Diligenza e buona fede nell'attuazione del rapporto obligatorio*, 1968。

③ 与现行《葡萄牙民法典》第 762 条第 2 款规定的意思十分接近，《法国民法典》第 1135 条中作出了如下规定，"契约，不仅对其中所表述的事项具有约束力，而且对公平原则、习惯以及法律依据债的性质而赋予的全部结果具有约束力"（译者注：中译版引自罗结珍译《法国民法典》下册，法律出版社，2005，第 840 页）。还可参见《西班牙民法典》第 1258 条的规定。参见 J. de Los Mozos, El princípio de la buena fé, 1965, pág. 205 e segs。

的标的。但如果不遵守这些义务，则根据第 762 条第 2 款的规定，其中一个结果就是会构成瑕疵履行，导致债务人须就由此造成的损失进行弥补或承担其他后果。

虽然仅就债权的履行规定了善意原则，但应当通过第 10 条第 3 款所打开的通道对此作扩充理解，也就是说，只要在某领域中存在一种两个或更多人之间的约束的特别关系，则善意原则亦适用于该领域。①

在债权债之关系中，根据第 762 条第 2 款文本本身，善意原则不仅适用于债务人（在履行债务时），而且适用于债权人（在行使债权时）。

在合同之债的情况下，债务人不得局限于纯粹在字面上（literal）遵守合同条款。不仅要伪善地（farisaico）尊重体现着债务的表述，也有必要进行忠诚的（leal）合作，以满足制约该债务的需要。因此，债务人不仅受限于文义，而且受限于债之关系的精神。

这就解释了，即使当给付未确定且给付之确定由债务人为之时，给付之确定必须按衡平原则为之（第 400 条第 1 款），义务人无法通过交付质量较差的物而被解除债务。② 而且这也有助于理解，当有理由推断如委任人知悉某些之前忽略的具体情况即许可受任人这样做时，受任人不执行委任或不遵守指示（第 1162 条）。

债权人也负有义务不妨碍债务人作出行为，为此须根据每一案件的具体情况，或者作出一些行为（例如，向请来为自己画像的画家摆姿势，向请来进行审计工作的专业公司提供必要的资料，等等），或者扫除债务人履行义务时遇到的困难。这一理念的痕迹遍布于《民法典》与特别立法中的多处，尤其是在关于持久履行的债之关系的制度上，例如，由租赁合同和劳动合同产生的债之关系。③

第 762 条第 2 款规定了含义广泛的善意原则，但这并不意味着退回到逐

① Brox，pág. 45。作为例子，参见第 239 条的规定（关于法律行为的填补）以及第 437 条的规定（关于合同因情事变更而解除或变更）。
② 对此的又一例证，可参见第 525 条第 2 款，该款规定，连带债务人无权力以完全因自己的过错而未能针对债权人之主张提出的任何防御方法，对抗在求偿阶段要求其给付的共同债务人。
③ 在同一方面，可作为例证援引的还有第 802 条第 2 款（虽然部分履行可归责于债务人，但并未对债权人的利益造成严重的影响，则债权人无解除有关法律行为的权利）以及第 1208 条的规定，其中后者是关于承揽人应当以何种方式执行工作的规定。参见 Pires de Lima e Antunes Varela，*Código Civil anotado*，II，3.ª ed.，pág. 791。

5

案决疑式标准（critérios casuísticos）、衡平感（sentimento de equidade）或裁判者的审慎判断（prudente arbítrio）。规定该原则的目的是，在法律或在导致债产生的协议的背景下，确定由各方当事人的忠诚合作义务——在尽量减少对债务人利益牺牲的基础上充分实现债权人的利益——产生的一般客观标准（criterios gerais objectivos），以解决合理产生的任何疑问，无论是关于给付义务的（形式、期限、地点、标的等）疑问，还是关于一方或另一方当事人的从属行为义务的疑问。

葡萄牙的很多学者虽然对德国的法学文献十分精通，却几乎没有意识到，葡萄牙法所接受的善意原则范围宽（largueza），尤其体现在第762条第2款和第227条中，而《德国民法典》对这一理念的反映是第242条的诚实和信用（Treu und Glauben），范围窄（estreiteza），二者之间存在明显的差异。

事实上，《德国民法典》第242条只规定了善意（诚实和信用，Treu und Glauben），例如，在作出给付时（die Leistung so zubewirken）须考虑交易习惯，而葡萄牙法除要求为订立合同而与他人磋商之人须按善意规则行事（第227条），接着还以该原则约束债务人和债权人，不仅涉及债务人须为之给付的作出，而且涉及与此相关的一切问题，不论是履行债务（广义上的），还是行使债权。

如此扩大和加强后，葡萄牙法中的善意原则成为从属的行为义务的源泉，不管是合同之内还是合同之外的义务，不管是为了实现直接指向应为之给付的利益，还是为了保护债之关系中的债权人和债务人的任何其他利益。

正如Diez-Picazo所述，[1] 善意是"社会行为的典范：各种关系中的忠诚以及诚实、谨慎和认真行事"。[2]

法律宁可用履行（cumprimento）这一术语而不用支付（pagamento）这一日常语，是因为后者的含义更狭窄，指对金钱之债的履行（cumprimento das obrigações pecuniárias）。但是，履行（cumprimento）一词在法律和自然

---

① 前揭著作，n.°11，pág.46。

② 关于善意标准的各个不同的方面，参见 Larenz, *Allgemeiner Teil*, 5.ª ed., §29 a, Ⅲ, pág.521；关于葡萄牙民法中关于善意原则的各种规则，参见 Menezes Cordeiro, 前揭著作, Ⅰ, pág.19 e segs。

上的含义相当于清偿（pagamento）一词在技术上的（técnico）含义。①

276. 切实履行规则

在履行债务时须遵守的最重要的规则是切实履行（pontualidade）。

法律在关于合同的部分规定了这一规则（第 406 条第 1 款规定，"合同应予切实履行"），但考虑到该规则的精神，必须对其进行扩张理解，认为该规则适用于所有的债，包括合同之债以外的债。此处使用的"切实"（pontualmente）这一副词并非指其狭义的按时（a tempo e horas）履行，而是指其广义的，即履行应当与债务人所须为之给付完全一致，点对点、线对线地（ponto por ponto, em toda a linha）一致。②

从广义的切实（pontualidade）概念中可以得出关于履行之方式（termos do cumprimento）的多个推论。

a）第一个推论是，非经债权人同意，义务人不能通过作出不同于应为之给付的给付来解除债务，哪怕所作出的给付价值等于甚至高于应为之给付亦然。非经债权人同意，不得以此代彼（aliud pro alio）来解除债务（代物清偿）：③ 不能违背债权人的意愿向其作代物清偿（拉丁：Aliud pro alio invite creditori solvi nonpotest）。

第 837 条规定，"如所给付之物与应给付之物不同，即使其价值较高者，亦仅在债权人容许时，债务人之债务方获解除"。

如果所涉及的是种类之债，即使给付之确定由债务人为之，债务人亦应按衡平原则的判断为之（第 400 条第 1 款），除非另有订定其他标准。

b）第二种演绎是，债务人不享有所谓"能力限度利益"（beneficium

---

① 与此不同的观点，参见 Guilherme Moreira, Obrigações, n.°68，比起"履行"（cumprimento）这一表述，该学者更倾向于使用"支付"（pagamento）一词。而"liquidação"这一术语，在日常用语中也被用来作"支付"或"履行"的含义（对某项债务的清偿）。不论在法律中还是在实践中，该术语还被用作其他含义：其一，指种类之债或未确切定出之债中的标的之确定或数额之订定（《民事诉讼法典》第 378 条至第 380 条）；其二，旨在以现金缴付某些财产中的资产的一系列操作（参见破产的特别程序中关于对破产公司之财产作清算的规定，如今该程序规定在《企业恢复与破产特别程序法典》中）。

② M. Andrade, 前揭著作, n.°64。Brox 写道（第 171 页），仅当债务人在适当的地点向债权人交付准确的给付时，方产生履行的效力（wenn der richtige Schuldner dem richten Gläubiger die richtige Leistung am richtigen Ort erbringt）。

③ Vaz Serra, *Dação em cumprimento, consignacão em depósito, confusão e figuras afins*, 1954, n.° 3.

competentiae)。① 不能以履行债务将使自己陷入困难的经济状况为理由要求减少所约定的给付。② 甚至法院也不能为给付的履行提供便利条件，包括不能许可债务人分期错开支付债务（经 1936 年 8 月 20 日的法律增加后的《法国民法典》第 1244 条允许这样做），也不能授予债务人法国学者之所谓"宽限期"（un terme de grâce）。

即使作出给付会使债务人陷入困境，会剥夺其维持生计所必需的资源，债务人仍然必须履行债务。这一事实并不能够成为债务人获减免债务的理由，债务人继续以其全部财产为其迟延履行或不履行而给债权人造成的损害承担责任。

但是，也有一些财产是免于被查封的（因此也是免于被执行的），它们被认为对满足被执行人的基本需求至关重要（参见《民事诉讼法典》中关于绝对不可查封之财产的第 822 条第 1 款 f）项和 g）项以及关于相对不可查封之财产的第 823 条第 2 款），所以法律认为应当谨慎处理。

不过，查封之标的（objecto）是一回事，但透过执行予以清偿的债务的数额（montante）是另外一回事。

同时，有一些债的给付是可以根据某些因素的发展而通过司法裁判改变的，债务人的经济能力就是其中一个需要考虑的因素（典型的例子是扶养义务）。如果债务人的经济能力下降，可以以此情况为由减少扶养给付（参见第 2004 条、第 2012 条和第 567 条第 2 款）。

c）第三个结论是，应当作出全部（integralmente）而非部分（não por partes）债务人须为之给付，债权人不得被强迫接受部分履行。③

这一原则被直接规定在第 763 条中，但该条同时也保留了约定另一制度又或依法律或习惯而须采用另一制度的可能性。④

作出全部给付要求的结果是，如果债务人只想作出部分给付（例如，

---

① 与此相当的是罗马法学家之所谓"condemnatio 'in id quod facere potest'"：Sebastião Cruz，前揭著作，pág. 42。给付的过重负担明显与给付主观不能（impossibilidade subjectiva）的问题息息相关，对于后者，很多德国学者想要通过可要求债务人作出的牺牲限度（Opfergrenze）理论解决。参见后文关于"不履行"的部分。

② Locher, no AcP., 121, pág. 93.

③ 关于何时所涉及的仅有一项债权，何时所涉及的是多项债权，尽管它们产生自同一债之关系，关于这一问题，参见 Vaz Serra，前揭著作，n.°29。

④ 相同的理论在 1867 年《民法典》的第 721 条中已经获得了确认，只是先前的法典中没有规定任何关于习惯的保留。

交付对方所订购的三百吨产品中的一百吨，或只交付对方所购买的家具中的部分），而债权人拒绝受领，此时构成迟延的是债务人而非债权人，且构成迟延的是债务人须为之全部给付，而不仅仅是债务人不打算作出的部分给付。[①] 当然，这并不妨碍债权人在其愿意的情况下仅受领部分给付，因为没有理由阻止债权人放弃其利益而只要求实现其债权的一部分（第763条第2款）。但是，债权人的接受并不意味着债务人不就剩余的那部分给付构成迟延，除非就这部分履行约定了延长期限。[②]

分期履行（cumprimento em prestações）或分部分履行的约定在由某些类型的买卖（汽车、收音机、电视机等）产生的金钱之债中相当普遍，这些买卖产生自大批量的要约，特别针对中产阶级的某些阶层。导致部分（parcial）履行可能性的出现的间接原因，可能是为两次或更多次部分给付约定了不同的期限，也可能是所涉及的是一个分部分的工程或一部分卷的文集，等等。在有些情况下，法律是允许部分履行的，包括债表现为汇票（《统一汇票和本票法》第39条）或支票（《支票统一法》第34条）的形式的情况，[③] 第784条第2款所规定的履行之抵充的特别情况，有数名享有分担责任之利益（benefício da divisão）的保证人的情况（第649条）。[④] 这一点还体现在金额不同的两个债务法定抵销时，只以数额较大债务中的部分作抵销（第847条第2款）。

在有些情况下，部分履行是习惯所要求的（例如大量供应原材料，而这些原材料在相当长的一段时间后才会全部消耗），这在原则上意味着，债权人如拒绝部分履行将违反善意原则（第762条第2款）。

应当作出全部给付而不仅仅是部分给付的规则甚至适用于债受到争议的情况。

当出现这一情况时，债务人不得强迫债权人受领未受到争议的那部分给付和拒绝交付剩余部分的给付。如果最终认定债权人有请求获得有关给付的权利，债务人将被视为就全部应为之给付构成迟延。

---

① 参见1970年10月6日最高法院合议庭裁判（B. M. J., 200.°, pág. 233）。
② Pessoa Jorge, Lições, pág. 281; Vaz Serra, 前揭著作及位置。
③ 之所以在票据之债中允许部分履行的可能性，一个最主要的解释是，该履行不仅涉及要求或受领支付的持票人的利益，而且涉及该证券之前的所有担保人的利益。
④ 在因为法律、协议或习惯而允许部分履行的各种情况下，如债权人拒绝受领部分履行，则其对该部分给付构成迟延（em mora）。在该等情况下，债务人也可能就余下的部分构成迟延。

虽然债务人不能强迫债权人仅受领部分给付，但这完全不妨碍后者仅要求部分给付（第763条第2款），因为作出全部给付这一原则在根本上是为了保障债权人的利益。①

但是，债务人可能希望一次性解除债务，所以即使债权人要求部分给付，债务人仍可履行全部给付（第763条第2款后半部分），债权人如果拒绝受领，则就全部给付构成迟延。

277. 履行的要件：A）债务人之行为能力

为使履行有效，不仅要求债务人或第三人所作出的（efectuada）给付与应为之（devida）给付一致，而且给付行为（acto）必须满足其他要件（requisitos）。②

---

① 1867年《民法典》第722条已经规定债权人可仅要求获得部分给付，但仅适用于部分给付已确切定出而另外部分给付尚未确切定出的情形。如属此情况，债权人可要求和确认已确切定出的部分，而其余的部分尚不确定（参见《民事诉讼法典》第810条第1款和第2款，其中规定了对已确切定出部分的立即执行）。

现行《民法典》没有采纳1867年《民法典》中的这条规定，由此可得出的一个结论是，如果有争议的仅仅是某项债的部分，则债务人并无强制要求债权人受领其余部分——否则将构成迟延（债权人迟延）——的权能。关于此，参见 Vaz Serra，前揭著作，pág. 94。

② 人们有意将履行行为的法律性质的问题放在一边，该问题本身的核心在于法律上的行为（acto jurídico）理论。

如有关债务之标的为一项实质行为（acto material）或不作为（omissão），则上述问题不具重大意义，尽管不乏学者认为，即使是在给付服务或完成承揽以及其他类似情况下，如果有关给付是由一位无行为能力人作出的，债务人不获解除债务。参见 Larenz，§18，I，pág. 176。分歧主要出现在物（coisa）与事实（facere）之给付中，因为此时的行为构成法律上的行为。

从某些次要的方面抽离出来，理论界对前述问题的基本回答可以分为三类：a）以 Betti 和 von Tuhr 为代表的一些学者认为，该行为具有合同（contratual）性质，其依据在于，债务人有清偿的意图（animus solvendi），而债权人对债权作出了一种处分行为；b）另一些学者坚决地否认履行具有合同性质，认为它是一种应为之行为（acto devido），因此，即使在履行的背后并无清偿意图时，仍然承认其有效性，理由是，给付的作出（realização da prestação）相当于在客观上（objectivamente）应当向债权人作出之给付，持此基本观点的有 Oppo、Nicolò、Carnelutti、Pugliatti、Gernhuber、Kretschmar、Larenz、Calvão da Silva，他们的观点在细节上有些许不同；c）另有一些学者持折中的观点，他们认为，履行的性质取决于债务人须为之给付的内容，既可能是单纯的事实行为（不作为的给付或实质行为的给付："rein faktisches Tun"），又可能是真正的法律行为（例如，约定将来订立合同的预约合同），持此观点的学者有 Enneccerus、Esser 和 Vaz Serra（前揭著作，pág. 20–21）等。

除 Vaz Serra 的澄清性解释，还可参见 Natoli 关于该问题在意大利法学中的情况的概括性介绍（前揭著作，Ⅱ，1962，pág. 27），以及 Larenz，§18，1，pág. 237 中的阐述（其中以一些例子以及实践方面的内容说明了 Enneccerus-Lehman 和 Fikentscher 的合同或类合同理论与给付的实际作出——"Theorie der realen Leistungsbewirkung"——理论之间的差异）；H. Ehmann, Ist die Erfüllung Realvertrag?, na NJW, 1969, n. 42, pág. 1833；Gernhuber，前揭著作，第100页及以下；Calvão da Silva，前揭著作，第93页及以下。

第一个要件就是债务人之（行为）能力。

如果给付是由有行为能力的债务人（或其意定代理人）或者无行为能力人的法定代理人（在其管理权力范围内）作出的，则该履行的有效性（validade）在这一方面不会产生任何疑问。

如果有关给付是由无行为能力人作出的，则该给付仍然有效（continua a ser válida），除非该给付构成一项处分行为（acto de disposição）。[①]

处分行为是一种直接影响现有权利的行为，旨在移转、废止该权利或者以任何方式改变（alterar）其内容。[②]

因此，如果给付只是一种单纯的实质行为（例如，画一幅画，修一面墙，清理一座附属建筑，洗和熨烫衣服，等等），是一种不作为（omissão）或只是单纯交付的法律行为（例如，在给付特定物之债中，对该物的支配权已经转移给了债权人的情况，又或返还义务的情况），那么，债务人的无行为能力并不影响履行的有效性。[③] 但是，如果给付以债务人的一项选择操作为前提（例如在种类之债或选择之债中可能发生的情况），[④] 又或如果出于任何其他原因，履行表现为一种转让财产或在财产上设定负担的行为，则债务人无行为能力将使其行为成为可撤销（anulável）之行为。[⑤] 出于相同的原因，在履行表现为订立一个真正的法律行为（与预约合同相关的本约合同）时，无行为能力之债务人所作出的行为可撤销。

但是，即使是在履行构成处分行为的情况下，如证明债务人并没有因

---

① Vaz Serra，前揭著作，n.°4，以及 nota 22，其中引述了 Ruggiero 的一个片段（Istit.，Ⅲ，pág. 103），Ruggiero 认为，仅当该清偿（solutio）具有转让（alienação）的性质时，上述双重要件（行为能力与处分权）才是必不可少的。

② M. Andrade，Teoria geral da rel. jurídica，Ⅱ，n.°s 71 e 88；Larenz，Allgemeiner Teil des deutschen Bürgerlichen Rechts，1967，pág. 324 e segs.

③ 相同的做法，参见《意大利民法典》第 1191 条的规定。从意大利的这一做法中，Nicolo 合理地得出了针对将履行视为法律行为的观点的又一论据，而且是很有分量的论据（Adempimento，n.°3，Enc. del dir.）。

④ 属此情况的，包括对某物的所有权仅在按特定条件（第 408 条第 2 款）作出交付或选择的行为时才移转。在某些方面与该等情况相当的是对金钱之债的履行，尽管选择以何种货币（nummos）消灭债务不具任何特别的重要性。
  同样适用于该制度的，还有非因合同产生的给付物之债的履行（例如，应作出的损害赔偿的支付，尤其是当该损害赔偿未经司法清算时），以及同样有理由甚至更有理由适用该制度的由第三人（无行为能力人）作出给付的情况。

⑤ 此为可撤销的行为，而非无效行为，这体现了对无行为能力人利益的法律保护（第 125 条和第 139 条）。

为所作出之给付而遭受任何损失，则债权人仍反对撤销有关行为，这是因为，撤销时所收到的一切在债重新出现时还是要交付出去（拉丁：Dolo facit qui petit quod redditurus est）。①

例如，无行为能力人以通用货币支付其金钱债务。

如给付是由第三人作出的，则第三人无行为能力必然可以成为撤销行为的理由。

278. 续B）债权人之行为能力

另外，法律也要求债权人有（受领给付之）行为能力（第764条第2款）。

如债权人无行为能力，而履行因无行为能力人的法定代理人或其本人的申请而撤销，则债务人必须向债权人的代理人作出新的给付（正如古谚所言，支付错误之人，须支付两次）。②

这一解决方案原则上是合理的，但也往往会导致不公平的情况出现。

事实上，可以想象的一种情形是，向无行为能力的债权人作出给付后，该债权人将此作为维持生计所需的消耗品使用掉了，或者获得了增加其财产的有价物。

在与此类似的一些情形下，作出新的给付相当于"劫"债务人而"济"无行为能力人，这是不公平的。

为避免这样的不公正，如有关给付已为无行为能力之债权人之法定代理人所管领，或使无行为能力之债权人之财产有所增加（不当得利的抗辩），③ 债务人可反对有关撤销所作给付之请求，有关给付在该代理人受领限度或无行为能力之债权人之财产增加限度内有效，债务人的债务获解除

---

① 被讨论的一个问题是，在有期限之债到期前（ante tempus）所作的支付是否涉及一种处分行为？持肯定观点的，见 Vaz Serra，前揭著作，pág. 23 及其中所引学者的参考文献；反对的观点系以《意大利民法典》第1185条第Ⅱ款的规定为依据，参见 U. Natoli，前揭著作，pág. 16。正确的解决方案显然来自第476条第3款的规定。

② Guilherme Moreira，n. 70，撤销的依据既不在于欠缺对有关债权的处分权，该债权因履行而消灭，也不在于欠缺管理所受之给付所需的成熟程度（maturidade）或分辨能力（discernimento）；因此，该撤销是可以避免的，为此须主张并证明有关给付已达到无行为能力人之法定代理人的管领范围，或者使该无行为能力人的财产增加了（使其资产增值，防止其负债增加或以其他方式节省必要的开支）。

③ 似乎更恰当的说法是将此称为不当得利之抗辩，而非欺诈之抗辩（exceptio doli，参见 Vaz Serra，前揭著作，第28页），因为衡量该抗辩的并非所作出之给付的标的，而是牺牲清偿人的利益而获得的不当得利的金额。

（第 764 条第 2 款）。

279. 续 C) 债务人有处分给付标的的正当性

如履行涉及一项处分行为，为使该履行完全有效，还要求债务人能够处分其所给付之物。

债务人无处分权可能是由以下三种原因中的一种造成的：a) 所给付的为他人之物；b) 债务人无转让该物的能力；c) 只是欠缺这样做的正当性（以夫妻中之一方须经双方同意方得转让之物作出履行）。

但是，不论是上述哪一种情况，不论是出于善意还是恶意给付其不可处分之物，债务人均不得对其履行提出争议，除非债务人同时另行作出给付（第 765 条第 2 款）。

尽管所作之给付有瑕疵，由于债务人在对其履行提出争议的问题上没有任何需要保护的利益，故优先考虑债权人可能的利益，使之对该给付享有留置权。[①] 这与《意大利民法典》第 1192 条的规定类似。

而且，仅当债权人的利益获得妥善保护时（通过另行提供给付），债务人才可提出争议。

债权人有被保护免受第三人（有关物的所有权人，他可能请求返还该物；清偿人的配偶，他可能撤销有关行为——第 1678 条第 3 款；破产财产或无偿还能力人的债权人；等等）针对履行发起的攻击的正当利益。而正是因此，法律承认善意的（忽视了债务人无处分权）债权人有权对履行提出争议和要求债务人另行作出给付，并有权就其所受损害获得赔偿。在履行行为作出之时，如债权人知悉债务人所给付之物为他人之物，或债权人以恶意行事，则其亦无对该履行提出争议的正当性。

280. 履行的无效和撤销：原因与效力

无论一般而言其法律性质为何，对于履行，原则上适用法律行为无效和撤销之原因。

有时是直接适用，即在履行从根本上被视为一个合同（contrato）或一个单方法律行为（negócio jurídico unilateral）的一些特殊情况下；有时是延

[①] 如果所涉及的是以他人之物作出之给付，则在债权人的利益之上，更需要考虑的是该物主的利益。因此，适用于履行的制度将经必要调整适用于出卖他人之财产（第 892 条及以下以及第 939 条）的有趣的混合的非有效（invalidade mista）的制度。

伸适用，即根据第 295 条的规定，延伸适用于履行构成一个非属法律行为之法律上行为（acto jurídico não negocial）的情况。

如果履行的无效或可撤销是出于作为给付之原因的法律行为非有效，则向清偿人的返还，按照第 289 条和第 290 条的规定为之。

因此，如果甲将某物出售给了乙并已经将该物交付，而该合同后来被宣告无效或撤销（因形式上或实质上的瑕疵），则对该物的退还应按照买卖非有效时的退还程序为之。

但是，如果为清偿某一笔债务而作出给付，而该笔债务被证明不存在，则根据第 476 条第 1 款的规定，清偿人有权请求返还所作出的给付，不论进行支付之人有无任何错误，也不论受领给付之人有无欺诈（有无错误或欺诈，通过是否存在这样的主张和证据来判断）。[①] 即使债务存在，但履行是向真正的债权人以外之人作出的，则亦适用于相同的制度（第 476 条第 2 款）。

但是，在这些情况以及依据第 477 条和第 478 条由第三人作出履行的情况之外，也存在一些其他的情况，在这些情况下，履行可能因影响履行行为本身的瑕疵而无效或可撤销（错误、胁迫、虚伪、意思表示错误、真意保留等[②]）。

在这些情况下，如果履行非有效的原因不可归责于债权人，一旦履行行为被可追溯地破坏，则债务重新出现，与此债务有关的担保亦重新出现。但是，如果非有效的原因可归责于债权人（例如因为债权人作出了欺诈或胁迫行为），则虽然债务重新出现，但第三人提供的担保不随之重新出现。仅当第三人在获悉债务履行之日明知该瑕疵存在的情况下，这些担保才会重新出现（第 766 条），因为在这种情况下，第三人对法律应当保护的债务的消灭没有被任何认真地期望。

---

① 如有错误或欺诈，清偿人将必须依据无效或撤销的最严格的规定，亲自要求返还；仅当该返还请求出于任何原因而没有成功时，清偿人才可补充地（subsidiariamente）按不当得利的缓和或有限制的条件申请返还。关于这一问题，在葡萄牙法学界中普遍存在一个很大的困惑，这在很大程度上可以由下述事实解释：在《民法典草案》（第一次部级修订版本第 257 条第 2 款）中，规定将不当得利制度适用于以无效宣告或撤销为基础的返还。

② 但是，该等瑕疵的特殊重要性在很大程度上受制于履行所具有的法律性质，而后者取决于债务人须为之给付的内容。因此，无论是错误还是欺诈，只能导致有关行为被撤销，只要不存在与该撤销相对的聚焦于拉丁语中的古老提法"dolo facit"的思想，且债权人不能针对该撤销的抵销提出抗辩。

第二分节　可为给付与可受给付之人

281. 可作出履行之人

下面我们来看谁可作出债务人须为之给付以及给付可向谁作出。

债之关系中的消极一方负有给付义务（dever de prestar）。因此，毫无疑问，给付可以由债务人作出，[1]或由其代理人（法定的[2]或意定的）作出。

但法律走得更远，以非常宽泛的条款（与之前的立法类似：见1867年《民法典》第747条）规定了给付亦可由第三人作出的可能性，但当给付不可替代时，债权人可反对由第三人作给付。[3]

第767条第1款规定，"给付既能由债务人为之，亦能由对债之履行有利害关系或无利害关系之第三人为之"。

如给付因为涉及债务人本人的特殊资质或情况（受托完成艺术作品的艺术家的天分、供应商的声望等）而与债务人本人直接相关，则该给付在本质上是不可替代的（如果给付不可替代，则非经债权人同意不得由第三人作出）。在此情况下，以他人取代债务人会给债权人造成损失。[4]还有一些情况，不论给付的性质为何，当事人本来自始约定必须由债务人作出有关给付（约定的不可替代）。

与此相对，在某些协议中，立约人早在债权成立之时就预见了在履行时可能以他人（代任人）替代债务人。

---

[1] 需要注意的是，此处的债务人指的是履行之日的债务人，他可能不是最初的债务人，而是最初的债务人的继受人，取得其合同地位的受让人，或者依据第595条及以下的规定移转债务时的受让人。

[2] 如债务人为无行为能力人，则其法定代理人基于代理权而负有履行的义务。但是，如所涉及者为未成年人，则不仅要注意第126条的规定（关于未成年人之欺诈），而且尤其要注意第127条第1款b)项的规定，其中后者是关于未成年人日常生活中的法律行为的。

[3] 关于由第三人作出债务人须为之给付的情况，参见Nicolò的经典专著 *L'adempimento dell'obbligo altrui*，1936。如有关给付在性质上为不可替代之给付，则如果债权人受领第三人的给付，相当于代物清偿（dação em cumprimento）。Pessoa Jorge，前揭著作，pág. 347，nota 1。

[4] 对于非经债务人授权的第三人，如债权人有合理理由怀疑清偿人的行为能力或其对所给付之物的处分权，则债权人可反对该第三人的给付。

在委任、寄托或劳务提供合同中，替代偶尔发生，甚至在无明确约定的情况下发生，[1] 而在诸如统一型号的物件或产品的供应合同中，原则上替代可以发生。但在诸如需由专家进行的工作、讲授专门课程的工作、外科手术等工作中则不同，在这些债务的给付中，债务人的特殊技能是最重要的考虑。[2]

不论为了债权人的利益，还是为了债务人的利益，在很多情况下甚至为了第三人本身的利益，允许第三人（并非债务人的辅助人，也非其代任人）参与作出给付都是合理的。[3]

使债权人实现债权的需要尽快获得满足，对债权人是有利的：这正好解释了为什么债务人反对第三人作出给付并不妨碍债权人有效地受领该给付（第768条第2款最后部分），尽管在此情况下，债权人可以拒绝第三人的履行而不构成迟延（sem incorrer em mora），除非该第三人对债务的履行有利害关系。

债务人可能因为第三人的参与而获利，而且，无论如何，债务人不会因第三人履行这一事实而地位下降，因为最坏的结果莫过于债务人向清偿人负担债务，条件与之前向债权人负担债务的条件相同。这也解释了为什么根据第768条第1款的规定，债权人原则上必须接受第三人的给付，否则对于债务人而言，该债权人构成迟延。

而第三人可能对履行有利害关系，这可能是因为他对该债的履行进行过担保（因此想要采取预防措施来应对可能须承担过重的损害赔偿的风险），也可能因为他能够从债权的实现中获得直接的利益（次承租人为承租人支付了应缴的租金，目的是防止自己的权利失效——《都市不动产租赁

---

[1] 即使有关给付为不可替代之给付，不妨碍债务人可在履行中获得由帮助人提供的帮助。参见1165条（关于受任人）、第264条第4款（关于受权人）以及第1198条（关于受寄人）。在给付可替代的情况下，债务人可不局限于求助帮助人，可求助于真正的代任人（substitutos）。在某些方面与该等情况相当的一些情况是，债务人授权第三人根据自己的命令来作出履行（通过支票进行支付，或者，通过向银行发出的命令来支付，为此，债务人须在该银行存有足以进行有关操作的款项）。但须注意的是，无论法定代理人，还是报信者，又或帮助人，都不是第三人：Nicolò，前揭著作，pág. 33。

[2] 即使在不需要特殊技能的服务的给付中，也不能说原则上该债务人是可替换的，因为既然选择了该债务人，表明其拥有一些个人品质或使之与债权人联系起来的信赖关系：例如，不得违背家中女主人的意愿，使女佣为其亲戚或朋友所替代。

[3] 文中所论及的情况是，第三人在知道有关债务属他人的情况下作出了给付；如果第三人错误地认为有关债务为自己的债务而作出了给付，则众所周知，适用于不同的制度：第477条。

制度》第45条；抵押权人为抵押物支付保险费；质权人支付由质物担保的另一债务）。如果是这样，也就是说，只要根据第592条的规定第三人能够代位取得债权人的权利（因为其能直接从债权之满足获益），则债权人不得拒绝第三人的履行，即使债务人反对该履行亦然（第768条第2款）。[1]

282. 作出给付的第三人的权利

第三人作出债务人须为之给付，满足了债权人的利益，[2] 却导致自己拥有的权利失去（perda）；但是，这种失去并不总是意味着权利的消灭（extinção）。

作出给付的第三人可能通过协议代位取得债权人的权利，因为符合第589条或第590条中规定的某种情形；也可能是依法代位，因为该第三人曾为债之履行提供担保，或出于其他原因而能直接从债权之满足中获益（第592条），[3] 又或出现了第477条第1款最后部分规定的特殊情形。在这两种情况下，债权并不消灭，而是转由清偿人拥有该权利。[4]

除了这些情况，还有一些情形也有必要进行说明。

如果第三人是以无因管理之管理人（gestor de negócios）的身份作出行为的，则其相对于债务人享有第468条和第469条中规定的各项权利；如果第三人是以受任人（mandatário）的身份作出行为的，则其取得与第1167条中所规定的委任人之义务相对应的权利。如果债务人想无偿受益，想免于以其财产承担债务，则该履行将构成对受益人（如果受益人接受的话）的一种间接慷慨行为（liberalidade indirecta），如出现之类似情况显示适用关于赠予合同之规则为合理者，则适用该等规则。[5]

一种与上述情况不同的情况是，第三人在作出行为时并不是抱着为他人履行债务的意向，而是错误地以为所履行的是自己的债务（dívida própria）。

---

① 《德国民法典》第267条和《意大利民法典》第1180条都作出了不同的规定，它们都承认，一旦债务人反对第三人的履行，则允许债权人拒绝该履行。

② Nicolò 特别强调（Adempimento，n.°12，Enc. del dir.），由第三人作出的给付并不旨在履行债（作出给付的义务），而是为了满足债权人的权利（利益）。

③ 《德国民法典》第268条指出了对履行有利害关系的第三人的典型情况，即对被债权人执行之物享有物权之权利人，或该物的占有人，这些人可能因执行而丧失权利。关于此，参见 Diez-Picazo，n.°741。

④ 关于债务人在面对第三人之履行时可能产生的各种态度，参见 Diez-Picazo，n.°741。

⑤ 如债务人不接受，而债务消灭的效力维持，则清偿人有权要求获返还因牺牲自己利益而使债务人无合理原因而获得之利：Vaz Serra，前揭著作，nota 75，最后部分。

如果第三人因可恕的错误而误认为他人之债务为自己的债务，并因此履行了该债务，则根据不当得利制度的有关规定，享有向债权人请求返还的权利；但是，如果出现第477条第1款最后部分规定的例外情形，则作出给付之人代位取得债权人的权利。

在其他的情形下又如何呢？尤其是，当第三人因不知道债务是自己的还是他人的而履行时，当第三人因不可宥恕的错误而认为他人债务为自己债务并履行时，当代位的意思不符合法律要求的形式时，应当如何处理？

在这些情况下，通常的处理方式是以不当得利要求返还，因为以清偿人受损失为代价，债务人从原本以其财产负担的约束中解脱出来，无合理原因而得利。

283. 可受给付之人

给付原则上可以而且应当向债权人或其继受人（无论是普遍意义上的还是特定意义上的）作出。应当向在履行之时为债权人之人，即现时的债权人（credor actual）为给付时作出，这可能是原始债权人（primitivo）或初始债权人（inicial）的继承人、受遗赠人、受让人等（第769条）。应将价金交付于出卖人，应将出卖物交付于买受人，应将租金交付于出租人，等等。向债权人的债权人作出履行并不会使债务人的债务解除，但不影响关于代位之诉的规定（第606条及以下）以及第770条d）项规定的适用。

如果债权人无行为能力，或者为一个法人或合营组织，则给付应当向债权人的法定或章程所定的代理人作出。如果给付是向无行为能力的债权人作出的，则该给付原则上是可撤销的，且不免除债务人另行作出给付的义务，但第764条第2款规定的情形除外。[①]

如果有行为能力的债权人有可为其受领给付的（意定）代理人，则给付既可向债权人作出也可向代理人[②]作出，没有差别；但是，债务人可以合理地拒绝满足对债权人的意定代理人的给付，或者拒绝向债权人许可接受

[①] 第764条第2款第2部分规定的例外情形表明，之所以向无行为能力人作出的支付非有效，原因既不在于欠缺解除债务之行为所需具备的任何内在（intrínseco）要素，也不在于避免受领人——因其无行为能力而受害之人——无益地挥霍其所受领之给付的目的：Nicolò, *Adempimento, Enc. del dir.*, n. 7。

[②] 1867年《民法典》第748条规定，给付应当向债权人本人或其正当（legítimo）代理人作出。新的《民法典》删除了"正当"这一限定（第769条），其目的主要是允许给付亦可向意定代理人作出。

给付之人作出给付,① 除非另有相关协议（对此，见第 771 条的规定）。②

如债权已被出质且已将设定担保一事通知了债务人，则必须向质权人作出给付，除非该债权的标的是给付一定金钱或其他可替代物。如果属此情况，则给付须向两名债权人共同作出，如果他们之间无协议，则债务人须进行提存。③

但是，向第三人作出的给付并不会使债务消灭，这一给付对债权人不产生法律效力。因此，根据支付错误之人须支付两次的古谚，债务人须另行作出给付。④ 但是，在一些情况下，向第三人作出的给付使法律上的约束消灭，债务人的债务解除，尽管有时可能导致受领人负担上面所说的将给付转移予债权人的义务。这些情况（第 770 条）如下。

a）向第三人作出给付会导致债务消灭是经当事人订定或债权人同意的，这或者是通过向第三人授权（procuração）或许可（autorização），或者是通过授权（delegação）第三人以自己的名义受领给付（*adjectus solutionis causa*）。许可或授权既可能是在债成立之时作出的，也可能是在此之后作出的。

这些行为都无须按照特别的形式，如果不能证明这些行为，债务人只须另行作出履行。

法律之所谓"订定"，是指在债权人与债务人之间达成协议，⑤ 或者在

---

① 但是，如果所涉及的只是单纯的报信者或负责收取债款之人，则债务人不得拒绝履行。Pires de Lima e Antunes Varela, 前揭著作及卷数, anot. ao art. 771.°。

② 债务人没有义务向债权人的意定代理人作出给付，如无约定，也没有义务向债权人授权受领给付之人作出给付，这一观点乍一看似乎与债权人有将债权让与第三人而不论是否获得债务人之同意的权能相违背。
但是，它们是不同的情况（Pires de Lima e Antunes Varela, 前揭著作, II, anot. ao art. 771.°），因为涉及的是不同的利益，适用不同的制度是合理的。

③ 如有关债权已被查封或假扣押，且已就此措施通知债务人（《民事诉讼法典》第 856 条第 1 款），则该债务人有义务作出给付，所作给付由法院处置（该法典第 402 条和第 860 条第 1 款）。

④ 为避免出现类似的麻烦，当催告人或表见债权人的权利受到怀疑时，债务人可进行提存［第 841 条第 1 款 a）项］。

⑤ 第 770 条 a）项中规定的"订定"可能有两重含义，这从对法律行为的解释中可以查明。通过该订定，可以向债务人施加向第三人作出给付的义务（而且可能将此"订定"加入一个为第三人利益订立的合同之中）。而且也可以限于赋予债务人以向第三人作出给付（solutionis causa adjectus）的权能（不可单方废止）：在此情况下，第三人不得要求获得给付，但有受领给付的正当性，且当向他作出给付时，他也应当受领给付，否则将使债权人构成迟延（受领迟延）。

单方法律行为中获得债权人的允许；所谓债权人"同意"，是指尽管债是由一项双方法律行为产生的，但向第三人作出给付是债权人通过单方意思表示所许可的。

比较常见的一种同意向第三人作出给付的方式，是向第三人交付清偿人有权要求取得的收据（recibo）或受领证书（quitação）等文件（第 787 条）。[①]

b）债权人虽然没有许可向第三人作出给付，但追认（ratificar）了该给付（在该给付作出之后），从而使这一向债权债之关系以外之人作出的履行成为正确的履行。对于这一追认行为，如无特别规定，则亦适用于第 219 条中所规定的方式自由原则。

c）第三人（受领人）其后取得债权（无论是以何种名义，继承、生前移转、竞买，还是判给——见《民事诉讼法典》第 860 条第 2 款）。在此情况下，如果取得债权是在清偿行为之后，则该履行仍然是错误履行（mal feito）。但是，假如撤销向第三人作出的给付并强迫债务人再次向原债权人作出履行，这是不合理的，也是不恰当的，因为这样做之后，债权人还是要反过来再向刚刚被收回给付的第三人另行作出给付。

法律采取了一种更实际、保险和简单的做法，即规定这种情况下的最终结果与使给付有效的结果相同（第 770 条 c）项）。

d）债权人因债之履行获益，且债权人并无合理利益不将给付视为向其本人作出。[②] 明显属于此类的情况是，受领给付之人将其从债务人处受领的给付交予或转移予债权人（例如，将所收到的金额存至债权人的银行账户）。在实践中产生较大疑问的是，如果给付是向债权人的债权人作出的，应当适用什么法律规定处理。[③]

假设甲欠乙 200 康托（conto）*，甲没有向乙进行支付，而是将此金额支付给了丙，乙欠丙的数额与此数额相同甚至更多。

可以说乙从该履行中获益了，因为他欠丙的债务被完全或者部分地解除了。但无法判断乙是否无合理利益不将给付视为向其本人作出，要回答这一问题，必须根据每一具体案件的情形进行具体判断。对于这一例子，

---

① 对于受领证书为伪造的情况，或者出示受领证书之人已经被取消了收取债务之权力的情况，参见 Vaz Serra，前揭著作，pág. 62 e segs；Brox，pág. 73（参见《德国民法典》第 370 条）。

② Enneccerus-Lehmann，*Tratado*，§ 61（§ 284），I，1；Vaz Serra，前揭著作，n. 23。

③ V. Heck，§ 56，10。

* 译者注：康托，葡萄牙旧货币名称。

有观点认为，应当由乙（而非甲）决定对其欠丙的债务作出履行，这一观点虽然有一定分量，但并不能彻底解决问题，因为甲对其欠乙的债务也享有相同的自由，而且也因为使乙欠丙的债务消灭，终究没有直接违背乙的意思。最根本的问题并不是乙欠丙的债务是否可以非经债务人的同意即消灭（关于这一点，第767条和第768条的规定并没有留下任何疑问。），本质的问题是，随着甲向丙作出给付，乙对甲所享有的权利仍然保持，还是随之消灭。①

但也有一些情况，不得不承认债权人有合理利益不将给付视为向其本人作出。例如，因为对方当事人不履行，债权人想解除该债务所涉之双务合同，②又如，当债权人处于无偿还能力状况时，倾向于（当他仍可以这样做的时候）向他其中的一些而非另一些债权人进行支付。

e）债权人为受领给付之人之继承人，并对该被继承人之债务负责。

属此情况的，例如，丙（受领给付之人）在受领甲的给付之后死亡，乙是丙的继承人，同时也是甲（债务人）的债权人，是本应受领甲之给付的人。如果乙对丙的债务负责，则使该给付非有效的结果是，作为债权人的乙有权利要求债务人另行作出给付，同时作为继承人，乙应当向清偿人（solvens）返还后者不当地向丙（被继承人）作出的给付。总之，乙必须将其以某种名义受领的给付以另一种名义返还。

法律从这种混乱中提取了一个更符合逻辑的做法，即认为该给付是有效的（第770条e）项）。

但是，显而易见，使该给付有效的做法只适用于利害关系人作为继承人其责任能够覆盖其作为债权人的权利的部分。如遗产分割后确定该利害关系人只需对被继承人债务中的部分份额承担责任（第2098条第1款），则只有在与所作之给付相应的范围内才被视为债务解除。

f）法律认为该给付产生效力。属于此种情况的，例如，代位之诉（第606条及以下），某些条件下的查封债权（《民事诉讼法典》第860条第1款），债权出质（《民法典》第685条），破产与无偿还能力（《企业恢复与破产特别程序法典》），等等。

---

① 不过，甲欠乙的债务也可能以不同的方式消灭。向丙作出支付后，如乙对该履行有利，甲可能代位取得丙对乙所享有的权利，或者至少，甲将有权获返还因牺牲自己而使债权人得利的支付，而且在此情况下，得以其对乙的债权抵销其对乙所负之债务。

② Pessoa Jorge, *Lições*, pág. 358.

但是，向表见债权人（credor aparente）作出的履行并不被认为是产生效力的，①除非在一些特殊情况下，考虑到清偿人的善意，法律明确承认此时的履行产生效力。

属于此类情形的，例如，在尚未将债权让与一事通知债务人之前，债务人向让与人作出给付（第 583 条第 1 款和第 2 款），②又如，在保证人已经履行债务但尚未就此通知债务人之前，债务人因错误而向原债权人作出给付（第 645 条第 1 款）。

在其他有表见债权人（例如，持有收据但并未被许可收取债务的人）的情况下，向第三人作出的给付并不具有解除债务的效力。清偿人可依据第 476 条第 2 款的规定请求将所作给付返还，然后必须另行向债权人作出给付。

第三分节　给付的地点与时间

284. 一般原则：给付地点与产生结果的地点

为了遵守切实履行这一基本原则，应当在当事人所约定或法律所订定的履行地点作出给付。

订定给付地点在实践中具有非常大的重要性，因为在特定地点作出给付可能使该给付具有某种经济价值（valor econômico），如果在另一地点作出，则该价值会变得非常不同。

由于没有关于作出方式的特别要求，关于履行地点的约定既可以通过利害关系人明示的（expressa）意思表示作出，也可以通过默示的（tácita）意思表示作出（第 219 条和第 217 条）。③

有一些法律要求注意的特别（especias）规定，包括第 885 条（关于支

---

① 另一种不同的指导思想是由 Vaz Serra 提出的（前揭著作，pág. 79 e segs；Anteprojecto，art. 431.°）。

② 关于在债务人知悉债权让与之前，该债权是否应当被认为已在让与人与受让人之间的关系中发生让与，参见后文第六章，关于债权之让与的部分。

③ 如果某些给付因其性质或用途而必须在特定的地点作出，则可认为当事人通过默示的意思表示订定了履行该等给付的地点。例如，以在某块特定的土地上建造一座建筑物或以维护特定不动产的工作物为内容的承揽，在一块农用土地上耕种的义务；修剪特定树木的义务；提供家务劳动的义务；与特定工厂签订劳动合同的义务；等等。

付价金的时间和地点)①、第 1039 条（关于支付租金的时间和地点）、第 1195 条（关于返还受寄物的地点）、第 2270 条（关于遗赠的交付）以及 1969 年 11 月 24 日第 49 408 号法令第 24 条（关于将劳动者调动到其他工作地点的条件）。

其他需要注意的特别规定还有第 773 条（根据该条，如果给付的标的为特定动产，则应在法律行为成立时该物的所在地作出给付）② 和第 774 条，其中后者规定，对金钱债务的履行应在履行时的债权人的住所进行。③

第 774 条的规定使大部分金钱债务成为"应上门偿还的债务"（法语：dettes portables），这具有巨大的实践意义，因为在商业实践中，金钱债务出现的频率非常高。

候补规则

在无订定或法律无特别规定之情况下，给付应在债务人之住所作出（a prestação deve ser efectuada no domicílio do devedor）④（第 772 条第 1 款）。

这是关于债务履行地点的候补规则。但是，如果债务人在债务成立之后－履行之前改变了住所，且这一改变会对债权人造成损失，则应当在原

---

① 第 885 条表现为两个特别规则：其一，对于同时交付价金与所售出之物的情况，继续适用 1867 年《民法典》第 1583 条第 1 款中的理论；其二，对于不应在交付物之时支付价金的情况，新法消除了在旧法之语境下所产生的一个疑问，决定不再采纳 1867 年《民法典》生效期间的主流观点，决定不再对此采纳适用于一般债之履行的制度，而选择适用于金钱之债之履行的制度：参见，Vaz Serra，anot. ao ac. S. T. J.，3 – 10 – 1967（na RlJ，101.°，pág. 219）e anot. ao ac. de 23 – 1 – 1968（Rev. cit.，pág. 375）。

② 这一解决方案早在 1867 年《民法典》第 744 条第一部分中确立。但现行《民法典》第 773 条第 2 款命令将相同的理论适用于应在某特定组合中选定之种类物或应在某地生产之物（例如，出售特定仓库的若干吨燃料、某一作坊的若干数量的橄榄油或在特定庄园收割的若干毛约——译者注："毛约"为容量单位，合 60 升——的小麦）。

　　在某些情况下，可能当事人并不希望在法律行为成立时有关动产所在之处作出给付。但是，立法者选择了第 773 条的严格的规定，这是出于对确定性（certeza）问题的考虑，该解决方案解决了这一可能的不便（相反的观点，见 Vaz Serra，Lugar da prestação，n. 4）。

③ 对于这一 1867 年《民法典》第 1529 条已经命令适用于所出借之金额的返还的理论，现行《民法典》第 774 条将之延伸适用于所有金钱之债，因为没有任何决定性的理由将此理论限于借贷合同。

　　主要理由在于，如今进行金钱的移转或汇款都是容易的（通过汇票、支票等），因此，债务人可避免债权人动身前往其居所要求偿还，而不会引致较大的麻烦或不便：Nussbaum，Teoria jurídica del dinero，trad. esp.，§ 8.°，II，b。

④ 给付地点的定出，不仅对履行的问题有意义，而且对许多其他效力也是有意义的，尤其是，在提起旨在要求履行债务或要求获得由不履行而造成的损害赔偿的诉讼时，给付地点的定出对定出有地域管辖权的法院具有尤其重要的意义。

住所作出给付。不论这一改变住所是在大陆领土内部进行的，还是搬出了大陆领土，都要在开始的住所作出给付。①

如根据第 82 条的规定，债务人有多于一处住所，则应当在履行之日的住所，即履行之时债务人的常居之地，作出给付。而且，如果在债务成立之时债务人已经在不同的地方有常居所，则履行之时常居所发生了改变并不构成住所的改变。

对于一些债务，债权人应当前往债务人的住所或其他地点来寻求或要求获得给付，法国人将此称为"应上门受领的债务"（法语：dettes quérables），德国人将此称为"取偿之债"（德语：Holschulden）。② 相反，法国人将必须在债务人之住所作出给付的债务称为"应上门偿还的债务"（典型的情况是金钱债务：第 774 条）。

在有些债中，须将应给付之物送往一个不同于履行地的地点（德语：Schickschulden），学者们在此类债中区分"给付地点"（法语：lieu de la délivrance；英语：place of delivery。这涉及履行、有管辖权的法院的确定等问题）与产生结果或效果的地点，其中后者是指债务人之债务终止的地点，或者更准确地说，是债务人主要的从属的行为义务终止的地点。③

债权人变更住所

与对债务人的处理方式类似，法律也在第 775 条中规定了当事人订定或法律规定应在债权人的住所作出给付而债权人于债权成立后变更住所的可能性。

当出现此情况时，如该变更使履行负担变重，则债务人可在其住所履行债务，除非债权人对债务人因在债权人新住所履行而加重的负担进行赔偿。④ 如果变更住所不使债务人的负担加重，则给付必须在债权人的新住所作出，而债权人无须作出任何损害赔偿。⑤ 而无论如何，债权人也应当在合适的时候将其变更住所一事告知债务人。

这样就在 1867 年法典曾经探讨过的两种解决方案中确立了一种折中方

---

① 在后一种情况下，1867 年《民法典》第 744 条规定，应当在债权人的居所作出给付。

② Brox，pág. 75；Larenz，§ 14，IV.

③ Vaz Serra，*Lugar da prestação. Tempo da prestação. Denúncia. Cessão da posição contratual*，1955，ns. 9 e 10；Esser，§ 22.

④ 相同的解决方案亦应类推适用于债权已被通过转让、代位或死因继承而移转的情况：Pires de Lima e A. Varela，Cód. Civ. anot.，Ⅱ，3.ªed.，art. 775.°；Vaz Serra，anot. ao ac. do S. T. J.，de 3 - 10 - 1967（R. L. J.，101.°，pág. 221）。

⑤ 在此意义上的论述，见 Vaz Serra *anot. cit*。

案：曾经的一种解决方案是，在债务成立时债权人的住所履行；另一种解决方案是类推适用第744条唯一款的规定，在债务人的住所履行。

在有些债中，债务人必须将应给付之物送往或寄往债权人的住所或另一地点，并须承担由此产生的费用，德国学者将此类债务称为"赴偿之债务"（Bringschulden）。[①]

285. 不可能在订定的地点给付

如果不可能在所订定的地点履行债务（例如，某艺术家负有在某一城市表演的义务，但当地政府禁止此类性质的演出），则这在原则上意味着该债务无效或债务消灭；如果是给付自始不能的情形，则该债务无效（第280条第1款和第411条第1款）；如为给付嗣后不能的情形，且这并不是由可归责于债务人的原因所导致的，则该债务之约束力消灭（第790条）。

但可能发生的情况是，不可能在所订定的地点履行，但在该地点以外履行是可行的，且地点的确定问题并不是关系到该债之关系各主体是否订立该法律行为的重要问题。例如，两位外国专家被聘请到一间工厂工作，不料该厂被一场火灾毁灭，但两位专家的工作完全无妨在其他地点完成。

当出现这样的情况时，没有理由否定该债的有效性，为此有两种可能的解决办法：一种方案是，根据案件的具体情况，考虑作出约定时的各种条件，找到一个最可能符合各方当事人的可推定的意思的地点；另一种方案是，直接适用法律关于给付地点所作的候补规定（第772条至第774条）。

在第776条获得确定的是后一种解决思路，这也再次体现了贯穿于整个债法制度中，立法者想尽量保障的确定性（certeza）精神。

286. 履行时间

根据履行时间对债进行分类：可要求履行之债与可支付之债；单纯债务与有期限之债务。根据履行时间对债务的分类及其一般概念：可要求履行之债与可支付之债；单纯之债与有期限之债。

应当在什么时刻作出给付，既可由当事人通过协议订定，也可由法律规定订定。商事交易中的惯常做法是，各利害关系人约定债务到期的日期，也即从哪一时刻开始可以要求作出给付。在另一些情况下，法律本身即确

---

① Vaz Serra，前揭著作，n.9；Brox，前揭位置；Larenz，前揭位置。

定了特定债务的给付期（参见关于消费借贷的第 1148 条第 1 款、第 2 款和第 3 款以及关于承揽的第 1211 条第 2 款）。

但是，在了解自哪一时刻起债权人可要求履行债务（债务人如不履行将构成"债务人迟延"/mora debendi）之前，有时有必要首先了解自哪一时刻起债务人可以履行债务并迫使债权人必须受领向其作出的给付（债权人如拒绝受领给付和拒绝提供受领证书，则将构成"债权人迟延"/mora credendi）。

事实上，德国法严格区分了这两个时刻：从某一时刻起，债权人可要求履行债务（债权到期/Fälligkeit 的时刻，即可要求实现债权的时刻）；从另一时刻起，债务人可以作出给付，且迫使债权人受领给付，否则债权人将构成受领迟延（债权满足/Erfüllbarkeit 的时刻，由于欠缺更好的词汇，可以将此称为可支付债权的时刻）。[①]

在有期限之债的情况下，即当期限有利于债务人时，上述两个时刻之间的区别非常明显。

如属此种情况，则债权人直到该期限届满才可要求履行债务，因为债权还未到期（Fälligkeit）。但债务人可放弃期限利益而作出有效的给付，因为已届债务满足（Erfüllbarkeit）的时刻。

但是，显而易见，在该问题（给付的时间问题）中最具理论和实践意义的一个方面是可要求履行债务的时刻，即自哪一时刻起债权人可要求债务人作出其应为之给付。

对此，第 777 条第 1 款规定，"在无订定或法律无特别规定之情况下，债权人有权随时要求履行债务，而债务人亦得随时透过履行以解除债务"。[②]

接着该条第 2 款规定了虽无订定或法律规定，但"因给付本身之性质、基于导致有关给付之情况，又或基于习惯"而有必要定出期限的可能性。

事实上存在一些债务，对于它们不能也不应当适用无期限债务的立即可要求履行（imediata exigibilidade）原则，这可能是因为债务本身的性质（建造一座房子，进行一项复杂且耗时的财务研究），可能是因为对该债务有决定作用的情况（将一件家具贷给一对夫妇，而这对夫妇须将他们的全

---

① 详细的阐述参见 Larenz, Lehrbuch, I, 14.ª ed., §14, V, pág. 198。

② 1971 年 1 月 15 日最高法院合议庭裁判涉及这样一个案例，双方当事人因为明显的疏忽，约定的履行日期（要履行的是一项需办理公证书的行为）为星期日（1967 年 8 月 20 日）。合议庭在案件的审判上作出了正确的裁判（bem），但错误地（mal）认为，对此种情况不适用第 279 条 e）项的规定。正确的理论，见 *Rev. Trib.* 中的简要注释。

部家具从巴西运往欧洲大陆），也可能是因为习惯（分配劳动报酬时通常不是按日计算，而是定期计算）。

将第777条的两款规定所体现的理论概括起来，根据一种以债务到期（vencimento）时间为标准的传统分类方式，可以将债务分成两大类：a）一类是单纯债务（obrigações puras）；b）另一类是有期限债务（obrigações a prazo）或附期限债务（obrigações a termo）。

单纯债务（第777条第1款）是指，由于没有另有约定且法律没有另作规定，成立后即立刻到期的债务，或者说，一旦债权人通过催告要求履行（"在没有期日的情况下所负担的，被即时负担"，拉丁：quod sine die debetur statim debetur）或者债务人想要作出应为之给付便立即到期的债务。有期限债务是指在某一期限届满或特定日期到来之前不得要求或强迫对方当事人履行的债务。[1] 通过该期限确定了一个日期，在此日期之前，如债务人仍未作出给付，债权人不得要求其作出给付，且债权人也不得被强迫受领给付。

有期限债务这一类别还包括第777条第2款所规定的债务（因性质、情况或习惯而定出期限的债务）。在新《民法典》生效之前，如当事人之间没有约定，则此类债务的期限只能通过司法程序确定，即在作出事实的执行（execução para prestação de facto）程序中确定，其中确定期限是被加入此类执行程序中的一种前引阶段（1939年《民事诉讼法典》第939条和第940条）。在除此以外的任何一种情况下，如果必须诉诸执行程序解决问题，则债权人似乎不得不等待一个合理的期限到来，如此法庭才会认为该债务已到期。

在合适的时候为该等债务设定一个期限，符合债权人的正当利益，新的立法寻求满足这一利益，规定只要债权人无法与债务人达成协议，可诉诸法院（recorrer aos tribunais）实现司法订定期限（fixação *judicial* do prazo）这一独一无二的目的（《民事诉讼法典》第1456条和第1457条）。

不过，如果通过协议约定由债权人来确定期限，而债权人拒绝这样做或出于任何原因而没有这样做，则债务人亦享有类似的权能。

---

[1] 通过当事人之间的约定可能产生一种混合的（mista）或中间的（intermédia）状态：仅当特定的未来事件（条件）发生时，有关给付才成为须作出之给付，但是，一旦该条件成就，则该给付立即成为可要求作出之给付。

1971年4月23日最高法院作出合议庭裁判（Bol. Min. Just.，205.°，pág. 72）的案件，从深层次上所反映的就是这样的情况，预约出卖人承担了一种工具性的（instrumental）或从属性的（acessória）债务。

协议约定的（convencional）期限既可以是一个最初的期限（originário，与债务同时），也可以是一个后来的期限（subsequente）。无论最初的期限还是后来的期限，都是可以以一个期限代替另一个期限的，即延长或缩短（后一种情形比较罕见）之前的期限。当新的期限构成了对旧期限的一种增加（aditamento）时，则直到旧期限届满时才开始计算（从现时起，ex nunc），所以，准确的说法是期限的延长（prorrogação）：本应在 1 月 6 日届满的期限被延长了 6 个月，这意味着债务直到 7 月 6 日才到期。假如新期限应当自始（ab initio）或从彼时起（ex tunc）计算，则其实是以一个不同的期限（prazo diferente）代替（substituição）最初的（inicial）期限。

期限原则上具有中止（suspensivo）性：某一债务在 1 月 6 日到期的意思是，在该日以前债权人不得要求其履行。但在例外的情况下，期限有时具有终局性（final）或解除性（resolutivo）：举办抽奖活动的公司只对在某一日期以前兑奖的人进行支付；公共部门只会在债务文件发出后的一些时日之内进行支付；等等。

为确定有关条款的准确含义，了解所确定的期限对债之关系主体中的哪一方有利就变得十分必要了。在传统观念（有利于债务人，favor debitoris）的指示下，第 779 条规定，期限之定出被视为有利于债务人（diesadjectio pro reo est non pro stipulatore：D.，45，1，41，1），但证明期限系为债权人利益或为债务人及债权人共同利益而定出者除外。

期限之定出被视为有利于债务人的含义是，在债务到期以前债权人不得要求履行，但债务人可放弃期限利益而在该期限届满以前履行。[1] 如果期限利益是由债权人所享有，[2] 则债权人可在所约定的时间之前要求履行债务，但在该期限届满前不得被强迫受领给付。如该期限是为双方共同利益而定出的，[3]

---

[1] 如果只是因为错误而提前（ante diem）作出履行，并不因此要求重新作出，而仅可要求返还债权人因债务之提前履行而得之利益（第 476 条第 3 款）。

[2] 这通常发生在寄托合同中，第 1194 条规定，"寄托物之返还期限被视为以寄托人之利益而定出"。

[3] 这通常发生在有报酬的消费借贷合同中，第 1147 条规定，"在有偿消费借贷中，期限之订定推定系为双方当事人之利益而作出，但借用人只要给付全部利息，即得提前作出返还"。借用人有提前履行的可能性，这并不与已有的观念冲突，因为约束借用人的条件（如提前作出返还，须支付所谓 "inter usurium"）仍然肯定期限利益背后的贷与人利益。
对于哪一方当事人有获得物之收益的权利（如所涉及的是金钱给付，则指获得 "inter usurium" 的权利）的一般问题，除要考虑关于有偿消费借贷这一特别情况的第 1147 条的规定外，还要考虑第 476 条第 3 款的规定，后者在关于不当得利的一般规定的部分。关于这一问题，参见 Almeida Costa，前揭著作，6.ª ed.，pág. 889，nota 3。

则既不能强迫债权人提前受领给付，也不能强迫债务人提前作出给付。

无论哪一种情况，一旦该期限届满，债权人可要求履行债务，葡萄牙的法院不享有《法国民法典》第1244条（在通过第20－Ⅷ－36号法律加入的一项中）赋予法国法院的权能：当债务人的处境和其经济状况表面如此做合理时，定出一个"宽限期"（un terme de grâce，不超过一年）。

固定日期或有限期限的给付

最后要探讨的一个最重要的问题是，在作为债之渊源的法律行为的效力方面，当事人想要赋予期限的订定以何种所及范围。如果期限的订定意味着必须在此期限内作出给付，否则有关法律行为失效（caducar），那么此时的给付对债权人而言已无意义，学者们将此类法律行为称为绝对确定的法律行为，① 将此类期限称为绝对确定的期限，或者如 Baptista Machado 之所谓"定时给付"（prestação temporizada）。② 如果期限的定出并不意味着法律行为必然失效，在期限届满而债务未被履行时，只是赋予债权人以解除法律行为或要求就因迟延给付而遭受的损害获得赔偿的权能，则此时的法律行为为相对（relativo）或单纯（simples）确定的法律行为。③

在一些情况下，期限之所以重要（essencialidade）首先是因为债务所受制于的目的（fim），期限仿佛镶嵌于（inscrustado）给付的内容之中。

属此情况的，例如，乘客雇一辆出租车以搭乘准点起飞的飞机或发车的火车；专门为某场婚礼而购买的一套水杯；为某日的演奏会聘请了一位歌手。

有些学者将此等情况称为期间（期限）具有客观重要性（essencial objectivo）的法律行为。④

对于与此相对的另一些情况，期限的重要性并非由债务的性质（natureza）或目的（finalidade）而决定，只是因为当事人的确定（determinação），这些情况被称为期间（期限）具有主观重要性（essencial subjectivo）的法律行为。

---

① 与该等情况在性质上相当的一些情况是，某些债务的给付必须在特定的日期作出，否则对债权人而言，该给付完全丧失利益（例如，为某次特定的宴会聘请的侍者，有义务在特定日期的一场演出上表演的乐师，等等）。

② Baptista Machado, Risco contratual e mora do credor, Coimbra, 1988, sep. do Bol. Fac. Dir., pág. 11.

③ Vaz Serra, anot. ao ac. do S. T. J., de 12－1－1971（R. L. J., 104.°, pág. 302）.

④ Baptista Machado, Pressupostos da resolução por incumprimento, Coimbra, 1979, sep. do Bol. Fac. Dir., pág. 65.

287. 间接订定期限的特别标准

与之前立法的做法（第 743 条唯一款）类似，现行《民法典》预见了当事人约定债务人于其可履行之时履行债务的可能性（转佳条款，cláusula de melhoria）。在此情况下，仅当债务人有履行的可能性时才可要求其作出给付（第 778 条）。如要求履行，债权人必须主张并证明债务人拥有足够的经济资源（meios económicos）以作出给付，给付不会使之陷入不稳定或困难的境地。[1] 如债务人死亡而未履行债务，则可向其继承人要求给付，而无须证明后者有履行的经济能力（*sem necessidade de prova da sua possibilidade económica de cumprimento*），虽然知道继承人的责任原则上以"遗产的效力"（forças da herança）为限（第 2071 条）。

如此，法律便使债务人被赋予的上述权能具有了人身性（carácter *pessoal*），因为继承人不继承此项权能。

之前的立法所忽略的是给付期取决于债务人的任意决定的可能性（债务人在其想要履行之时履行的可能性：cum voluerit），对此，第 778 条第 2 款作出了规定。所建立的这一制度表明：一方面，尊重了债务人所被赋予的在选择履行时刻上的完全的自由；另一方面，也考虑到了债务人所被赋予的上述权能的人身性，其继承人仍有义务履行债务，仿佛上述条款并不存在一般。[2]

此外，尽管之前的立法保持沉默，但这一学说早已是葡萄牙法学院传统意义上所讲授的教义。[3]

288. 期限利益之丧失：A）债务人无偿还能力

在一些情况下，尽管债务是附期限的，尽管给付期的确定是为了债务人的利益或其与债权人的共同利益，但这些情况的发生仍将导致债务立即

---

[1] 但不能排除的一种可能性是，从对法律行为的解释中可得出结论，当事人加入 "cum potuerit" 条款，他们所指的其实是有实质的可能性或有时间的，在所涉及的是事实之给付（写一篇文章，完成一项工作物，完成一件书法作品，等等）时尤其如此：Pires de Lima e A. Varela，Cód. Civ. anot.，com. ao art. 778.°。

[2] M. Andrade 指出（pág. 304），假如同样的权能亦被赋予继承人，"我们将面临一种完全依债务人一方的意愿而产生的状况，因此并不存在对债务人的真正的约束，因此，也不存在法定债务"。《意大利民法典》第 1183 条第 II 款中则确立了不同的制度，该款规定，在该等情况下，由法官视情况定出期限。

[3] P. Lima e A. Varela，Noções fundamentais de direito civil，I，6.ª ed.，pág. 326.°，nota 1 及其中所引学者。

到期，原因是所定出的期限失效（第780条）。

其中的第一种情况是"债务人变为无偿还能力人，而不论是否经法院宣告"（第780条第1款），这丝毫不妨碍在为获得债务的提前到期而专门进行的诉讼程序中确认无偿还能力。[①]

无偿还能力（insolvência）是指债务人因缺乏资金和信用而无法如期履行其债务的状况（《企业恢复与破产特别程序法典》第3条）。[②] 一旦出现此种状况，而作为确定给付期之基础的债权人的信任已经不再能够支持保持期限利益时，有期限之债务将立即成为可要求履行的债务。

这将从《民事诉讼法典》第1196条第1款的规定（旧的条文），及该法典第1315条就司法宣告无偿还能力情形的一般性准用规定中可推导出来。但是，《民法典》第780条的规定终结了因之前立法的沉默而可能出现的疑问，规定法院预先（prévia）宣告债务人无偿还能力并非期限利益丧失的必要条件。

在请求（立即）履行债务的案件中，债权人可（适时，oportunamente）主张和证明债务人无偿还能力。[③]

但是，在适用这一规定时，对债务人无偿还能力有合理理由的忧虑（justo receio）不再等同于债务人无偿还能力（通过第19 126号令修改后的1867年《民法典》第741条规定了这种等同），因为对于处于经济困难状况但仍未绝望的债务人，期限利益的丧失可能不公平地促使债务人没落。但是，对债务人无偿还能力有合理原因的忧虑可以成为就其财产进行假扣押（arresto）的依据（《民法典》第619条以及《民事诉讼法典》第406条及以下）。如欲申请进行假扣押，债务（直到特定日期才到期）之诉必须是在

---

① 同一理论在《企业恢复与破产特别程序法典》第151条第1款中也有确认，适用于破产的情况，即一旦被宣告破产，同时，无论是根据《民法典》第780条的明确规定，还是根据《企业恢复与破产特别程序法典》第25条第2款的规定，应当认为这一理论适用于无偿还能力的宣告。

② 过去，与"无偿还能力"的静态概念有本质区别的，是"破产"这一动态的概念，后者仅适用于商人，是指债务人不能如期履行其债务。
尽管如此，之前《民法典》第741条所提及的债务提前到期的情况是债务人之破产，明显使用了"破产人"（falido）的表述，所使用的不是其法律技术上的含义，而是其普通的、日常的含义（M. Andrade，前揭著作，n.70），这在很大程度上对应的思路是，如今无偿还能力这一术语以概括性的方式规定在规范破产的法律的第3条中。

③ 但需注意的是，在债权人可根据第780条第1款的规定要求债务立即履行，与因为债务人被宣告破产而引致的破产人之全部债务立即到期之间，有深层次的和结构性的差异。参见Almeida Costa，前揭著作及版次，págs. 891。

《民事诉讼法典》第 389 条第 1 款 a）项所规定的解除期限（prazo resoluti-vo）之内提起的，否则该保全措施失效。

289. B）基于可归责于债务人之原因而使债权之担保减少，又或未提供所承诺之担保

因期限失效而债务提前到期的第二个原因是，基于可归责于债务人之原因而使债权之担保减少，又或未提供所承诺之担保。①

例如，某项债务本来是通过抵押担保的，但由于债务人的过错（故意或过失），作为抵押标的之都市房地产在一场火灾中被完全或部分地毁灭；又如，用来担保债权的农用房地产严重贬值。债务人本来承诺就有关债务提供保证，或通过抵押担保该债务，却没有遵守其所作出的承诺。以出质或抵押担保等名义，债务人有过错地给出了不属其之物。

无论属于哪一种情况，这一有期限的债务立即成为可被要求履行的债务，债务人丧失期限利益。②

与之前一部法典所采取的做法一样（第 741 条），现行法律不要求担保减少到不足够（insuficiente）的程度。对于这样一个关系到债务安全的问题，人们认为，即使在设定担保时，在债权金额与担保价值之间已经有一个差额，某一理由不维持这一差额。此外，有些学者注意到，③因可归责于债务人的事实而导致的担保的减少，构成对合同的一种违反，因此有理由认为债权人丧失了对对方当事人本应有的信任。

因为类似的原因也可推论出，要防止丧失期限利益，仅仅依靠债务人（或第三人）承诺提供而未提供的担保是超额的（supérflua），这是不够的。

前一部法典第 741 条仅提及了合同中所约定的（estipuladas）保障（seguranças）的减少，④与此不同，现行《民法典》第 780 条非常笼统地表

---

① Moreno Quesada, *El vencimiento antecipado del credito por alteracion de sus garantias*, Anuário de Derecho Civil. 1971, pág. 429.

② 当债务人被迫使在到期前履行债务时，如有关债务不产生利息，债务人是否可要求获得"interusurium"？这一问题是有疑问的：Vaz Serra, 前揭著作, n.16。
如已提起针对债务人的执行程序，则其他任何有优先权的债权人均可前来要求获清偿其债权（与作为申请执行人的债权人一起），即使其债权仍未到期亦然：关于这一问题，参见 1972 年 1 月 21 日最高法院的合议庭裁判以及 Rev. Trib., 90.°, pág. 223 中所作的恰当的分析。

③ M. Andrade, 前揭著作, pág. 312。

④《法国民法典》第 1188 条也在相同的方向上作出了规定："如债务人已破产，或因其过错以致其依据契约向债权人提供的担保减少，则债务人不得主张享有期限利益。"

述为"债权之担保减少",其目的明显是想涵盖债务成立时已经设定的担保,以及之后约定设立的担保,不仅包含通过协议设定的担保,而且包含依法设立的担保(司法裁判抵押,hipoteca judicial)。

如基于可归责于债务人之原因而使债权之担保减少,则债权人可不请求立即获得给付,而是请求代替(substituição)或加强(reforço)担保。如债权人倾向于此种解决方案,而这一解决方案又能弥补因担保减少而对债权的安全性(segurança)或价值(valor)造成的损害,则没有理由驳回债权人的选择。这一理论在第780条第2款中确立了下来,这在逻辑上也与前一款的规定相承。

不过,第780条是适用于一般意义上的(em geral)担保的,有必要将该条与关于各种(em especial)担保的专门规定作一比较,如此对"债权之担保减少"可能产生的效果的分析才更完整。

关于保证,第633条第2款规定,如指定之保证人财产状况发生变化,以致可能出现保证人无偿还能力之情况,则债权人有权要求加强保证;作为补充(如债务人不在法院为其所定出之期限内加强保证,或提供其他适当担保),债权人亦有权要求立即履行债务。

将此规定与第780条的规定对比,可以得出如下结论。

1)如通过保证提供的担保出于可归责于债务人的原因而减少(这种情况不常见,但仍有可能出现),债权人(不论担保减少的程度如何,也不论担保减少对债权产生了怎样的影响)如认为合适(显然,其必须始终以善意作出行为:第762条第2款),则可要求债务人立即履行债务,也可要求代替或加强担保,而仅作为补充要求债务人立即履行债务(第780条第1款和第2款)。

2)如通过保证提供的担保减少不可归责于债务人,而归责于保证人本身或第三人,又或系由意外事件(caso fortuito)造成,则只要保证人的财产状况变化导致有合理理由恐防其出现无偿还能力的情况,债权人可要求加强保证或提供其他适当担保,作为补充,有时可要求债务人立即履行债务(第633条第2款和第3款)。

类似的,作为比照(mutatis mutandis),必须将第780条的规定与第711条*中关于抵押的规定结合和协调起来,且第711条所确定的理论亦延伸适

---

* 译者注:作者指的可能是《葡萄牙民法典》第701条。

用于收益用途之指定（参见第 665 条）与质权（参见第 678 条）。

也就是说：

a）如果通过抵押、收益用途之指定或质押提供的担保因可归责于债务人的事实而价值减少，则债权人享有第 780 条第 1 款和第 2 款赋予其的权利。

b）如果被抵押、指定收益用途或出质之物出于可归责于第三人的原因或因意外事件而灭失，① 又或，如果担保出于相同的一些原因而变得不足以（insuficiente）保障有关债务的履行，② 则根据第 711 条第 1 款的规定，债权人有权要求债务人代替或加强担保，以及作为补充，要求立即履行债务。③

c）此类情况还有一种特别情形，即担保是由第三人而非债务人设定的。如属此情况，只要物之灭失或担保的不足是出于第三人的过错造成的，则债权人可向作为担保人的第三人要求代替或加强担保，又或要求其立即履行债务（或者，如果是未来债务的情况，可要求以其他财产抵押登记）。

290. C）可分期清偿之债务中未履行其中一期。分期付款的买卖

债务提前到期或给付期失效的第三个原因仅与所谓"可分期清偿的债务"有关。

此类债务的标的虽然已经完全确定，但被分成了多个部分，随着时间的推移而分批次给付。但它们与继续给付的债务和相继的单一给付的债务不同，在后两种债务中，时间在债务人须为之给付的确定上产生根本性的影响，而在可分期清偿的债务中，债之标的在债务成立之时即已确定，只是对其的支付（即指履行，或第 781 条中之所谓"清偿"）被分成了若干部分，而且这通常是为了便利债务人。

对于此类债务，第 781 条作出了如下规定（与 1867 年《民法典》第 742 条的规定一致）："债务可分两期或多期清偿时，未履行其中一期，即导致全部到期。"

---

① 如仅有有理由忧虑质物灭失或贬值，允许通过法院预先许可提前出卖（第 674 条第 1 款）。这只适用于出质的情况，不适用于抵押：Vaz Serra, *Hipoteca*, n. 22。

② 只要担保的减少不是由可归责于债务人的事实造成的，则导致提前到期的主观事实（因合同被违反而导致的信任的破坏）消灭，无论该事实是对担保减少的绝对数量上的还是相对数量上的表达，而只有担保不足这一客观上的理由才能有效地证明法律赋予债权人的这些权力是合理的。

③ 如所涉及的是未来的债务，则债权人有权就债务人之其他财产作抵押登记，而不要求立即履行（第 701 条第 1 款最后部分）。

卖方以 2000 康托的总价售出一辆汽车，同时约定，买方分五个月支付该价金，每次支付 400 康托。

如买方未支付任一期给付，则根据上述法律规定（但亦须参见第 934 条关于分期付款之买卖这一特别情况的特别规定），尚欠的各期给付均立即到期。由于债务人不履行债务（inadimplemento），打破了作为按批次支付计划之基础的信赖（confiança）关系，[1] 因此有理由认定债务人就未来所有给付丧失期限利益。[2]

因此，债权人有权要求（direito de exigir）的不仅包括债务人违反义务而没有作出的给付，而且包括仍未到期的其余全部给付。

正是应当如此理解第 781 条的文本。一种错误的理解是：既然根据法律的规定（ex vi legis），其余给付立即到期，则与第 805 条第 1 款中所确认的一般原理不同，债务人从该时刻起即开始为由迟延给付而造成的损害承担责任。

规定期限仍未届满的各期给付立即到期，是法律赋予（但法律本身没有作出这样的指令）债权人的一种利益，并不因此而使债权人免于对债务人进行催告。

催告债务人立即履行全部债务（作出剩余的全部给付）的，表明债权人有意愿享用法律赋予其的利益。[3]

显然，这一制裁不适用于继续给付的债务，也不适用于对同一债权人负有多项债务的情况。雇主单位欠付劳动者一周的薪水，并不使该劳动者有权要求雇主支付劳动合同有效期内未来每周的薪水。

同样，未支付利息也不导致本金债务立即到期，因为此时所涉及的并

[1] M. Andrade 写道（前揭著作，pág. 319），"如债权人允许债务人分期支付，是为了便于其支付，因此，如果债务人不支付某一期给付，则债权人失去对其本来具有的信赖，于是债权人之前作出此让步的基础丧失了，债权人有充分理由要求全额支付债务"。

[2] 第 781 条所规定的制裁同样适用于出卖人保留所有权的（第 409 条第 1 款）分期付款的买卖。尽管这一条款已经在某种程度上表明对买受人欠缺完全的信任，买受人迟延如期履行所约定的每一期给付，仍然表明使其丧失所被赋予的期限利益是正当的（参见 1971 年 2 月 4 日波尔图中级法院的合议庭裁判，载于 Rev. Trib.，89.°，pág. 279）。甚至，即使要求履行全部各期债务，也不能说在此情况下的这一要求意味着对所有权保留条款的舍弃。在买受人之债务被有效地（efectivamente）履行之前，该条款仍然维持其全部的利益。参见 Vasco Xavier，Vendaa prestações. Algumas notas sobre os artigos 934.°e 935.°do Código Civil，Coimbra，1977，n. 3。

[3] 对此问题的完整阐述，见 Vasco Xavier，前揭著作，pág. 7，nota 4；以及 Almeida Costa，前揭著作及版次，pág. 893。

非同一债务的多个部分，而是虽然彼此之间紧密相连但并不相同的债务。在租赁合同的情况下，如承租人欠付租金，则出租人不仅可获得第1041条中规定的损害赔偿，而且可解除合同及返还租赁物［《民法典》第1047条以及《都市不动产租赁法》第64条第1款 a）项］；① 如果有偿消费借贷（mútuo oneroso）中的借用人（mutuário）在利息到期时不支付利息，贷与人亦可解除合同（第1150条）。②

分期付款的买卖（venda a prestações）

在处理分期付款之买卖的问题时，立法者给出的解决办法有些偏离（desvios）于第781条规定的一般制度，这是因为某些类型的分期付款之买卖体现着某种社会利益（interesse social），而且因为，此种取得财产之方式具有诱惑性，使买方能够立即获得交付购买物，故在不影响商业交易安全的前提下，有时有必要考虑同样赋予买方某种特别保护（protecção especial）。

因此，根据第934条，"以分期付款方式出卖保留所有权之物，且已将物交付给买受人时，如仅欠付之一期价款不超过价金之八分之一，则不得解除合同，且不论所有权是否保留，亦不导致买受人丧失对续后各期价款之期限利益，即使另有约定者亦然"。

这就是说，在这种提前获得交付购买物的分期付款之买卖中，买方仅欠付任何一期价款并不足以使之丧失其所被赋予的期限利益，还要求买方所欠付的价款超过价金的八分之一，或买方已经欠付多于一期的价款。③

291. 期限利益丧失之效力的限制

根据第780条的规定，期限利益之丧失可能是因为多名债务人中的一位陷入无偿还能力状况，也可能是由可归责于债务人中的一位或数位的事实而导致的。

如属此情况，虽然有关债务为连带债务，但对与上述情况相关的债务人科处的制裁并不延伸适用于其他共同债务人。这一解决方案体现了连带关系在具有人身性质的防御方法（meios pessoais de defesa）方面的基本原

---

① 不因不支付租金而具有正当性的是立即要求支付合同届满前的所有未来租金的权力。
② 还要注意的是，这一有偿消费借贷的解除并不完全等同于欠缴的借用人所负担的所有给付（包括每一次分期的偿还款项及相应的利息）均到期。
③ 关于消耗品的分期付款的买卖，还可参见1970年11月10日第490/71号法令，该法令经1972年6月16日第241/72号训令补充。

则。但第 782 条还是公开和直接地确认了这种解决方案，规定期限利益的丧失不延伸至债务人的共同债务人。

基于相同的规则，就更没有理由将期限利益丧失的效果延伸至曾为债权设定任何担保的第三人了。

因此，如果第三人用自己的财产设定了质权或抵押权，则债权人须待有关债务正常到期的时刻才可针对该第三人作出行为。另外，由于在这一问题上不区分物之担保（garantias reais）与人之担保（garantias pessoais），上述制度也适用于为有关债务提供保证的第三人（即保证人）。

但上述制度也有例外，需要注意第 701 条第 2 款第 2 部分与第 678 条的规定；在这些条文规定的情况下，第三人所设定的担保减少是由其过错导致的，此时债权人可要求第三人代替或加强担保，作为补充，有时还可要求其立即履行债务。

第四分节　履行之抵充

292. 由债务人作出的抵充。限制

如债务人对同一债权人负有数项有待清偿的债务，而清偿人在作出给付时没有声明，则有必要了解的是次履行所抵充的是哪一项债务。当数项债务具有不同的性质（natureza diferente）时，原则上没有任何困难辨别：所作给付的性质本身即能表明哪一债务是该履行所针对的。

如果甲对乙负有四项 2500 康托的债务（每项 2500 康托）、一项 5000 康托的债务和一项 10000 康托的债务，则当其向乙交付 15000 康托用于清偿其债务时，着实无法确定哪几项债务随着债务人的清偿（solutio）而消灭了。

根据法律行为自由（liberdade negocial）的基本原则，解决上述问题首先要考虑的是当事人（明示或默示）的协议（第 783 条第 1 款和第 2 款）。

如无协议，当债务人所作之给付不足以消灭全部债务时，法律赋予债务人以指定其履行所抵充之债务的权能。但这项权能不是自由裁量的（discricionária）、任意的（arbitrária）或不加鉴别的（indiscriminada），因为无论在逻辑上还是在道理上，它都受制于关于履行的两个基本规则。[①]

---

① M. Andrade 在对 1867 年《民法典》第 728 条文本进行解释时也提出了类似的观点，该条不加任何区分地将相同的指定的权能赋予债务人。

一方面，如期限是为了债权人利益而定出的（可能专为债权人利益，也可能为双方共同利益），则债务人不得违背债权人的意思而指定一项仍未到期的债务；另一方面，如债权人有拒绝受领部分给付的权利，则不允许债务人违背债权人的意思而指定一项数额高于所作给付的债务。

例如，甲对乙负有一项 10000 康托的债务和另一项 5000 康托的债务，则其不能以所作的 5000 康托的给付抵充数额较大的那项债务。

否则，如债务人想要以其给付抵充一项仍未到期且期限利益由债权人享有的债务，则其这样的指定不仅违反所约定的期限利益，而且违反全部履行（cumprimento integral）而非分成几部分履行的规则。

对债务人自由指定所抵充的债务的另一限制是关于有利息或其他附属款项的本金债务的，第785条第2款对此进行了确认。在支付其他款项（非独立款项或二级款项）① 以前不得抵充本金，除非债权人同意先行抵充。

293. 候补规则

就履行抵充何项债务未达成协议且债务人未作出指定时，应根据第784条中规定的候补规则确定履行所抵充的是哪一项债务。

首先倾向于抵充的是已到期之债务。如到期的债务有数项，则抵充给债权人较少担保的债务；如具相同担保的债务有数项时，则抵充对债务人负担最重的债务（因此，使该债务消灭对债务人最为有利）；② 如相同负担的债务有数项时，则抵充首先到期的债务。

在同一种类的多项债权中，如果有些债权已经到期而其余一些债权尚

---

① 尽管所涉及的不是严格意义上有多项债务的情形，而是只有一项债务，并附有多项负担，第785条所指情况仍可能引发困难，类似于存在多项同类债务时抵充可能遇到的困难。这一法律规定所指的情况是，债务人除须支付本金外，亦有义务支付开支、利息或因迟延而须对债权人作出损害赔偿。例如，某项质权债权的数额为10000康托，此外，还附有所约定之利息，加上迟延利息，以及债权人为质物作出的开支［第670条b）项］。

利害关系人之间未能达成协议，且清偿人未作出指定时，如所作出的给付不足以清偿债务及全部从属负担，则推定该给付依次抵充有关物作出之开支、迟延利息、合同所定利息或补偿利息，最后是本金。

清偿人在作出指定时可以不按照此顺序；但是，非经债权人同意，在从属负担消灭以前，清偿人不得以所给付抵充本金。

② 以设立或承担在先的债务优先，还是以先到期的债务优先，第784条第1款选择了后一标准——这一问题在之前的立法中已经相当有争议了，因为1867年《民法典》第729条规定的参考标准十分模棱两可，仅规定较旧的（mais antiga）债务优先：M. Andrade，前揭著作，第294页及其中所引学者的参考文献。

未到期，则优先抵充前者。与有优先权的债权相比，一般债权对债权人的保障较弱，因此先被抵充。同理，可通过执行予以清偿的债权优先于不通过执行予以清偿的债权而被抵充；利息较高的债权对债务人而言负担更重，因此先于利率更低的债权而被抵充；等等。

如果上述候补标准仍然无法解决困难，法律给出的终局性解决方法是，推定给付为按比例对所有债务作出，即使这会打破全部履行原则亦然。[①]

在上述例子中（有四项 2500 康托的债务、一项 5000 康托的债务和一项 10000 康托的债务），如果 10000 康托的债务最先到期，但其余全部债务也均已到期，具有相同的担保，对债务人的负担相同且成立和到期的日期也均相同。

在此情况下，所交付的 15000 康托使 10000 康托的债务完全消灭，剩余的 5000 康托使 5000 康托的债务与四项 2500 康托的债务按比例消灭（前者消灭 1 666 666 埃斯库多，后者四项总共消灭 3 333 333 埃斯库多）。

第二节　不履行[*]

第一分节　一般概念

294. 不履行的概念

在大部分情况下，债务是被自发履行的。（自愿）作出债务人须为之给

---

① 如果是破产或无偿还能力的情况，则必须遵守该等制度中的特别规则，据此，在满足优先受偿的债权或优先权（其中不包括仅享有司法裁判抵押或查封的债权）后，各项债权将按比例获得支付，而无须考虑其上是否有负担或其存续时间。

适用于这一制度的还有所谓往来账（conta corrente），在此类账户中，立约人的各项债权和债务不断互抵，因此只有最后的余额（saldo final）才构成真正的债务，是履行时要考虑的债务。

* Vaz Serra, *Impossibilidade superveniente. Desaparecimento do interesse do credor. Casos de não-cumprimento da obrigação*, 1955；A. Varela, *Inadimplemento*, na Enc. Verbo；G. Viney, *Traité de droit civil*, *Les obligations*, *La responsabilité: conditions*, L. G. D. J., Paris, 1982, pág. 211 e segs；Giorgianni, *L'inadempimento*, 1959；Id., *Inadempimento* (*dir. priv.*) na *Enc. del dir.*；Bianca, *Dell'inadempimento delle obbligazioni*, 1967, no Com. de Scialoja e Branca；Amorth, *Errore e inadempimento nel contrato*, 1967；Scherner, *Rücktrittsrecht wegen Nichterfüllung*, 1965.

付后，原则上债务便实现了其功能，即通过合适的方法（履行），满足了债权人的利益，也解除了债务人所受到的约束。

但常常发生的情况是，债务并未被履行。所谓（无论在技术术语还是日常生活用语中）债之不履行（não cumprimento）是指债务人须为之给付没有被作出——既没有被债务人作出，也没有被第三人作出——且该债务也没有出于《民法典》第837条及后续条文规定的任何履行以外之债务消灭原因而消灭。从这个意义上说，不履行是指债务人须为之给付未被作出而债权人之利益未获满足的客观情况，而不论未作给付是出于怎样的原因。

例如，甲负有义务向乙交付某本书，却因该书被烧毁而无法作出应为之给付。又或，甲无法在指定日期交付，因为该书丢失。抑或，单纯是因为甲不想交出此书而没有在指定日期交付。

丙承诺用其出租车载丁前去搭乘火车，却没有在约定的时间出现，导致丁错过了所要搭乘的车次。错过火车也可能是因为，该乘客在电话呼叫出租车后并没有准时出现和使用该车。

在大部分情况下，债务之不履行是因为债务人未作出其被要求作出的行为（积极给付）。但在实践中，在一些不那么常见的情况中，不履行也可能表现为，债务人有义务不作出某一行为（acto）却作出该行为，此时债之标的为一项消极给付［例如，不使用质物或寄托物的义务：第671条b）项和第1189条］。

与“履行”一样，《民法典》中也有以“不履行”命名的一章，是债法一卷中最重要的一章（第七章）。不履行这一概括性的名称之下，包含着一些彼此之间非常不同的情况，有必要对它们进行区分和分类，因为对于它们所适用的法律制度并不相同。理论上可能出现的各种区分中，有两种区分是尤其需要注意的，它们彼此之间纵横交错，不论是在有关问题的法律术语和系统化上，还是在法律确定的规范前提下，这两种区分都是非常重要的：其一是确定不履行与单纯迟延履行之间的区分；其二是可归责于债务人之不履行（falta，未履行）与不可归责于债务人之不履行之间的区分。

但须注意的是，在立法和法学的体系中，“履行”和“不履行”并不能穷尽与债务消灭（extinção）的关键时刻有重要关系的所有情况。除履行与不履行，可能导致债之关系发生变化的还有（从权利的时效或失效，债权债之关系的无效、撤销、单方终止或废止等中抽象出来的）各种（法律上）

所谓"履行以外之债务消灭原因"（causas de extinção das obrigações além do cumprimento）。在该等情况下，虽然没有通过债务约束通常的运作方式作出债务人须为之给付，但债务亦消灭，这或者是因为间接地满足了债权人获得给付的权利（代物清偿、抵销、更新），或者是因为有效地履行了作出给付的义务（提存以及特定意义上的抵销），又或是因为债权消失（时效、免除、混同）。

因此对"不履行"的比较准确的定义是，未作出债务人须为之给付，且没有出现任何导致债之关系消灭的事由。

295. 按原因对不履行的分类：A）基于不可归责于债务人的原因的不履行；B）基于可归责于债务人的原因的不履行

对确定不履行债务的后果有重要作用的第一个因素是不履行债务的原因（causa）。

有些时候，不履行是由可归责于债务人的事实导致的：将某一房地产出售予乙，但其实更早时已承诺将之出售予甲；有义务保持工厂关闭，却使工厂投入运作；损坏了本应交付之物；没有采取为其顾客利益本应采取的安全预防措施；在资本市场上公开募集资金时，没有提供本应提供的信息。[1] 在另一些情况下，不履行可能是因为第三人的行为（第三人毁坏了应给付之物），可能是因为意外情况或不可抗力（突发和严重的疾病使艺术家无法在其本应出席的一场音乐会上进行表演），可能是因为法律本身的规定（法律禁止作出当事人所承诺作出的法律行为），甚至可能是出于债权人的原因（债权人拒绝提供作出给付所必需的合作）。

判定不履行是否可归责于债务人的问题，是定义该制度的首要问题。《民法典》本身关于这一事宜的体例即反映了是否可归责于债务人这一因素所具有的关键性意义：不可归责于债务人之履行不能及迟延的情况汇集在第一分节中（第790条至第797条），而第二分节（第798条至第812条）集合着可归责于债务人之不履行及迟延的各种情形。

只有不履行（não cumprimento）可归责于债务人的情况，才是严格意义

---

[1] 此类例子就是 G. Viney 有意强调的一类例子（前揭著作，IV，n. 186，pág. 217），该学者以此来展示，债之关系（relação obrigacional）何以越来越多地为直接产生自法律——而非由当事人之意思而产生——的债务所填充，以及合同责任（responsabilidade contratual）何以通过合同内容中所包含的得利而触及越来越多的违反由法律而产生的债务的案例。

上的不履行（falta de cumprimento）。

在不可归责于债务人的不履行的各种情形中，有必要强调的是基于可归责于债权人的原因而不履行的各种情况，对它们要适用特别的制度。

一方面，对于债权人迟延的情况，有一专门的制度进行规定，规定在第813条及以下；另一方面，第795条第2款中规定了对该条第1款中所确立的原则的一个重要偏离，适用于可归责于债权人的原因导致给付变得不可能的情形。

296. 按效力对不履行的分类：A）严格意义上的不履行（falta de cumprimento）；B）迟延；C）瑕疵履行

除原因外，如果我们考虑债之不履行对债权关系所产生的效果，则可得出另一种对定义该制度有重要作用的分类方式。[①]

在一些情况下没有作出给付，但该给付在有关债务的语境下已经是不可能作出的（inrealizável）给付，这可能是因为给付变得不可能或债权人丧失了要求债务人作出给付的权利，也可能是因为，给付在实质上仍然是可能的，但对债权人而言该给付丧失了其意义，实际变得对债权人没有效用。

例如，甲应当向乙交付一本书，但这本书却丢失了或无法使用了；丙本应参加一场由某商业企业主举办的大型表演，却在表演当日生了重病；丁向戊售出一项动产，但更早时已承诺将之出售予己；庚本应粉刷辛家餐厅的墙壁，可辛的房子却被一场大火吞噬了。

对于该等情况，法律及法学学者有时将之称为"给付不能"（Impossibilidade da prestação），有时则使用一种更宽泛的表述，将之称为"确定不履行"（não cumprimento definitivo）。

实际上，债的确定不履行可能是因为给付不能（偶然的或意外的不能，可归责于债务人的或可归责于债权人的不能），也可能是因为不可逆转的不履行，在有些情况下法律亦将此类称为履行不能（第808条第1款）。

除上述情况，还有一些给付单纯迟延（retardamento）、延误（dilação）或迟延（demora）的情形。给付没有在正确的时刻作出，但作出给付仍然是可能的，因为它仍然符合债权人的利益。债权人可能会因为给付没有在

---

① 对此，参见 Diez-Picazo, n.°822 中所采纳的体系。

合适的时间作出而遭受损失，但从根本上说，该给付仍然维持着其对债权人的效用。例如，甲本应于二月向乙交付 1000 康托，又如，本应于此时间返还丙借给自己的一本书。不在所约定的日期给付，可能给债权人造成损失。但债权人可于给付中获得的利益并不会因为未在合适的时刻履行而消失。

法律和学者们赋予此类情况一个技术名称：迟延（mora）。因此可以将迟延定义为，在履行债务时的拖欠（atraso）或迟延（retardamento）。

根据第 804 条第 2 款文本中给出的定义，"基于可归责于债务人之原因以致未在适当时间内作出仍为可能之给付者，即构成债务人迟延"。

但是，迟延也可能是由可归责于债权人的事实造成的。第 813 条规定，"债权人无合理原因不受领依法向其提供之给付，或不作出必要行为以配合债务履行时，即被视为债权人迟延"。

迟延也可能是由某些既不可归责于债务人，亦不可归责于债权人的情况造成的，如暂时（temporária）或短期（transitória）不能的某些情形（第792 条）：某公司承诺向其外国客户寄送一批产品，但出口禁令禁止在一段时期内出口此类产品；作为某批货物唯一出口港的港口被封锁；运送某批产品所需使用的铁路线路被毁损；由于船只搁浅，某批货物的装运港或目的港堵塞；交通运输系统发生罢工，影响了某批货物的送交；等等。

除刚刚介绍的两个类别，在不履行中值得一提的还有三类情况，即瑕疵履行（cumprimento defeituoso）、不良履行（mau cumprimento）或不完美履行（cumprimento imperfeito）。某商人按时履行了债务，但所交付的是已破损或毁坏的产品；卖方没有提醒买方注意使用标的物时可能发生的危险，此不作为引致损害。

《民法典》在关于不履行的一章中没有将上述情况作为一个单独的类别加以特别规定，[①] 尽管在第 799 条第 1 款中明确提到了此类情况。

但可以确定的是，关于此类情况的制度是可以确定的，规范此类问题的规范既可见于关于债务之不履行的规定中，亦可见于关于诸如买卖、承揽、租赁等合同的规定中。

---

① 葡萄牙的很多学者也没有提及这一与不履行类似的形式，而是将之视为如下两种情形中的一种：一种情形是，履行的瑕疵并没有在本质上影响到债权人的利益，且在此情况下没有对债务的命运造成任何影响；另一种情形是，该瑕疵根本性地影响了债务人须为之给付的实质，因此根据具体情况，或者构成迟延，或者构成债务之确定不履行。

第二分节　不可归责于债务人之履行不能与迟延

297. 不可归责于债务人之履行不能*

在了解了债之不履行这一大类别中的各种情况后，下面有必要逐一介绍对其中每一种情况所适用的制度。

根据《民法典》所采纳的体系顺序，首先从不可归责于债务人的履行不能和迟延开始介绍。

关于履行不能，第790条规定，给付不能时，债务即告消灭。[①] 因不可归责于债务人的情况导致给付嗣后不能（impossibilidade superveniente）的，其主要的后果是债务消灭，同时解除债务人的债务（exoneração do devedor）。

这与第401条就给付自始不能规定的解决方案完全不同，给付自始不

---

*　除 M. Andrade 在前揭著作第 403 页中所引参考文献，亦可参见 Candian, *Caso fortuito e forza maggiore*, *Novissimo Digesto Italiano*；L. Mosco, *Impossibilità sopravenuta della prestazione*, na *Enc. del. dir.*；E. Wolf, *Ein Wort zum Unmöglichkeitproblem*, NJW, 55, pág. 11；Himmelschein, *Erfüllungszwang und Lehre von den positiven Vertragsverletzungen*, no AcP, 135, pág. 255 e segs；Meineke, *Rechtsfolgen nachtraglicher Unmöglichkeit der Leistung beim gegenseitigen Vertrag*, no AcP, 171, pág. 19；Brecht, *System der Vertragshaftung*, J. J., 53, pág. 213；C. Wohllschläger, *Der Entstehung der Unmöglichkeitslehre*, 1970；H. Kohler, *Unmöglichkeit und Geschäftsgrundlage bei Zweckstörungen im Schuldverhältnis*, 1971。

①　这一法律条文本身所使用的文字表明，这一规定适用于嗣后不能的情况，而不适用于自始不能的情况。

至于给付自始不能的情况，适用的是第 401 条的规定，其中确认了杰尔苏（Celso）的原则：给付不能不构成债（impossibilium nulla obligatio est，参见 Wollschläger，前揭著作，pág. 13 e segs）。

如果是债务产生自有期限的或附条件的法律行为的情况，在订立法律行为之日给付是可能的，但在期限届满或条件成就前，给付变为不可能，则此情况相当于第 790 条第 2 款规定的嗣后不能的情况。如果是反过来的情况，则适用第 401 条第 2 款的规定，有关法律行为在法律上（ex lege）被视为有效。

还可能发生的情况是，有关给付已经成为不可能，但后来又变为可能（可能因为法律禁令被废除，可能因为已灭失或已被窃取之物重新出现，等等）。

在此情况下，如果该债务是由某一双务合同产生的债务，而该合同已被解除，则任一方立约人都不得被强迫接受合同重新出现的结果，除非根据善意原则（第 762 条第 2 款），根据合同的条件或情事而必须采取与此不同的解决方法。但是，如果债务产生自一个取决于某一意思的行为（例如遗赠行为），则产生不同的法律后果。参见 Oertmann, *Anfängliches Leistungsvermögen*, no AcP, 140, pág. 129。

能的，则使债务产生的法律行为无效（nulidade）。^① 尽管债务人的给付义务被解除，但有些利益是给付的嗣后不能所不能免除的，例如第 794 条所规定的代偿利益（*Commodum* de representação）。

第 790 条第 1 款的规定与 1967 年《民法典》第 705 条的规定相对应。但后者所采取的是对积极内容（conteúdo positivo）进行列举的做法，以区分出债务人虽未履行合同却被解除义务的一些情况：例如，出于债权人的原因、不可抗力或意外事件，债务人无法履行其义务。

相反，新《民法典》使用了除去消极内容（给付不能的原因不可归责于债务人）的做法，这与意大利、德国、瑞士、希腊等国《民法典》中的做法类似。

这样所确定的范围要比之前《民法典》中确定的更宽泛，这是因为，新法典除直接触及免除债务人责任的两项基本理由（其一，履行不能；其二，履行不能的原因不可归责于债务人），还包含履行不能系可归责于第三人或法律本身规定的情形，而这是旧法典文本中没有涵盖的。^②

客观或主观不能；全部或部分不能

在任何情况（无论法律、自然，抑或人为的情况）下，当根据债之内容（conteúdo da obrigação）^③，可要求债务人作出的行为（comportamento exigível do devedor）变得不可行（inviável）时，则构成给付不能（impossível）。如这一不可行适用于所有人，因为任何人都无法作出该给付（例如，本应交付于债权人的画作或珠宝毁损），则构成客观不能（impossibilidade objectiva）。如果只有有关债务人不能作出给付（例如，有义务为债权人的儿子画像的画家不幸失明，工人在事故中失去了双臂，等等），而其他人可以，则构成主观不能（impossibilidade subjectiva）。

在多数情况下，履行不能的范围及于全部给付（例如，因物之毁损或债

---

① 为此种理解提供依据的一个事实是，第 1051 条 e）项规定，租赁物之失去使租赁合同失效（caduca）而非无效，这在本质上是对第 790 条第 1 款中的一般理论（参见 4 - Ⅱ -1970 里斯本中级法院的合议庭裁判，载于 Rev. Trib.，89.°，pág. 317 以及 ano 87.°，pág. 243 e segs）的适用。

② 对新旧法典中的对应文本进行粗略的对比即可发现（1867 年《民法典》不加区分地由合同的不履行中解脱出来，而 1966 年《民法典》的出发点则是将给付不能作为债之消灭原因），新法的规定在很多方面是对旧法规定的完善。

③ "根据债之内容"这一限制条件的目的正是在于吸引人们注意在某些特别情况下给付不能的特殊问题，例如种类之债的情况：参见 Larenz, *Lehrbuch*, I, 14.ª ed., §21, 1, d), pág. 316 以及 L. Mosco, *est. cit.*, n. 17, na *Enc. del dir*。

务人丧失行为能力而导致的履行不能）。但是，以物之损毁为例，如果（因火灾、洪水、闪电等）毁损所影响的只是应给付之（可分）物的一部分，或应（一并）给付的若干物中的数件，则此时履行不能可仅及于部分给付。

如果是这样，可能发生如下两种可能中的一种：其一，实现仍可能的那部分给付对债权人仍有意义；其二，部分履行对债权人而言不具有利益。

对这两种情况适用不同的制度。①

给付不能与单纯的给付困难（dificultas praestandi）

根据法律的文字和精神，为使债务消灭，要求有关给付必须变得真的不可能（verdadeiramente impossível），这或者是由法律规定的，或者因为自然的力量（意外事件或不可抗力），又或者是因为人的行为。如有关给付只对债务人而言变得负担过重（extraordinariamente onerosa）或过于困难（excessivamente difícil），则仍不构成履行不能。后一种情况较常发生在通货膨胀严重或某些产品的价格突然上涨的时期。

可作为债之消灭原因的是给付不能（事实不能或法律上的不能），单纯的给付困难不能使债务消灭。前者可以称为"绝对不能"（impossibilidade absoluta），后者则属"相对不能"（impossibilidade relativa）。

但是，盛行于德国法学某些部门的指导思想（尤其在第一次世界大战之后的危机时期）是不同的，德国法认为，在特定条件下，单纯的相对不能或经济上的不能可被视为具有解除债务的效力。给付义务并不是盲目和无差别地施加于债务人的，根据这一概念，给付义务以根据善意原则可合理要求债务人为满足债权人利益而作出的牺牲为限。

一旦超出了可要求债务人作出的牺牲（sacrifício exigível）的限度，原则上等同于给付不能：尽管这并不必然导致债务消灭，因为债务人可能在此情况下依然要求履行，且履行对其有利益（可能是为了保持其获得对价给付的权利，也可能是为了维持其良好的名声），但赋予债务人以从该约束中解脱出来的权能。②

---

① 参见下文第 305 目的内容。

② Enneccerus-Lehmann，§§45，Ⅱ e 46，I，2；Heck，前揭著作，pág. 85 e segs. 相反的观点，见 Larenz，§21，I，e）；Staudinger-Werner, *Kommentar*, 11.ª ed.，§275，nota 8 e 9；Titze, *Die Unmöglichkeit der Leistung*, 1900，pág. 107，nota。

关于上述两种观点的大量的参考文献，参见 Mario Bessone, Adempimento e rischio contrattuale, 1969, especialmente pág. 156 e segs 中所引文献。（转下页注）

关于牺牲限度（der Opfergrenze）的理论是由 Brecht、Stoll 和 Heck 首先提出的，但它在其他国家并没有获得普遍性的接受，长期以来在德国法学和司法实践中也始终未能占据主导地位，这可能是因为该理论在实际适用中带来危险的不确定性（incerteza）和不可避免的任意性（arbítrios）。[1] 而且可以认为，葡萄牙新民法也没有采纳这一理论，新《民法典》中有意删除了《Vaz Serra 草案》（债法）中关于给付（成本或负担）过重特征的规定（第 8 条），而仅在第 790 条中规定了给付不能，作为债务消灭的原因。[2]

但是，在法律上处理给付的牺牲或成本过重等情况时，有必要考虑第 437 条、第 566 条、第 762 条、第 812 条，尤其是第 334 条的规定。[3]

一方面，众所周知的是，在订立合同之日所存在的某些情事遭受非正常变更时，可能导致当事人有权解除合同或按衡平原则之判断变更合同（第 437 条），同样的制度也适用于对构成法律行为基础之情事的错误（第 252 条第 2 款）。

另一方面，根据第 566 条第 1 款，如恢复原状将对债务人造成过重负担，考虑到债权人的利益也无法表明恢复原状合理，则不要求通过恢复原状进行损害赔偿。[4]

最后，由于债权人负有在行使其权利时以善意行事的义务，该义务的效果是，给付困难（dificultas praestandi）虽然不导致债务消灭，但如果给付困

（接上页注②）值得参见的还有 Giorgianni 是如何尝试将《意大利民法典》第 1218 条的规定与第 1176 条的规定协调起来的（*L'inadempimento*，1960，n.°50，pág. 227 以及 L. Mosco，*est. cit.*，n.°ᵃ 5 e esgs.，na *Enc. del dir.*），因为该法典第 1218 条仅在违约系基于不可归责于债务人之履行不能时才免除债务人的责任，而第 1176 条仅要求债务人尽到善良家父的注意义务。

[1]　关于该理论在法国法学和司法实践中的情况，参见 Planiol，Ripert e Radouant，*Traité prat.*，Ⅶ，n.°839；关于该理论在意大利的情况，参见 Ruggiero e Maroi，*Istit. dir. priv.*，8.ᵃ ed.，Ⅱ，pág. 143。

[2]　相反的观点见 Vaz Serra，na anot. ao ac. do S. T. J.，de 27 - Ⅹ - 1970，na R. L. J.，104.°，pág. 214 中的论述，该学者认为，"牺牲限度"理论是善意原则以及对作为债务之基础的法律行为意思表示的理解的应有之义。但是，拉伦茨以及其他一些学者的意见能够完全妥当地批驳上述论断，拉伦茨等学者认为，债务人并无义务进行这样或那样的努力，其义务是作出给付，为此须采取有必要采取的一切措施。

[3]　除此之外，必须考虑一些非作为给付不能之原因，作为（暂时）不可要求履行债务之依据的一些情况，在该等情况下，假如要求给付，将与高于债权之层面上的一些权利或义务的存在相抵触（尤其是债务人的基本权利）。

[4]　《德国民法典》中的对应规定是第 251 条第Ⅱ款，很多德国法学家主张给付的单纯负担过重，相当于给付不能，他们其中的一个依据便是该款的规定：Esser，§33，Ⅰ，pág. 203。

难是由可归责于债权人的事实造成的，债权人有义务向债务人进行损害赔偿。

同样地，如果第三人不法地导致了债务履行困难或加重了履行成本，则债务人针对该第三人亦享有获得损害赔偿的权利。

如果困难仅仅是由意外情况（货币贬值、因季节性或其他自然灾害造成的损害）造成的，则债务人不得不承担这一切，由此产生的费用完全由其负担，即使给付变得负担过重且其已经采取一切可能采取的措施来避免意外情况发生亦然。在这种情况下，要求债务人作出给付丝毫不违反善意原则，因为债权人于给付的作出中仍然具有合理利益。①

仅当在上述情况下行使债权将明显超出善意原则的限度时，债务人才可正当地不履行债务，但这不是因为给付不能，而是因为债权人此时行使权利将构成权利滥用。

298. 主观不能与客观不能

只要对于债务人而言给付是不可能的，债务即消灭，还是要求对所有和任何人而言，该给付都是不可能的？

换句话说：导致债务消灭的原因是客观不能（德国学者对此给出的技术术语是"Unmöglichkeit"），还是仅基于债务人的主观不能（Unvermögen）？②

---

① Diez-Picazo（n.⁰ˢ 837 e segs.）也倾向于承认可要求债务人作出的努力是有限度（limite）的，其依据在于这样一种思想，即仅当债务人有过错地（culposamente）不履行债务时，才须为由此对债权人造成的损害承担责任（参见葡萄牙《民法典》第798条的规定）。但事实是，综合考虑第790条第1款、第791条以及第798条规定的文本后可以得出结论，要获得债务消灭的结果，仅主张并证明债务人无法履行该债务是不够的，即使债务人已经采取一切可要求其采取的措施亦然。仅当给付确实（在客观上）不能时，债务方消灭。而且，众所周知，仅仅客观不能本身不足以导致不适用代偿利益。这一切迹象都表明，在法律看来，债务人在缔结合同时，不仅承诺了在合适的时间准备履行所必需的手段，并排除履行可能遇到的障碍（准备措施和预防措施），而且也承担了给付（在主观上）成为不可能的风险，只要不构成给付的客观不能即可（包括债务人之债务不能由第三人代替债务人履行的情形：第791条）。参见 L. Mosco, *est. cit.*, n.°12, na *Enc. del dir.* e Pinto Monteiro, *Cláusula limitativas e de exclusão de responsabilidade civil*, Coimbra, 1985, n. 53, especialmente nota 545。

② 这一区分并不等同于绝对不能（impossibilidade absoluta）与所谓相对不能（impossibilidade-relativa）之间的区分。
主观不能（仅对债务人而言是不能的）既可能构成绝对不能（例如，负有作出不可替代之事实的给付义务的债务人陷入昏迷状态，完全丧失了意识），也可能构成相对不能（例如，履行债务将给作为债务人的艺术家的生命带来严重危险）。另一方面也可以肯定，客观不能也既可能构成绝对不能，即当没有任何人能够作出给付的时候，也可能构成相对不能，即当有关给付对所有人而言都是负担过重的（excessivamente onerosa）或困难的（difícil）的时候。

第 791 条直接回答了这一问题，规定"如债务人之债务不能由第三人代替债务人履行，则基于债务人本人因素而使其不能履行债务，亦导致债务消灭"。

但是，此处所给的标准在表面上违背了第 401 条第 3 款的规定，后者规范的是给付自始不能的情形。

对于嗣后不能，对上述问题的回答到底是债务维持还是债务消灭，取决于债务人须为之给付的性质。

如债务人须作出的是不可代替之给付（prestaçãonão fungível），也就是说，由于该给付的内在性质，又或由于当事人的约定或法律的规定，不能由第三人代替债务人作出给付，则主观不能即足以使债务消灭。

反之，如该给付是可代替的，则只有客观不能才构成使债务约束消灭的原因。①

例如，甲是一位综艺艺人，有义务在特定日期参加一场表演，不料甲在表演当日突发重病，无法履行其义务：债务消灭。

乙承诺提供一定数量的由其工厂生产的样品或产品。如果他生产失败，或者工厂发生严重故障导致他停止生产，又或行政当局命令其关闭工厂，则乙的债务并不获解除。同样，对转让他人之物的情形，也比照适用（mutatis mutandis）上述规则。

在某些情况下，上述解决方法可能过于强硬，迫使债务人履行使其不得不作出明显过于沉重的牺牲。这一强硬并不是依靠民法来舒缓的，即并非通过放松债务约束的方式来解决问题，而是通过民事诉讼法来舒缓的，这表现为，在执行之诉中，不得对被执行人及其家团生存和生活所必需的财产进行查封和司法变卖（《民事诉讼法典》第 822 条至第 824 条）。

有人将"客观不能"和"主观不能"之间的区别与"手段之债"（obrigações de meios）和"结果之债"（obrigações de resultado）的区分联系起来。

具体而言，在一些情况下，债务人在承担债务时承诺，保证符合债权人或第三人的特定结果的产生，例如，卖方在售出特定物时，有义务移转对所转让之物的所有权和占有。该类债务即为结果之债。

---

① Pessoa Jorge 对第 791 条的理解有所不同（Ensaio, pág. 105 e segs.），该学者认为，仅当根据债务本身的内容，债务人受到约束必须由第三人代替时，主观不能才将不产生使债务解除的效果。

但在其他情况下，债务人在债务成立时并不负义务保证任何结果或效果的产生：仅承诺作出特定的努力或采取措施以取得有关结果。此时的债务只是手段之债，而非结果之债。例如，医生并无义务治愈（curar）患者，使其恢复健康，而只是承诺会治疗他，帮助他，目的是对疾病进行可能的治愈（possível cura do mal）；类似的，该制度也比照适用（mutatis mutandis）于委任或在法院的代理合同中的律师。

在前一类情况中，只有客观不能可以解除债务人的义务，而在后一类情况中，客观不能与主观不能均可构成解除债务人之责任的原因。

关于给付不能解除债务的效力，最准确的标准规定在第791条中。

如债务人保证特定结果的发生，而可由第三人代替债务人作出履行时，则只有客观不能可使债务约束消失；而如果不可由第三人代替履行，则债务人须向债权人承担责任，即使当给付变得客观上不可能时，债务人承担所规定的结果未发生的风险（risco），而不论该结果未发生的原因为何（只要该原因不可归责于债权人本身）。

但是，有些债务只是手段之债，且有理由推断，债务人可以（而且应当）请第三人代替自己履行债务，如属此情况，则亦只有客观不能可免除债务人所受之约束。

299. 给付不能、给付目的落空以及以其他途径实现给付的目的[1]

给付不能往往是由一项可归责于债务人的行为导致的（使应给付之物失去效用或灭失；在一个有绝对确定期限的法律行为中，未在所定出的日期作出给付；将本来承诺售予债权人的某动产转让给了第三人）。但给付不能也可能是由其他原因造成的，可能因为意外情况或不可抗力（应给付之物因某一自然事实而失去效用或毁灭；在合同订立以后颁布的新法律禁止作出所承诺作出的法律行为），可能因为第三人的事实，甚至也可能因为债权人的某一事实。

法律对最后一种情况作出了明确规定，关于双务合同，第795条第2款规定了因可归责于债权人的原因导致给付不能的情况。

通过规定债权人仍有义务履行对待给付，尽管其并没有受领给付，法

---

[1] Vaz Serra, *Impossibilidade superveniente*, *desaparecimento do interesse do credor*, *caso de não cumprimento da obrigação*, Lisboa, 1955, n.ºs 16 e segs., pág. 134 e segs.

律所想指的情况显然是：债务人须为之给付不能系由债权人的某一可谴责的（censurável）或应受责备的（reprovável）行为（在此意义上，即指有过错的行为）造成的（债务人故意或有过错地导致应给付之物失去效用或灭失；在债务人本应提供劳务时，债权人有过错地扣留了债务人；等等）。

但是，除此类情况，在另外一些情况下，给付不能还是由某一与债权人有关的事实（facto relativo ao credor）造成的，但债权人对该事实的发生不存在哪怕一丝过错（culpa）。例如，外科医生本应对某位病人进行手术，病人却死亡了；拖船工人本来有义务使搁浅的某艘船只继续航行，但在该工人所属公司与船只公司缔结合同后，这艘船却沉没了；某位教师本来应给一位学生上声乐课，该学生却完全失聪了。[1]

此类情况（明显不符合第 795 条第 2 款规定的文本和精神）在外国法学中引发了两个层面上的困难：一个是理论上的，一个是实践上的。

第一个困难是指处理类似情况的理论（dogmático）框架。学者们很难将此类情况界定为给付不能，因为债务人本身仍然有条件作出其应为之行为（外科医生仍能手术，拖船工人仍能使搁浅的船只继续航行，音乐教师仍能讲授声乐课）。以 Wieacker[2] 和 Köhler[3] 为代表的一些学者，有意将此类情况归入履行不能的类别，通过具体的个案研究而将"给付"的概念扩大，使之不仅涵盖债务人受到约束作出的行为（comportamento，conduta），而且包括债权人在此行为中本来的（主要）利益。[4]

第二个困难在于，如何为此类情况确定合适的法律上的解决方案，无论此类情况的准确定性为何。

有人认为，既然债权人对于干扰债之关系的原因的发生不存在哪怕一点点过错（culpa），则没有理由认为债权人仍有履行对待给付的义务，因此也没有理由不将第 795 条第 1 款的规定适用于此类情况（被解除债务的债务人丧失获得对待给付的权利）。相反，亦有人主张，尽管债权人对于给付目的之落空（frustração）无过错，但导致给付目的落空的原因与债权人的关

---

[1] 参见 Köhler，前揭著作，pág. 17 e segs. 中所引述（并进行了深入分析）的这些例子以及其他一些同类型的例子。

[2] *Leistungshandlung und Leistungserfolg im bürgerlichen Schuldrecht*，nos Festschrifte für Nipperdey，1965，I，pág. 783 e segs.

[3] 前揭著作，pág. 22 e segs。

[4] 关于在理论方面的各种困难，对该等情况以及相近情况的系统阐述，见 Baptista Machado，*Risco contratual e mora do credor*，Coimbra，1988，pág. 9 e segs. 中的详尽论述。

联比与债务人的关联更紧密，因此有理由认为债务人不丧失获得对待给付的权利。因此，给付目的落空的风险（risco）系由债权人承担，而非由被解除债务的债务人承担。①

对于第二个困难，可通过给付不能的效力（efeitos）来审视。关于前者，首先有必要观察到的是，给付目的落空的各种情形完全可以归入（给付）不能之概念当中。

如果给付在事实上不涵盖债权人的*利益*（这已经是一个不同于债务人须为之给付的要素），② 则给付并不总是限于由债务人的意志支配的现实范围。在很多情况下，存在一些外在要素、外部情况，它们构成债务人行为的一部分，或者成为债务人行为的条件，因此这些要素和情况的缺失将导致真正的给付不能。

外科医生有义务进行的那场手术，除其作为债务人的职业行为以外，还以患者的生命存续为前提条件。如该患者死亡，则手术变得不可能，因为人们不会在一具尸体上进行手术。同样，拖船公司所属公司承诺的并不是作出为使某艘搁浅的船重新航行在抽象上（abstractamente）所必需的一切操作：其仅有义务使该艘搁浅的船重新航行。如果这艘船沉没了，则船东公司所承诺作出的给付成为不可能的给付。③

与给付目的落空类似的问题还有，在某些情况下，给付之目的是通过履行债务以外的方式获得了实现。

例如，甲打电话约了一位拖车工人前来，目的是将挡住自己车库出口的一辆汽车拖走，但是，还未等拖车工人到达，该辆汽车的主人出现，将车移走了；某艘船搁浅，因此雇用了一位拖船工人来处理，但还未等该工人开始工作，由于水的自然运动作用，这艘船却突然又能够航行了；本来要进行手术的病人，在手术开始之前却自愈了。

在给付不能的通常情况下，债权人的利益无疑是有待满足的，而在上

---

① 根据其中确认的理论，这一款相当于《德国民法典》的第 323 条。

② 参见本书第一卷，第 39 目，pág. 163 e segs。

③ 但是，仅当涉及某些前提条件的欠缺，而该欠缺阻止了债务人须为之给付的直接（imediato）或主要（primário）效力的成就，而非任何后续的效力的产生时，才存在真正的（给付）不能。属于阻碍后续效力产生的情况，例如，某位职员购买一辆小汽车的目的是进行日常的通勤，但因为在驾照考试中成绩屡屡不合格，他的这一目的没有实现，又例如，某位学者在书店购买了刚刚出版的某一本书，结果回到家发现自己已有这本书，是作者或编者赠送的：参见 Köhler，前揭著作，pág. 81 e segs；Larenz，§21，I，c)。

面所描述的各种情况下，债权人的利益已完全获得了满足。只不过债权人的利益是通过履行给付以外的其他途径获得满足的，因此同样使债务人本来有义务作出的给付变得不可能：① 不能将已经通过通常手段驶离有关地点的汽车从该地点拖走（retirar）；对于已经通过合适的手段或自然因素的作用而不再搁浅的船只，不能再对之进行操作使之重新航行。

尽管是通过不同的途径，但上面所审视的各种情况在实践中均会导致同一结果：给付不能。②

300. 因可归责于债权人之原因而（确定）不行使权利

与上面所阐述的各种情况（根据债务的内容，给付变得确实不能）不同，有些情况下，是债权人确定不行使（não exercício definitivo）获得给付的权利，Baptista Machado 对这一问题进行了非常有趣的研究，③ 其中首先强调了这种广泛存在的情况，并建议对此类情况进行考察。

例如，甲预订了一次游轮旅行，但在船行驶的过程中遭遇了一次事故，导致该轮船无法开航；又如，乙预订了某场表演的门票，但突然患上急病，以致无法观看演出。

与此类似的还有一些情况，例如，丙出于任何原因预定了航程或门票，又完全和纯粹地出于故意而临时不参加旅行或不观看演出，即使他本可以参加旅行或观看演出。

无论属于上述何种情况，在严格意义上不可谓真正的给付不能。④

在履行债务的适当时刻，给付（可要求债务人作出的行为）不仅是可能的，而且甚至已经作出了（在游轮已经出发或表演已经开始时）。

无论是哪一种情况，所面对的问题都是，在期限绝对确定（absoluta-mente fixo）的债务中，债权人在应行使权利的时刻而不行使其获得给付的

---

① Wieacker，前揭著作，pág. 807；Beuthien，*Zweckerreichung und Zweckstörung im Schuldverhältnis*，1969，pág. 27 e segs。

② Calvão da Silva，前揭著作，n. 15，especialmente nota 125。

③ *Risco contratual e mora do credor（risco da perda do valor-utilidade ou do rendimento da prestação e desperdício da capacidade de prestar vinculada）*，Coimbra，1988，sep. do Bol. Fac. Dir.，pág. 4.

④ Baptista Machado 似乎也持相同的观点，在前揭著作第 54 页中，该学者写道："……合同风险之分担的问题并不必然与给付不能的问题相关联，因为前者可能表现为一个独立的问题，通过其自身的标准来解决。更可能发生的情况是，只要给付之价值的失去或其效用的消失是由债权人之迟延或债权人风险范围内的事件导致的，则该给付应当视为已作出（havida como feita）。"

权利。而由于此时所面对的是期限绝对确定的给付，甚至认定为债权人之迟延（mora）也不是正确的说法。正确的说法是，此处所面对的是确定不行使获得给付的权利，但研究对此所适用的制度时要通过债权人迟延的情况来研究。

为确定适用于此类情况的完整的制度，首要的问题是 Baptista Machado 所作的一个基本区分：一边是所谓"给付风险"（risco da prestação），由债务人承担；另一边是所谓"使用给付的风险"（risco da utilização dela），由债权人承担。

301. 暂时不能：不可归责于债务人的迟延[①]

正如第792条所规定的，给付之不能可能仅仅是暂时的不能。

可发出的货物的唯一一个港口堵塞，但该障碍在几周之内即会消除。一场严重疾病（意外地）导致债务人无法履行债务，但这场病只持续了数个小时。一场罢工导致无法在约定的日期内交付某批货物，但这次罢工几天后就结束了。为履行某项债务，需要取得从一个国家转账到另一国家的命令，人们都知道获得此命令需要数月时间，但假以时日必然取得此命令。

如迟延履行是由可归责于债务人之过错造成的，则债务人须对该迟延给债权人带来的损害承担责任。如迟延履行不可归责于债务人，则其无须为该等损害负责，但只要履行障碍是暂时性的或短期的，债务人的债务并不获解除。因此，暂时不能的结果是就迟延造成的损害免除债务人的责任，但仅及于不能的状态持续期间的损害。

但在一些情况下，不论不给付的原因是什么，如果给付不是在特定期限内作出的，则认为该债务为确定未给付的债务（definitivamente não cumprida）。一般来说，这里所指的是有绝对确定期限的给付的情况，或迟延履行使债权人于履行中的利益消失的情况。

属于此种情况的，例如，法律定出了一个最大期限，债务人有义务在此期限之内作出某行为，[②] 此外，在大多数情况下，各方当事人明示或者默示地（通过给付所被赋予的目的推断）定出了一个履行的（必要、必需的）

---

① Vaz Serra, 前揭著作, n. 8, pág. 60 e segs.

② 参见最高法院1971年1月12日的合议庭裁判（载于 Bol. Min. Just. , 203.°, pág. 150），尽管该裁判是以1867年《民法典》的规定为基础作出的。

期限，① 当该期限届满时，不再认为债权人有义务受领有关给付，理由是该给付已不符合其利益（例如，被签约而本应在某场晚会上表演的歌手或钢琴师在晚会当日生病）。

上述所有情况都是第792条第2款想要处理的，在该等情况下，无论在理论上还是在实践中，暂时不能都相当于确定不能。② 而且，在消极给付之债中，也只可能存在确定的不履行，而不存在单纯迟延，尽管当所涉及的是持久履行的消极之债时，不履行是部分的。

302. 给付不能的效力：A）债务消灭

基于不可归责于债务人之原因以致给付（嗣后）不能时，首要的结果是债务消灭（extinção da obrigação），③ 债权人丧失要求获得给付的权利，因此也没有就不履行所导致的损害获得赔偿的权利。④ 无论给付不能是由债权人或第三人的事实造成的，还是由意外事件或法律本身的规定所导致的，都会产生上述效力。⑤

第三人的事实本身并不足以导致债务消灭，如果该第三人是与债务人之间存在某种依赖关系之人（受托人、帮助人、未成年子女、受监护人等），则债务人须向债权人承担责任。

关于意外事件，如果该事件的后果是债务人所无法避免的，且债务人对该等事件的发生无任何过错，则该意外事件归为自然事实（风暴、洪水、滑坡、火车脱轨、债务人生病等）。如果在使用通常可要求债务人采取的措

① 关于这一"必需的期限"（termo essencial）：参见 Andreoli, *Appunti sulla clausola risolutiva espressa e sul termino essenziale*, na *Riv. trim. de dir. civ.*, 1950, pág. 72 e segs；Natoli, *Il termino essenziale*, na *Riv. dir. comm.*, 1957, I, pág. 221 e segs。

② 但是，可能出现的情况是（尤其是当债务履行期限的存在系来自各方当事人的约定时），根据周遭情事，只有债权人有将暂时不能视同于确定不能的正当性，而债务人继续受到约束，虽然期限已经届满，债务人仍须作出给付，仿佛债权人对受领该给付仍有利益一般。参见 Vaz Serra, *Impossibilidade superveniente por causa não-imputável ao devedor e desaparecimento do interesse do credor*, no *Bol. Min. Just.*, 46.°, pág. 63。
需要注意的是德国学者对绝对确定之法律行为（absolute Fixgeschäfte）与一般或简单确定之法律行为（gewöhnlichen Fixgeschäfte）所作的区分：Larenz, §21, I, a)。

③ 《德国民法典》第275条中所使用的提法也与此类似，即视债务人获解除（德语：*frei*）债务。

④ 但不妨碍债权人可能享有的获得所谓代偿利益的权利（第794条）：参见下文，第303目；而且当所涉及的是双务合同时，亦不妨碍债权人获解除作出对待给付的义务。

⑤ 对于承揽的特别情况，当工作物的完成由不可归责于任一方当事人的原因而成为不可能时，参见第1227条的规定。

施后，债务人仍无可能避免该事件的发生，也无法避免该事件对债务人须为之给付所产生的影响，则不可要求债务人承担任何责任。

这也丝毫不妨碍给付不能是由债务人作出的某一事实导致的情形，也不妨碍债务以同样的方式消灭。某一事实在严格意义上不可归责于债务人，例如，债务人无过错地毁损了应给付之物，即足以使债务消灭。在合同责任的情况下，须由债务人证明给付不能非由其过错所造成：第799条第1款。[1]

303. B) 代偿利益 (commodum de representação)

但是，如果由于导致给付成为不能的事实（em virtude do facto que determinou a impossibilidade），使债务人获得了对特定物或针对第三人（破坏了应给付之物的人、将应给付之物征收征用的国家或其他公法人、承担了物之毁损或灭失风险的保险公司等）的某种权利，则无理由认为该权利不惠及债权人。

这就是作出第794条规定的理由，该条规定了有利于债权人的所谓"代偿利益"，而受益人无须证明存在任何相应的损失。[2]

该债务是以特定物的给付为标的，如果当给付成为不能时有关物之所有权仍未移转于债权人，则通常只会发生代偿利益、代替或代位。如果在给付成为不能时，有关物已经为债权人所有，则针对诸如有过错地将有关物毁损的第三人或对该物进行保险的保险公司的权利，直接体现为债权人财产的增长。

如属不特定之物的转让或保留所有权的转让的情形，如果当给付成为不能时债权人还未成为物权权利人，则还可能存在"代位利益"（commodum de sub-rogação）。

有些学者认为，[3] 不仅当债务人所取得的权利是为了代替被毁损（desaparecida）或失去效用（inutilizada）之物时（commodum ex re）可产生代偿利益，而且当导致给付成为不能的事实并没有使物消失或失去效用，而是使之脱离债务人的支配（disponibilidade）时（commodum ex negotiatione），也会产生代偿利益。在后一种情况下，债权人的权利将会落到债务人因物之转让而取得的对应的（correspectivo）权利上。

---

[1] 参见 Raape, *Die Beweislast bei positiver Vertragsverletzung*, no AcP, 147, pág. 217 e segs; Ballerstedt, Zur Lehre vom Gattungskauf, nos Festschrifte für Nipperdey, 1955, pág. 261。

[2] 关于代偿利益中可能触及的利益，参见 Vaz Serra, 前揭著作, pág. 53。

[3] Brox, pág. 138 以及 Larenz, §21, I, b)。

通过一项不可归责于债务人的行为而将应给付之物转让这种可能性，在一个诸如葡萄牙这样国家的法律制度中很难想象，因为在葡萄牙的法律制度中，对特定物的转让原则上具有真正的效力。但是，如果发生此情况（例如，作为委任人的债务人在毫无过错的情况下通过受权人的行为将所有权尚未转移予债权人的应给付之物转让给第三人），丝毫不妨碍在有需要时适用第 794 条中的理论。

304. C）丧失获得对待给付的权利

成为不能的给付，可能是一项双务合同中的给付。例如，本应向某位乘客提供搭载服务的出租车司机无法到达该乘客的家，这可能因为警察禁止其通行，也可能是因为水管爆裂切断了司机唯一可以穿行的路。

在此情况下，很显然，只要导致给付不能的原因不可归责于债务人，债务人的债务被免除。但是，作为该给付中的债权人，该乘客仍有义务支付车资吗？如果已经支付，可要求将此价金返还吗？

根据第 795 条第 1 款和第 2 款的规定，上述问题的答案取决于导致给付不能是否可归责于债权人。

如可归责于债权人，则债权人仍有义务履行对待给付，尽管可以从中扣除债务人因债务解除而获得的利益之价额。

例如，应被修理之物的主人故意或者有过错地将该物投入火中，导致该物着火。在此情况下，作为债权人的物主必须支付为修理所定出的价金，其中减去债务人通过享用那些本来约定花在修理有关物上的时间所可能获得的利益（lucro）。

如导致给付不能的原因不可归责于债权人，则根据第 795 条第 1 款的规定，债务人被免除履行对待给付的义务。[①] 如已经履行对待给付，则债权人有权要求返还。但是，鉴于债务人无过错，则按不当得利的缓和的规定要求返还。

这是双务合同这一机制（双务性，sinalagma）本身的通常结果。由于给付不能，债务人的债务被解除。但是，由于给付与对待给付相对应，被解除债务的债务人立即丧失获得对待给付的权利，甚至无须请求解除合同。

---

① 除非给付不是因为有关之物灭失或毁损，而该等风险须由债权人负担。
　　如非属此情况，则可以说，虽然给付不能使债务人的债务获得解除，但须由债务人负担为准备给付而作之开支的风险：Esser，前揭著作，§33，VI。

债权人可能不选择被解除债务或要求返还对待给付，而更倾向于在法律允许的情况下适用代偿利益或代位，因为第 794 条中所规定的权能也适用于由双务合同所产生之债。债权人不能做的是同时适用代偿利益和解除债务，尽管可从其对待给付中扣除其补充获得的与债务人须为之给付不相当的利益。

在一些情况下，给付不能是由可归责于债权人的原因而导致的（第 795 条第 2 款），在该等情况下，即使债务消灭且由债务人负担，债权人仍有履行对待给付的义务；在另一些情况下，债权人无过错，债务人的债务被解除，但丧失获得对待给付的权利；但除上述情况外还有一些情况，给付不能的原因与债权人本身或其财产有关，但不可归责于债权人。

对此，最常见的表现是给付目的之落空或以其他途径实现给付目的。例如，一艘抛锚船只本应被拖拽，却沉没了，或通过其本身的方式又能重新航行了。一位病人本应接受手术，但还未及外科医生到达手术地点，该病人死亡了，或自然痊愈了。

在该等情况下，如采取规定债权人（或其继承人）有义务履行对待给付的办法，将违背第 795 条的精神。但是，假如使债务人须负担所产生的费用或所遭受的损失而不获得补偿，则也是不公平的，因为我们知道，给付不能的原因处于一个风险区间（zona do risco），这些风险更倾向于由债权人而非债务人承担。

对于此类情况，可以并且应当采取的是与第 468 条第 1 款类似的解决办法，即当提供劳务非因债务人之过错而成为不能时，承认债务人有就所产生的费用和所遭受的损害获得赔偿的权利。

305. D) 风险的问题

前面所讨论的规则，可能被法律制度以内规范物之毁损或灭失风险的一些原则所打破。但是，这种打破仅限于双务（comutativos）合同，因为风险的问题在本质上就是对待给付的风险的问题。[1]

事实上，仅知道在此类合同中债务人的债务被免除还是不够的。出卖人本应交付之物灭失了，但债务人已经受领了该物的价金，是否有义务将该价金返还？

---

[1] M. Andrade, 前揭著作, pág. 428; G. Gorla, *Del rischio e perícolo nelle obbligazione*, 1934 ns. 25 – 27。

在这一方面，有必要讨论的第一个规则是，"在导致转移特定物之支配权之合同中，或就特定物设定或转移一项物权之合同中，基于不可归责于转让人之原因以致该物灭失或毁损之风险，须由取得人承担"（第796条）。

例如，甲向乙出售特定动产，而该动产在一场不可归责于甲的火灾中毁灭了。由于对该物的支配权在订立合同之时已经转移给了乙，故此类事件的风险由乙（有关物的债权人和取得人）承担。因此，在此情况下，债权人不享有第795条第1款所赋予的权利，相反，如债权人尚未交付应交付的价金，则必须交付，如已经交付，则出卖人有权留置该价金。

这是对罗马法中的原则的适用：res perit domino；casum sentit creditor；periculum rei venditae statim ad emptorem pertinet，tametsi adhuc ea res emptori tradita non sit（Instit. ，3，23，3）。

但是，对这一原则也有一些变通和调整。①

例如，甲将一辆汽车卖给了乙，但在缔结合同十五日以后才有义务交付此车，以便能够再使用此车进行一次已经计划好的旅程。

但是，如果因为意外事件，导致该车在此期间灭失，则此风险由转让人而非取得人承担。此即第796条第2款中所确认的理论："然而，如因已设定对转让人有利之期限以致其继续管领该物，则有关风险责任随期限届至或该物之交付方转移予取得人，但不影响第八百零七条规定之适用。"

对该原则的另一调整是在附有条件的合同中所作的调整。

如合同附有解除条件，由于该条款不妨碍合同（立即）转移效力，故物之灭失风险由债权人（取得人）承担，但要产生此效果，标的物必须已交付该取得人。

如合同附有停止条件，由于在条件未成就期间，对该物的支配权或（物权）权利尚未转移或尚未成立，故在条件未成就期间，物之灭失风险须由转让人承担。一旦条件成就，该风险自然转由债权人（取得人）承担：第796条第3款。

---

① 对于承揽合同的风险，尤其需要注意的是第1212条的规定，该条对动产建造承揽（一艘船、一件家具）与不动产建造承揽作出了区分。在后一种情况下，如土地属定作人所有，则承揽人所提供之材料灭失的风险须由承揽人承担，只要它们仍处于建筑工地上。但是，一旦该等材料与土地相结合，则灭失风险转由定作人承担。关于租赁，参见第1032条及以下的规定；关于使用借贷，参见第1134条的规定；等等。关于如何理解该等规定以及其他合同中的类似规定，参见 Pires de Lima e A. Varela, *Cód. Civ. anot.*，Ⅱ，*anotações aos respectivos artigos*。

在选择之债或种类之债的特别情况下，要解决风险的问题，必须根据将对给付标的物的支配权转移予债权人的时刻。

如债务人本想以一定数量的豆子或玉米履行（种类）债务，但还未及该债务被特定为以何种作物履行时，这批作物在债务人无过错的情况下失去了效用，则此时债务人不获解除给付的义务，其仍须承担该事实的风险。相同的制度经必要的调整也适用于可选择给付或金钱之债（这种情况是指，债务人本想用于履行的金钱种类消失）的情形。

第797条规定了基于协议而应将特定物传送至履行地以外之地点的特殊情况。

例如，甲在里斯本向乙售出了一定数量的货物，但有义务通过铁路将该批货物运送至法鲁。

如属此情况，在将该物交付运送人、寄送人或被指定执行传送之人时，风险即行转移。

在该等情况下，最重要的问题是确定履行地，以便确定将有关物传送至的地点与履行地相同还是不同，因为仅在后一种情况下才适用前述法律规定。

不过，对履行地的确定，原则上是一个如何对协议进行解释的问题。因此，如果所约定的货物价金是出厂价格（porta da fábrica），则通常意味着，生产地即为履行地。

如所约定的是FOB（装运到港船上交货，Free On Board）或FOR（火车交货，Free On Rail）价格，应当认为装运货物的港口或火车站为履行地。如所约定的是CIF价格（成本加保险费、运费价格，Cost, Insurance and Freight），则一切都好似货物的目的港为履行地，尽管始终必须知道哪些种类的风险（riscos）或海损（avarias）是为保险合同所涵盖的；如果所约定的只是C&F价格（成本加运费价格，cost and freight），即去掉了货物保险费的价格，则在风险方面，视装运港为履行地。

还要注意的是，所有这些关于风险的规则，与关于给付不能之效力的规则一样，具有候补性（相反的规定见第809条）。任何公共利益或公共秩序的原因都不妨碍立约人定出不同于物之毁损或灭失风险制度的条款。

另外，该制度也丝毫不妨碍债务人就不可归责于给付的履行不能向债权人作担保，在此情况下，债务人有义务就相应的金额向债权人作损害赔偿。

306. 部分不能的制度。合同之解除

那么，如果只是部分的（parcial）给付不能呢？如果火灾或飓风只毁损

了应给付之物的一部分呢？如果某艺术家罹患的疾病只是使其无法作出其有义务作出的行为中的部分行为呢？如果地震只是毁坏了所租赁之房屋的一部分呢？

在此情况下，与适用于法律行为之部分无效或部分撤销的制度（第292条）类似，债务人就可能的部分作出给付即解除其债务。至于剩下的部分，只要该给付不能不可归责于债务人，则继续构成债务消灭原因。

但可能出现的情况是，某项债务是由一有偿合同而产生的，因此（成为部分不能的）给付是与一项对待给付相对应的。在此情况下，如果导致给付部分不能的事实不在应由债权人负担的风险范围（esfera）或区间（zona）内，则虽然使债务人解除债务是合理的，但假如在给付已经缩减的情况下仍然按照合同约定要求对待给付，这是不公正的。

例如，某位艺术家有义务进行四场表演，但在完成两场表演后失去行为能力，则使其无须再作出其不能履行的那部分给付是合理的。但是，假如在只完成了两场演出的情况下仍然要求企业主支付四场表演的演出费，则是不合理的了。

在这个意义上，第793条第1款后半部分规定，如果由于给付部分不能而仅履行了应为之给付中的部分，则对方当事人须作之对待给付应按比例（proporcionalmente）缩减。如属财产之转让或在财产上设定负担的有偿合同，则根据第884条第1款和第2款的规定缩减对待给付（参见第939条）。

但是，在一些情况下，给付的部分履行对债权人无利益，因为只有通过全部（total）给付才能实现合同目的。

例如，某工厂购买特定数量的产品，某餐厅订购了特定的一批货物，承揽人订购了特定数量的一批有特征的大理石，等等。只交付部分产品、部分货物或部分大理石可能在实际上毫无利益。

如属此情况，则债权人可根据第793条第2款的规定拒绝受领部分履行，解除有关法律行为。[1]

这一条以及其他一些类似的法律规定清楚地表明，双务合同的解除不以有过错地违反对对方当事人的义务为前提条件。

---

[1] 类似的观点也体现在《民法典》第1050条以及10月25日第385/88号法令第10条（这对应《民法典》最初版本中旧的第1069条的规定）的规定中：Baptista Machado, *Pressupostos da resolução por incumprimento*, Coimbra, 1979, pág. 7。关于此时的解除的条件和效力，参见下文，第314目。

第三分节　可归责于债务人之不履行及迟延[*]

307. 不履行 (falta de cumprimento) 的概念

但是，在大多数情况下，债务之不履行（não cumprimento）是由可归责于债务人的原因导致的。

例如，房客直到期限的最后一日还未交付租金；负有一笔可分期清偿债务的债务人，不支付其中一期已到期的给付；出租车司机因为忘了，或因为进行另外一桩更赚钱的工作而没有在约定的时间内出现和搭载其有义务搭载的乘客；等等。

基于可归责于债务人之原因违法给付义务的，可能有三种表现形式：给付不能（impossibilidade de prestação）；确定不履行（não cumprimento definitivo）或不履行（falta de cumprimento，即 inadimplemento 或 inadimplência）；迟延（mora）。

在一些情况下，债务人不履行债务，并使该债务的履行变为不可能，例如，由于债务人的过错，应给付之物完全毁损或灭失。对于该等情况，第 801 条至第 803 条以特别的方式作出了规定，本部分的标题为"履行不能"（Impossibilidade do cumprimento）。

在其他一些情况下，没有在适当的时间作出应为之给付，但作出该给付仍然是可能的，只是迟延给付使债权人本来可从该给付中获得的利益全部失去。

在与上述不同的另外一些情况下，在构成履行的单纯迟延以后，债务人没有在债权人合理定出的（补充性的）期限内（dentro do prazo …querazo-

---

[*]　Vaz Serra，前揭著作，pág. 153 e segs；Baptista Machado，*Pressupostos da resolução por incumprimento*，Coimbra，1979. Bianca，前揭著作；A. Ruiz，*Responsabilità contratuale in dir. rom.*，2.ª ed.，1958；Lupoi，*Il dolo del debitore*，1969；Benatti，*La costituzione in mora del debitore*，1966；Ravazzoni，*La costituzione in mora del debitore*，1957；Giorgianni，*Inadempimento*（*dir. priv.*），na *Enc. del dir.*；A. Magazzù，*Mora del debitore*，na *Enc. del dir.*；Baumann，*Schuldtherie und Verbotsirrtum im Zivilrecht*，no AcP，155，pág. 495；Brodmann，*Uber die Haftung für Fahrlässigkeit*，no AcP，99，pág. 327；Löwisch，*Rechtswidrigkeit und Rechtfertigung von Forderungsverletzungen*，no AcP，165，pág. 421；Zeuner，*Gedanken über Bedeutung und Stellung des Verschuldens im Zivilrecht*，no J. Z.，66，pág. 1。

avelmente fixado pelo credor）作出给付（第 818 条*第 1 款）。①

例如，某店家向某生产厂商订购了一批货物，准备销往最近的一座车站，在最初约定的期限届满以后，厂商未交货，店家尽可能地推迟开始向该车站售货的时间而为厂商定出一个期限，但厂商还是没有在此期限内交付货物。又如，预约出卖人不仅在最初约定的期限内没有履行其作出的许诺，而且在第 808 条第 1 款中所规定的、预约买受人为其定出的补充期限内仍然没有履行。

在此情况下，就出现了预约合同的确定不履行，预约买受人可决定解除合同，并可取得相应的损害赔偿。但是，如果本约合同仍然是可能实现的，预约买受人也可不请求解除合同，而申请预约合同的特定执行。

同样应当视为确定不履行（或履行的确定欠缺，falta definitiva de cumprimento）的典型情况的还有，给付仍然是可能的，且债权人对该给付仍有利益，但债务人向债权人声明不想履行。②

对于上述全部情况，可以概括性地称为履行的欠缺（falta de cumprimento）、不履行（incumprimento）或可归责于债务人之不履行（não cumprimento imputável ao devedor）——迟延（mora）则与此不同，本书在其他位置对迟延进行论述。

对于该等确定不履行且给付仍然完全符合债权人利益的情况，适用"给付之强制履行"（realização coactiva da prestação）这种特殊的制裁，第817 条及后续数条对给付之强制履行进行了实体法方面的规范。

308. 不履行（falta de cumprimento）的效力：I）损害赔偿义务

可归责于债务人之不履行的基本（fundamental）效力是，债务人对给债权人造成的损失进行损害赔偿的义务。该义务是一种制裁（sanção），概括地说，它既适用于严格意义上的不履行（falta de cumprimento），亦适用于履行不能（注意：条件是可归责于债务人），并适用于债务人迟延［属于广义的不履行（falta de cumprimento）的范围］的情况。

正如第 798 条（在关于这一问题的"一般原则"部分）所规定的，"债

---

* 译者注：作者想指的应为第 808 条。

① 参见 Diez-Picazo, n.°825。

② 在此层面上的论述还可参见 Vaz Serra, *Impossibilidade superveniente...*, p. 192。关于《意大利民法典》第 1219 条的规定，参见 Giorgianni, *Inademplimento*（*dir. priv.*），n.°4, na *Enc. del dir.*。

务人因过错而不履行债务，即须对债权人因此而遭受之损失负责"。

因此，对不履行所定出的首要制裁，是法律（ex lege）规定债务人有就债权人所遭受之损失进行损害赔偿的义务。这里的损失不仅包括所造成的损害（dano emergente），而且包括所失利益（lucro cessante）（第564条）——当债由合同产生时，全部的积极合同利益[①]——根据债权人所实际（concretamente）遭受的损害来确定。因此，即使是完全相同的数项给付，只要它们的不履行将给各自的债权人造成不同的损害，则可能产生绝对不同的损害赔偿。例如，同样是未给付一辆相同的汽车，如果其中一位债权人已经拥有两辆甚至更多汽车使用，而另一位债权人准备将该车用于出租车使用，并预约了多次旅程，则前者遭受的损害远小于后者。

因此，债务之不履行（即债务人违约）的首要后果，当给付之强制履行为可能时，从给付之强制履行中抽离出来（第817条），是产生一项次要给付义务（dever secundário de prestar），该义务的标的不再是最初的债务人须为之给付，而是对债权人所遭受之损害的弥补。[②]

而在特定执行（为给付之强制履行的一种，规定在第827条及后续数条中）的情况下，除了自始的（ab initio）应为之主给付外，通常还包括一项次要给付，其范围相当于债权人所遭受之损害，首先包括诉诸诉讼程序的必要性。

309. 债务人负担损害赔偿义务的前提条件：*A）不法性*

要使债务人为债权人所遭受之损失承担损害赔偿责任，该不履行必须（欠缺履行）是可归责于债务人的。这意味着，正如从对第798条的简单阅读即可得出的，为达到这一效果，应当有几项前提条件同时成立：不履行的客观事实，既可能是一种不作为，也可能是一种作为（后者指消极给付的情

---

① "积极利益"（interesse positivo）或"履行之利益"（de cumprimento）是指妥善地履行合同能够给债权人带来的利益。因此，它不仅包括与给付相当的部分，也包括对因不履行而引致之损失的金钱上的补偿（弥补），"从而使债权人处于仿佛有关之债已被履行的境地"。"消极利益"（interesse negativo）或"信赖利益"（de confiança）所指向的则是假如没有订立该合同，债权人将处于的境地。对此，参见 Brox, pág. 90；Vaz Serra, anot. ao ac. do S. T. J., de 15 – 1 – 1971（na R. L. J., 104, pág. 379）。

② 关于这一损害赔偿义务（因违约而产生的）是否不同于最初的债务或者是否构成最初债务的组成部分的问题，参见本书第一卷，第九版，第38目，第158页及以下；Vaz Serra, *Impossibilidade superveniente...*, Lisboa, 1955, pág. 154 e segs。

况）；不法性；过错；债权人所遭受之损失；事实与损害之间的因果关系。

在合同责任领域内，这种不法性产生自应为之行为（债务人须为之给付）与所施行的行为之间的不一致关系。

借车的债务人本来应当返还所借的汽车，却不返还；债务人依据合同约定本来有义务不从事特定经营，却开设了一家此类企业。

但是，与非合同不法行为领域一样，此处的债务之不履行在例外的情况下也能成为一项不法行为，只要其是从行使一项权利或履行一项义务中产生的。

例如，如果某项债权已被出质，则有给付义务之人/债务人不仅可以而且应当拒绝应债权人的催告而向其履行，因为原则上该给付必须向质权人作出（第 684 条和第 685 条）。

在一些情况下，债务之不履行因为构成行使一项权利或一项权能而正当化，其中尤其值得注意的是双务合同中的合同不履行之抗辩（excepção de não cumprimento do contrato），以及以留置权为基础而拒绝交付有关物。

1）合同不履行之抗辩。[1] 第一种情况出现在双务合同范畴（第 428 条）内，导致此情况产生的原因是，当对方立约人尚未为其应作之给付或不同时履行给付，承认债务人有（正当地）拒绝作出其须为之给付的权能。

这一抗辩对债务人有利，即使债权人已经通过执行程序申请给付之强制履行的情况亦然（《民事诉讼法典》第 804 条第 1 款）。

2）关于以留置权为根据的正当拒绝履行交付有关物的义务，似乎规范在关于债之担保的规定中，因为法律在原则上将留置类比为质押和抵押，具体适用何者的规定根据债务人的权力所针对的是动产还是不动产来确定（第 758 条和第 759 条）。[2] 但是，这同时也是使不履行正当化的一个原因，当未获支付某物之开支或该物所造成之损害时，有义务将该物交付其主人的物之持有人（运送人、受任人、无因管理之管理人等）可（正当地）不履行其交付该物的义务（第 754 条和第 755 条）。[3]

这一不履行交付有关物之义务的正当原因，须以三个基本要件为条件。

a）持有有关物的正当性（Licitude da detenção da coisa）。首先，要求债

---

[1] 参见第一卷，第 105 目，第 408 页；Larenz，§15。

[2] Pires de Lima e A. Varela，*Cód. Civ. anot.*，I，com. aos artigos 758.° e 759.°。

[3] 尽管在合同不履行之抗辩与留置权之间存在明显的相似性，但它们是完全不同、彼此相互分离的制度。参见 Esser，§24，II，1；Larenz，§16；Brox，pág. 81。

务人必须是基于某一正当原因而持有有关物〔即债务人不是以不法途径获得有关之物的：见第 756 条 a）项〕。

b）债权间之相互关系（Reciprocidade dos créditos）。有交付有关物之义务的债务人应当是以对方当事人为义务人的另一债务中的债权人，该留置首先是作为迫使对物之交还有利害关系之人履行义务的一种正当手段而存在。①

c）被留置之物与作出留置之人的债权之间的实质联系（Conexão substancial entre a coisa retida e o crédito do autor da retenção）。在被留置之物与持有人的债权之间应当存在一种实质联系，该联系表明将之用来作为针对债务人的强制手段是合理的。第 754 条对此联系进行了一般性的规定：该债权可能是因用于有关之物的开支而产生的（M. Andrade 将此称为"智识上的"联系②），也可能是从因该物而造成之损害中产生的（该学者将此称为实质上的联系）。

310. B）过错*。概念。种类。过错的程度

但是，仅凭债务人行为的不法性，仍不足以使之有义务就因其不履行而导致的损害对债权人进行赔偿。

为此还要求债务人必须是有过错地作出行为的，正如从对第 798 条的简单阅读中即可得知的，被要求承担责任的，只是因过错（culposamente）而不履行债务的债务人。

有过错地作出行为的意思是，债务人的行为是可对其本人进行谴责和责备的（ser pessoalmente censurável ou reprovável）。而在面对案件的具体情况时，这一债务人行为的可谴责性或可责备性标准只能有助于认识，债务人不仅应当，而且可以以另外的方式作出行为。

仅在例外情况下（例如，劳动合同中涉及工伤事故的情况，运输合同中涉及由交通事故而导致的损害的情况，以及某些供应合同中的涉及生产

---

① 如有权获交付某物的债权人将其权利让与或将该物移转，该留置权继续可对抗受让人或取得人；如非如此，则有义务交付某物之债务人所被赋予的保护将很容易遭到毁灭，这是不合理的。相同的观点，见 Larenz，§16，nota 1 da pág. 159。

② 前揭著作，第 330 页。

* Larenz，§20；Diez-Picazo，n.ᵒˢ 843 e segs；M. Lupoi，前揭著作；Tunc，*Force majeure et absence de faute en matière contractuelle*，na R. T.，1945，pág. 235 e segs；Rodière，*Une notion ménacée*；*la faute ordinaire dans les contrats*，R. T.，1954，pág. 201 e segs；Radouant，*Du cas fortuit et de la force majeure*，1919.

者责任的情况），① 债务人才须以客观责任的名义而在无过错的情况下承担责任。

当无法就不履行而谴责和责备债务人时，原则上债务人无须承担责任。②

与非合同责任范畴中的行为人之过错一样，债务人的过错也可能表现为两种形式：故意（dolo）或者过失（negligência）。

在前一种情况下，债务人对有关不法行为有一种赞同的意思（adesão），即不履行债务的意思。债务人知道其行为的效力，知道不履行债务的效力，也知道该行为是不法行为，尽管如此，仍然想要或者接受这一结果。例如，出租车司机没有在所约定的时间前往接载乘客，导致后者错过了火车，这可能是因为在此之前该司机又接到了一单更赚钱的活儿，因此更倾向于履行后一项债务而非之前缔结的债务，也可能是因为该司机认为有可能来得及先完成另外一单而不耽误之前缔结的一单，但在无法兼得的情况下牺牲了早先缔结的一单活儿。③

在后一种情况下（过失），债务人之所以具有可谴责性，只是因为他没有以应有的注意（diligência）或辨别能力（discernimento）行事以避免债务之不履行，或在甚至没有认识到债务的不履行时，预见到债务之不履行并避免。例如，出租车司机未履行之前所缔结的活儿，仅仅是因为忘记了自

---

① 还可参见下文第 312 目以及第 310 目的内容，前者关于债务人对其帮助人之行为所负的（客观）责任（第 800 条），后者系关于生产者之责任。
除此之外，必须要注意的是，法律是根据抽象过错（culpa em abstracto）的标准而规定如何评价债务人之过失（negligência）的。

② 即使债务人不存在过错，如果有关债务因未达到给付在客观上不能的地步而继续存在，则债权人仅剩下一种保护手段：履行之诉，因为该债务继续维持且该给付继续是可能的。

③ 有意选择文中的这些例子是为了说明，即使在合同责任的范畴，也有必要区分直接的故意（directo）、间接的故意（indirecto）与偶发的故意（eventual）。为阐明这一问题，没有理由否认"意思主义"（Willenstheorie）优于"认识主义"（Vorstellungstheorie）的主张所提出的参考标准。参见 Enneccerus-Nipperdey，§210，Ⅱ。
有意对债权人造成损失的意图（即"加害意思"，animus nocendi）并不是构成故意（dolo）的决定性要素。正如 Diez-Picazzo 所述（n.844），只要有通过不履行来获得某种利益的意图，即足以产生此效力：出租车司机不履行一段其将赚取 2 元的旅程，而履行了一段其将赚取 20 元的旅程（即"获利目的"，animus lucri faciendi）。
关于将"对不法性的意识"（consciência da ilicitude）引入故意（dolo）的概念之中，在合同外责任一章，在关于德国学界和司法实践的批判性分析的部分所作的讨论理据十分充分，Nipperdey 尝试将此概念从刑法范畴移植入民事责任的范畴（本书前文，第一卷，第 153 页）。参见 Schmidt，*Praktische wichtige Auswirkungen der neuen Schuldtheorie im Zivilrecht*，N. J. W.，58，pág. 488。

己已经作出的承诺，或者因为轻易认为自己是可以完成第二个活儿而不耽误第一个活儿。①

故意的（doloso）不履行体现了不法行为（即不履行债务）与当事人意愿之间的一种更为紧密的关系。出于这个原因，值得受到有权利一方当事人更为严厉的谴责和责备。

过失所体现的债务人意愿与债务之不履行之间的联系要弱一些。在一些情况下，过失表现为，债务人虽然已经预见到不履行是其行为所可能导致的效果，但还是草率或者轻浮地认为自己能够履行：出租车司机无理由地深信自己能够在完成所接受的第二单活儿之后及时赶回接第一个客人；工厂主错误地估计了其机器的生产能力，接受了一笔后来才意识到无法履行的订单。

在另一情况下，过失表现为，应受谴责的债务人甚至没有预见到其行为可能导致不履行的后果。

债务人的过失可能发生在有关债权债之关系存续生命周期中的多个时刻：既可能发生在债务成立时（例如，债务人承诺提供特定数量的产品，但在此之前并没有预先检查其所拥有的原材料是否允许其履行这一承诺），也可能发生于预备给付时（例如，在糟糕的条件下生产有关产品），还可能发生在执行给付时（例如，在包装、打包或发出货物时）。②

故意与过失在不履行债务中的区别，不像其在不法行为之责任一章中的区分那么重要，因为第494条的规定并不适用于合同责任的情况。但是这一区分对定出其他法律规定的适用范围是有利益的，尤其是第814条和第815条（债权人迟延）、第853条第1款a）项（抵销之排除）、第956条和第957条（赠予人之责任）、第1134条（使用借贷中贷与人之责任）、第1151条（消费借贷中贷与人之责任）、第1681条（夫妻中管理财产之一方的责任）等。③

如果不履行是因可归责于债权人或第三人的事实造成的（但这也不妨

---

① Larenz, §20, Ⅱ.
② Diez-Picazo, n. 847.
③ 关于法国法学界和司法实践根据债务人过错之程度（grau de culpa）而对"严重错误"（la faute lourde）、"轻微错误"（la faute légère）与"极轻微错误"（la faute très légère）所作的传统的区分，以及这一问题在司法实践中和立法上的发展，参见 A. Weil e Terré, *Droit civil. Les obligations*, 2.ᵃ ed., 1975, ns. 405 e segs。

碍第 800 条关于债务人之法定代理人或帮助人的规定的适用），或者是由意外事件或不可抗力而导致的，则债务人无过错。在意外事件或不可抗力这样的概括性的称谓之下，包含了所有导致债之不履行，但其发生是债务人通常所不能预计的、其效果是债务人通常所不能避免的所有事实。

311. 过错的推定

对于债务人在债务之不履行中或者在给付不能中的过错，可以根据可适用于民事责任的规定进行认定（第 799 条第 2 款）。也就是说，不仅可适用第 488 条中所规定的确定不可归责性（inimputabilidade）的标准，而且适用如下基本原则：对债务人的过错要进行抽象的（cm abstracto）衡量，即以对一位善良父亲的通常的注意要求为标准，而不是进行具体的（em concreta）衡量，即不能根据该债务人通常的注意义务确定——这与在 1867 年《民法典》的背景下当时学界的主流观点相反。

根据同一条准用性规定，同样可以确定，在合同责任的范畴，过失不仅包括未尽应有注意（falta de diligência）和意思缺陷（deficiência），而且包括债务人未尽应有的水平（qualidades）、个人能力（aptidões）或辨别能力（discernimento）。就这一问题，一些学者论述道，[①] 合同责任应当以下列方式运作：每一立约人能够信任对方立约人拥有必要的水平（个人能力或辨别能力）以正常地履行其有义务作出的给付。这一种默示的保证（garantia）成为存在于为学者们所普遍接受的过错概念中的具有客观性的基本概念（laivos de objectividade）的首要依据。

但在对过错的证明（举证责任，onus probandi）方面，民事责任在不同领域中的做法是各不相同的。在非合同责任中，除非法律推定有过错的特殊情况，应由受害人证明侵害人之过错，对损害赔偿义务的其他任何前提假设的证明也同样如此。但在债务之不履行中，须由债务人证明"债务之不履行或瑕疵履行……非因其过错所造成"（第 799 条第 1 款）。

而这也是在大多数国家的立法中都获得确认的一项原则。在此情况下，被违反的法律义务是如此具体化（concretizado）、个性化（individualizado）或个人化（personalizado），因此，由债务人负责提出陈述和以证据证明其不

---

① 详细的论述见 Larenz，§20，Ⅲ。

履行是有理由的或可解释的，才是合理的。①

但是，须由债权人证明存在不履行的不法事实。如果并不涉及债务之不履行，而是存在瑕疵履行（cumprimento defeituoso）的情况，则由债权人证明存在瑕疵（defeito），这是创设其获得损害赔偿的权利或就此欠缺采取其他任何应对手段的要素。

在所谓手段之债中，就此方面，仅证明没有取得本来约定通过给付实现的结果还是不够的，仍不足以认为不履行已获证明。仅提出病人的死亡或诉讼的失败，并不足以认定医生在给病人治疗时或律师在代理案件时存在缺失（falta）。为能作出如此认定，还必须证明有关医生或律师没有作出其作为一位谨慎的医师或代理人而通常应当作出的行为，而谨慎的标准根据适用于其所从事职业的道德规范确定。

312. 债务人为其法定代理人或帮助人的行为承担责任

如给付不能可归责于第三人，则原则上解除债务人的责任。但是，如果给付不能并不是由与有关债之关系完全无关之人造成的，而是因为债务人的法定代理人或其为履行债务而使用之帮助人造成的，则仍采用上述解决办法会变得不公平。②

如果无过错且谨慎的债务人委托某人为自己支付一项债务，而受任人却携钱款逃跑了，或者因为过失而忘记了履行债务，则没有理由因为债务人无过错就使债权人承担因帮助人的过错而导致的后果。③

正是为了给该等情况提供解决方案，第 800 条第 1 款规定，"债务人须就其法定代理人或其为履行债务而使用之人之行为对债权人负责，该等行为如同债

---

① 作为推定就违约存在过错的依据，学者们通常援引两个理由：其一，根据日常的经验考虑，债务的违约通常是有过错的（因为过失）；其二，与令债权人提供反证相比，债务人有更好的条件主张并证明存在一些事实，使不履行不可归责于自己。M. Bianca，前揭著作，com. ao art. 1218.°，n.°56；Majello，*Custodia e deposito*，pág. 203 e segs；Raape，*est. cit.*，no AcP，147，1941，pág. 220 e segs。

　　但是，一些学者走得远得多，例如，为证明上述解决方案是合理的，Rosenberg 指出（*Beweislast*，§28，pág. 360 e segs.），根据日常经验，对他人权利造成的任何侵害，原则上均系产生自侵害人的过失。

② 否则，债权人将受制于在很大程度上替代最初的债务人承担责任的第三人，而该等第三人与债之关系无关，且债权人也没有参与对其的制定，故这是不公正的：M. Bianca，前揭著作，com. ao art. 1228.°，n.°1。

③ Pires de Lima e A. Varela，*Cód. Civ. anotado*，anot. ao art. 800.°。参见 Vaz Serra，*Responsabilidade do devedor pelos factos dos auxiliares，dos representantes legais ou dos substitutos*，n.°2。

务人本人作出（como se tais actos fossem praticados pelo próprio devedor）"。[1]

关于法定代理人（父母、监护人、财产管理人），在民事责任范畴，债务人须为他们承担的责任不适用于刑事责任领域有效的原则。但这是完全可被理解的。如果法定代理人的活动是以被代理人（未成年人、禁治产人等）的名义并为其利益作出的，则公正的做法是以被代理人（而非代理人）的财产承担作出该活动的后果（不管是好的还是坏的后果）。而且，适用于法律直接指定的代理人的理论，经必要调整，亦适用于法庭所选定的代理人或债务人本身（破产财产或无偿还能力人财产的管理人、遗嘱执行人等）。[2]

须由债务人承担责任的还包括其帮助人（受任人、受权人、受托人、受寄人等）的行为，只要他们是为履行债务而使用的帮助人。[3] 这是一种真正的客观责任，因为要构成这一责任并不要求债务人有过错（在选人，向其工作提供指引或对其活动的监督中）。

但是，定义责任所使用的这些条款，首先表明了责任的限制有哪些。债务人须就其法定代理人或其帮助人之行为负责，如同该等行为是由债务人本人作出的一般：仆人的行为是其主人的行为（the servant's act is the master's act）。[4] 因此，如果他们作出行为时没有过错，则从其行为中不可能

---

[1] 关于此，参见第 264 条第 4 款、第 1165 条、第 1197 条和第 1198 条、第 1213 条以及第 2334 条的规定，它们表明，在很多情况下债务人均可在履行债务中寻求帮助人的帮助。

[2] Brox，pág. 107。但是，关于法定代理人在合同准备阶段的责任（订立法律行为前的责任），参见 Ballerstedt, *Zur Haftung für culpa in contrahendo bei Geschäftsabschluss durch Stellvertreter*, no AcP，151，pág. 525。

[3] 在国外的司法实践中，根据与该等条文对应的法律规定，下列人员须承担下列责任：出租人须就其帮助人为在所租赁之房地产上进行修缮而作出的事实承担责任（Brox，pág. 108）；患者为医生安排了一辆出租车供后者乘坐，则对于出租车司机对乘客造成的损害，该患者须承担责任；出租人安排了一位守门人，为承租人提供看门服务，则对于守门人由过失行为造成的损害，出租人须承担责任。参见 M. Bianca，前揭著作，com. ao art. 1228.°，n.°3。与此不同的一种情况是，债务人允许第三人对属债权人所有的某物进行使用或享益，结果第三人造成损害。此时的第三人并非债务人为履行债务而使用的帮助人。对于此类不同的情况，原则上适用关于租赁的第 1044 条的规定。

[4] 在此情况下，与委托人就受托人之行为承担合同外责任的情况不同，不要求在债务人与帮助人之间存在任何依附或从属关系。例如，依据合同的规定，某公司有义务向员工提供医疗，则如果医生出于过错而对该员工造成了损害，该公司须对该等损害承担责任，即使在该公司与该名医生之间并不存在任何从属关系亦然。类似的情况还有，债务人为履行其向他人提供交通运输服务的债务，求助于某一出租车或其他公共交通运输服务，又如，旅行社为了兑现其向顾客承诺的海上航行而求助于一家经营轮船的公司。

产生任何须由其承担的责任。除非债务人本人在选择帮助人，向帮助人作出指引或在监督帮助人的活动中有过错。

但是，这一债务人客观责任的渊源①丝毫不体现公共秩序原则。这是不难理解的，虽然在一些情况下债务人想解除此责任，尤其是当帮助人的参与是习惯性的或以法律秩序的某些要件（持有特定职衔、在特定机构登记备案等）为条件（关于帮助人的选择）时。

因此，法律允许经利害关系人之事先协议，排除或限制上述债务人之责任，只要该排除或限制不涉及违反公共秩序规范所定义务之行为（第800条）。②

但需注意的是，责任（不仅可能包含因过失产生的责任，而且可能包含因故意而产生的责任）的排除或限制所涉及的只是第三人的行为，而非可归责于债务人的不履行——第809条从原则上禁止后一种情况下的排除或限制。

另外，第800条第2款中的例外规定，显然在根本上（作为立法理由，ratio legis）是为了避免利害关系人的事先协议使债务人之法定代理人或帮助人作出的、违反公共秩序规范（例如，那些保护债权人的身体或精神完整性又或其家庭关系的规范）所定义务的行为正当化。正是应当在此意义上理解和适用通过协议对责任进行排除或限制时不包含该类性质的行为的法定要求。

因此，如果协议约定，中小学的校长或收留精神病人的卫生机构的负责人免于为其学校教师或医院的医生或护士不遵守教育未成年人或管理和监护精神病人的基本义务的行为承担责任，则该协议无效。同样，如果在铁路管理机关与铁路工程承揽人之间达成协议，约定前者免于为其火车司机或乘务员所作出的、违反铁路交通安全规范的行为承担责任，则该协议同样无效。③

313. C）损害。有关事实与损害之间的因果关系

仅当债权人因债务之不履行而受到损失时——正如普遍发生的一样——

---

① 认为这是一种真正的客观责任，并从此角度进行论述的，参见 Gomes da Silva, *O devedor de prestar e o dever de indemnizar*, pág. 275；Pessoa Jorge, *Ensaio*, pág. 146。

② 不仅在此情况下，而且在一般合同责任的范畴（第809条及以下）内，这一责任的约定限制，可能指可要求之损害赔偿的数额。此外，与第800条第2款中所指的责任之排除一样，它也可能指责任的各种原因。参见 Diez-Picazo, ns. 852 e 854。

③ 关于旨在排除或限制由刑事不法行为而导致之损害的民事责任的协议无效的问题，参见 Lalou, *Traité de la responsabilité civile*, n.°527, pág. 371。

债务之不履行方导致损害赔偿义务。没有损害——不论是财产损害,还是非财产损害——就没有损害赔偿义务,就不存在民事责任。

可赔偿的损害,不仅包括所致损害(即第 564 条第 1 款中所指的所造成之损失),而且包括所失利益(lucro cessante),后者是指受害人因该侵害(lesão)而不再获得的利益。例如,房地产转让人应当而未将该房地产交付物业代理机构,而后者已经将该房地产转售于第三人,则转让人须向作为债权人的该机构作出损害赔偿,而赔偿的范围不仅包括该房地产的价金,而且包括该机构从已谈妥的转售中本来可以获得的利益。

在损害赔偿之债的标题之下,所有关于对损害的分类以及关于在定出和确定损害赔偿时所计的对受害人所造成的损害的限度的内容,都在合同责任和非合同责任范畴内有完全的适用。

唯独需要注意的重要差异:一是因第 494 条不适用于合同责任范畴而引致的差异;二是因债权人所遭受的精神或非财产损害不具可赔偿性所引致的差异。[①]

对这一例外规定的两个条件还有如下补充。

一方面,不允许考虑债权人成立债之关系中所形成的期待,而使损害赔偿的数额超出债权人所遭受之损害的数额。也是因为这一原因,也不允许损害赔偿的数额低于损害的数额(原则上,债权人总是有权获得与其所受损失数额相等的弥补),哪怕属过失(mera culpa)的情况亦然。在某种程度上同样不难理解的是,债权人不能要求就其因不履行而承受的精神损害获得赔偿。

另一方面,这也是因为,在合同责任的标题之下加入了严重破坏交易活动的确定性和安全性这一因素。

314. II) 解除合同的权利*。对消极利益或信赖利益的赔偿

但是,债权人因债务不履行而具有的权利,不仅仅包括就其所遭受之

---

① Vaz Serra 持不同的观点,认为可类推适用第 494 条中的例外规定(anot. ao ac. do S. T. J. de 4 – 6 – 74, na RLJ, 108, pág. 221 e segs.)。

* Vaz Serra, *Resolução do contrato*, 1957; Id., anot. ao ac. do S. T. J., de 3 – V – 1968(R. L. J., 102. °, pág. 167); Baptista Machado, *Pressupostos...*, cit., 1979; Auletta, *La risoluzione per inadempimento*, 1942; Mirabelli, *La rescisione del contratto*, 1962; Belfiore, *Risoluzione per inadempimento*, na *Enc. del dir.*; Del' aquila, *La ratio della risoluzione del contratto per inadempimento*, na *Riv. dir. civ.*, 1983, II, pág. 836.

损害获得赔偿的权利。因可归责于债务人而使给付成为不能时，或有关之债已经成为确定不履行之债时，① 如果该债是双务合同中的债，则债权人可能更倾向于解除合同，而非获得与未作出之给付相应的损害赔偿。②

例如，甲向乙购买了特定数量的货物，并提前支付了价金。如果该批货物因乙的过错而失去效用，可能对于甲而言，更合适的解决方法是获得返还其已经支付的金钱，而非获得对方未及时交付购买物而导致的损害赔偿。

又如，丙公司承诺为丁合营组织进行两项或更多项研究，但没有在第808条第1款规定的补充期限内进行。对于该合营组织，可能比起通过司法途径坚持令对方完成上述研究（虽然已经迟了），对其更适宜的解决方案是从该合同中解脱出来，推动该合同的解除，再与另一家专业公司缔结合同，由后者提供该项服务。③

而事实上，债权人在该等情况下确实有选择解除合同的权能。④ 第801条第2款规定，"如有关债务系由双务合同产生，则债权人不论是否有权获得损害赔偿，亦得解除合同；如债权人已履行其给付，则有权要求返还全部给付"。⑤

要注意的是，该解除可以违反义务为依据，而所违反的既可能是一项主债务，也可能是一项次级债务，甚至可能是一项从属的行为义务。⑥

合同之解除，通过债权人单方的意思表示为之（第436条），且一旦该意思表示到达债务人或为其所知悉时，即成为不可废止的意思表示（第224

① 正如我们所见，在某些并不真正存在履行不能的情况下，有关债务可能被视为确定未获履行的，这甚至是为了给付之强制作出的目的。例如，债务人公开声明其不欲履行，尽管其能够履行；债务人不在依据第808条第1款定出的补充期限内履行，尽管由其作出给付仍然是可能的；等等（Baptista Machado，*est. cit.*，pág. 4）。

② 在某些情况下，解除可能取决于不履行的加重的严重性（gravidade qualificada），例如，在分期付款之买卖中即存在此情况（第934条）。

③ Larenz持相同的观点，并紧扣德国民法文本进行了论述，虽然亦进行了适当的调整（前揭著作，I，14.ᵃ ed.，§ 22，II，pág. 338）。

④ 法律所给出的另一选项是，债权人维持其已经作出的对待给付（如尚未作出，则继续作出该对待给付），并要求债务人须为之给付之强制作出，或者要求就因债务人不履行而给债权人造成的损失获得赔偿（积极合同利益）。当债权人亦不能（包括事实上的不能和法律上的不能）作出其须为之对待给付时，不可作出这一选择。

⑤ 关于解除合同可能优于损害赔偿请求权而给债权人带来的好处，参见 Vaz Serra，*Impossibilidade superveniente...*，Lisboa，1955，pág. 170 e segs。

⑥ 在例外情况下，合同的解除甚至可以以权利受到侵犯的单纯威胁——虽然须为严重的威胁——为依据（参见第1235条），或者以表明解除某些法律行为属正当的某些情况为依据（参见第1140条）。

条第 1 款，并可参见第 230 条第 1 款和第 2 款）。① 该解除具有追溯效力
（eficácia retroactiva），因为债务人的不给付导致对方当事人的债务丧失了存
在的理由，即使有关于第三人权利以及因当事人意愿或解除目的而施加的
限制等例外规定亦然。②③

即使对于债权人选择解除合同的情形，法律亦规定了获得损害赔偿的
权利。④ 这里的损害赔偿所针对的是债权人因订立该合同而遭受的损失，换
句话说，是假如该合同未经订立则债权人本不会遭受的损失（参见第 908
条中的表述），这是对所谓消极合同利益或信赖利益的损害赔偿。如债权人
选择解除合同，则再允许其向债务人要求获补偿其通常可从有关法律行为
的执行中取得的利益，就是说不通的了。⑤ 债权人作出这样的选择，其所想
要实现的首先是解除其所负担的债务（或者获返还其已经作出的给付），以
及使其财产状况恢复到假如没有订立该合同本来所处的状况（消极合同
利益）。

拉伦茨为其所举例子给出的解决方案，体现的指导思想也是这个意思。⑥

艺术品收藏者甲将其一台三角钢琴（价值 5000 马克）转让于钢琴师
乙，作为交换，乙将一个价值 6000 马克的古董花瓶转让于甲。但是，当钢
琴顺利地到达乙的控制范围时，花瓶却在运往甲家的路上因为乙的过错而

---

① 如今德国的主流观点不同，德国学界如今倾向于赋予债权人一个权利范围（jus variandi，
在合同的解除与合同的强制维持之间选择），即使已经声明解除合同，只要债务人尚未因
为该解除而采取任何措施即可。参见 Larenz，前揭著作，I，14.ª ed.，§ 22，Ⅱ，pág. 337。

② 关于持续或定期执行之合同解除的效力，参见第 434 条第 2 款的规定。另可参见最高法院
1967 年 3 月 14 日的合议庭裁判（载于 R. L. J.，100.°，pág. 358）。

③ 关于因违约而解除合同的理由问题，在意大利法学界引起了广泛讨论，所讨论的话题主要
集中在三个方面：其一，合同之解除是否可被归类入形成权的范畴；其二，合同之解除是
否可被归入针对不履行债务的一种制裁；其三，解除是在合同本身之上进行的，还是仅仅
在合同关系上进行的（参见 Belfiore，est. cit.，2，in fine）。

④ 关于这一获得损害赔偿的权利在理论上可能触及不同范围，参见 Vaz Serra，Impossibilidade
superveniente...，Lisboa，1955，pág. 180 e segs。

⑤ 相同的观点，见 Pereira Coelho，Obrigações，Lições de 1966 - 67，n.°243；Mota Pinto，Cessão
da posição contratual，n.°56，pág. 412，nota 1 e n.°65。持相反观念者，除 Baptista Machado
外（前揭著作），还可参见 Vaz Serra，anot. ao ac. do S. T. J.，de 30 - Ⅵ - 1970（R. L. J.，
104，pág. 204），该学者强行在第 908 条的文本上打开一个缺口，向该条中加入积极合同利
益的损害赔偿。

⑥ Larenz，Lehrbuch，I，14.ª ed.，§ 22，Ⅱ，pág. 339，但须注意的是，从制定法（jure con-
stituendo）的角度看，从该学者的论述中得出的解决方案似乎是在解除合同之上加上对积
极合同利益的补偿。

打碎了。

在此情况下，毫无疑问，甲得解除合同以取回钢琴，因为甲不会无偿将此钢琴出售，而且甲本来是为了获得花瓶才让出此钢琴的。

但是，如果债权人愿意，也可以决定维持合同，要求获得与失去效用的花瓶价值相当的损害赔偿（6000 马克），在此情况下，甲确定性地让出已交付于乙的钢琴。

根据法律规定，债权人不能在要求返还钢琴（好像有关法律行为被解除一样）的同时，如同有关合同已经产生效力一般，要求获得存在于两个物品之间的 1000 马克的差价。在此情况下，债权人（甲）必须或者决定解除合同（并在可能时就消极合同利益获得损害赔偿），或者维持合同（在此情况下，有权就积极合同利益获得损害赔偿）。

这里的消极合同利益（与积极合同利益一样）既可包含所致损害，亦可包含所失利益（假如不是因为实行了这一合同，债权人本来能够获得的收益）：例如，这可能只是因为甲将其全部可支配资金用于购买一批货物，以致不得不放弃另一笔购置，而甲本来可以从后者中获得一定数额的确定利益。

那么，如何解除合同以及实现相应的获得损害赔偿的权利？

第 801 条第 2 款在这一问题上区分了两种可能性。

第一种可能性是，在给付因可归责于债务人而成为不能（或成为确定不履行的债务）时，债权人已经履行了其对待给付义务。在此情况下，债权人除解除合同外，还可要求返还其所作之全部给付，而不像在给付不能是因可归责于债务人时那样，仅可就对方当事人不当得利的部分要求返还（第 795 条第 1 款）。

除解除合同外，债权人还可就假如其不订立有关合同则本不会遭受的损失获得赔偿。

第二种可能性是，当给付出于债务人的原因成为不能（或成为确定不履行的债务）时，债权人尚未作出给付。

在该等情况下，《德国民法典》第 325 条继续赋予债权人以合同的不履行所导致的损害获得赔偿的权利，这样的做法导致，在德国法学界出现了两种不同的学说：替代说（Surrogationstheorie）和差额说（Differenztheorie）。[1]

---

[1] Larenz, §22, Ⅱ, b）; Staffel, no AcP, 92, pág. 467.

根据替代说，给付不能并不摧毁双务合同的结构，其唯一的结果是使变为不可能的给付由其表现为金钱的价值所替代。据此，假设在一双务合同中，甲须以价值为 2000 康托的一件首饰与乙交换时价约为 1500 康托的股票，如果因为债务人在有过错的情况下使该珠宝失去了效用，导致交付该珠宝成为不能，则乙仍有义务交付那些股票，并可要求甲交付 2000 康托以作为对自己交付的股票的回报。

根据差额说，对乙所遭受的损害是以不同的方式进行弥补的。债权人没有义务交付股票（因为他只想以这些股票来交换首饰，而非该首饰的金钱价值），并且有权要求有过错的债务人支付 500 康托的金额，相当于双务合同中两项给付的（有利于债权人的）价值差额。

无论这两种解决办法的优点有多显著，第 801 条第 2 款中确定的仍是不同的解决模式。

这一解决模式（在债权人不选择第 801 条第 1 款所规定的解决办法的情况下）① 就是解除合同；而且此处的解除原则上与法律行为的无效或撤销具有等同的效力（第 433 条）。

因此，如果债权人尚未交付有关股票，且其希望解除合同，则其作出给付的义务获得解除；但在计算法律所规定的损害赔偿时，必须计算债权人假如不订立该合同则本来不会遭受的损失（消极而非积极的合同利益）。

315. 部分不能

与不可归责于债务人的履行不能一样，在可归责于债务人的履行不能中，同样既包括涉及全部给付的不能，也包括仅涉及给付之一部分的不能。因此，适用于可归责于债务人的部分不能的制度，与为不可归责于债务人的部分不能而订立的制度一样，主要的区别只是，在前一种情况下，债务人有义务就债权人所遭受之损失进行赔偿。

在特定条件下，债权人可选择解除有关法律行为，② 或者选择要求就可能之部分履行给付（在后一种情况下，如债权人尚未作出对待给付，则按比例缩减其须为之对待给付，如已经作出，可要求返还所作出之给付的一

---

① 第 1 款中所规定的解决方案（对因不能而导致的损害进行赔偿）在深层次上相当于持替代说者所主张的解决方案。

② 参见 Carbonnier, pág. 232 e 271。

部分）。①

但是，部分不能的这两个变种之间的差别，并不仅仅存在于获得损害赔偿的权利上。

在选择解除合同的方面，对上述两种情况所适用的制度亦有不同。如果（部分）不能不可归责于债务人，则仅当"有理由认定债务之部分履行于债权人并无利益"时，债权人方可解除合同；而当（部分）不能可归责于债务人时，原则上债权人是可以解除合同的，仅当变得不可能的那部分给付对债权人利益的实现不具重要性时——法律规定中使用的是"非为重要"（escassa importância）的表述——债权人才不可解除合同。②

316. Ⅲ）代位求偿（Commodum subrogationis）

还是在可归责于债务人的给付不能的情况下，可能发生的一种可能性是，债务人由不能产生的原因而获得了关于特定物或针对第三人的某种权利，以代替给付之标的。如属此情况，债权人有权（有关债务系由双务合同产生时，不解除合同）要求获给付该物，或要求代替债务人成为后者所取得的权利的权利人（代偿利益）。

如果债务人因给付不能而获得的权利（如保险公司支付的保险金）价值几乎等于或者高于其所作出的或承诺作出的给付，则债权人自然会选择行使代偿利益。③

这一代偿利益并不是对债权人的一种损害赔偿，而只是在给付标的上的一种代位现象。无论如何，如果债权人已经行使了这一权利，都不在其申请的损害赔偿金额中扣除与此权利相当的数额，则明显是不公平的。

第803条第2款正是为了避免这一不公平。④

例如，所售出的画作因为债务人的过错而失去效用，给债权人造成了400康托的损失。有关债务人从保险公司处受领300康托的保险金，在此情

---

① 参见 Vaz Serra, na anot. ao ac. do S. T. J., de 18 – 11 – 75（R. L. J.），109，pág. 333 中所作的保留。

② 只要解除了合同，则正如我们所见，所获得的损害赔偿是就消极合同利益的损害赔偿，而消极合同利益与积极合同利益一样，既包括所造成的损害（dano emergente），也包括所失利益（lucro cessante）。不同的观点，见 Baptista Machado, *Pressupostos da resolução por incumprimento*, Coimbra, 1979, pág. 54。

③ Brox, pág. 145.

④ 参见这一与《德国民法典》第281条相当的条文。

况下，债权人不能既要求这个又要求那个。债权人或者仅要求获得 400 康托的损害赔偿，或者获让与针对保险公司的债权，并获得 100 康托的损害赔偿。①

317. 债务人迟延。概念。要件*

债务人迟延（mora solvendi）是指在履行债务时的有过错的迟延（atraso，demora，dilatação）。当债务人基于可归责于自身的原因而未在适当时间内作出仍为可能的给付时，即构成债务人迟延。如果债务人无过错，则不存在迟延（Mora est dilatio，culpa non carens，debiti solvendi.）。

例如，债务人承诺于五月向债权人交付 20000 康托，但没有履行。此即构成迟延。该债务没有在所约定的时刻履行，但其履行仍然是可能的。

如应为之给付为消极给付，只要债务未获履行，则构成不履行（falta de cumprimento），而非单纯迟延。

在一些情况下，有关给付有一特定的期限（即有确定期限之债，或期限为重要因素之债），则如该给付没有在所定出的时间作出，则首先导致确定的不履行，因为债权人已丧失其于给付中之利益（第 808 条第 1 款）（例如，邀请某位艺术家在特定的一场表演中到场；雇用几位打零工的农民工来收割庄稼，或采摘马上就要从树上掉落的水果；等等）。②

相反，在其他的情况下，尤其是在大多数金钱之债中，即使没有在所约定的日期内作出给付的情况下，对债权人而言该给付仍然始终是有利益的。

但是，不论一项给付对债权人有利益的期限有多长，如果该给付是产生自双务合同的，则以对方当事人所承诺作出的给付仍然对自己有益为依据，使任何一方当事人不确定地仍须履行其对待给付义务，都是不公平的。

这是第 808 条第 1 款之所以在确定不履行（违约）的大标题之下，包含给付虽然在客观上继续有利益，但没有在债权人合理定出的期限内作出这类情况的主要原因。

---

① Brox，pág. 141.

* Vaz Serra，*est. cit.* （*Mora do devedor*），pág. 275 e segs；M. Andrade，前揭著作，pág. 378；Pires de Lima e Antunes Varela；*Cód. Civ. anot.*，com. aos arts. 804.°esegs.，以及两位作者所引的大量的参考文献；Baptista Machado，前揭著作；Adde Benatti，*La costituzione in mora del debitore*，1968；Ravazzoni，*Mora del debitore*，no *Novis. Dig. Ital.*；Magazzù，*Mora del debitore*，na *Enc. del dir*。

② 债权人于给付中之利益是否丧失，应依客观标准认定（第 808 条第 2 款）。

这一期限可能需要受到司法上的评判，即在当事人之间没有就此达成协议的情况下，且这是一个期限（prazo-limite），债权人必须是在认为该债为未履行之债的恐吓下定出此期限的。这是一个特别期限，既适用于单纯之债，也适用于那些自始或事后定出了一个期间（termo）的债务，尽管这完全不妨碍在设定债务之时即定出该期限（例如，出版社一开始就声明，如果没有在某一特定日期之前交付于著作原告，则出版社对该著作的出版没有利益；预约买受人声明，如果预约出卖人在某月月底之前没有准备好前述买卖公证书，则自己一方不再受该合同约束）。

要件

要构成迟延（债务人迟延），除债务人之过错（以及由此产生的给付迟延的不法性），学者们认为给付还必须是或者已经是确定的（certa）、可要求履行的（exigível）和已经结算的（líquida）。

但是，这些要件的正确性，要通过将它们纳入迟延的基本要件——不法性和过错——中来衡量。

如果该项给付不是确定的，这是因为当应由债权人或第三人确定给付时，他们尚未作出该选择，则不存在债务人迟延，因为此时的履行迟延非基于可归责于债务人的原因而产生。

但是，如果给付的不确定仅仅是因为债务人尚未作出应由其作出的选择或确定，则不妨碍构成债务人迟延（mora debitoris）。

如果债务尚未结算（因为还没有计算出给付的金额是多少），[1] 则也不构成迟延，因为债务人在履行的迟延中没有过错。但是，如果未结算是由可归责于债务人的原因造成的（通常可能发生在无因管理、委任[2]及其他类似情况下），则"在债权尚未结算时不发生迟延"（in illiquidis non fit mora）

---

[1] 债务"未经结算"是指，该债务的存在是确定的，但其数额尚未定出（如未计算的利息等），在《民事诉讼法典》（第805条及以下）中规定有"结算"（liquidação），是先于所谓"支付一定金额之执行"（execução para pagamento de quantia certa）进行的一种操作。

[2] 关于此，参见 Vaz Serra 和 Pires de Lima 对最高法院 1966 年 12 月 20 日判例的注释，载于 R. L. J., ano 100.°，分别载于第 217 页与第 227 页，以及 Antunes Varela 对同一法院 1968 年 3 月 12 日的合议庭裁判的注释，载于 R. L. J., ano 102.°，pág. 85，就文中所涉及的问题，该类学者的共同思想在于，"在债权尚未结算时不发生迟延"（in illiquidis mora non contrahitur）的法谚需要受制于如下例外的限制："但债务人之过错使结算迟延的除外（nisi culpa debitoris liquidatio differatur）"。
债务的不可结算性（iliquidez）不妨碍诉诸司法执行程序以获得给付之强制作出或获得相应的损害赔偿，如无因管理、委任等即属此情况。在损害赔偿之债中，损害的数额尚未确定。

的原则不再适用（第 805 条第 3 款最后部分），因为古老的罗马法谚"不知悉应当给付，不能被视为有过错"（non potest improbus videri qui ignorat quantum solver debeat：D.，99，50，17）所依据的那项前提条件没有成就。

关于可要求性，原则上可以确定的是，当有关给付还没有成为可要求履行之给付时（例如，在有期限之债中，有关之债尚未到期，或者更常见的，在附条件之债中，条件仍没有成就），实际上不可能构成迟延。

但也是在此方面，必须引入一项限制，这与债务人之过错所包含的相同观念有关。如果有关债务是不可要求履行的，因为还没有对债务人进行必要的催告，但如果催告的欠缺是由债务人引起的，则根据第 805 条第 2 款 c）项的规定，自按正常情况将作出催告之日起，债务人构成迟延。

在有关给付存在于一个双务合同中时，不履行合同之抗辩（exceptio non adimpleti contractus）使债务人不构成迟延，因为在债权人没有作出对待给付或者提供其同时履行时，债务人欠缺不履行的不法性（ilicitude）。①

根据第 799 条第 1 款中确立的一般原则，一旦迟延的各项客观前提成就，须由债务人消除对他有过错的推定。该推定可以通过各种各样的情节（生病或其他不可抗力、第三人的事实、债权人不提供必要的合作等）来消除。

318. 构成迟延之时

在界定迟延的效力之前，很有必要明确构成迟延的时刻。

这一问题的答案取决于有关之债的性质，尤其是该债的到期时间（第 805 条）。

如为单纯之债，② 尽管自其成立之时起给付就是可要求的，但仅当债务人被催告履行债务以后，才可能构成迟延（第 805 条第 1 款）。在该等情况下，迟延（由人引发的迟延；mora ex persona）取决于债权人作出的立即履行债务的要求（reclamação），而该要求既可通过司法途径作出（通

---

① 关于在哪些情况下债务人有正当性以某种抗辩（Einrede）对抗债权人之权利，参见 Larenz，§23，I，al. c），该学者提出的问题是，是否仅仅存在（existência）抗辩理由即可使其免于构成迟延，还是必须经债务人提出其主张（invocação），才能阻却迟延之效力的产生。另可参见 Vaz Serra，前揭著作，第 305 页及以下（尤其是第 307 页）。

② 例如，在活期存款的情况下，存款行所负之债务，又或者，供应商接受以信用卡之出示作为支付的手段。

过《民事诉讼法典》第 261 条中所规定的"透过司法途径作出的诉讼以外的通知"，或通过传唤债务人参加给付之诉或执行之诉），也可通过非司法途径作出。①

当有关债务有确定期限时，则催告并非构成迟延的必要条件。第 805 条第 2 款 a）项重申了一项古老的罗马法格言："一旦到期，则构成债务人之迟延，而无须催告（dies interpellat pro homine）。"② 因此，在债务到期以后，一旦债务人不履行，则构成迟延。

但是，必须在迟延制度所处的背景之下理解这一论断。这种由事引发（ex re）的迟延完全是随着债务到期而被解开锁链，特定期限届满以后，当债务人可以并且应当作出给付不再以债权人或第三人的任何活动为原则上的必要条件时（除单纯受领以外），可能构成迟延。

这发生在法国人称为"应上门偿还的债务"（法语：dettes portables），德国人称为"赴偿债务"（Bringschulden）的一类债务中，在此情况下，债务人有义务在债权人或第三人的住所作出给付，却没有作出其有义务作出的行为。

但是，在相反种类的债务中则不同，在法国人称为"应上门受领的债务"（法语：dettes quérables），德国人称为"取偿之债"（德语：Holschulden）的这类债务中，债权人应当在债务人的住所要求后者作出给付：在此情况下，即使当事人约定的特定期限已届满，要构成迟延，债权人必须寻求（procure）获得给付（而债务人没有作出该给付）。③ 例如，某人拥有一场演出（戏院或电影院的）的票，他自然必须赶赴进行演出的表演厅，又如，旅行者必须前往旅行团出发的地点。

除有确定期限的债务外，根据前引条文的明确规定，在另外两类情况下，迟延也不取决于催告。

---

① 关于催告的法律性质、方式和效力，参见 Vaz Serra，前揭著作，第 333 页及以下，其中列举了国内和国外关于这一问题的大量参考文献；Carbonnier，第 253 页及以下。

② 当债务之期限不确定时（certus an，incertus quando）则不同，在此情况下，催告具有决定性效力的原则继续适用。

③ M. Andrade，第 380 页，注释 2。文中所作的分析可以使我们理解，为什么虽然由在形式上相对的法律规定出发，法国的学理和司法实践却如 Giorgianni 所述（前揭著作，第 109 页及以下），得到了与意大利 1942 年《民法典》以前的学理和司法实践相同的结果。
而如果将葡萄牙《民法典》第 805 条第 2 款 a）项的规定与第 813 条的规定结合起来看，将得到相同的结果。

第一种情况前已述及，即债务人本人妨碍催告（例如，故意躲避通知，或者为了不收到债权人通过非司法途径发出的清偿要求而搬离住所）。与对一些类似情况的规定（例如参见第 275 条第 2 款）类似，自作出通常进行催告所需的事务时起，视为债务人已被催告（并因此构成迟延）。

第二种情况是，债务因非合同不法事实而产生〔第 805 条第 2 款* b)项〕。葡萄牙维持了大多数国家的立法都从罗马法概念源头中汲取的原则，即 fur semper moram facere videtur，规定在此情况下，自不法事实作出之时起，构成迟延。① 这也间接地解释了为什么第 566 条第 2 款在计算向受害人作出的以金钱定出的损害赔偿金额时，规定必须考虑受害人自不法事实作出时起至法院所能考虑的最近日期时止所遭受的全部损害，且不排除未来的损害。

但是，为了正确理解和适用法律，现在必须将第 805 条第 2 款 b)项中确立的原则与适用于未经结算之债权的规则（第 805 条第 3 款），② 以及第 806 条就金钱债务中迟延所造成之损害的特别解决方案结合起来。

例如，我们假设甲对乙的车造成了损害，在工厂修理此车需要花费数日时间。侵害人除须支付修理汽车的费用外，还必须就受害人自事故发生之日起因无法使用该车而遭受的损失（包括车主因该事故而无法获得的收

---

* 译者注："第 2 款"为译者所加，原作者漏掉了。

① 事实上，即使在葡萄牙，这也是一种早在之前立法的语境下即已提出过的解决方案，学者们早已从 1867 年《民法典》第 496 条至第 497 条关于恶意占有的规定中得出这样的解决方案。

② 尽管第 566 条第 2 款以及第 805 条第 1 款和第 3 款的文本（最早的版本）已足够清楚，但是，作为因作出不法行为而须对受害人作出的损害赔偿，所裁定的金额自何时起计算迟延利息。就这一问题，在司法实践中已经开始产生很多疑问。

正是为了解决这一疑问，6 月 16 日第 262/83 号法令在第 805 条第 3 款最初的文本之上进行了补充（为最终版本），据此，"……如属不法事实或风险责任，债务人自传唤时起即构成迟延，除非其迟延已由本款首部构成"。

但是，不论就其实质而言（因为显然忽视了第 566 条第 2 款的规定），还是就其形式而言，这一补充都很糟糕，以致在该法令公布后不久，已经没有人确切地知道，6 月 16 日第 262/83 号法令中的这一新规定到底构成一项更新的（inovadora）规范，仅适用于未来的情况，还是构成一项纯粹解释性的（interpretativa）规范，对迟延之前本身的各种情况均有效。

这一疑问通过 1994 年 6 月 15 日的判例（公布于同年 8 月 19 日的《共和国公报》上）获得了解决，但该判例的文本如此令人困惑，与之相伴的五份对投票的解释性声明更是加深了这种困惑，它们对第 805 条第 3 款的新文本的解释和适用完全没有任何助益。

出现问题的根源在于，对于因不法事实而产生的责任或风险责任，第 3 款最后部分的补充规定是以一种错误的思想为出发点的，即认为，当未经结算系由可归责于债务人的原因造成时（第 3 款首部规定的情况），为计算损害赔偿的数额，仅在传唤之前才可能构成迟延。而第 566 条第 2 款的规定表明，这一前提条件是不正确的。

益）作出赔偿［第 563 条、第 566 条以及第 805 条第 2 款 b）项］。

如果丙不法地将属于丁的某笔钱据为己有，或者丙作为受任人或履行管理人职能，拒绝提交与其职务或职能有关的账目，则其所须赔偿的由迟延给付而造成的损害（danos moratórios），包括与所欠金额对应的利息，而该利息自其不法地将他人钱财据为己有之日或自其本应交付债务金额之日起计［第 805 条第 2 款 b）项、第 806 条、第 465 条 e）项以及第 1164 条］。

但是，假如戊毁损或损坏了他人之物，在根据第 562 条及其后数条的规定，其须就物主所遭受之损失进行赔偿。但戊无须支付与该等损害之金额相对应的利息，除非在一些例外的情况下出现的，该等损害未被结算是由可归责于侵害人的事实造成的。相反，与损害之价值相应的金额所产生的利息，仅自其结算之日起才开始产生（第 805 条第 3 款）。

319. 迟延的效力：A）因迟延给付而造成之损害的弥补

迟延有两个基本的效力：一方面，债务人有义务弥补因履行中有过错的迟延而给债权人造成的损害（第 804 条第 1 款）；另一方面，给付不能的风险落在债务人身上。[①]

由于债权人于给付中具有的利益没有消灭，该给付仍然是可能的，而债务人也因此而继续具有履行给付的义务，但这一事实并不妨碍迟延可能给债权人造成可能大、可能小的损害。

第 562 条及后续数条中所定出的各种损失，都是根据第 804 条第 1 款的规定必须予以弥补的（nimius solvit tardius solvit：D.，50，16，12）。在因迟延给付而造成的损害之中，值得一提的是债权人被迫作出以满足本来打算通过债务人的给付实现的利益的开支（despesas），以及债权人因债务人的过错而不再获得的利益（benefícios）或收益（lucros）。

工厂主在清点原材料时发现缺货，可能迫使他以贵得多的价格进行采购，且可能导致损失一些能盈利的订单。

如果债权人有正当理由而拒绝受领债务人想要向其作出的部分给付，则迟延及相应的损害涉及全部给付，而不仅仅是债务人未向债权人作出的那一部分给付。[②]

---

① 参见最高法院 1970 年 10 月 6 日的合议庭裁判（载于 Bol. Min. Just.，200，第 233 页）。

② 当违约人的债务作为某一双务合同的组成部分时，合同的解除并不是迟延的效力。仅当迟延以上述任一途径转变为债务的确定不履行时，才产生解除的权利（对债权人而言）。

如属金钱之债的情况，法律（立法和法学，iuris et de iure）推定必然存在由迟延引致的损害，并以协定的形式（à forfait）定出了该等损害的金额，以此作为原则。[1]

一方面，保证向债权人提供一项有效的损害赔偿，自构成迟延之日起计（第806条第1款）。

另一方面，确定损害赔偿为应付金额的法定利息，[2] 除非约定利息高于法定利息或者当事人订定了不同于法定利息的迟延利息。[3]

320. B）风险转移（perpetuatio obligationis）

债务人迟延（mora solvendi）的第二种典型效力，详细规定在第807条中。一旦构成迟延，债务人须就债权人因本应交付之标的灭失或毁损而遭受的损失承担责任，即使该等事实不可归责于债务人的亦然。

例如，我们假设出卖人本应在5月1日交付出卖物，结果到了该日，买受人想将该物取走却没有成功。

5月3日的一场火灾使该物毁损，而由于这场火灾是不可归责于出卖人的，假如出卖人没有构成迟延，则火灾通常将解除其原本负有的债务。

但是，由于出卖人构成了迟延，而根据第807条第1款的规定，该迟延是有转移风险的效力的（perpetuat obligationem），因此出卖人并不会因为导致有关物灭失的意外原因而被解除债务。

同时，作为例外情况，规定构成迟延的债务人可主张并证明，即使债务按时履行，有关物之灭失或毁损（所发生的损害）同样会发生。在此情

---

[1] 事实上，金钱之债的迟延制度中有两个重要特征：其一，债权人有获得损害赔偿的权利，无论其是否证明损害的存在（existência）以及在可赔偿之损害与导致迟延的不法事实之间存在因果关系（nexo causal）；其二，法律间接地（indirectamente）定出了可赔偿之损害的数额。

在此无须区分补偿利息与迟延利息（参见笔者的注释，载于 R. L. J.，102.°，第89页）。更合适的说法是，当没有合适的违约金时，法律对损害进行抽象的评价（avaliação abstracta do dano），而原则上不进行具体的评价（关于两种评价之间的区分，参见 Steindorff, *Abstrakte und konkrete Schadensberechnung*，no AcP，158，第431页及以下）。关于以协定的形式定出损害赔偿的正当理由，参见 Carbonnier，n. 77，第257页。

[2] 关于损害赔偿金额（quantum）的确定的和不可变的定出，或者以协定形式定出的损害赔偿，许多学者进行过清晰的阐述：M. Andrade，第390页；Sá Carneiro, na *Rev. Trib.*，82.°，第360页；Antunes Varela, anot. cit.，na R. L. J.，102.°，第89页。

[3] 关于因为对1867年《民法典》第720条的解释而在此方面可能产生的疑问，详见 M. Andrade，第384页及以下。

况下——且仅在此情况下——使作出给付成为不能的意外原因（causa fortu-ita）将覆盖其通常的解除债务的效力。①

例如，甲于 3 月 1 日将特定物出售予乙，并承诺将于该月 15 日交付。结果没有如期交付，而该物于 3 月 10 日因为一场意外事件而失去了效用。

基于不可归责于债务人之原因而导致的物之灭失，通常本应使债务人之债务被解除。但如我们所见，当基于迟延的（不法）事实时，则债务维持，在这个意义上，迟延使债务永久保持（mora debitoris obligation perpetua fit）。

从法律所使用的表述（"应交付之物失去或毁损"）中可以轻易地推断，这种制裁所特别指的是以物之给付为标的的债务，且由于存在对某物的所有权或其他权利的转移，这种制裁表现为风险的转移，而该制裁的全部意义也仅存在于此情况中。

德国法学界的主流观点以充分的理由主张，债务人的这一特别责任超过了适当的因果关系（causalidade adequada）的限度，包含了那些不能将物之毁损视为迟延的适当效力（efeito adequado）的情况（例如，将一批货物通过火车运给债权人，火车已晚点，之后在路途中发生铁路交通事故，导致该批货物灭失）。②

该规则的理由（ratio）是对有过错的债务人不利的一种推定，即使物毁损或灭失的事故产生自不可归责于债务人的原因，推定假如该物被按时交付，该事故也不会影响到该物。③ 因此，仅当证明即使有关给付已被按时作出，有关之物仍然会遭受同样的损害时（基于相同的原因，或基于具有类似效力的其他原因），上述制裁才不适用。④

---

① Larenz，§22，Ⅱ，a）；Enneccerus-Lehman，前揭著作、版次及位置，§53，Ⅰ，3。

② Enneccerus-Lehman，§53，Ⅰ，3.

③ Larenz，§22，Ⅱ，a）；Enneccerus-Lehman，前揭著作、版次及位置，§53，Ⅰ，3。

④ 但是，根据学者们的阐述，迟延的效力随着迟延之补正（purgação）或订正（emenda）而消灭。

不过，这一表述往往被赋予极其广泛的含义，使其中涵盖如下情况：第一类情况是，债务人或第三人已经向债权人履行了债务人须为之给付，以及由迟延而造成的损害；第二类情况是，债权人无正当理由而拒绝受领债务人或第三人作出的这一补偿。在前一种情况下，仅存在迟延之终止（cessação），而在后一种情况下，构成债权人迟延，且不影响之前的清偿人迟延的效力，后者的效力继续维持。

真正的迟延之补正（purgatio morae）是指，债权人明示或者默示地对此延期作出了认可——例如，延长期限，约定新的期限，放弃因迟延给付而造成之损害获得赔偿，等等；参见 Diez-Picazo，n. 281。

321. C）迟延转为确定不履行。警示性的通知或命令 (notificação ou intimação admonitória)

债务人迟延可能导致债权人于给付中的全部利益丧失。乘客与出租车司机约好由后者载其去赶飞机，而后者却没有在约定的时间出现；艺术家本应在某场庆典上表演，却没有按时到场。

如属此情况，则迟延自始相当于债务的确定不履行。未被遵守的期限是一个对债务有根本影响的期限。

但是，仅有债权人于给付中的利益的主观（subjectiva）丧失还不够。第 808 条第 2 款规定，还要求这一给付中利益的丧失是依客观标准认定的。

一位家庭主妇订购了一些水果，但卖家没有在买家指定的时间交付，如果卖方知道这些水果是用在一场宴会上，而进行这场宴会的时间远远早于卖方能够履行的时间，则该等情况下卖方不交付水果相当于确定不履行。而当债权人利益的丧失纯粹是主观性的时（例如，购买水果是为了在宴会开始前两天先行品尝到时准备使用的水果），则没有理由拒绝受领迟延的给付。

除债权人于给付中的利益客观和直接丧失的情况外，当债务人没有及时履行时，债权人可能还有正当利益解除其所受到的约束，这尤其体现在双务合同中。尽管与确定不履行一样，债务人迟延亦赋予债权人以就其所受损害获得赔偿的权利，但只有（确定的）不给付才使之有正当理由解除合同。

为满足债权人的这一合理的利益，第 808 条第 1 款赋予其一种权力，当债务人构成迟延时，债权人可在其声明认为债务未获履行的期限以外定出一个期限。[1]

这一期限旨在赋予债务人以一种将合同维系下去（以及避免需要返还其可能已经受领的对待给付，等等）的最后的（derradeira）可能性，因此从其目的的角度考虑，该期限必须是一个合理的延期（dilação razoável）。[2]而且出于同一理由，定出该期限时必须以能够清楚地表明债权人意图的方式。对于在构成迟延以后向债务人作出的，要求其在特定期限内履行债务的通知，有些学者称为"警示性的通知"（notificação admonitória），而另一

---

① 关于这一"警示性的命令"（intimação admonitória）的要件，参见 Baptista Machado, *Pressupostos...*，第 42 页。

② 根据《意大利民法典》第 1454 条的规定，这一期限不应当短于 15 日。在葡萄牙法中没有类似的规定，但意大利民法中的规定不失为一种参考。

些学者则将此称为"告诫性催告"（interpelação cominatória）。^① 在大多数情况下，这是施加于想要将迟延转为不履行的债权人的一种责任（ónus）。

但是，正如前面所述，这丝毫不妨碍事先约定强制性的补充期限，甚至在债务成立之时就已经可以作出此约定。

第四分节　瑕疵履行。生产者（客观）责任

322. 概念

德国法学家早在很久之前就已经开始趋向于承认除不履行和迟延以外的第三种违反给付义务的形式，即所谓"积极的合同违约"（violação contratual positiva）。早在 20 世纪之初，Staub 即已创造和提出了这一类别的违反义务的形式，^② 此类违约所强调的是，在发生此类违约的情况下，损害既

---

① 参见 Calvão da Silva, *Cumprimento e sanção pecuniária compulsória*, coimbra, 1987, n. 27, 第 124 页及以下；Baptista Machado, *Pressupostos da resolução por incumprimento*, Coimbra, 1979, n. 9, 第 41 页。在意大利法中，以《意大利民法典》第 1454 条所确定的"履行通知"（diffida ad adempiere）为基础，学者们进行了论述，参见 M. Bianca, *Dell' inadempimento*, no *Com. de Scialoja e Branca*, 第 22 页及以下；Sacco, *Il contratto*, no Trattato de Vassalli, Turim, 1975, n. 273, 第 959 页及以下，以及，Pescatore e Ruperto, *Codice Civile*, 7.ª ed., Milano, 1978, anot. ao art. 1454, 第 1451 页及以下。在德国法中，《德国民法典》第 326 条确立了与《葡萄牙民法典》第 808 条相同的解决方案，对此，参见 Larenz, *Lehrbuch*, I, 14.ª ed., München, 1987, §23, Ⅱ, 第 355 条及以下。

② *Die positive Vertragsverletzung*, 1904.
在 Staub 之后，对这一新类别的命名、是否存在以及其范围，都产生了非常多的争议：Canaris, *Ansprüche wegen《positiver Vertragsverletzung》und《Schutzwirkung für Dritte》bei nichtigen Verträgen*, na J. Z., 1965, pág. 475；Grimm, *Zur Abgrenzung der Schadensersatzansprüche aus § 635 BGB und aus positiver Vertragsverletzung*, na N. J. W., 1968, pág. 14；Himmelschein, *Erfüllungszwang und Lehre von der positiven Vertragsverletzung*, no AcP, 135, pág. 255 e segs. e *Zur Frage der Haftung für fehlerhaft Leistung*, no AcP, 158, pág. 273 e segs；Lehmann, *Die positiven Vertragsverletzungen*, no AcP, 96, pág. 60 e segs；Raape, *Die Beweislast bei positiver Vertragsverletzung*, no AcP, 147, pág. 217；Stoll, *Abschied von der Lehre der positiven Vertragsverletzung*, no AcP, 136, pág. 257；Löwisch, *Rechtswidrigkeitt und Rechtfertigung von Forderungsverletzungen*, no AcP, 165, pág. 421；G. Köpke, *Typen der positiven Vertragsverletzung*, 1965；Thiele, *Leistungstörung und Schutzpflichtverletzung*, na J. Z., 1967, pág. 469；Diez-Picazo, ns. 827 e seg.；Orlando Gomes, *Transformações gerais do direito das obrigações*, pág. 141。葡萄牙学者的著作可参见：M. Andrade, pág. 327；Vaz Serra, *Impossibilidade superveniente e cumprimento imperfeito imputáveis ao devedor*, n.ᵒˢ 9 e 10；Antunes Varela, *Cumprimento imperfeito do contrato de compra e venda*, na *Col. Jur.*, Ⅻ, 4, pág. 23 e segs；（转下页注）

不是因不给付而产生的，也不是因给付延误（迟延）产生的，而是因为所作之给付有瑕疵（vícios）、缺陷（defeitos）或不当情事（irregularidades）。

该等事实情况的病理方面并不表现为对给付义务的单纯消极违反（表现为给付义务的确定的或不可移除的不作为，或其暂时的或可补救的不作为），而是表现为所作之给付中有瑕疵（defeito），有时表现为对合同法（lex contractus）中关于给付的规定的一种积极违反，并表现在由该等不当情事所产生的损害中。[①]

葡萄牙新民法也对瑕疵履行作出了明确规定，在一个因所处位置而显得格外重要的条文中：第799条第1款。但关于这一新制度（是不履行的一种类型，在现代债法中受到重视并成为一种独立的类型）的大部分内容零散地分布在关于各种合同的规定中（第905条及以下以及第913条及以下，关于附负担财产之买卖和瑕疵物之买卖；第957条，关于附负担之物或瑕疵物的赠予；第1032条及以下，关于租赁物之瑕疵；第1218条及以下，关于承揽人之工作物的瑕疵；等等）。

在此方面需探讨的第一个问题是：什么时候可以真正称为债务的瑕疵履行，并以之作为违反给付义务的第三种形式，即类似《意大利民法典》第1218条、《巴西民法典》第1056条和《瑞士民法典》第97条的做法。[②]

如给付存在不当情事（irregularidades），但债权人从根本上对接受该给付作出了反抗（拒绝受领该给付，或者单纯地、完全地拒绝该给付），则此时的瑕疵履行在原则上与不履行或迟延没有区别。

例如，某商人向顾客出售了一些食物，但它们太差以致无法食用，在经官方认证这些食物的状态后，顾客命令将这些食物埋掉。农民向工厂主提供原材料，但这些原材料无法在债权人的工厂设备中实际使用，债权人因此不得不拒绝受领它们。一位雇员的工作是制作资产负债表和营业年度

（接上页注②）Calvão da Silva, *Responsabilidade civil do produtor*, Coimbra, 1990, n. 50, especialmente pág. 242, nota 3；B. Machado, *Acordo negocial ...*, Lisboa, 1972, pág. 5 e segs；Ribeiro de Faria, *Direito das obrigações*, 2.ª ed., II, pág. 459；Carneiro da Frada, *Contrato e deveres de protecção*, Coimbra, 1994。

① 积极的合同违反的表述并不完全令人满意，因为这一类别还包含产生自违反任何合同的情况以外的其他情况，也因为在不履行的情况下往往存在积极违反——债务人作出了其不应当作出之事（例如，将承诺售予债权人的某物出售予第三人）：Larenz，§ 24, I, pág. 367。

② Vaz Serra, *Impossibilidade superveniente e cumprimento imperfeito imputáveis ao devedor*, n.º 10, pág. 226.

89

账目，但他犯了太多的错误，以致公司领导完全丢掉了该雇员制作的资产负债表和账目。

在该等情况下，给付的不当情事或缺陷（deficiência）使该给付有别于可要求履行的给付，以致债权人的利益完全未获满足，对于该等情况相当于违约或迟延，不会产生大的疑问。①

在一些情况下，类推适用第 808 条第 1 款的规定，债权人可要求债务人在为此定出的合理期限内修改或替代所作之瑕疵给付，如不在此期间采取行动，则视此债务为确定不履行的债务。②

在与该等情况相对立的另一些情况下，尽管给付的质量很低而不完全符合可要求债务人履行的给付的形态，但债权人却受领了该给付，且没有因接受该给付而遭受任何特别损害。

例如，农民所供货的一批水果的质量比平常低，职员的收入明显低于平常。但餐厅老板只是决定今后不再向此农民订购水果，而职员的公司只是对其进行了告诫。③

但在一些情况下，给付的瑕疵或不当情事——"坏的给付"（正如有些德国学者之所谓"Schlechtleistung"）——对债权人造成了损害，可能使给付的价值贬损（desvalorizar a prestação），阻止或阻碍（impedir ou dificultar）该给付在客观上所要达到的目的的实现，但债权人能够使用单纯和完全拒绝受领给付以外的其他手段保护自己的利益。

放置在建筑物屋顶上的瓦片质量很差，以致在第一次下雨时，该建筑物里进了水，好几个地方都遭到了破坏。供货喂养动物的饲料有毒，导致其中一些动物死亡。修船厂或修车厂本应认真调适刹船或刹车，却没有这样做，结果导致了一场严重的交通事故，与其他船或车相撞。外科医生没有担负其职业道德规范要求其尽的注意义务，没有确认其所发现的肿瘤的性质，结果无必要地切除了患者的乳房。

---

① 关于此，参见第 918 条和第 1032 条的规定，前者关于买卖，后者关于租赁。
在某些情况下，不当情事或缺陷可能仅导致就部分给付构成不履行或迟延（在种类物的给付中，仅就毁损的部分；租赁有附属部分的用于居住的房屋时，该等附属部分完全不可用）。
② 对于通过承揽完成的工作物有瑕疵的特别情况，参见第 1221 条和第 1222 条中确立的专门制度。
③ 注意义务是善意原则的应有之义，而债权人在行使其权利时必须遵守善意原则，因此一旦履行注意义务，给付的缺陷或不当情事——债权人本应针对它们采取适当对策，却没有这样做——可能被视为获得补正：Diez-Picazo, n. 833。

在所有这些情况下，都可以从根本上认为，瑕疵履行是一种独特的（sui generis）违反债务的形式。瑕疵履行不仅包括主给付（prestação principal）或任何次级给付义务中的瑕疵，而且包括对根据法律规定（根据原则以及处分性规范）而被纳入债权关系且通常存在于各种合同关系中从属的行为义务的违反。[①]

正是因为将从属的行为义务纳入合同关系，这在很大部分上是通过适用善意原则（第762条第2款），才在很大程度上促成了瑕疵履行或瑕疵给付制度的独立。[②]

对于给付之瑕疵是否损害给付之目的的问题，必须客观地（objectivamente）评判和解决，为此可类推适用关于同类性质的其他情况的规定（参见第793条第2款、第802条第2款、第808条第2款），但必须考虑每一具体情况的条件和情形（termos e circunstâncias）：以所提供的食物质量低于预期为例，如果发生在某些情况下的供应中，这可能仍在给付的容忍范围之内，但如果这些食物是供往一间医疗机构或豪华酒店的，则构成给付的严重瑕疵。

323. 制度

关于瑕疵履行（cumprimento defeituoso）的特别效力，债之通则一编没有进行界定，仅在规范给付不确定时的给付选择问题时似乎有所规定，而且只是间接的规定（第400条第1款）。[③]

在各种合同一章，在关于某些有名合同（尤其是买卖合同、租赁合同和承揽合同）的部分，法律加入了一些专门针对瑕疵履行问题的特别规定。

瑕疵履行的最重要的后果是，产生向债权人就其所遭受的损害进行赔偿的义务;[④] 除此之外，瑕疵履行制度中比较独特的（característico）的还有在某些情况下赋予债权人的要求对物进行修补或更换（reparação ou substituição）的权利（第914条），或者当除去瑕疵在实质上和经济上可行

---

① Esser，前揭著作，§52，Ⅶ；Larenz，§24，Ⅰ，pág. 364 e segs。

② Brox，pág. 48。

③ 但是，亦应参见 Vaz Serra 关于《债法》之草案的第77条和第78条。

④ 在该等情况下，就对债权人造成的损害进行损害赔偿的义务，通常与以司法途径要求履行债务的权利一并出现。

时，要求将瑕疵除去的权利（第 1221 条），[①] 以及缩减对待给付的权利（actio quanti minoris：第 911 条）。

324. 瑕疵物生产者的民事责任 [*]

随着大宗物品销售量的持续增长，随着制造业产品销往国界以外的现象日趋频繁，在当代社会生活中，在责任制度中出现了一个非常有生命力的问题，即瑕疵产品生产者的责任问题，这不仅涉及刑事责任，也涉及民事责任。

这里所讨论的并不仅仅是买卖不拥有出卖人所保证的品质之物（特定年份的酒、质量最优的茶或剑麻）的问题，或者买卖不具备为满足合同目的所必需的品质之物（无繁殖能力的种牛、不工作的手表、有空白页或缺页的书）的问题，《民法典》第 913 条及以下即是对该等问题的概括性规定。此处所探讨的主要是那些因为存在缺陷而对消费者的健康甚至生命造成危险之物，或者可能给取得人的财产带来严重损害之物。

在很多情况下，当有缺陷的产品（里面有玻璃或杂质的汽水瓶；严重染色的皮革制品，染坏了取得人的衣服；用易变质的橄榄油或食用油储存的鱼）是在原产国包装时，可以轻易地得出结论，旧民法中关于瑕疵物的买卖问题的规定严重不足，无法对消费者的正当利益作出公平的保护。

在大多数情况下，（国内）出售者对由制造商造成的缺陷并不知情。因此，传统私法规范试图对作为受害人的买受人提供的保护通常是不成功的，因为这种保护所基于的是立约人之间法律行为关系的主观民事责任的一般

[①]　关于此，参见最高法院 1971 年 11 月 19 日的合议庭裁判（载于 R. L. J. ，105.°，pág. 279）。此外，关于如何理解这些与买卖相关的法律规定，参见 Baptista Machado, *Acordo negocial e erro na venda de coisas defeituosas*，1972 e *Pressupostos cit.*，pág. 46 e segs。

[*]　K. Müller, *Zur Haftung des Warenbestellers gegenüber dem Endverbraucher*, AcP, 165, pág. 285；Canaris, *Die Produzentenhaftpflicht in dogmatischer und rechtspolitischer Sicht*, na J. Z. , 68, pág. 494；Lorenz, *Beweisprobleme bei der Produzentenhaftung*, AcP, 170, pág. 367；Simitis, *Grundfragen der Produzentenhaftung*, 1965；Diederichsen, *Wohin treibt die Produzentenhaftung*, na N. J. W. , 78, pág. 1281；Larenz, *Lehrbuch*, Ⅱ, 1.°, 13.ªed. , 1986, §41a, pág. 81；Menezes Cordeiro, *Da boa fé no direito civil*, I, Lisboa, 1984, pág. 629；Mota Pinto, *Teoria geral do direito civil*, 3.ª ed. , 1985, pág. 120, 以及，对这一问题进行过十分详尽之阐述的 Calvão da Silva, *Responsabilidade civil do produtor*, Coimbra, 1990, pág. 451 e segs。还可参见 Maria Afonso e Manuel Variz, *Da responsabilidade civil decorrente de produtos defeituosos*, Coimbra, 1991。

原则（参见《民法典》第 913 条至第 915 条）。

在一些情况下，由于生产者发出了保证书（certificado de garantia），并随产品一起提供，上述困难通过这种做法获得了解决。当有关物中出现了特定瑕疵时，生产者有义务以此证书为依据进行修补或更换，而不得要求买受人为此承担任何费用。

而由于葡萄牙法律中法律行为自由原则的范围非常宽（第 405 条第 1 款、第 398 条第 1 款、第 458 条及第 459 条），故对此担保合同（通过出卖人，在生产者与买受人之间缔结的合同）或者这一担保的单边承诺（promessa unilateral）的效力问题，不会产生严重的疑问。

但是，这种交易工具的活动范围仍然非常有限。

一方面，制造商随产品发出保证书（certificado de garantia）的情况仍然十分少见。

另一方面，此类证书通常仅包含必须完善或更换瑕疵物，但不包含瑕疵物已经对债权人造成的损害。

这解释了为什么学者们，尤其是德国学者，不断努力在民事责任的传统框架中，保证受害人（买受人）有获得其应得的损害赔偿的权利，该权利所针对的是有关物之生产者，受害人其实并没有与之订立合同（既没有直接订立，也没有间接订立），虽然学者们的努力是徒劳的。

对此问题的研究最感兴趣的一些学者不断呼吁，在例外的情况下，将损害赔偿的范围扩展到包括对第三人造成的损害，以便使之适用于对合同的法律保护扩展至第三人的情况 [这在很大程度上存在于租赁合同中：第 1050 条 a）项和 b）项，第 1108 条第 2 款和第 3 款，第 1109 条第 1 款和第 2 款，第 1110 条第 2 款、第 3 款和第 4 款，第 1111 条，第 1113 条，[1] 等等]，适用于制造商在宣传其产品时构成或纵容构成的合同前责任（在宣传中自然保证不存在瑕疵，但后来却出现了瑕疵），适用于由制造商向大众造成的对某种产品的信任关系，适用于所谓"自助行为"（acção directa），其范围之广度是由法国学者所界定的。[2]

---

① 《民法典》第 1108 条、第 1109 条、第 1110 条、第 1111 条和第 1113 条的规定如今已被废止，被《都市不动产租赁制度》（经 10 月 15 日第 321 - B/90 号法令所核准）中的对应规定所取代。

② 关于德国法学界为寻求这一问题的解决方案的各种尝试失败的原因，在合同责任制度下进行的分析，参见 Larenz，前揭著作及卷次，第 83 页及以后。

但是，不难发现，在这些瑕疵物（甚至危险物）之买卖的情况下，当出卖人并非有关物之生产者时，无法将该等情况纳入任何规定第三人有就其所遭受之损害获得赔偿的规范中，甚至在两组情况中根本不存在真正的类推关系。

这是德国司法界一直试图在合同外责任/非合同责任领域寻找解决办法的原因，他们希望在此领域中找到合适的法律概念，以向瑕疵物的受害人，即买受人，提供后者有正当理由获得的保护。

但也是通过这种方式，在民事责任以过错为基础以及对过错的举证责任由受害人承担的盾牌之下，不可能为这一问题找到完全令人满意的解决方案。

因此，欧洲共同体（Comunidade Europeia）专门为这一事宜颁布的一项指令中，体现了非常现实主义的精神，其中坚决将此情况——生产并在市场上推广瑕疵产品，本乎此意（hoc sensu）——归入客观民事责任的例外情况的范畴。[①]

而事实上这也是葡萄牙最后确定的解决方案，受该共同体指令的影响，[②] 葡萄牙通过 11 月 6 日第 383/89 号法令对此作出了规定。

该法令的第 1 条规定，"无论有无过错，生产者须为由其投入市场流通之产品的瑕疵所引致的损害承担责任"。

尽管如此，规定一系列可排除生产者责任的原因，其中一个值得注意的免责事由是，在将产品投入市场流通时，科学和技术知识的状况还不允许其瑕疵的存在［前引法令第 5 条 e）项］。[③]

除此之外，立法者还预见到了一种可能性，即有关瑕疵产品可能是大批量生产的，可能同时导致发生数量巨大的事故（想想著名的、悲惨的沙

---

① 无论是欧洲委员会（Conselho da Europa，通过《关于造成人身伤害与死亡的产品责任的欧洲公约》，1977 年），还是欧洲经济共同体（Comunidade Económica Europeia，通过《关于协调统一成员国有关缺陷产品责任的法律、法规与行政规章的指令草案》，1976 年），事实上都倾向于将客观责任的范围延伸至涵盖缺陷产品的生产和推广。参见 Mota Pinto，前揭著作及位置。

② 最终将有关这一问题的理论确定下来，在事实上确认生产者须为瑕疵物承担客观民事责任的（欧共体）法规，是 1985 年 7 月 25 日的第 85/374/CEE 号指令。在该指令序言中指出，"在这个技术不断增长的时代，出现了如何公平分配现代技术生产中之固有风险的特有的问题，令生产者承担无过错责任是妥善解决这一问题的唯一手段"（seule la responsabilité sans faute du producteur permet de résoudre de façon adéquate le problème，propre à notre époque de technicité croissante，d'une attribution juste des risques inhérents à la production technique moderne）。

③ 关于这一问题，参见 Calvão da Silva，前揭著作，n. 135，pág. 727。

利度胺事件），导致损害赔偿的总数额相当巨大，因此前引法令第 9 条规定了总损害赔偿金额的上限（100 亿埃斯库多）。[①]

第五分节　债权人权利于合同中之订定

325. 排除民事责任的条款无效

在整个债法领域，尤其是在基于合同或单方法律行为产生之债的领域，原则上都适用广义上的合同自由（liberdade contratual）原则。

在法律设定的道德和法律界限以内，当事人享有最广泛的自由（liberdade），可以订立最能够满足其利益的合同，可以赋予合同之债以最能符合每一方当事人需求的内容。同样，在关于合同法（lex contractus）的约束力方面，经双方协定，各方当事人可以变更（modificar）或消灭（extinguir）合同中的条款，或者基于合同而产生之债的内容。

但在关于债之不履行的章节中，当事人并不享有同样的自由，在确定不履行的情况下如此（包括在有过错的情况下导致给付成为不能的情形），在债务人迟延或债务瑕疵履行的情况下亦如此。

在此情况下，在债务维持的同时，法律不允许债权人预先（antecipadamente）放弃其可针对不履行债务的债务人行使的任何权利。

对此，第 809 条规定，"透过所订立之条款，债权人预先放弃以上各目就债务人不履行或迟延情况所给予之任何权利者，该条款属无效，但第八百条第二款所规定之情况除外"。[②]

立法者在这一禁止性条文中禁止预先（antecipada）放弃的权利，包括就所受损害获得赔偿的权利（在过错不履行的任何形式下）、在可能的情况下进行给付之强制履行的权利（或进行与此对等的执行权利）、解除合同的权利（当不履行的债务产生自某一双务或双方合同时）以及获得代偿利益的权利。

[①] 这一规定与前述指令第 16 条的规定相关。关于欧共体各成员国在以不同方式运用该指令赋予他们的权能时可能引起的困难和不便，参见 Maria Afonso e Manuel Variz，前揭著作，anotação ao artigo 9.° 以及 Calvão da Silva，前揭著作，n. 124，pág. 689 e segs。

[②] 关于在 1966 年《民法典》生效之前此类条款是有效还是无效的问题，参见 Pinto Monteiro，*Cláusula limitativas e de exclusão de responsabilidade civil*，Coimbra，1985，n.° 36，pág. 159 e segs。

在发生债务之不履行（广义上的）以后，债权人可不行使上述任何权利，而且甚至可以确定地放弃行使该等权利。债权人所不能做的，是预先放弃上述任何权利。

这些权利是保障债权权利的必不可少的铠甲，这些权利，体现着债之关系约束力之合法性的内在力量。

当事人十分想使债务成立，却不允许赋予该债务以法律地位的强制手段，这是一系列是与否的组合，这是权利所不能容忍的。①

而出于法律确定性和法律关系安定性的考虑，第809条没有为作为债权人利益防卫要塞、被法律赋予的效力和广度的任何一种权利打开缺口。

对预先放弃的禁止，不仅适用于因债务人的故意（dolo）而使债权人的权利受到侵犯的情况，而且也适用于不履行只是因为债务人的过失（negligência）的情况。②

在不履行发生以后，债权人可以不行使任何法律赋予其的权能。而且，当债权人权利未获满足的具体情况表明债务人的过错轻微、模糊且为可理解的，债权人很可能被劝说不要作出任何反应。

因为法律不允许，债权人不能做的是在一开始便清空能够驱动有关债务前行的全部轮胎（pneus），因为这样做有严重的风险导致其丧失了前进的方向。

326. 关于法定代理人或帮助人之行为的除外

在禁止排除债务人之责任的条款的问题上，第809条打开的唯一一道缺

---

① 如果预先放弃有效，相当于移除了这一被法律认定为不法行为之行为中的不法性。债权人在债务成立之时可能想要铸造一个牢笼，安放其针对债务人损害债权之行为作出反应的真实意愿，但没有任何严格的客观理由将之禁闭在这一牢笼里。

债权人放弃法律赋予其的保护，如果此时债务已经遭到违反，则这丝毫不影响法律认为债务人之行为具有不法性的判断，因为这一判断系基于债权人所享有的、使用法律赋予其的武器的权利，而不论权利的拥有人如何使用这些武器；相同的观点，见 Baptista Machado, *Resolução do contrato de arrendamento comercial*, na Col. Jur., IX, 2, pág. 20。

② 不同的观点，即无合理理由地主张将对排除条款的禁止限于故意和严重过错的情况，见 Pinto Monteiro, 前揭著作，尤其是第49目，第217页及以下。

支持所提出的这一解决方案的，除第809条的文本外（该条没有就所聚焦的这一问题引发疑问），最具决定性的要对比《Vaz Serra草案》中的文本（Pinto Monteiro, 前揭著作，第162-163页）与最后法律规定的文本。《民法典》想要从原则上背弃学理上对严重过错、轻微过错与极轻微过错的区分，从这个角度进行的最新论述，见 Antunes Varela, anot. ao ac. do Sup. Trib. Just., de 7 de novembro de 1985, 载于 *Rev. Leg. Jurisp.*, 124, 第49页及以下，尤其是第86页及以下。

口是债务人之法定代理人或帮助人的行为。

众所周知，债务人须就其法定代理人或其为履行债务而使用之帮助人的行为负责，如同该等行为是由其本人作出的一般。既然在该等情况下所作出的或所确定的履行行为是以债务人名义为其利益作出的，如果出现了不给付或给付中出现了不当情事等情况，则由债权人而非债务人承担损害，实际上是不公正的。

在此情况下，存在一种对债务人的客观归责（responsabilidade objectiva），清偿人（solvens，即指法定代理人或帮助人）的不当行为——不履行（即使已经对此采取了必要的手段）或给付迟延——须由债务人负责，尽管债务人对此没有任何过错，甚至可能连帮助人或代理人也没有任何过错。正是为了处理这些通过债务人的"长手"（longa manus）——法定代理人或帮助人——履行过程中出现的问题，法律规定在例外情况下（第800条第2款），允许对责任（当然，仅指因代理人或帮助人的行为而产生的责任）的排除或限制，只要该排除或限制不涉及违反公共秩序规范所定的义务。①

327. 违约金（cláusula penal 或 pena convencional）。对不履行之制裁的增加（reforço）与预先订明（predeterminação）

虽然不允许债权人消除或削弱法律针对迟延或违约所规定的、作为表明债务人行为不法性（ilicitude）之工具的处分手段，但丝毫不妨碍当事人预先加强或确保对不履行的法律处分，包括具体定出采取该处分的实际效果。

第810条的规定正是在此特定意义上作出的，这一点尤其体现在，立法者故意在条文中插入了转折之意（"但是"）。

该条规定，"但是，当事人得通过协议定出可要求给付之损害赔偿：此为违约金"。

将法律规定中给出的概念与该制度的实际范围，以及从有关表述中感知的含义结合起来，可以说，违约金是一种规定（estipulação），通过此规定，当事人定出当债务人不履行时可要求其作出的损害赔偿的标的，作为对不履行的制裁。

在债之关系中，违约金通常被用来履行双重职能。

———

① 关于这一要件的范围，参见之前在论述这一法学理论时所列举的例子（前文，第312目）。

一方面，违约金的通常目的是对有过错之债务人须作出之损害赔偿的一种加强（或加重），是故意定出的一种数额高于法律规定的制裁，目的是以此特别方式来敦促债务人履行债务。因此，违约金甚至被比喻为"刑事的"（cláusula penal）或"刑罚"*（pena convencional）。①

在该等情况下，违约金是对通常的损害赔偿的一种加成（plus），目的是使债务人因为担心适用该条款，以致不太敢尝试不履行债务。

如属此情况，则违约金超越了驱动民事责任制度的弥补（reparação）或报复（retribuição）等平常的思想，而接近告诫（cominatória）、镇压（repressiva）、惩罚（punitiva）的领域，而后者其实是刑事法所探讨的范畴。

这样也就解释了为什么学者们以"cláusula penal"和"pena convencional"来为"违约金"命名，二者分别相当于德国法中的"Vertragsstrafe"和"Konventionalstrafe"。②

另外，在有些情况下，违约金同时也是为了便于对可要求的损害赔偿的计算。

这通常发生在，当预见需要保障的损害赔偿十分巨大、计算耗时时，当有关损失因为性质问题而难以评估时，或者当有关损害甚至非为财产性之时。③

---

* 译者注："违约金（条款）"的葡文表述为"cláusula penal"或"pena convencional"，在"cláusula penal"中，"cláusula"意为"条款"，"penal"则通常意为"刑事的"，例如《刑法典》的葡文名称即为"Código Penal"；在"pena convencional"中，"convencional"意为"协定的"、"约定的"等，"pena"则通常在刑事法中使用，意为"刑罚"。"cláusula penal"或"pena convencional"在澳门现行法律中均被翻译为"违约金（条款）"，几乎不加区分地使用。

① 比较典型的情况包括，违约金是对损害赔偿的补充时（例如，不履行债务的债务人除须对所造成的损害进行弥补外，还须另支付 x 元），违约金是为第三人之利益设定（作为一种），且不妨碍应当向债权人作出的损害赔偿，或者当违约金构成一项独立的条款时（因为债务人并无义务作出行为，但当其不作出该行为时，有义务支付违约金）。

② 而且第 811 条的最初版本规定的就是"estabelecimento da pena"（可译为"罚金之定出"）。

③ 违约金由此便被构造成为一种针对违约之债务人的真正的制裁（符合其当前的和传统的功能，甚至也符合其命名的词源），除此之外，自 20 世纪 60 年代起，在德国的交易实践中开始出现一种非常类似但具有完全不同功能的款项。

此即所谓损害之预先结算条款，其目的不仅在于惩罚债务人的违约，构成对履行的一种推进，高于相应的损害赔偿或给付之强制作出，但其更主要的目的在于，如果债权人被迫提起执行之诉，以此来为其生活提供帮助。

含有此种目的的条款在德国产生和蓬勃发展，作为一种逃避关于合同一般条款之法律（Gesetz zur Regelung des Rechts der Allgemeinen Geschäftsbedingungen-AGB-Gesetz）第 5 条和第 6 条中所规定之制裁的一种手段，相对的是超出通常由债务之不履行所导致之（转下页注）

违约金不同于所谓定金（sinal），虽然二者在功能上有一些相似之处。

一方面，定金总是表现为由一方当事人向对方当事人交付某物，而违约金则仅仅是成立债务的一项附属约定（规定）。

另一方面，定金具有一种在本质上不同于违约金的功能，虽然在表面上很相似。

如果是确认性的（confirmatório）定金，则其目的仅在于担保合同的完成（conclusão）和确定（firmeza）。因此，当合同被履行，而定金不可能也不应当抵充应为之给付时，应将定金返还交付定金之人（第442条第1款）。如果当事人反悔（penitential），则只要交付定金之人不再履行债务，应当视为该人丧失了定金，这并不是因为该方当事人作出了什么不法的事实（对合同关系的一种违反），而是作为其因为行使了权利而需付出的一种通过协议定出的代价（custo）。

此外，定金不仅可以表现为交付金钱，而且可以表现为交付其他可替代物或不可替代物。而违约金原则上是以一定数额的金钱为标的，因为根据法律的规定，该条款的特征就是定出损害赔偿的金额（montante），且金额（montante）这一表述不管是在日常生活用语中，还是在法律技术术语中，所指的一般都是金钱给付之标的。

328. 《民法典》最初版本中的违约金制度

1966年新《民法典》中确立的违约金制度，有以下两项关键特征。

一方面，违约金的设立意味着，债权人不得就超出部分的损害要求获得赔偿，除非当事人另有约定。

因此，虽然违约金在原则上旨在施加一项价值高于债权人因债务人之违约或迟延而遭受之损害的给付，但仅凭这一情况并不赋予债权人以要求获得一项高于违约金的损害赔偿的可能性，必须主张（并证明），与当事人的期望相反，违约金超出了债权人实际遭受的损害的金额。

（接上页注③）损害的赔偿条款。因此 Gernhuber 断言（Das Schuldverhältnis, Tübingen, 1989, §34, I, 7, 第761页），这一类型的约定在个人合同中很少出现。而且显然，葡萄牙立法者1966年在规定违约金并为之建立制度时，所考虑的也不是此类"损害之预先结算条款"。现代的"损害之预先结算条款"（der pauschalierte Schadensersatz）在德国非常常见，多存在于二手汽车的交易中，关于此类条款的特征，除 Gernhuber 的著作外（前揭著作及位置），还可参见 Larenz 的著作 [Lehrbuch des Schuldrechts, I, 14.ª ed., §24, II, c), 第383页及以下]。

这一限制具有纯粹的处分性，代表着赋予债权人某种利益的自然代价（custo），即在执行违约金时，债权人无须主张和证明损害的存在以及损害的金额。

《意大利民法典》第 1382 条确认了相同的理论，但《德国民法典》（第340 条第 2 款）却明显采取了相反的解决方案，理由是该条款通常的目的。

另一方面，由于担心当事人可能过于夸大违约金的制裁性质，使债务人因在债权债之关系中处于不利地位而成为受害人，法律（第 812 条的最初版本）允许减少违约金，即当约定的违约金明显过多时，可根据衡平原则减少之，① 即使多是由嗣后原因所造成者亦然。

同时，考虑到一致性的问题，当违约金明显过多是由另一相对常见的情况所导致时，即债务的部分履行，亦允许减少违约金。

329. 通过之后的立法引入的修改。6 月 24 日第 200 – C/80 号法令

《民法典》第 811 条和第 812 条最初版本所描绘的框架过于简单，因此，1974 年 4 月 25 日之后的两部法令中引入了对这两个条文的修改：一部是 6 月 24 日第 200 – C/80 号法令，另一部是后来的 6 月 16 日第 262/83 号法令。②

这些规范违约金的条文，从对它们修改的内容中可以清楚明显地看出，在政治和社会不稳定的时期，立法是极其草率的。

但是，仍然有必要认识这两项法令相继对法律条文作出的修改，其中一个原因是，经 6 月 16 日第 262/83 号法令引入的文本甚至直至如今仍存在和生效于现行法中（违约金）。

通过第 200 – C/80 号法令向法典中关于违约金的制度引入的第一个修改——明确规定在第 811 条第 1 款中——是不允许债权人基于合同，既要求主债务的强制履行，又要求违约金的支付，除非所约定的违约金是适用于不如期履行债务的情况的违约金。

---

① 相同的理论也体现在关于消费借贷合同的第 1146 条第 2 款和第 3 款中。隐藏于这两个法律规定背后的共同思想很容易找到，即一部完全为善意原则所浸染的《民法典》中，到处体现着对暴利法律行为的抵制（第 282 条和第 283 条）。

② 关于法国对滥用违约金条款的反应（在某些方面相当于葡萄牙 1980 年和 1983 年的法规），参见 1978 年 7 月 10 日的法律：G. Viney, *Traité de droit civil*, 在 J. Ghestin 的指导下，V, Paris, 1988, n. 235, 第 328 页及以下。

而且，为了确保这一新条文得到遵行，立法者甚至规定，任何相反的规定均无效。

但是，很容易发现，这种方式并不令人满意，这是因为，该条文中规定了不可同时执行违约金和要求债务之强制履行，但当所约定的违约金适用于过期给付情况的违约金时，即适用于债务人迟延情况的违约金时，该条文又确认了同时适用的可能性。

从对这一新条文的阅读中可以得出的第一个印象是，立法者不想将适用于债务之确定不履行情况的约定违约金制度，适用于为迟延情况规定的违约金制度。

但是，如果对这一新条款的文本再作细致的思考，却可以发现这并非立法者的真正意思。

事实上，为适用主债务之强制履行，或者说，给付之特定执行，原则上必然仍未出现确定违约的情况，而只是出现了单纯的履行迟延。

当债务人使本应交付于债权人之物失去效用（inutilizou）或毁损（destruiu）时，当债务人将应交付之物不当地转让于第三人，但第三人有效地取得了有关物时，债权人取得该物是不可能的，因此他不会要求主债务之强制履行。如果债权人在此情况下仍然不想决定解除合同，则如果有关债务是产生自一项双务合同的，则债权人可要求所谓"同等执行"（execução por equivalente），而这不属债务之强制履行。

因此，如果债权人要求主债务之强制履行，这是因为债务人只是构成了单纯迟延，或者仍未构成债务之确定违约。

既然无论是构成迟延，债权人决定要求债务之强制履行的情况，还是已构成债务之确定违约，而不论债权人选择解除合同还是同等执行的情况，始终都可以适用损害赔偿，法律凭什么（bulas）可以不允许——通过曾经存在于并且如今仍然存在于第811条第1款中之规定（sanha）——当事人在上述任何情况下通过协议定出可向债务人要求的损害赔偿的数额。

基于上述原因，法律的解释者可以得出的结论是，包含在这一新文本中的立法意图不同于表面。第811条第1款的真正含义如下。

a）如果所约定的是适用于确定不履行之情况的违约金，但只构成了单纯迟延，而债权人选择给付之强制作出（即债务之强制履行），则其不得同时要求违约金的支付；同样，如果违约金旨在覆盖因不履行而导致的损害，而债权人想要求债务人支付违约金的同时要求就未作出之给付进行同等执行，这也是禁止的。①

b）但是，如果所约定的违约金只是对迟延（atraso）作出给付的一种制裁（例如比较常见的一种情况是，当事人约定，如承揽人迟延完成工作物，须交付罚金），则一旦构成迟延，债权人完全可以既要求给付之强制作出，又要求支付具有惩罚性质的违约金。

通过 6 月 24 日的第 200 - C/80 号法令作出的第二项修改，体现在第812 条第 1 款的新的文本中，即当约定的违约金明显过多而减少时，禁止使之低于因不履行而引致之损害的数额，任何相反之订定均属无效。

这一禁止严格说来是不必要的，因为仅凭立法理由（ratio legal，立法者的意图是减少明显过多的违约金，因为它超出了合理限度）和裁判者的常识，已完全足以得出新法律文本中明确确认的解决方案。

330. 对6月16日第262/83号法令的审查

三年后，通过 6 月 16 日第 262/83 号法令，又在第 811 条的文本中引入了两项修订。

第一项，对于第二种违约金，即就迟延情况定出的违约金，将 1980 年文本中的"除非所约定的是适用于不如期履行债务的情况的违约金"（salvo se esta tiver sido estabelecida para o não cumprimento pontual da obrigação），替换为"除非所约定的是适用于迟延给付的情况的违约金"（salvo se esta tiver sido estabelecida para o atraso da prestação）。

新的表述确实有优点，使新条文的基础部分变得更加清楚了，但仍然受到诟病，因为在债权人必须诉诸给付之强制履行的情况下，如果当事人通过协议订定可向债务人要求损害赔偿的数额，法律毫无理由地规定当事人所约定的这一条款无效。

第二项也是更重要的一项修订是，向原来的文本中加入了新的一款（第 3 款），其中规定，"债权人在任何情况下均不得要求高于不履行主债务而引起损失之数额的赔偿"。

这一新的原则违背传统观念和违约金的实用功能，是对当事人之约定

---

① 在此意义上可以说，在该等情况下，正如 Pinto Monteiro 所述（*Cláusula penal e indemnização*, Coimbra, 1990, n. 47.1, 第 425 页），债权人所不能为者是"同时要求债之履行与违约金之支付"。

的名副其实的"阉割"（castração）。^①

通过在制度上将违约金的上限定为所引起的损失的数额，这一新的条文甚至摧毁了违约金的其中一项最有用的功能，即终止当事人之间关于债权人所真正遭受之损失的数额的辩论。无论违约金的数额有多大，债务人总是能够以违约金的数额高于实际损害的数额为由而对违约金的适用提出争议。

从所使用的表述（"债权人在任何情况下均不得……"）可见，新的条文将举证责任施加于要求适用违约金的债权人，在每一具体案件中，债权人须证明其所要求的违约金没有超出其所遭受之损害的金额。

但似乎立法精神（mens legis）并没有走得这么远。

根据更自然、更符合逻辑的含义，如果债权人仅要求适用所约定的违约金（而且不会要求就超出部分的损害获得赔偿：见第 811 条第 2 款），那么应当由债务人主张并证明所约定之违约金的数额高于实际损害的金额。

此外，根据其精神，第 811 条第 3 款的规定似乎并不适用于第 811 条第 1 款中后提到的那种违约金，这种违约金只是用来惩罚（castigar）给付的迟延。^② 但是，当该等违约金明显过多时，对它们也适用按衡平原则减少（redução equitativa）的原则。

通过第 262/83 号法令对第 812 条作出的修改，消除了之前法令中（1980 年的）对法院依衡平原则减少违约金的司法权力的限制。

根据第 200 - C/80 号法令第 812 条第 1 款的行文，法官绝对不得将违约

---

① 相同的观点，见 Pinto Monteiro, *Inflação e direito civil*, Coimbra, 1984, 第 36 页及以下；Pires de Lima e Antunes Varela, *Código Civil anotado*, Ⅱ, 3.ª ed., 1986, 第 79 页。

② 站不住脚的观点是，将该规定的适用限制在各方当事人已经希望就超出部分的损害约定损害赔偿的情形。假如真的想这样做，立法者本不会向该条中加入一个新的第 3 款，而是会仅完善第 2 款。此外，这一解决方案将会导致一种真正荒唐的局面（absurdo）出现，这从下面的例子中即可轻易地获证：我们假设，甲和乙为了保证乙履行其所负之债务，在他们的合同中加入了一项违约金条款，金额为 1000 康托，而后由不履行所实际导致的损害是750 康托。
再假设，在类似的一些情况下，丙和丁同样约定 1000 康托的违约金，实际损害亦为 750 康托，但是双方当事人明确地（expressis verbis）预见了损害可能高于 1000 康托的可能性，约定在此情况下的违约金为 2000 康托。
根据为我们所拒绝的解决方案（似乎是 Pinto Monteiro, 前揭著作, n.°47.3, 第 457 页及以下中的解决方案），甲将有权获得 1000 康托的违约金，因为对于他们合同中约定的违约金，不适用第 811 条第 3 款中的新理论，而更谨慎和更有先见之明的丙，却陷入了新法律规定的陷阱，仅有权获得 750 康托的违约金，即其所实际遭受之损失的数额。

金减少至低于可向有过错的债务人要求的损害赔偿之金额，以保证违约金高于因不履行而实际造成的损害的金额。

1983 年的法令废除了这一限制，也就是说，随着文本的发展，如今，如果违约金明显过多，法官可依衡平原则减少之，且无须遵守任何事先设定的严格限制，甚至可以将违约金减至低于因不履行而导致的损害的金额。

注意，法律对此问题的规定确实是不协调的（incongruência），人们将此称为"漏斗正义"（justiça de funil）。一方面，债权人绝对不得要求获得一笔数额高于其因不履行而遭受之损害的数额的损害赔偿，即使债权人和债务人已经用协议约定了数额更高的损害赔偿亦然（第 811 条第 3 款）；另一方面，如果所约定的违约金明显过高，债务人可申请将之减少，甚至减少到一个低于债权人所实际遭受之损害的数额。

可以肯定，第 812 条的最初文本中，没有对法官减少违约金的权力以明确的方式规定任何上限。但基于立法理由（ratio legis），自然有上限，且对违约金的最高金额没有明确的限制。这一限制是由 6 月 16 日第 262/83 号法令，通过向第 811 条中加入新的第 3 款而引入的。

第六分节　给付之强制履行

331. 履行之诉（Acção de cumprimento）、特定执行（Execução específica）与等同执行（Execução por equivalente）。

如债务到期后未被自愿履行，法律规定债权人可通过司法途径要求履行，或可执行债务人之财产，具体视情况而定。

这一要求法院参与以通过国家力量实现债务人须为之给付的作出的权利（direito），是对禁止遭受损害的债权人以自己之手，通过武力来获得债务人须为之给付的自然补偿。

以文明时代为名，人们呼吁对自力救济（auto-defesa）之禁止，使之成为法律秩序中的一个堡垒而不可撼动。而正是从此禁止（《民事诉讼法典》第 1 条）中产生了诉权（direito de acção），有人将此称为触发法院之活动的权利，赋予权利的拥有人（受害人或只是受到威胁之人）以使其权利获得官方的确认或宣告，甚至强制实现其权利的权利（《民事诉讼法典》第 2 条）。

对于债权，债权人在其债之关系遇到危机之时能够向作为国家工具的司法机关诉诸的最重要的形式，是履行及执行之诉（参见第 817 条所属分节的标题）。

但是，债权人选择履行之诉还是执行之诉（通常被简单地称为执行）并不是任意的。其中前者的主要目的是获得一项确认权利存在并受到侵犯的声明，以及一项由法院发出的郑重通知，以命令债务人作出履行。

如果债权未获满足的债权人已经拥有一份判决（给付判决），或者一份根据法律本身的标准有很大可能表明所主张之权利存在的文件，则此时如债权人想要针对债务人的不履行采取行动，不仅可以而且应当向法院提起执行之诉［《民事诉讼法典》第 449 条第 2 款 c）项］。

但是，如果债权人不具有能够以诉讼法所要求之可能程度（《民事诉讼法典》第 45 条第 1 款）表明权利（即债权）存在的文件（执行名义），则其必须诉诸债权之诉（如此便通过底层进入了司法保护这一复杂的大厦），以获得关于权利存在且受到侵犯的官方声明，以及向债务人发出的要求其履行的郑重通知。

在债之关系的生命周期中，在对实体法有重要作用的方面，法院参与的形式并不总是相同的。

在履行之诉中，债权人所取得的对其有利的裁判确认了给付的可能性，该裁判构成对履行的一种通知/命令，是一种强烈的、郑重的对给付之（强制）履行的要求。如果被判须给付的债务人遵行该裁判，则还可以公正地说，债务人履行了债务，并且表现为其自愿地（虽然不是自发的，而是被强制的）作出了其须为之给付。

而且，上述论断甚至经适当调整还可准用于（mutatis mutandis）下列情况：如果履行之诉中被判须给付的债务人没有遵行法院的裁判，而债权人诉诸执行之诉，于是传唤被执行人支付（其须为之给付：《民事诉讼法典》第 811 条第 1 款），或指定用于查封的财产，又或交付有关之物（上述法典第 928 条第 1 款），而债务人遵守了"司法的最后通牒"（derradeiro apelo de justiça），自愿（虽然是在查封的强烈震慑下）履行了所欠之给付，则亦可说债务人履行了债务。

全部这些情况，都可以谓为给付之强制履行，谓为债之履行（尽管是迟延的、被强制作出的、强迫性的履行）。

然而，法院的参与并不总是适用于实体法所描绘的这一框架。

事实上，如果债务人须为之给付因可向其归责的事实而成为不可能，而受损害之债权人前往法院要求获得其有关获得的损害赔偿；如果债务人在支付一定金额或支付一定物之执行中被传唤作支付或交付其应交付之物，而其不遵行该传唤，于是债权人继续执行有关执行程序，以实现其有权获得的损害赔偿，为此产生的费用以顽固的债务人（devedor relapso）的财产负担；如果有义务作出特定事实的债务人拒绝履行，而债权人诉诸法院提起了执行之诉，目的是由第三人作出有关（可替代的）事实，费用由被执行人负担，或者获得其有权获得的损害赔偿（《民事诉讼程序》第 933 条第 1 款）；在该等情况下，债权关系消灭的程序以不同的方式进行。

在该等情况下，不存在（最初）应为之给付的强制履行，也不存在债务的（强制、强迫）履行。

所存在的，是在实体法（direito substantivo）的棱镜之下，在债权关系周围的框架中（从广义上讲，在债法/债权周围的框架中），以获得损害赔偿的权利代替（最初的）获得主给付的权利。与获得损害赔偿之权利相对的，还有一项真正的作出给付的义务（而不仅仅是一项从属的行为义务），但它是一项次级给付义务，完全不同于获得主给付的权利，但处于同一债权关系中，处于同一（复杂的）债法/债权中。①

当主给付出于这样或那样的原因而成为不可能时，根据实体法的规定，允许债权人强制实现其获得损害赔偿的权利（是次级权利、补充性的权利），实务工作者往往将此称为"等同执行"（execução por equivalente）。②等同执行意味着，该等情况下所提起的司法诉讼目的并不在于主给付之强制履行，而是为了获得财产利益或财产上的给付，这是实体法赋予申请执行的债权人的，以替代主给付（作为主给付在经济和法律上的替代）。

在履行之债、给付之强制履行以及等同执行以外，还有一个独特的制度，即所谓特定执行（execução específica）。

特定执行与强制履行（或给付之强制履行）有共同之处，二者均旨在使债权人获得债务人须为之给付（至少获得须为之给付的结果）。但与强制履行不同的是，在特定执行中，作出给付的并非债务人，也不是替代债务人的第三人，而是法院（法院将债务人须交付之物扣押，然后将之交

---

① 相同的观点，参见 Luigi Mengoni, *Responsabilità contrattuale*（*dir. vig.*），na *Enc. del dir.*, n. 1；Larenz, *Lehrbuch*, I, 14.ª ed.，§2，V，第 26 页及以下。

② Vaz Serra, *Realização coactiva da prestação*（*execução*）. *Regime civil*, Lisboa，1958，第 7 页。

予债权人，法院代替有过错的预约人/承诺人发出其所承诺作出的意思表示）。

332. 服务于等同执行的查封和司法变卖

债务人不履行给付判决或执行之诉传唤中定出的给付内容，而又不可能进行给付的特定执行，则如果债权人坚持（这是自然而然的），在很多情况下必须诉诸等同执行，以（强制）实现其权利。

在此时发挥作用的是债之一般担保（如果不存在债务人或第三人提供的特别担保），据此，债之履行系以债务人全部可查封之财产承担责任（第601条）。因此，在债务人可查封之财产中，债权人通过法院想要取得的并非履行债务所必需的金额，而是要对因不履行而导致的损害进行赔偿所必需的金额。

但是，由于对债务人财产的执行不能触及对其以及其家团的生活属绝对必不可少的财产，由于有必要保护其他债权人的权利——这是因为，债务人的财产不仅是请求执行人之债权的担保，而且也是同一债务人的所有债权人的担保——甚至由于很可能发生的情况，要向债权未获满足的债权人作出应有的损害赔偿，并不必须牺牲掉债务人的全部财产，故司法变卖程序由选择对获得损害赔偿确属必要的物开始。

这一选择权原则上由被执行人行使（《民事诉讼法典》第833条），[1] 并通过查封（penhora）行为作出，而查封则表现为，对债务人之自此将因执行程序之目的而受到影响的那些财产进行司法扣押。

既然出于执行程序的目的，为了债权人的利益，该查封将影响到这些财产，法律自然合逻辑地认为，在不影响登记规则之适用的前提下，[2] 一切处分被查封财产或者在其上设定负担的行为不对申请执行人产生效力。[3]

---

[1] 合逻辑且公平的做法是，如果被执行人不作出选择，或其所作之选择不符合法律为此设定的规则，则选择以哪些财产执行的权力转为申请执行人享有（《民事诉讼法典》第836条）。

[2] 最高法院 1969 年 2 月 11 日的合议庭裁判——Vaz Serra 在 Rev. Leg. e de Jurisp.（ano 103.°，第 155 页）中对此案进行过注释——涉及的是一个非常有趣的案例，由于各行为的登记日期不同，就数项被查封财产的权利之间发生了冲突。

[3] 法律规定一切处分被查封财产或在其上设定负担的行为对申请执行人不产生效力（参见第819条），而非无效或可撤销，其目的是不损害被执行人转让该等财产或在其上设定负担的自由，只要有关转让或设定负担的行为不损害申请执行人之权利即可。关于这一问题的更详细的阐述，参见 Vaz Serra, *Realização coactiva da prestação*, n. 23，第 120 页。

查封赋予申请执行人以优先获得支付的权利，优先于任何之前未设定有物之担保的债权人。

是否应当授予这项权利的问题，长期以来一直是一个在学理上争议很大的问题。但是，考虑到现行执行程序是单一执行（singular，而非普遍执行或集体执行）（参见《民事诉讼法典》第 865 条），考虑到一旦被执行人被宣告破产或无偿还能力，基于查封而产生的优先权即终止（《企业恢复与破产特别程序法典》第 200 条第 3 款），没有人拒绝接受授予申请执行人这样的利益。[1]

查封使被扣押的财产交由法院处置，通常的结果是对该等财产进行司法变卖（根据法官的命令，ex iussu iudicis），通过变卖获得必要的款项，以对债务之不履行而给申请执行的债权人造成的损失作出赔偿，变卖的费用由作为有关财产之所有人的债务人负担。

在司法变卖这一"辣招"（operação pungente）中，法官（作为国家的代表）代替被执行人而成为有关财产的拥有人，虽然所有权受到宪法的尊重（《葡萄牙共和国宪法》第 62 条），但此时法官可以命令将该等财产转让于第三人，目的是以变卖所得价金支付申请执行人有权获得损害赔偿。

作为对所支付之价金的回报，该等财产的取得人——最常见的一种情况是通过公共拍卖竞买的方式转让有关财产，此时的取得人即为出价最高的竞买人——自然而然地取得被执行人本来对被变卖之物所享有的全部权利。[2]

对于在所变卖之物上设定的担保物权或用益物权，法律（第 824 条第 2 款）根据其目的区分了两大类别。

由于买受人已经支付了价金，使各债权人获支付他们可正当地从有关财产中获得的价值，故设定在该等所变卖之物上的担保权利不再使该等财产负有负担（脱离该等财产），而转移到变卖所得上。

在用益物权中，一切须经登记但在假扣押、查封或其他担保登记日之后才登记之物权，或者甚至根本未经登记的物权，均失效。这是因为，该

---

[1] 参见 Pires de Lima e Antunes Varela, *Código civil anotado*, Ⅱ, 3.ª ed., anot. ao artigo 822.º.

[2] 显然，"任何人不能将大于自己的权利让与他人"（nemo plus iuris transferre potest quam ipse habet）的原则也适用于取得人。因此，如果被司法变卖的房地产上设有任何用益权、地役权或其他用益物权等负担（第 824 条第 2 款规定的情形除外），则买受人取得该权利，且其权利与转让人本来享有的权利相同。

等物权的拥有人本来就应该考虑到假扣押、查封或担保使其丧失对该等财产的控制的可能性。

唯一的例外是，如所变卖之财产上的用益权无须登记即可对第三人产生效力，且是在任何假扣押、查封或担保登记日之前设定的，则变卖不使该等权利脱离有关财产。[①]

第七分节　向债权人作出之财产交管

333. 概念

向债权人作出之财产交管（Cessão de bens aos credores），规定在第831条及后续数条中，是给付之强制履行以外的另一种满足债权的有趣的方式。

向债权人作出之财产交管，相当于旧时的"财产委付"（cessio bonorum），[②] 是指债务人将其全部或部分财产交予全部债权人或他们中的某几位，以清偿和支付其债务。

例如，某位债务人所拥有的最值钱的财产是位于卡斯卡伊斯的一座二层不动产，他将它们交给储蓄信贷银行（Caixa Geral）和一家里斯本的银行，即他的两位主要的债权人，以此来清偿和支付这两家银行的债权。

与强制执行（execução forçada）程序和破产（falência）或无偿还能力（insolvência）程序相比，向债权人作出之财产交管的一个巨大的优势是，避免诉诸司法诉讼将必然引致的开支、不便和时间成本。这是一种自发交付（entrega espontânea），而非像通过查封进行的执行程序中的那种强制交付（forçada），而且这种自发交付包含了一种对债权人的委任（mandato），请后者为其本身的利益而推进对有关财产的变卖和其债权的支付。

未产生此效果而作出行为的是债权人，而非像在执行程序中通常发生的那样，由法院作出有关行为。

另一方面，这种交管（将财产交予债权人）可能只惠及部分债权人，

---

① 关于此，参见 Lopes Cardoso, *Manual da acção executiva*, 1964, 3. ª ed., n.º214；Pires de Lima e Antunes Varela，前揭著作，Ⅱ，3. ª ed.，第 99 页。

② "财产委付"（cessio bonorum）的起源，在学者们之间是十分有争议的。但似乎有一种观点是正确的，即这一制度早在古罗马法时即已存在，且系出于与当时时代相适应的仁爱原因而出现。参见 Salvi, *Della cessione dei beni ai creditori*, no *Commentario di Scialoja e Branca*, reimpressão da 1. ª ed., *Delle obbligazioni*, arts. 1960 – 1991, Bolonha e Roma, 1966, 第 243 页。

而不必然惠及所有债权人，例如，在达成合意的破产和无偿还能力程序中即是如此。此外，这种交管也可能只触及债务人所挑选的部分财产，而在强制执行中，在破产或无偿还能力程序中，查封或者破产财产或无偿还能力人财产原则上延伸到全部财产，或者其转让对已确认之债权的满足属必要的全部财产。

最后要注意的是，虽然名为"向债权人作出之财产交管"（cessão de bens aos credores），但实际上不存在任何技术意义上的向债权人作出的"财产交管"（cessão de bens）。债务人——而非接受交管财产之人（cessionário）——继续作为该等财产的拥有人。

334. 制度

尽管向债权人作出之财产交管的实践意义非常有限（在意大利法典中，从其工具性的方面抽象出来，似乎规定在合同法分则部分：见《意大利民法典》第1977条及以下），但从理论层面上讲，这却是一个非常有趣的制度。

方式

关于方式，向债权人作出之财产交管应以文书的方式为之，且原则上通过私文书（应以书面作出）。但是，如果所涉及的是法律为其移转规定了特别方式的财产［例如，移转不动产或转移抵押债权时，须以公证书为之：《公证法典》第89条a）项以及《民法典》第578条第2款］，则交管财产时还必须遵守此方式。交管财产并不意味着对该等财产之拥有权的移转。①只是因为接受交管财产之人被赋予的转让的权力十分重要，所以法律有正当理由作出这样的要求。

被交管财产的可执行性

作出交管以后，债务人所交管之财产相对于债权人的地位，是一个非常有趣的问题。

由于这种交管是一个纯粹的债权合同（contrato obrigacional）——而不是创设任何物权的合同——既然被交管财产没有真正被转让，则未参与交管的债权人完全不被阻止执行（并且查封）该等财产。交管不得损害那些未获交管财产的债权人的利益。

---

① 正是因此，交管财产并不意味着受让人有义务支付财产转移税（Cardoso Mota, *O Código Civil de 1966 e o imposto*，第161页）。
财产转移税应当由从受让人之手中取得该等不动产之人负担。

《意大利民法典》第 1980 条第 2 款亦明确地确认了这一理论，其中规定，"在交管之前已存在且未参与交管的债权人可提起执行程序，包括对该等财产的执行（anche su tali beni）"，而这一条正是葡萄牙法中有关规定的源头（第 833 条）。

至于参与交管的债权人，可以理解，法律不允许他们执行交管所涉及的财产。当交管财产不足以满足其债权时，他们可以"攻击"（agredir）债务人的其他财产，这也不难理解。但是，法律不能允许他们执行债务人交管于他们的财产，使他们以转让该等财产之所得满足其债权，因为这样做，相当于在立法上确认一种真正的"出尔反尔"（venire contra factum proprium）。

交管之后的债权人，也有同样的限制，只是限制的原因不同。

对于该等债权人，虽然被交管财产在其债务订立时仍由债务人所有，但已经交付于之前的债权人以满足后者的债权，之后的债权人本来也没有理由将该等财产视为担保其债权的标的。在新的债权产生之时，这些（被交管的）财产就好像已经脱离了债务人的财产一样。

交管的解除债务的效力

从该制度本身的法律概念可见，向债权人作出之财产交管旨在满足接受交管财产之人的权利（即债权），尽管是以一种完全不同于给付之强制履行或履行的方式（是以法律行为的方式和间接的方式）。

接管的解除债务的目的体现在该制度的一个最重要的特征上，这在第 835 条中有明确的规定，根据该条，仅自债权人从有关清算所得之收益中受领归其收取之部分时起，债务人之债务方按债权人受领之限度获得解除。

清算所得之收益中由每一位债权人收取的部分，即是指与每一位债权人之债权成比例的部分，除非各利害关系人另外约定了不同的分配标准。可能各利害关系人确实作出了这样的约定，例如，某一或某些债权人可在对债务人其他财产的执行中受领尚未收取的那部分债务。问题的关键是，根据法条段末部分所确定的基本思想，债务人仅在债权人所受领的限度内获解除债务。

但这并不意味着当事人不可约定不同的解决方案，尤其可约定，不论转让有关财产之所得有多少，一旦交付财产，则债务消灭。

问题是，在此情况下，并没有进行向债权人作出之财产交管，所进行的实际是代物清偿（dação em cumprimento）。

在向债权人作出之财产交管中，仅自以转让有关财产之所得使债权获得满足后，债务才消灭。相反，在代物清偿中，一旦债权人同意受领有关财产，使该财产转为己有，作为使自己的债权获得满足的方式或方法，则有关债务立即消灭。[1]

交管之取消

法律允许取消交管，但仅允许债务人作出该取消。

债权人不得取消该行为，因为如果债权人取消交管则可能不当地损害债务人的利益。但是，显然，如果债务人确定不再履行其所负担的任何给付义务，则债权人可解除合同。

债务人可随时取消交管，但不难理解，作出该取消并不是任意的，而是有条件的。仅当债务人预先或同时履行了通过该交管保障的债务时，该取消方产生效力。

而正如第 836 条第 2 款所规定的，此处所赋予债务人的取消权能不具追溯效力。

规定该行为不具追溯效力意味着，取消交管不损害对交管财产已作出的转让，也不撤销已经凭借向债权人交付的财产向他们作出的支付。甚至，只要接受交管财产之人规范地履行其委任，则取消交管并不使其所作的管理行为被撤销或作废，但不影响诸如第 1051 条 c）项等关于作出有关行为之人管理权终止的结果的一些规定的适用。

第八分节　债权人迟延[*]

335. 概念和要件

债之履行也可能出于可归责于债权人的原因而失败。在某些情况下，

---

[1]　关于此，参见 Vaz Serra, *Algumas questões sobre dação em cumprimento*, na *Rev. Leg. Jurisp.*, 99.°，第 97 页。

[*]　Scuto, *Mora del creditore*, 1905；Montel, *Mora*, *Nuovo Digesto Italiano*；Falzea, *L'offerta reale e la liberazione coattiva del debitore*, 1947；Ravazzoni, *Mora del creditore*, *Novissimo Digesto Italiano*；Ghezzi, *La mora del creditore nel rapporto di lavoro*, 1965；G. Cattaneo, *La cooperazione del creditore all'adempimento*, 1964；Giacobbe, *Mora del creditore*, *Enc. del dir.*；Kohler, *Annahme und Annahmeverzug*, no J. J., 17, 1879, pág. 261；Oertmann, *Leistungsunmöglichkeit und Annahmeverzug*, AcP, 116, pág. 1；Rosenberg, *Der Verzug des Gläubigers*, J. J., 43, 1901, pág. 141；Schenker, *Erfüllungsbereitschaft und Erfüllungangebot*, J. J., 79, pág. 141；Baptista Machado, *Risco contratual e mora do credor*, Coimbra, 1988, pág. 56 e segs；Leite de Faria, 前揭著作，II，pág. 476 e segs。

债权人可能是导致给付不能的人，也可能是导致履行迟延（retardamento）的人。

给付的作出虽然是施加于债之关系中消极主体（sujeito passivo）一方的义务，但原则上需要债权人的合作（cooperação do credor）。即使在不那么需要债权人的合作的情况下，至少债权人也要受领给付（如果该给付不是必须向第三人作出的，且该给付是需要被受领的），甚至也要在有需要时向债务人发出受领证书（第787条）。

但债权人的协作（colaboração）并不总是仅仅限于受领给付的实质行为（acto material）。在一些情况下（dettes quérables 或 Holschulden 的情况），债权人须前往债务人的居所寻求获得给付；在另一些情况下（例如在运输合同、承揽合同、劳动合同或委任合同中），一方当事人的给付取决于或可能取决于对方当事人负责提供的特定资料或指示。[①]

无论上述何种情况，还是在其他情况下，有关给付可能是出于一项仅可归责于债权人的原因才没有作出：这可能是因为债权人拒绝受领给付（例如，出租人不想受领租金），可能是因为没有作出对债务的履行属必要的应由其作出的行为（例如，某人聘请画家为自己画像，却拒绝为此而摆姿势；托运人请船舶经营公司为其运送一批货物，却没有交付该批货物；委任人不向受任人提供后者履行委任所必需的资料；顾客请裁缝为自己订做一套西装，却没有交付其本应提供的布料；等等）。

于是，如果由于债权人无合理原因（sem causa justificada）而拒绝受领依法向其提供的给付，或者由于债权人不作出应由其作出的、对履行属必要的行为（合作），以致债务没有被按时履行，则可称为"债权人迟延"（mora do credor，mora credendi）。[②]

有一些情况与迟延（mora）不同，在该等情况下，债务人履行了债务，尽管债权人没有因此履行而使其所享有的、本应以债务人的给付来满足的利益得到满足：不动产的承租人没有使用该不动产；公司聘请一位打字员提供该有的服务，该打字员也在约定的时间到该公司上班，但该公司却并

---

① 参见 Cattaneo，前揭著作，第1页。

② 这一合作的义务存在于大多数债务之中，尽管在某些债务中表现出更大的力量，该债务可能具有多个不同的方面。这就解释了为什么甚至有些学者在合作义务中区分了三个不同的时刻：先前合作、作为组成部分的合作与对履行属必要的合作。参见 Falzea，前揭著作，第153页。

没有用到他的服务；预计在一段时间以内可能需要技术人员或顾问的服务，故聘请了一位，结果却不需要用到其服务。

仅有债权人拒绝受领向其提供的给付或者不作出其本应作出的行为，是不足以构成债权人迟延的。债权人的拒绝可能是合理的，例如，当债务人想要交付一件不同于应交付之物的物时，或者质量低于所约定之物的物时；债权人不作出行为则可能是不可抗力（例如债权人的严重的和突发的疾病）造成的，甚至可能是有过错或者无过错的债务人的事实造成的（债权人没有受领给付是因为他被债务人撞倒了）。

作为补偿，不要求债权人的过错（culpa do credor）。假如要求有过错，则在此情况下其实是以债权人有义务受领给付为前提的，但这是不完全准确的：① 在旅馆订了房间的房客有使用该房间的权利，但无使用的义务；报名了游轮旅行的游客有参加该旅行的权利，而无参加的义务；租了船舶或厢式货车的托运人有使用该船或车的权利，而无使用它们的法律义务；等等。

因此，构成债权人迟延的首要要件是合理理由的欠缺（a falta de motivo justificado）。

属此情况的包括出租人拒绝受领租金，因为不正当地想获得一笔数额更高的租金；债权人拒绝受领所给付的本金，因为无依据地认为这样将有权获得利息；工厂在其承诺提取产品之日却不这样做；等等。

336. 与债权人迟延类似的制度：因不行使权利或由于应由债权人负担的风险而丧失权利

不能将债权人迟延的情况与另外一些情况混淆：在后者的情况中，债权人不作出必需的合作将导致债务人的债务被确定解除，因为比方说，债

---

① 这是一种长期以来在德国法学界获得普遍接受的观点。但在意大利，尤其是在 Falzea 提出了相反的理论以后（前揭著作，第 56 页），这一观点受到热烈讨论。认为这是一种正确的理论的，见 Larenz，§25，I 以及 G. Cattaneo，前揭著作，第 44 页及以下；认为债权人确有受领给付之义务的，见 Ravazzoni，*est. cit.*，n. 5 以及 Giacobbe，*est. cit.*，n. 11。显然，作为例外的一些情况是，通过当事人之间的约定，有关给付的约定也是为了债务人的利益：艺术家被邀请在一场非常有名的演出上表演，而这也对其艺术推广有利。参见 Calvão da Silva，前揭著作，n. 28，第 132 页及以下。在另一些情况下，在严格意义上可以说债权人有从属的行为义务，即其须为债务人迅速地或确定地解除作出给付之义务这一正当利益提供合作。参见 Giacobbre，*Mora del creditore*，n. ᵒˢ 6 e 7，na *Enc. del dir.*；Natoli e Geri，*Mora accipiendi e mora debendi*，1975，第 13 页及以下。

务人有义务在特定时刻给付（绝对确定期限），并在合适的时刻作出了给付，但债权人（因可归责于其本身的事实）没有受领。

例如，某人购买了观看某场体育比赛、艺术表演、戏剧或电影的票，但没有前去观看（可能因为不想，可能因为不能）；又如，某人报名参加游轮旅行，并支付了旅费，但在轮船出发的时候没有现身（可能因为决定不去了，可能因为生病或其他原因而不能出发）。

这些情况并不构成给付不能，因为该等情况下的给付本身，或者从客观上考虑，在多数情况下仍然是可能的。

在该等情况下，所出现的是权利的丧失，这可能是因为权利没有在恰当的时间被行使，也可能是由于某一可归入债权人风险范围的事实。

除此之外，毫无疑问，该制度可类推适用于类似的情况，包括第795条第2款和第815条第2款规定的情况（例如，假设组织游轮旅行的公司在最后一刻被已报名的顾客告知无法参加履行，但仍然将其位子售出，尽管是以更低的价格），甚至关于承揽的第1227条规定的情况。[①]

337. 效果

债权人迟延的基本效果有三：a）债务人的责任减轻；b）在风险方面，债权人被设定特别负担；c）债务人有权就债权人迟延而产生的额外负担和开支获得损害赔偿。[②]

但要注意的是，在债权人迟延而对给付之作出提出障碍时所适用的制度，与基于可归责于债权人的原因而使给付成为不能的情况下所适用的制度之间，有根本区别。在后一种情况下，债务人之债务获解除（第790条第1款和第795条第2款）；而在前一种情况下，债务人继续受到给付义务之约束，尽管给付的条件与之前不同。

a）债务人的责任减轻（第814条）

自债权人构成迟延之时起，对于物之保管与保存方面，债务人（在某

---

① 更详尽的阐述，参见 Baptista Machado, *Risco contratual e mora do credor*（发表于 Rev. Leg. Jurisp.）中极其有趣的阐述，《法律学院学报》还就此出版了纪念 Ferrer Correia 的单行本。该学者的阐述准确地从对多种典型情况的启发性的介绍开始，有趣的是，该学者将其阐述置于给付不能与债权人迟延之间的"无人之境"（terra de ninguém）中。

② 如债务人想要解除债务，以躲避该等负担，或为避免将来举证困难，又或出于任何其他原因，则当所涉及者为给付物之债务时，债务人可进行提存［第841条第1款 b）项及第2款）。关于此，参见下文第五章第二节。

些情况下，不正当地转变成为一位被强迫对应给付之标的进行保管的受寄人）仅就因其故意（dolo）而导致的损害负责；至于其他损害，债务人的责任立即终止，不排除那些因其过错而产生的损害。关于物之孳息，债务人将来只需返还那些他在事实上确已取得的孳息（即已收孳息，os frutos percebidos），而无须返还应收孳息（os frutos percipiendos，即债务人本人或一位谨慎所有人本来可以获得的孳息：第 1271 条）。应给付之款项（金钱之债）本身不再产生利息，不论是法定利息还是约定利息，否则该等款项可能使利息到期并有利于债务人，而债权人甚至可以从此事实中获利。这一解决方案看似与为物之收入而定出的规则不甚相容，但考虑到在很多情况下，在债务人用以支付债务的款项与其所有或可以交出的其他款项之间所出现的困难，这一解决办法又是可以理解的。

b）在风险方面，债权人被设定特别负担*

债权人迟延还明显加重了当给付嗣后不能时债权人的风险，不论该不能是由意外原因造成的，还是由第三人的事实造成的。

在此情况下，风险转由债权人承担，无论所涉及的是作出事实的给付还是交付物的给付，[1] 而如属交付物的给付，也不论所涉及的是属于债权人之物，还是属于债务人之物。

而风险由债权人承担，不仅意味着债权人须就债务人为给付的准备工作而白白花费的开支进行损害赔偿，而且意味着债权人不获解除对待给付的义务，即使其因嗣后给付不能而部分或全部地丧失了其债权亦然。[2]

因此，在双务合同的情况下，在债权人构成迟延以后，如有义务作出不可代替事实（Prestação de facto não fungível）的债务人出于不可归责于自身的原因而无法履行其义务，不丧失获得对待给付的权利。

但这里有两项限制：第一，如债务人因债之消灭而获得某种利益，则

---

* Baptista Machado, *est. cit.*, na *Rev. Leg. Jurisp.*, 117，第 42 页及以下。

① 类似的，见关于承揽合同的第 1227 条的规定。

② 但是，不应将此继续负有对待给付义务的风险与对债务人可能遭受的其他损害进行赔偿的义务混淆。

我们使用 Esser，§34，Ⅲ中所举的例子进行说明，假设甲承诺向乙出借一笔钱，而乙须于十日内去甲的家中取这笔钱。十日前夕，甲从银行取了钱。结果在所约定之日，甲没有现身取钱，而这笔钱在当天夜间一场吞噬了甲的书房的大火中毁灭。

在此情况下，甲可能须对其对待给付承担责任，即须支付所约定的利息，但无须对在大火中毁灭的钞票的价值负责。

应在债权人继续有义务作出之对待给付中扣除该利益之价额（第815条第2款）；第二，如不能作出的给付是可分割的，则债权人有义务作出的对待给付仅有相当于给付的一部分的金额，即其不能与债权人迟延仍有因果联系的那部分。

对每种论断各举两个例子来说明。I）债权人构成迟延以后，其楼宇烧毁，以致其判给泥水匠甲在其家中为其完成特定工作物的承揽成为不可能。在乙（屋主）作出的其所承诺作出的对待给付中，不仅必须扣除甲为履行该承揽合同而必须购买的材料的费用（第1229条），而且也必须扣除甲从另一件因为前一承揽落空才成为可能的工作物中获得的收益。[①]

II）负有义务为甲作画的画家，在债权人构成迟延以后失去行为能力，但此时即使没有迟延，画家也只完成为进行这项工作而准备进行的十次会议中的两次，则债权人只需作出相当于这两次的对待给付，而无须为其余的八次承担对待给付义务。

c）获得损害赔偿的权利

最后，债权人还有义务就债务人因提供给付未果以及因保管及保存有关标的而产生的额外开支作出损害赔偿。[②]

这是一种进行损害赔偿的义务，为其提供最恰当的正当理由的思想是，债务人之给付不应因可归责于对方的事实而变得更繁重。

来自科英布拉的债务人，承诺在波尔图交付货物，当债权人拒绝受领该给付时，该债务人不得不付出将这批货物运回的费用，而这是其有正当理由不负担的。

同样，该债务人还在其正当期待遭到破坏的情况下，间接地被迫保管和保存被拒绝受领的给付标的，负担仓储费用，虽然此时他仍然是债务人，而非债权人的单纯的无因管理人。这些由债权人的不当态度而引起的额外开支，即是第816条规定须给予损害赔偿的。

须由债权人负担的开支中，可能包括为有关物在迟延期间支付的保险费，喂养动物的费用，货物的仓储费用，装货、卸货或监督的人工费用，

[①] 如某批货物本应由债务人寄出，但因为可归责于债权人的事实而没有寄出，结果这批货物失去效用，则在债务人有权获得之对待给付的数额中，必须扣除其可能已经节约的发货费用（Brox，第144页）。

[②] 正如已经注释过的，对债务人须为之给付之标的进行保管和保存的前提条件是，债权人迟延没有导致债务人所负担的作出给付之义务消灭。

以及其他类似性质的负担。

非常有意思的是，第 816 条具体地界定了由债权人不合作而引致的且债权人须就此作出赔偿的损害的范围，默示地排除了债务人所遭受的其他损害。[①]

但是，须作损害赔偿的负担的范围内，必须包含债务人因提供给付未果（oferecimento infrutífero）所作的额外开支（despesas a mais）。另外，当债务人在合适的时间作出给付，但由于债权人没有给予适当的合作，以致债务人的给付费用增加时，对所产生的额外开支也须进行损害赔偿：例如，债权人本应向制造者（fabrico）提供而未提供必要的原材料或指示，迫使工厂主（债务人）付出了比通常成本高得多的代价，包括超时工作或聘请临时工的费用。尽管这在严格意义上不属于迟延的情况（有可能债务人仍然在约定的期限内完成了工作物并交付），但可类推适用第 816 条，债权人有义务就债务人给付负担的增加进行损害赔偿。

第 816 条向债权人施加的义务的目的，既不在于弥补债务人因债权人的任何不法行为而遭受之损害，也不在于避免债务人须为之给付因债权人的行为而变得对债务人而言更为沉重。而这一目的原则上仅涵盖迟延的情况，但也适用于那些因为债权人不在适当时间提供合作以致产生额外（extraordinárias）费用的情况，即使给付在规定的期限内作出亦然。

---

① 参见 Baptista Machado, *est. cit.*, na *Rev. Leg. Jurisp.*, 116，第 260 页及以下。

第五章

债之消灭

338. *论述次序*

履行不仅是使债权人之利益获得满足的通常手段（meio normal），是解除债务人之债务的规范方式（forma regular），而且是一种债务消灭原因（causa）。但也只是其中一种，因为在履行以外，还有其他数种使债权关系消灭的方式存在。其中，包括代物清偿（dação em cumprimento）、提存（consignação em depósito）、抵销（compensação）、更新（novação）、免除（remissão）和混同（confusão），此外还有一些触及被整体考虑的债之关系的原因。①

虽然所有这些原因的效力是相同的，即使债权关系终结，但法律首先在单独一章中规定了债之履行（同一章中也规定了不履行），这是因为履行所具有的特殊性和积极性。接下来的一章中（第 837 条及以下），规定了使单纯债之关系消灭的其他原因。这些原因（法律将它们称为"履行以外之债务消灭原因"，并将此作为该章的标题）就是我们下面将要探讨的内容。

---

① 包括宣告无效、撤销、解除、失效以及持久履行的债之关系中的单方终止等。

时效（prescrição）构成一种抗辩，而非真正的债务消灭原因，它除适用于债权，也适用于其他权利（第 298 条）。因此，对时效的规定在《民法典》总则部分（第 296 条及以下）。

第一节　代物清偿*

339. 举例。概念

举例

债务不仅仅通过履行而消灭，除通过其他途径消灭外，还可能通过代物清偿而消灭。为得出代物清偿的概念，首先有必要举出现实生活中的几个例子。

某公司 X 向其销售总监甲提供了一辆汽车，以便后者在其为监督工作而进行的差旅中使用。两年后，该雇员辞职，并按其与公司的协议，向公司交付了 500 康托以代替交付该汽车，因为他更倾向于留下这辆汽车。

雇员乙从其雇主公司中预先领取了其预计在接下来的三个月中会赚得的佣金 600 康托。但该雇员在此期间被以合理理由（justa causa）解雇，于是其向雇主交付了一辆本属其所有的使用过的汽车，以代替他本应返还的款项（因为不当得利）。

在上述两种情况下，以及所有与此类似的情况下，即发生了代物清偿。

概念

代物清偿（dação em cumprimento，拉丁语：datio in solutum）又被学者们广泛地称为"代物支付"（dação em pagamento）[1]，是指作出与应为之给

---

* Vaz Serra, *Dação em função do cumprimento e dação em cumprimento*, Sep. do Bol. Min. Just., 39.°；Id., *Algumas questões sobre dação em cumprimento*, na R. L. J., 99.°，第 81 页及以下；Ribeiro Simões, *Algumas notas sobre a dação em cumprimento*, no Suppl. V do Bol. Fac. Dir. de Coimbra，第 302 页；Polacco, *Della dazione in pagamento*, 1888, I；Schwarz, *Haftung fur Rechtsmangel bei Erfüllungsstatt*, nos Festschrifte Hans Lewald，第 573 页；Ambrosetti, *Datio in solutum*, Dig. Ital.；Allara (M.), *La prestazione in luogo di adempimento*, 1927；Grassetti, *Datio in solutum*, Novissimo Dig. Ital.；Barbero, *Sist. istit. del dir. priv. ital.*, 3.ª ed.，Ⅱ, 1951, n.°622，第 31 页及以下；Fernández-Novoa, *Naturaleza juridica de la dación em pago*, no Anuario de derecho civil, 1957，第 753 页；Harder, *Die Leistung an Erfüllungsst*, 1976；Gernhuber, *Die Erfüllung und ihre Surrogate*, Tübingen, §§10 e 11，第 176 页及以下；Rodotà, *Dazione in pagamento*, na Enc. del dir.

[1] 之所以倾向于使用"代物清偿"的表述，与现代法学界使用"清偿/履行"（cumprimento）的概念来代替传统上的"支付"（pagamento）的概念的原因相同。这是因为，代物清偿的标的可能不仅包括金钱，而且包括其他性质之物或者事实，而且可能不仅指金钱之债，亦可指其他类型之债。

付不同的给付，目的是在获得债权人允许的情况下使有关债务立即消灭（第 837 条）。

从第 837 条所使用的表述——"所给付之物与应给付之物不同"——中可以得知，代物清偿仅发生在物之给付（prestação de coisa）的债之关系中，且在该等债之关系中，代物清偿只能以某一物（或另一物）之给付为标的（objecto）。

但是，从对第 838 条的粗略阅读中即可发现，代物清偿既可以某物的（所有权的）移转为标的，也可以某一（另一）权利的移转为标的,[①] 至于哪些权利的移转可能涉及代物清偿，学者们所指出的通常是用益权，以及债务人对第三人所拥有的债权。

而既然法律已经开放地将代物清偿制度延伸适用于债务人移转用益权或债权的情况，则没有理由再坚持认为代物清偿不能以某一金钱给付（代替应给付之物）或以物之给付代替金钱给付为标的，而后一种类型经常为学者们所提及，很多学者认为这是介于代物清偿（dação em cumprimento）与变卖（venda）之间的一种方式。

早在罗马法中即有关于代物清偿（datio in solutum）的论述，对盖尤斯的这一著名片段（Inst., 3, 168）[②] 的正确理解是，给付物的清偿（aliud pro alio solvere）不仅包括以一物代替另一物的清偿，也包括以一物代替金钱的清偿，还包括以金钱代替物的清偿。[③] 唯一有争议的问题是，代物清偿（datio in solutum）是否亦应包括以作出某一事实的给付代替另一种类型的给付的情况（例如，以提供一些日数的劳动来代替某一金钱给付）。

Vaz Serra 倾向于认为应当赋予代物清偿以更广泛的含义;[④] 而无论从文

---

① 《德国民法典》第 365 条即明确规定，"替代清偿而为物之交付、让与对第三人之债权或其他权利者，债务人就权利或物之瑕疵，负与出卖人同一之担保责任"。

② 盖尤斯曾谓，"如果某人在债权人同意的情况下以一物代替另一物作出支付，则债务完全消灭"（si quis consentiente creditore aliud pro alio solverit），此时即发生了代物清偿。

③ Elio Longo, *Datio in solutum*, *Dir. romano*, no *Novissimo Dig. Ital.*

④ 在 1867 年《民法典》中，代物清偿并没有规定在债务消灭原因部分，而是规定在关于买卖合同的部分，作为禁止在夫妻之间进行买卖之原则（1867 年《民法典》第 1564 条唯一一款，还可参见该法典第 786 条第 3 款、第 850 条以及 1678 条）的例外（该例外在现行《民法典》中仍然存在：见第 1714 条第 3 款）。
这里的代物支付与买卖相联系，所以仅涵盖交付某物以代替须为之金钱给付的情况，但立法者本来并无任何进行限制的意图。关于此，参见 1965 年 11 月 16 日最高法院的合议庭裁判（载于 R. L. J., 99.°，第 95 页）。

本中还是从立法精神中，都找不到任何理由证明 Vaz Serra 的思想没有在法律制定过程中获得接受。[①]

代物清偿中的关键问题包括

第一，有一不同于应作之给付的给付；第二，这一给付（不同于应作之给付的给付）的目的是使债务立即消灭。

可以认为，规定在哪些情况下允许代物清偿时，第 837 条对第一个要件作出了明确规定。

而第二个要件并不完全是从该条规定中得出的（其中提到，代物清偿的效力是债务人之债务获解除），而且也体现在——虽然是间接地——第840 条在界定所谓"方便受偿之代物清偿"（dação pro solvendo）时所使用的表述中。

一旦符合法律规定的双重要件，则完全可进行代物清偿，不论原定债务中的债务人须为之给付的性质为何，也不论所作出的不同的给付的标的为何，不论代物清偿是由债务人作出的还是由第三人作出的。

340. 类似制度。尤其是方便受偿之代物清偿

代物清偿既不同于更新（另一种履行以外之债务消灭原因），也不同于方便受偿之代物清偿（或曰为履行而作之清偿/dação em função do cumprimento），其中《民法典》将后者规定在关于代物清偿的同一节中（第840 条）。

顾名思义，更新是指通过创设（criação）一项新债务而使债务消灭。

其与代物清偿的共同之处在于：其一，（旧的）债务立即消灭；其二，债务的消灭是通过一个与根据给付义务可要求债务人作出的行为不同的程序实现的。

公司甲应当向其顾客乙交付一台冰箱。但是，由于在此之前该公司转型经营其他业务，而顾客也接受了其建议，将交付一台冰箱的债务换成了向该顾客提供一台计算机的债务。

原定的债务消灭了，产生了另一项债务来代替之。

在代物清偿中也发生了债务的消灭，是通过作出一项不同于应为之给付的给付方式。但没有创造任何新的债务。债之关系所发生的变更仅在于

---

① 此即 Vaz Serra 在旧法典的语境下所主张的指导方针（R. L. J.，99.°，第 97 页，注释 1）。

使约束消灭的行为本身，即交付不同于应交付之物的物、交付金钱或作出事实。从此方面考虑，代物清偿与履行之间有明显的相似性和关联性。

与代物清偿和更新都不同的是所谓"方便受偿之代物清偿"（dação pro solvendo）。① 与代物清偿一样，方便受偿之代物清偿的标的（objecto）也是作出一项不同于应作之给付的给付（这一点与代物清偿相同）。但是，它的目的并不是使债务立即消灭（extinguir imediatamente），而只是使其履行变得容易（facilitar）。②③

例如，甲是一位小零售商，欠批发商乙 100 康托，是后者向其提供的一批货物的价金。出于生计原因，债权人又催促结算债务，甲便将其对丙的一笔债权转让给了乙，这并不是为了以此来代替其债务或另创设一项债务，而是为了使债权人乙更加容易地使自己的债权获得满足，因为丙的状况好于甲。

如果当事人的意图如此，则债务不会立即消灭。该债务维持，仅自通过向债权人提供的新方法或法律工具而使债权获得满足时，方按满足程度而消灭。④

这一目的——便利债权的实现，而非使之立即消灭——事实上在实践中广泛存在，既可能通过交付某物（以便将之变卖后，使债权人的债权获得偿还⑤），也可能通过移转债务人对第三人的一项债权（通过债权让与、

---

① 另一种与代物清偿和更新都不同的情况是，向债权人所指定的银行账户作支付的情况。这实为履行（参见 Jsele, *Geldschuld und bargeldloser Zahlungsverkehr*, no AcP, 129, 第 164 页及以下；Esser, §26, IV, 3；Stimitis, *Bemerkungen zur rechtlichen Sonderstellung des Geldes*, no AcP, 159, 第 449 页及以下；v. Caemmerer, *Girozahlung*, na J. Z., 1953, 第 446 页及以下），尽管主流观点认为该等情况亦属代物清偿。

② 正如罗马法学家区分"代物清偿"（datio in solutum）与"方便受偿之代物清偿"（datiopro solvendo），德国法学家在术语上也明确区分了"代物清偿"（an Erfüllungs statt）与"间接给付"（erfüllungshalber）：Larenz, §18, IV, 第 250 页。

③ 但是，与代物清偿一样，方便受偿之代物清偿也明显取决于债权人的意愿。1980 年 7 月 23 日的最高法院合议庭裁判（B. M. J., 299, 第 310 页）体现了正确的理论，据此，持有已到期而未获支付之本票之人有义务受领以代物清偿名义交付的国有公司股票。但参见七月七日第 528/76 号法令第 10 条以及 1981 年 5 月 7 日的最高法院合议庭裁判，其中提到了以某些债权作临时补偿的可能性。

④ 关于此，参见 1981 年 12 月 3 日最高法院审理并作出合议庭裁判的案件，该案以及笔者的注释载于 *Rev. Leg. Jurisp.*, 118, 第 28 页及以下。

⑤ 参见里斯本中级法院 1993 年 5 月 13 日审理并作出合议庭裁判的案件［载于 Col. Jurisp., XVⅢ（1993），Ⅲ，第 102 页］。

汇票背书、支票背书等，① 以使债权具有更大的流动性），还可能通过其他方式。

甲欠乙（承揽人）4000 康托，因为后者对其房屋进行了修缮。在某一时刻，应债权人的要求，甲签发了一张相应金额的汇票，以便对方当事人在有需要时，将之用于与某银行协商信贷事宜或在法院执行债务。如属此情况，则在产生自甲与乙缔结之承揽合同的原定（基本）债务之余，还存在另一项债务（票据上的债务），后者是由承兑人签署债券证券而产生的。于是债权人将可处置指向同一目的（mesmo fim）的两个债权。②

承担（assunção）第二项债务时通常并无使第一项债务立即消失或消灭的意图。③ 但显然，这样做也并不是为了在债权人财产中已存在的债权之余再添加（acrescentar）另一项债权，以使之有权获得 8000 康托，而不仅仅是在此之前有权要求获得的 4000 康托。

这样做只是为了便利（facilitar）债权获得满足，这是利用债权证券（票据）的特有特征，赋予债权人一种使其能够更灵活地实现其债权的手段或工具。由于新权利的设定明显是为了债权人的利益，故原则上丝毫不妨碍债权人放弃该利益，而选择基本（fundamental）债务的履行。④

---

① 如通过让与对第三人之债权，或通过将汇票或支票背书，又或通过移转其他权利，各方当事人的目的在于使债务立即消灭，则不存在方便受偿之代物清偿，而构成代物清偿：Vaz Serra, *est. cit.*, 载于 R. L. J., 99.°，第 98 页。
　　但是，在大多数情况下，一位审慎的债权人并不会接受上述有类似目的的操作。
　　债权人不想仅因代物清偿的事实便使其旧的债权消灭。仅当债权人实现其权利，即通过出售所受领之物或收取获让与的债权而实现权利时，债权人才接受债权的消灭：关于这一问题，参见 Vaz Serra 的论述，载于 R. L. J., 101.°，第 349 页。
② 在这个意义上的详细论述，参见最高法院 1969 年 1 月 21 日的合议庭裁判（R. L. J., 103.°，第 117 页）。
③ 出于这一原因，应当认为 1928 年 5 月 8 日最高法院的判例在其被作出的那个年代来看不是那么令人愉快的，该判例认为，对汇票的承兑意味着背后之债务的更新，这受到很多学者的激烈批评（参见 J. G. Pinto Coelho, *Lições de dir. com.*, II, fasc. II, 1943, n. 28 以及 Ferrer Correia, *Lições de dir. com.*, III, n. 14）。
　　另一种观点是如今所提倡的，体现在关于承担债务的第 840 条第 2 款中，该款规定不仅适用于承担债务之人为第三人的情形，而且也适用于承担债务之人为债务人本身的情况（后一种情况可能理由更充分）。相同的观点，见 Vaz Serra 的一般性论述，见其对 1968 年 1 月 9 日最高法院合议庭裁判的注释（R. L. J., 101.°，第 347 页及以下），且其中援引了大量持相同观点的学理和立法。
④ 如债权人选择要求履行基本债务，则已签署方便受偿的汇票的债务人原则上无须履行基本债务或原债务，且须返还票据证券。即使无法直接从第 788 条的规定中得出这一结果，也可以从善意原则这一一般原则中得出，第 762 条第 2 款有意赋予该原则以十分广阔的适用范围。

但是，如果可能证明或可以推定——在很多情况下确实有此可能性——债务的承担（assunção）或债权的让与也是为了债务人的利益，则当以新方式实现其债权的尝试失败时，债权人仅可诉诸原定债务的实现。[①]

代物清偿的基础在于当事人所协定的、在债权满足之时的一种给付的交换，与此不同的另一情况是附有选择权能（facultas alternativa）之债。

在后一种情况中，债务人也是作出了一项不同于应作之给付的给付。但他这样做是出于个人的主动，是在行使一项已经赋予其备用的权能。

在代物清偿的情况下，债务人并不享有这一单方（unilateral）变更给付的权力。正是因为此，根据债务的单方不可变更原则（第406条第1款），只有通过当事人的协议，代物清偿在法律上才是可行的。在实践中，有时是非常难以判断在某一法律行为协定中所存在的到底是变更、代物清偿还是方便受偿之代物清偿，因为债务人将其对第三人的债权让与债权人的行为，既可能归类于这一类型，也可能归类于另一类型，具体要视立约人的意图。

但是，既然人们已经知悉每一项法律类型真正的范围，而它们彼此之间是绝对不同的，那么关于如何给不同情况定性的疑问只可能产生自关于立约人的真实或可推定的意思的犹豫。[②] 因此，此处所涉及的纯粹是对立约人的意思表示如何解释（interpretação）或填补（integração）的问题，而不涉及债法中的特别问题。[③]

341. 制度：a）只要债权人接受，产生使债之约束消灭的效力

代物清偿的首要效力是使债务消灭。而且，一旦债务消灭，则对债权

[①] 参见 Vaz Serra, *Dação...*, n. 1；Brox, §22，第173页。一个有争议性的问题是，如果为方便受偿而承担的票据上的债务时效完成，是否也导致原债务的时效完成。关于这一问题的正确阐述，参见 Vaz Serra 对1968年1月9日最高法院合议庭裁判的注释（R. L. J.，101，第351页）。

[②] 实践中为认定文中描述的情况而出现的困难，通过对第840条第2款规定的推定完全足以铲平。如代物清偿的标的为让与某项债权或承担某项债务，则根据该款的规定，推定该代物清偿系方便受偿之代物清偿。该款规定与《德国民法典》第364条的规定相对应，但比后者更明确，包含的范围更广。

[③] Brox, §22，第173页。但在债法范畴中仍需强调的是，更新与代物清偿虽为不同的法律制度，但它们并非彼此不能相容。在代物清偿的大多数情况下（通过交付某物，通过让与某项其他债权，通过给付某一事实，等等），有关债务消灭，而未创设或维持另一项债务。但可能发生的一些情况是，各方当事人确实想使原债务（及其担保和从属权利）立即消灭，为此承担一项新债务（由债务人或第三人承担）或移转另一债权（债务人对第三人的债权），在该等情况下，即同时发生了代物清偿和更新。

的担保和从属权利（acessório）亦随之消灭。

只不过，由于代物清偿涉及作出一项不同于应作之给付的给付，仅当债务人对此表示同意时，代物清偿方使债权消灭。① 这是一个可以追溯至古典罗马法的教义（aliud pro alio invito creditori solvi non potest: 2，1，D.，12，1），② 且在现行《民法典》第 837 条中获得了明确确认。

例如，所涉及的是连带债权人（credores solidários）的情况，如代物清偿没有获得全部债权人的同意，但只要受领该清偿的债权人同意，则债务人对所有债权人的债务均获解除（第 532 条）。但是，在内部关系中，该清偿惠及其他债权人，但不能强加于那些没有对此表示同意的债权人。③

同样由于所涉及的是债务人须为之给付的变更（alteração），由于不是对给付义务的严格履行，故根据第 764 条第 1 款的规定，清偿人必须为有行为能力之人。

与适用于连带债权关系的制度相平行，由连带债务人中之一人作出的代物清偿亦惠及其他债务人（第 523 条），但不能强加于那些没有对此作出同意之人。

由于在应为之给付与所作出之给付之间可能存在价值上的差异，故应当认为，就代物清偿可行使债权人争议权（impugnação pauliana），但不影响第 615 条第 1 款规定的适用。

但是，为构成一项纯粹的代物清偿（pura dação em cumprimento），则尽管可能在两种给付之间存在客观价值上的差异，要求这两项给付必须是当事人请求（queridas）以一种给付作为另一种给付的等同（equivalente）或对应（correspectivo）给付的。

不然，所构成的是与赠予混合的法律行为（negotium mixtum cum donatione）或混合赠予（doação mista），但其以代物清偿为基础。④

如果当事人本想通过代物清偿消灭的债务不存在，则清偿人（solvens）有权要求获返还所移转的物或权利，所依据的是不当得利返还请求权（第

---

① 债权人的同意原则上是在进行代物清偿之时作出。不过，债权人也可能提前作出同意，但是，不应将代物清偿与附有选择权能——而债务人行使了该权能——之债的履行相混淆。

② 同样，债权人也不能强迫债务人作出一项不同于应为之给付的给付（aliud pro alio invito debitore peti non potest）。

③ 参见第一卷，第 222 目，第 823 页，注释 1。

④ Vaz Serra, *est. cit.*, 载于 R. L. J., 99.°，第 130 页。

476 条）。[1]

342. b）所移转之物或权利的瑕疵

即使所作出之代物清偿获得了债权人的同意，且债务人具备行为能力，但当所移转之物或权利存在影响其本质或其价值的瑕疵时，仍然可能对其制度产生疑问。

一方面，既然代物清偿是一种使债务消灭的方式，则所转让之物或权利上的重要瑕疵或负担原则上将导致所作操作可撤销，并因此使原定的债务重新出现。

另一方面，代物清偿中最常见的一些类型（交付某物、让与债务人的某项用益权或让与债务人对第三人的某项权利）与买卖合同（尤其是其在现行《民法典》中所具有的新形态：第874条）之间存在明显的相似性。

例如，甲欠乙1500康托，根据与债权人达成的协议，通过交付一辆汽车而使债务获得解除，整个过程实际上好似乙以相当于其债权的金额向甲购买了该辆汽车。同样，如果代物清偿是通过让与一项用益权或让与债务人对第三人的一项债权的方式作出的，则通过比照适用（mutatis mutandis），也可以说它们类似于买卖。

不过，如果买卖合同中存在不寻常的限制或负担，或者存在影响所转让之物或权利的效用或价值的瑕疵，则这除可导致合同撤销之外，还为向买受人所作出的担保（garantia）所覆盖。

这就解释了为什么当所转让之物或权利上出现瑕疵时，第838条赋予代物清偿情况下的债权人以与第905条及以下赋予买受人的同样的保护。

但法律还赋予债权人另一项权能（alternativa），以替换该制度。

由于债权人事实上并不是购买所转让之物或权利，而只是作为对应为之给付的替代受领了该物或权利，则当有关之物或权利上负有任何负担或限制，又或其上存在第905条及以下中所规定的任何瑕疵时，债权人首先被允许选择原定的给付，并可获得与其所遭受之损害相当的赔偿。

例如，债权人获交付一辆汽车，以取代其本来有权获得的1500康托，但该汽车中已经存在严重的故障，导致发动机被打开，该汽车再也无法正常运作。

---

[1]　Scuto, *Istituzioni di dir. priv.*, 6.ª ed., Ⅱ, parte 1.ª, 1952, n. 216，第101页。

在此情况下，该债权人可要求修补或更换该物（第914条），或者要求降低该物被作价的价值（第911条），但也可以选择让对方交付1500康托，外加自本应作出给付之时起所产生的利息，为此须承诺返还已受领的汽车。

债权人选择原定之给付的效力是该债务的重新出现，所有担保和从属之权利也随之重新出现，除非代物清偿基于可归责于债权人之原因而被宣告无效或撤销（第839条规定的例外）。[①]

343. c）代物清偿无效或撤销的效力

还可能发生的情况是，用于代物清偿之物为他人之物，或者债务人向债权人让与的权利（用益权、债权等等）属于第三人。在该等情况以及其他类似情况下，无论基于任何其他原因，代物清偿无效或可撤销。

这会对将作出该清偿之人束缚于受领人的债务约束产生怎样的影响呢？

一旦这一债务消灭（extintiva）的原因消失，其消失的自然结果是有关债务重新出现，伴随该债权的所有担保和从属之权利亦随之重新出现。

但是，如果代物清偿的无效或撤销是由一可归责于债权人的事实造成的（作出有关行为时存在欺诈或胁迫，虚伪行为，有过错的错误，等等），则不难理解，在代物清偿消灭之后，原定的债务重新出现（其中的原因包括，不让债务人因该事实而不当地获得利益）。但是，假如让第三人提供的担保亦随债权重新出现，就不是合理的了。如果第三人已经知悉代物清偿一事，且无理由对其有效性提出任何疑问，则第三人自然相信由其所提供的担保失效，当代物清偿因可归责于债权人的事实而失效时，再令第三人的期待落空是不公平的。

这正是第839条所确立的理论，根据该条，"如代物清偿基于可归责于债权人之原因而被宣告无效或撤销，则第三人所提供之担保不重新出现，但第三人在获悉代物清偿之日明知该瑕疵存在者除外"。这一理论与类似的地方——包括第766条（履行）、第856条（抵销）、第860条第2款（更新）、第866条第3款（免除）和第873条（混同）——所确认的理论相一致。

---

① 即使在此情况下，如提供担保的第三人在代物清偿作出之日即已知悉该代物清偿存在瑕疵，则其所提供之担保亦重新出现：在该等情况下该等担保重新出现，并不构成对利害关系人之正当期待的任何破坏。

所有这些情况和规定中，"都同样体现着两种精神：其一，债务重新出现；其二，对善意第三人的保护"。

344. 法律性质

对于代物清偿的法律性质，不同的学者有不同的界定，[①] 但其中能够完全准确地对此问题作出论述的学者并不多见。

有学者认为，代物清偿是支付（pagamento）的一种类型。持此观点的学者包括 Leonhard、Blomeyer 和 Esser 等，[②] 他们将代物清偿操作分成两部分：一部分在变更债务的合同中考虑；另一部分在之后履行已改变或变更至债务的行为中考虑。

另外一些学者也认为代物清偿是一种复合的操作，在理论上可以将之分为更新以及之后的支付。通过当事人之间的协议，设立一项新的债务，原定的债务消灭，而新的债务也随着履行行为的作出而立即消灭。因此，在代物清偿中存在一种默示的更新，表现为标的的变更，接着就是新债务的立即履行。

最后，还有一些学者认为，代物清偿相当于一项买卖或者交换，[③] 具体取决于债务人是交付某一物以代替金钱（发挥着物之价金的作用），还是交付某一物以代替另一物。[④]

但是，没有哪一种想法适用于所考察的这一法律制度的真正结构，它们也均不适用于法律为代物清偿引起的问题所明确规定的原则。

第一种理论将代物清偿与债务的履行相提并论，这无法解释为何原定的债务已经被当事人之间约定的新给付所确定性地代替，却有重新出现的可能性（第 838 条后半部分），也无法解释同一法律规定的前半部分赋予债权人以担保权利的逻辑何在。[⑤]

---

① 参见 Allara, *est. cit.*, 第 39 页及以下；Fernandez Rodriguez, *Naturaleza juridica de la dación en pago*, no *Anuario de derecho civil*, 1957, 第 753 页及以下。

② Larenz, §18, Ⅳ。除文中所提及的学者外，还可参见 Fernandez Rodriguez, *est. cit.*, 第 778 页中所引学者的论述。

③ 参见 Guilherme Moreira, n. 86；Enneccerus-Lehmann, 13.ᵃ ed., §65, 1。其他学者的论述——但更关注的是代物清偿与买卖之间存在的差异——参见 Pothier, *Traité du contrat de vente*, n. 600。

④ Vaz Serra, *est. cit.*, 载于 R. L. J., 99.°, 第 100 页。

⑤ 对该理论的评价，参见 Fernandez Rodriguez, *est. cit.*, 第 779 页及以下。

第二种理论的严重缺陷在于，没有诚实地描绘构成代物清偿的事实类型的心理和法律。

事实上，在构成代物清偿的事实类型中，立约人并无创立（criarem）或设立（constituirem）一项新债务的意图，而只有以一种不同于应为之给付的给付消灭（extinguirem）债务的意图。[1] 而在另一方面（法律方面），如所交付之物有任何瑕疵或限制，债务人不仅有义务交付同一种类的另一物或就物之瑕疵进行弥补，而且可以肯定的是，第838条允许债权人选择原定的给付，并就其所遭受之损害获得弥补，这也使第二种理论无法站住脚。[2]

对最后一种理论也有类似的批评，这开始于对将代物清偿比照为买卖的论点的批评。

这一理论明显无法涵盖代物清偿的一些典型情形（所有不发生交付某一物或者让与某权利以代替一项金钱给付的情况），而且，这一理论事实上还会引起以下非议。

1）无法解释为什么依据第838条后半部分的规定，原定的债务有重新出现的可能性。

2）也无法解释为什么在（原定的）债务不存在的情况下，清偿人得以不当得利为依据，要求获返还其为代物清偿而交付之物。[3]

代物清偿的准确的和完整的概念，必须是在该行为完成的唯一时刻对该行为所包含的双重方面作出描绘的概念。

这里所涉及的是一个可解除债务的行为，其以对给付的约定交换（troca）和调换（permuta）为基础。[4] 因此，代物清偿的前提是经当事人之间

---

[1] Fernandez Rodriguez, *est. cit.*，第771页及以下。

[2] 除此之外，更新的理论可能导致的解决方案是，即使在原债务系产生自赠予的情况下，如所交付之物有瑕疵或为他人之物，赠予人（或赠予人的继承人）须根据买卖本身的规则对受赠人承担责任。而这并不是正确的理论。尽管第838条的规定十分广泛，但必须对之作严格解释，使之仅涵盖通过代物清偿的债务系产生于某一以有偿方式作出之行为的情况，换句话说，不包括通过代物清偿消灭某一从无偿行为中产生之债务的情况。

[3] Josserand, *Cours de droit civil positif français*，II，n. 927；与文中观点相同，认为代物清偿与买卖之间的相似性只是表面上的，见 Diez-Picazo，n. 788，以及 Fernandez-Rodriguez，*est. cit.*，第761页及以下中的细致批评。根据正被审视的这一思想，如某物的价金是以某项债务抵销的，如该债务不存在，则逻辑上的后果仅仅是债务人得要求对方当事人（买受人）交付价金。

[4] 秉持着相同的指导方针的观点，参见 Barbero，前揭著作及位置；Fernandez-Rodriguez，*est. cit.*，第792页及以下。

的协议，作出另一行为（aliud），以履行债务。①

唯有如此，通过纳入考虑该行为的目的（fim）和手段（meio），才能得到代物清偿的一幅完整的画像。

代物清偿的目的是消灭债务（继续存在于当事人之间关系中的唯一债务）；消灭该债务的手段不同于债务人须为之给付（aliud pro alio），它以当事人之间商定好的交换（troca）为前提，即在代物清偿的这一时刻所作出的交换。

从这一双重视角看，代物清偿与第838条和第839条所简洁地表达的原则完美协调。

第二节　提存*

345. 该方法在实践中的合理解释。概念

为使债务获得履行，使债务人获解除约束，原则上债权人的合作是必不可少的，至少为了受领向其作出的给付。

如果债权人拒绝提供必要的合作，则债务人有正当利益获解除债务，为此，须克制对方当事人的抵抗，这既是为了从没有因债权人迟延而被豁免的那些债务中确定地解脱出来（第816条后半部分），也是为了采取措施以应对证明其已尝试履行的困难，随着时间的推移这可能对他越来越不利，还是为了任何其他同样正当的理由。

例如，售出某匹赛马的出卖人想在约定的日期内将之交付买受人，但

---

① 这在本质上即是 Harder 所命名并提倡的（见前揭著作）履行合同理论（Theorie des Erfüllungsvertrages）。

* Vaz Serra, *Dação em cumprimento, consignação em depósito, confusão, e figuras afins*, 1954，第 37 页及以下；Pires de Lima e A. Varela, *Cód. Civ. anot.*，对第841条及以下的评论；Sá Carneiro, *Relatório sobre a consignação em depósito*，载于 *Rev. Ord. Advog.*，1947，Ⅶ，第330页及以下；Jess, *Ist der Schuldner berechtigt wegen Ungewissheit des Gläubigers zur deponieren?*，载于 J. J.，17（1979），第158页；Kühne, *Ungewissheit des Gläubigers als Grund zur Deposition behufs des Schuldners*，载于 J. J.，17，第1页；Müller, *Die Hinterlegung zur Schuldbefreiung nach dem BGB*，J. J.，41，第411页；Gernhuber, *Die Erfüllung und ihre Surrogate*，§15，第304页及以下；Giacobbe, *Offerta reale（dir. priv.）*，载于 *Enc. del dir.*；Falzea, *L'offerta reale …*，1947，第273页及以下。

不知出于何原因，买受人拒绝受领；又如，房客想支付租金给出租人，但后者拒绝受领，理由是前者所交付之金额不足以偿付其所欠缴的金额。

在前一种情况下，债务人可能有正当利益尽快获得解除保管、喂养和训练这匹马的义务；在后一种情况下，债务人可能有正当利益避免陷入被以不支付租金为依据提起勒迁之诉的风险。[①]

此外，在实践中，并不仅仅在债权人迟延的情况中可能发生债务人因对方当事人不合作而有利益获解除债务。

类似的情形还可能见于，例如，债权人是无行为能力人或处于失踪状态，且又无法定代理人或保佐人，而债务人基于任何值得肯定的原因想要支付已到期的债务。

正是为了救济上面所描述的所有此类情况，法律赋予债务人以通过存放（depósito）应给付之物而使其债务获解除的可能性，即使违背债权人的意思或者债权人没有表态亦然。[②]

概念

提存是指将应给付之物作司法存放（depósito judicial），交由债权人处置，目的是使债务人确定地解除债务（第841条）。

这是一种只适用于以物之给付为标的债务的措施。仅当债务人须为给付是以某物为标的时，才有存放应给付之物（coisa devida）的可能。当债务是以积极事实的给付为标的时，是没有可能进行提存的，而在以消极事实之给付为标的的债务中，更没有采取类似措施的必要，因为在该等情况下有关债务的履行根本无须债权人的合作。

在物之给付这一类别之内，提存既适用于金钱的给付（金钱之债），也适用于其他性质的物之给付。

存放原则上是在储蓄信贷银行（Caixa Geral dos Depósitos）进行（参见《民事诉讼法典》第1024条第2款）的，一般是以适宜由该银行受领和保管（金钱、债权文件、宝石和贵重金属、珠宝、艺术品等：参见《民事诉讼法典》第848条第3款）的物（体积较小，但价值相对较高）为标的的。但存放的也可能是出于某种原因该银行不具条件受领和保管的不动产或动

[①] 关于此，参见第1042条的规定。

[②] 根据德国法（《德国民法典》第383条），当应给付之物为易腐败之物，以至该等物有失去效用之虞时，法律也保护该等情况下的债务人，赋予其以进行司法变卖并将拍卖（Selbsthilfeverkauf）所得存放的权利：Gernhuber，前揭著作，§15，Ⅲ，第329页及以下。

产（动物、可消耗物或可毁损物），也可能是权利或事实的总体。

关键的是，所涉及的是能够交予第三人保管的财产，而且事实上存在被法律要求或自愿又或被债权人要求保管有关之物的第三人。①

346. 通过提存设立的双重法律关系

作为消灭债务的原因，提存的结构是典型的（típica），而且是相当独特的（original）。

除了在想要消灭的债权关系过程中加入关系，通过提存，还设立了另一项债权关系（次级的、从属的、附属的关系），② 该关系中之一方为债务人，亦为作出存放之人（depositante），另一方为获交付应给付之物的第三人，即受寄人（depositário）或保管提存物之人（consignatário）（第 844 条）——对于此类实体法上的（substantiva）关系，《民法典》在第 841 条及以下中作出了规范。③

但另一方面，提存只能通过诉诸法院，通过一项特别程序为之（即所谓提存程序：第 1024 条及以下），这在当事人与法院之间创设了一种公法上的（程序法上的）关系。④

而这确实不难理解。

例如，债权人处于迟延的论断，债务人想要通过提存实现的债务之解除，以及进行提存所产生的开支，它们对债权人的状况产生如此重要的影响，如果不赋予他们以对对方所请求之措施提出反对的机会，则没有正当理由认为它们是可被接受的。而法律能够赋予债权人的最好的方法就是在司法争讼程序中提出争执（impugnação）的权能（《民事诉讼法典》第 1025

---

① Vaz Serra，前揭著作，n. 7。

② 对该债权关系而言，提存所发挥的纯粹是工具性的作用，因为其目的在于使该关系消灭，而且，提存的有效性取决于该关系的存在。如该债务不存在、被宣告无效或被撤销，则提存亦丧失其有效性。

③ Vaz Serra 写道（前揭著作，第 108 页）："似乎应当认为，提存是一个在存放之人与受寄人之间订立的合同，该合同系为债权人之利益而订立（为债权人利益的寄托合同），当然，为了最大地保障债权人的利益，受寄人是由法官或依据法律选择的……"相同的观点，还可参见 Pires de Lima e A. Varela，前揭著作，对第 844 条的注释。

④ 《Vaz Serra 草案》中所倡导的是不同的指导方针（est. cit.，第 74 页、第 107 页及第 119 页）。不过，体现在现行《民法典》中，认为提存必然与司法诉讼程序相联系的观点，其实早在之前的《民法典》中即已有之，该法典第 759 条对该制度的规定如下："在下列情况下，债务人可透过司法途径将其应给付之物存放，经传唤债权人，债务人的债务解除……"

条第 1 款和第 1027 条）。

这两种关系（一个是由存放而产生的实体法上的关系，另一个是程序法上的关系，基本目的是查明提存的各项前提条件是否已成就）之间有紧密的联系，所存放之物的受寄人不仅对法院负有义务，而且对债权关系中之各主体负有义务。①

除此之外，两项关系都在通过提存所欲消灭的债务上有所体现。②

347. 提存的前提条件

关于提存，有必要了解的第一个问题即是该措施的前提条件。

在哪些情况下允许债务人跳过债权人的意志，将应给付之物存放于第三人处，以此来解除债务？

在两类情况下，提存是正当的：其一，债权人迟延（mora）；其二，基于与债权人本人有关的任何其他原因，债务人在无过错的情况下不可能作出有关给付（或不可能在保障必要的安全的情况下作出给付）。

对于第一大类（其准确范围规定在第 813 条），1867 年旧《民法典》第 759 条规定了三种不同的情形，但它们并没有完全描绘出债权人迟延的范围。③

第二大类所涵盖的情况包括债权人为无行为能力人，且无法定代理人（第 764 条第 2 款）；债权人下落不明或为失踪人，且没有指定保佐人；受让人的权利遭到质疑；债权被查封（第 820 条）；对遗产承担债务，但不知道谁是继承人；等等。

---

① 第 843 条及以下所提及的提存主体的权利和义务，规定在民法之中（而非《民事诉讼法典》之中），而且，与关于该等权利与义务之制度更为相符的观点似乎是，这涉及一种不同于诉讼关系的实体法上的关系，而非仅仅涉及各方当事人在司法提存这一公法关系中的权力问题。
因此，一旦完成提存，保管提存物之人立即对债权人负有义务，而债权人获得了要求交付提存物的权利，而无须司法介入（第 844 条）。尽管该等事宜应当透过诉讼程序中的声明为之，即或者作出废止提存之声明，或者作出接受提存之声明，但也无须法院提供任何合作。关于这一问题，参见《民事诉讼法典》第 300 条，其中规定了诉之撤回、请求之舍弃、认诺或和解的形式。
② 《民事诉讼法典》第 1025 条规定的一种可能性是，如债权人获传唤参与提存程序时，已就有关之债务提起诉讼或提起执行程序，则视乎情况，或者将诉讼或执行程序以附文方式并附于提存程序，或者将提存程序以附文方式并附于上述诉讼或执行程序。
③ Pires de Lima e A. Varela, *Cód. Civ. anot.*, 对第 813 条的评论。

在提存的各项前提条件中，关于债务存在的疑问是不重要的。① 而根据第 841 条第 1 款 a) 项的规定，仅当应向何人作出给付具有客观上的不确定性，且该不确定性不仅仅取决于债务人的过错（过失）时，才有诉诸提存的正当性。

当第 841 条第 1 款 a) 项和 b) 项规定的某一前提条件成就时，债务人可将应给付之物提存，以解除其所负有的给付义务（dever de prestar）。但债务人并无义务这样做，因为一旦符合第 813 条中规定的要件，债权人必然构成迟延。原则上，提存具有非强制性（facultativo），仅在例外情况下才作为一项负担（ónus）施加于债务人身上。②

348. 通过提存设立的实体法上的关系

对债务人申请提存所依据的理由（《民事诉讼法典》第 1024 条第 1 款和第 1027 条）是否准确和有依据③的问题，在关于提存的特别程序中进行审理和判定。不过，除了程序法上的这一关系外，尤其为了实现这一目的，还存在一项实体法上的关系，其原则性规定见于《民法典》中（第 842 条及以下），是我们有必要认识的内容。

关于该关系中的主体（sujeitos），人们知道，受寄人原则上是债务人。1867 年《民法典》在对此制度进行界定时，只提及了债务人，从而留下了

---

① Vaz Serra，前揭著作，第 63 页。参见《民事诉讼法典》第 1030 条的规定。该条提到对权利有疑问，但正如《民法典》第 841 条第 1 款 a) 项中所明确规定的，这一疑问系基于债权人本人之原因，并不关系到权利的客观存在。如果存在此种类型的疑问，且人们想要通过诉讼程序解决该等疑问，则必须诉诸单纯确认之诉〔《民事诉讼法典》第 4 条第 2 款 a) 项〕。

② 对租金的存放，只要符合租赁合同中的某些专有规则，则原则上是非强制性的，与之相关的通知亦然（参见《民法典》第 1042 条以及经 10 月 15 日第 321 – B/90 号法令核准之《都市不动产租赁制度》第 22 条及以下）。

　　但是，如果债务人没有成功地作出支付，而所涉及的是勒迁之诉待决期间到期的租金，则为避免确定勒迁，必须将租金提存；又如，如债务人想要获得对自己有利的推定，即根据《民法典》第 1042 条的规定推定迟延之终止，则亦必须将租金提存。

　　关于这一问题，参见 João de Matos, A acção de despejo, 第 223 页及以下以及第 243 页及以下；A. Pais de Sousa, Extinção do arrendamento predial, 1969, 第 230 页及以下；Diogo Correia, Depósito de rendas, 第 122 页及以下。

③ 理由的准确性与理由的成立与否是债务人争辩的不同方面。债务人所援引的理由可能是准确的（例如，债权人拒绝受领给付），但该理由仍然可能被认定为不成立，例如，当法庭认为应给付之物为不同之物或所给付之金额不足以清偿债务时。

135

关于是否有可能由第三人作出提存的疑问。① 不过，现行《民法典》第 842 条明确确认提存得应可作出给付之第三人的要求而作出（第 767 条）。②

根据第 841 条的规定，这一关系的间接（mediato）标的是应给付之物。忠实于非经债权人同意不可能代物清偿的思想（第 837 条），法律不承认非以债务人须给付之物为标的的存放有解除债务的效力［《民事诉讼法典》第 1027 条 b）项与第 1029 条］。如除本金外，有关债务还包括其他负担（利息、开支或其他损害赔偿），则存放必须包含所有这些项目：正如法律不允许部分履行（第 763 条第 1 款），原则上法律也不承认部分存放的有效性。③

提存人（consignante）与保管提存物之人（consignatário）之间缔结的合同关系，④ 在结构上与为第三人利益缔结的合同关系之间存在不可争辩的相似性。德国学者经常注意到这一点，债权人是因存放而受益的第三人。

两种关系之间的主要差异在于，提存并没有赋予债权人以任何实质上的新的利益：债务人（即受诺人）只是想获解除债务，不顾债权人的意志；债权人如提取存放之金额或物，则无法再通过受领本应向其作出之给付的方式使其债权获得满足。⑤

但是，与为第三人利益订立的合同一样，在提存中，无论是否接受，⑥

---

① 认为仅有债务人有进行提存之正当性者，参见最高法院 1904 年 12 月 21 日的合议庭裁判（载于 Col. Of.，Ⅴ，第 105 页）；相反的观点见 G. Moreira, n.°74；C. Gonçalves, *Tratado*, Ⅳ, n.°613。

② 这一观点早在 1939 年《民事诉讼法典》第 1023 条第 Ⅱ 款中已经获得确认。现行《民法典》第 842 条所使用的表述是"有权作出给付之第三人"，而非"有权履行债务人之第三人"，后者是第二次司法部修订时有关条文中所使用的表述，这是因为，从严格意义上讲，第三人并不履行非为其债务之债务，只有债务人才履行债务。

关于在何等条件下债权人可反对第三人作出的提存，见第 768 条的规定。

③ 但可参见《民事诉讼法典》第 1029 条第 2 款的规定。

④ 保管提存物之人的指定，与《民事诉讼法典》第 1024 条第 1 款中确立的地域管辖规则有着细微的联系。由于提存申请必须在履行债务之地的法院提出，故应当在储蓄总行（Caixa Geral）在当地的分支机构办理提存。如果有关之物无法在该处存放，则应根据适用于被查封之物之存放的规则选择受寄人，且他们的权利和义务亦根据该等规则确定：Pires de Lima e A. Varela, *Cód. Civ. Anot.*，Ⅱ，对第 841 条的注释。

⑤ 当须为之给付构成双务合同的一部分或以其他方式依赖于债权人作出的另一给付时，存放之合同关系对其旨在消灭的债权关系的模仿就清晰地表现出来了。当此情况时，债务人可要求（第 843 条明确作出这样的表述）在债权人未作出相应的对待给付（参见第 428 条第 1 款）之前或在未交付其有义务交付之物之前（第 788 条第 3 款和第 754 条）不将提存物交付债权人。

⑥ 也无论是否对债权人作出了预先通知（aviso prévio），这违背了 Vaz Serra 的建议（前揭著作，n.°3，第 73 页）。

债权人亦立即取得要求①获交付应给付之物的权利（第844条）。同时，在债权人作出意思表示接受提存，或提存经确定判决视为有效以前，债务人有权废止（revogar）提存，②并可要求返还提存物。提存之废止使提存的效力作废，但其仍可作为对债权人权利的承认而被利用，使时效中断（第325条第1款和第2款）。

与德国民法中的做法不同，《葡萄牙民法典》没有就债务人获返还（recuperação）所提存之物之权利的可查封性（penhorabilidade）与转让的可能性（possibilidade de cessão）作出任何规定。

但是，这一权利"因其本身的性质"③似乎应当被归类为只能由其拥有人行使的权利，因此被排除在代位之诉的范围之外（第506条），④且不能被单独地或独立地转让。

另外，既然对于已到期债务的履行不可行使债权人争议权（impugnação pauliana），出于相同的原因，当债务人以其中一位债权人为受领人作出提存时，不应认为其他债权人可对此进行攻击。⑤所提存之物可重新进入债务人的财产，但须经债务人的废止声明或经判定有关存放不存在的司法裁判。

349. 提存对有关债务的效力

余下要探讨的问题是，将应给付之物提存会对有关债务产生怎样的效力。

在第一个阶段，由于债权人还没有在程序中作出意思表示接受提存，或法院没有认定该提存有效，故有关债务继续存在，尽管有关风险（risco）

---

① 第844条原来还有第2款，但在第二次司法部修订后的文本中，第2款被删除了，这一删除是非常有意义的，突出了从存放中产生之关系的实体法特征。被删除的文本本来规定，向债权人交付有关之物须经法官批示为之。而根据第845条第2款的规定，只要债权人通过在有关程序中作出意思表示接受提存，即可向其交付提存物。

② 一方面，考虑到债权人的处境，完全没有理由赋予其一项对提存物的稳定的、无懈可击的权利；另一方面，对于债务是否存在，或者对于存放是否有必要或是否恰当，债务人可能会改变主意。参见 Enneccerus-Lehmann，§67，1，2。
一旦废止提存之人要求返还提存物，法院应命令立即返还。参见 Pires de Lima e A. Varela，前揭著作，对第845条的注释。

③ 废止提存的主要依据在于，存放人关于存放是否必要或是否有利的想法发生了改变，而这一改变明显构成一项个人因素，无须债权人的干预。

④ 而且，提起代位之诉所针对的并不是提存类别的行为（该等行为可使先前的一项债务消灭）。

⑤ 相反的观点见 Vaz Serra，前揭著作，第115页。

落在了处于迟延的债权人身上。① 这是因为废止的权利仍悬而未决，有关司法裁判仍未确定，故有这样的解决方案。在此期间，因存放而产生的开支由债务人承担，但是，如果债权人后来接受提存，或法院作出有利于债务人的司法裁判，则债务人有获得损害赔偿的权利。

一旦提存被债权人所接受或被法院认定为有效，则有关债务消灭，且该消灭自作出提存之日起产生效力（第846条）。②

如作出存放之人——由于所援引之理由不正确，或者因为债权人有正当依据拒绝有关支付（《民事诉讼法典》第1027条和第1028条）——的尝试落空，则将被判处履行（如其为债务人），好似有关存放从未存在过一般，但得以存放之金额或物立即作出支付。如作出存放之人的落空是由于有人认为应给付之金额或物较大或不同，则结果是不同的：对于前一种情况，如果作出存放之人为债务人，将被判处补足所作之存放；在后一种情况下，所作之存放不生效，债务人将被判处履行有关债务（《民事诉讼法典》第1029条第2款）。

例如，作出存放之人存放5000康托，而法院裁定债务的金额并非5000康托，而是7500康托，故判令债务人再存放剩余的2500康托。

又例如，债务人存放了一支长枪，但法院认为应给付之物并非如此，而是另一支（可能是质量更好的一支），于是债务人将被判令交付其应给付的那支长枪，且其无法从所存放的那支本不应存放的长枪中获得任何好处。

第三节　抵销*

350. 债权的相互关系

在日常生活中随处可见的一种情况是，某人以某种名义而欠另一人一

---

① 但是，如果债权人诉诸法院——或者通过提起给付之诉，或者通过提起清偿债务的执行程序——则在存放待决期间，债务人（存放人）可援引该存放作为永久抗辩（eine aufschiebende Einrede：Larenz，I，§18，V，第254页），或者作为诉讼已系属的依据，具体如何选择视情况而定。

② 1867年《民法典》第761条确认的是不同的理论，该条规定没有什么说得通的理由，规定的是提存被未经说明理由而反驳的情况。

* Vaz Serra，*Compensação*，1952；Id.，*Algumas questões em matéria de compensação*（转下页注）

笔款项，但同时也以另一名义就相同或不同的数额而作为该人的债权人。例如，甲是一名医生或律师，欠杂货店店主乙 200 康托，即为后者向其提供的商品的价金；而杂货店店主反过来也欠甲同样数额的一笔款项，因为这位顾客向其提供的专业服务。

此处存在两种平常的债权关系，甲应当向乙交付 200 康托，相当于其所购买的货物的价金，而乙在此前或此后，也应向甲交付 200 康托，相当于甲向其提供诊疗服务或法律服务的报酬。

但是，对于此类债权具有相互关系的情况，立法者首先想到的解决方案是，通过债权的相抵（encontro de contas）——或者如技术上的称法，"抵销"（compensação）——将各债权视为消灭，以避免当事人进行两次履行行为，这完全是可免除的麻烦。

上述关于相同金额（igual montante）的金钱债务的相互推理，完全适用于其他可替代物的给付，[①] 并且还可比照适用（mutatis mutandis）于数额不同的债务。如果诊疗费或律师费为 300 康托，而不仅仅是 200 康托，对于此种情况，通过简单的常识即可推知，最实用的解决方案是，两项债务在相当于其中较小债务金额（200 康托）的范围内消灭，而杂货店店主仅有义务向对方当事人交付相当于两项债务差额的部分（100 康托）。

但须注意的是，除从简单的"最省力法则"（lei do menor esforço）[②][③] 中

（接上页注＊）*no processo*，载于 R. L. J.，104.°，第 276 页及以下；Pires de Lima e A. Varela，前揭著作，对第 847 条及以下的注释；R. Vigaray，*El efecto automatico de la compensacion*，载于 *Estudios de der. civ. en honor de C. Tobeñas*，Ⅳ，第 37 页及以下；Mendegris，*La nature juridique de la compensation*，1969；Caravelli，*Teoria della compensazione*，1930；Massida（Falqui），*Compensazione*，Riv. dir. civ.，1961，Ⅶ，Ⅱ，第 61 页；Schlesinger，*Compensazione*，*Novissimo Dig. Ital.*；Ragusa-Maggiore，*Compensazione*，载于 *Enc. del dir.*；Börner，*Die Aufrechnungslage*，1970，第 534 页；Kegel，*Probleme der Aufrechnung*，1936；Müller，*Aufrechnung gegen unpfandbare Forderungen*，载于 J. Z.，1963，第 437 页；Nikisch，*Die Aufrechnung im Prozess*，载于 Fests. für H. Lehmann，Ⅱ，1956，第 765 页；Oertmann，*Die rechtliche Natur der Aufrechnung*，载于 AcP.，113，第 376 页；Reinicke，*Zur Aufrechnung mit und gegen Schadensersatzforderungen*，载于 N. J. W.，1959，第 361 页；Stöltzel，*Die reichsgerichtliche Rechtsprechung über Eventualaufrechnung*，载于 AcP.，95，第 1 页，以及 96，第 234 页；Gernhuber，前揭著作，§12，第 207 页及以下。

① 例如，甲和乙合伙耕种，每人一半，乙没有向甲交付后者从某次收割中本来有权获得的特定数量的谷物，而甲也没有向乙返还在另一次播种时从乙处借得的同等数量的谷物。

② Barbero 在谈及不同数额之债务之间的（部分）抵销时（前揭著作及卷数，第 232 页），提到了"最低手段法则"（lei do mínimo meio）。Brox 也提到了抵销是如何便利债务之消灭的，从而避免了给付的来回（das Hin und Her der Leistungen）（第 180 页）。（转下页注）

得出的基于两位债务人均对履行具有同等的可能性和意愿的理由，还有一个不同层面上的考虑，也能证明通过抵销使两项相互的债权同时消灭（extinção simultânea dos créditos recíprocos por meio de compensação）的解决方案是正确的。

例如，假如乙处于无偿还能力状况的严重危险之中，按照通常的履行两项债务的制度可能产生的结果，甲完全清偿了其债务（200 康托），但无法受领或者只能受领很少的金钱用于满足自己的债权。但是，甲有权通过抵销其对债权人所拥有的债权来使自己的债务解除，从而比较容易地避免上述不公正的（injusto）的结果的发生。[①]

因此，Planiol 和 Ripert 都认为，[②] 抵销具有双重作用：简化（simplifica）和担保（garante）支付。拉伦茨也十分强调抵销机制所具有的双重作用。[③]

抵销的概念及类型

抵销是债务人通过使其对债权人所拥有的同等债权同时消灭来解除债务的一种方法。[④][⑤]

只要符合特定的要件，法律不要求双方利害关系人达成协议（acordo），而是允许一方将其意愿强加于另一方，使可抵销的债务消灭。如属此情况，即可谓债务（或债权）因法定抵销（compensação legal，单方的）而消灭。

如双方当事人之间达成协议，则即使法定抵销所要求的某些要件没有成就，债务亦可消灭。此即所谓意定抵销（voluntária）、合同抵销（contrat-

---

（接上页注②）在每一种情况下均有必要注意的是，正如 Heck 所指出的（§60，3），通过抵销而解除债权人之债务，并不完全相当于须为之给付的履行。债权人受领给付后，可以任何其希望的方式使用该给付，而通过抵销则可以将其债权用于解除某一债务。

（接上页注③）当自然人或合营组织之间有频繁的往来关系时，避免一些不必要的支付的好处尤其明显。在两个方向上进行的多次的、接续的支付行为完全可被取代，即每隔一段时间向有结余的一方支付一次。

① Diez-Picazo 或许更为强调的是文中所述的抵销的第二个方面，该学者写道（n.°775），"抵销的根本，从法律的视角来看，既不在于简化操作，也不在于消除不必要的支付手段，而是因为，如果要求清偿债权的某人同时是被要求人的债务人，则该人要求清偿债权的行为在客观上是不公正的和不正当的（斜体格式为笔者所加），因为获得清偿的下一步就是必须将之退回的情况下仍然要求清偿债权，违背善意原则……"

② *Traité pratique…*，Ⅶ，n.1281，第 685 页。

③ 前揭著作，I，14.ª ed.，§18，第 255 页。

④ 从根本上说，正如 Diez-Picazo 所敏锐地指出的（n.775），抵销是两项债务的相互解除（mútua liberação），可能是全部解除也可能是部分解除。

⑤ Brox 以其高度精练的文风，精雕细琢地对抵销作出了如下定义（第 179 页）：抵销是通过单方的、需受领的意思表示使相对立的两项债权消灭（Tilgung）。

ual）或约定抵销（convencional）。

在法定抵销的框架内，在不同国家的立法中呈现两种不同的制度。在一些国家的立法中，抵销依法运作（正如 1867 年《民法典》中采取的做法：第 768 条①），这意味着，一旦抵销的各项要件被法院证明成就，则债务的消灭可由法院依职权认定，或至少可由对抵销有利害关系的第三人直接（directamente）申请抵销。② 在另一些立法中，抵销实为一项真正的形成权（direito potestativo），取决于"一方当事人向他方作出意思表示"（declaração de uma das partes à outra），抵销必须以此为之，正如现行《民法典》确立的新制度中所规定的（第 848 条）。③

还有一些学者提到"司法抵销"（compensação judiciária），以指代相互债权的消灭取决于法院的一项形成性的（constitutiva）裁判的情况。

在葡萄牙，由于法定抵销取决于两项债务均经结算（liquidez）（第 765 条第 1 款），在诉讼法中使用了司法抵销的表述［1939 年《民事诉讼法典》第 279 条第 2 款与 1961 年《民事诉讼法典》第 274 条第 2 款 b）项］，用以指称被告通过反诉提出一项针对原告的未结算的（ilíquido）债权的情况。由于该债权未经结算，仅在法院对其进行结算之后它才能惠及被告，这就是《民事诉讼法典》将此类抵销命名为"司法"抵销的原因和解释。④

不能将抵销（相互债权的共同消灭）与抵充（imputação）或扣减（dedução）相混淆，后者是指削减某一债权的金额，使之减少到应有的数额，即某些要素的款项（开支、负担、利益等）。在这些与抵销类似的情况中，并不存在共同消灭的两项相互的债权，只是其中一项债权的金额必须

---

① 这一指导思想在《拿破仑民法典》中获得确认后（第 1290 条），不仅传播到 1867 年的《葡萄牙民法典》中，而且也传播到《意大利民法典》（1865 年《意大利民法典》第 1286 条；另参见 1942 年《意大利民法典》第 1252 条）与《西班牙民法典》中（第 1202 条）。

② 现行《意大利民法典》第 1242 条明确规定不允许依职权认定抵销。在法国法中，尽管第 1290 条已经作出了毫不含糊的规定（"债务抵销得依法律之效力当然发生，即使各债务人不知，亦同……"），仍不乏学者坚决地反对法院依职权认定债务消灭：Planiol& Ripert, *Traité pratique*，Ⅶ（经 Radouant 协助），n.°1290。关于此，参见 Vaz Serra，前揭著作，n.°s 1 e 2。
　　与 Planiol 和 Ripert 持相同观点，但在西班牙法的语境下进行论述的，见 Diez-Picazo，n.° 784，该学者认为，抵销的性质仅关乎其是否具有追溯效力的问题。

③ 相同的指导思想已经在《德国民法典》（第 388 条）和《瑞士民法典》（第 124 条）中获得了确认。

④ M. Andrade, *Noções elementares de processo civil*，I，1963，n.°76，第 141 页；Lopes Cardoso, *Código de Processo Civil anotado*，4.ª ed.，对第 274 条的注释。

缩减，要从中减去一些特定的项目。

关于此种性质的扣减（德国学者将此称为"Anrechnungen"，与他们赋予抵销的名称不同："Aufrechnung"），法律中有丰富的规定，在葡萄牙法中可以引用的，除民事责任领域中的"compensatio lucri cum damno"，[1] 还有"差额理论"（teoria da diferença），后者既存在于民事责任领域，也存在于不当得利的范畴中，涉及以下条款：第795条第2款、第815条第2款、第884条第2款、第1040条第1款和第2款、第1216条第3款、第1222条等。[2]

351. 前提条件：A）债权的相互关系

根据第848条的规定，（法定）抵销取决于一方当事人向他方作出的意思表示。但是，通过抵销而对债务的消灭能够对抗被通知人，有必要符合一系列的要件，其中一些是积极要件，另一些是消极要件。

积极要件中，首要的是债权的相互关系，这在第847条的开头中就作出了规定（"如两人互为对方之债权人及债务人……"）。

为了能够通过抵销而解除其债务，基本的要求是债务人必须在另一方面又为其债权人之债权人。[3]

表意人用来使其债务消灭的债权，称为"施动债权"（crédito activo）。正是通过该债权，债务人使其债务消灭。

通过抵销所消灭的债权，称为"被动债权"（crédito passivo）。

第851条详细地对这一要件进行了阐述，具体体现在该相互关系（reciprocidade）对抵销之重要性的两个方面。

一方面，该条中确认，抵销仅能涉及表意人之债务（dívida do declarante），而不得涉及第三人之债务，于是从抵销的范畴中排除了第三人对受益人负有的债务（dívidas de terceiro ao declaratário）。

---

[1] 正如 Vaz Serra 所正确地指出的（前揭著作，第154页），这里并不存在任何抵销，因为作出不法事实之人并不是因该事实而受害之人的债权人。这里所涉及的问题是，在确定债权人所遭受之损失的准确数额时，应当扣减其所享有的获得损害赔偿的债权，因为这是他能够从不法事实中获得的利益。

[2] 参见 Larenz, I, 14.ᵃ ed.，§18，VI，第256页以及 Gernhuber，前揭著作，§12，2，第208页。

[3] 为便于区分这两项债权，可以将抵销人想要消灭者称为"主债权"（crédito principal，德国法中称为"Hauptforderung"），因为抵销人在这项债权中居于债务人的地位，而将抵销人针对对方当事人所援引的那项债权称为"对待债权"（crédito credito，即德国法中的"Gegenforderung"），这是抵销的经济法律工具。在此方向上的论述：见 Brox，第180页。

例如，甲因购买了一辆汽车而欠乙1500康托，但他同时也是乙的债权人，对乙享有1500康托的债权，后者为二者同为当事人的分割程序中的抵偿金（tornas），则甲得以由抵偿金产生的债权来宣告因购买而产生的债务抵销。但是，如果购买车辆之人是丙，则甲不得援引其对抵偿金的债权通过抵销来消灭丙的债务，尽管众所周知，法律并不拒绝承认第三人有代替债务人履行债务的权能（第767条）。

如非如此，则债权人将有可能介入对债务人财产的管理，这将对债务人的自由自主造成严重的损害，这是不合理的，是不当的。

但是，我们承认，对丙因购买汽车而产生的债务，可以通过甲在自己的财产上设定质押或抵押的方式来提供担保，而可能已针对它们提起执行程序以支付乙的债权。

在此情况下，众所周知，原则上应先行查封用作担保之财产（《民事诉讼法典》第835条），于是不难理解，因该执行而受到威胁之财产主人可针对被通知人主张其债权，以通过抵销来消灭第三人的债务（即车辆价金的债务人）。

正是应当在此意义上解释第851条第1款最后部分规定的例外。[1]

另一方面，为了将第三人对被通知人的债权从抵销的范围中排除出去，第851条第2款规定，债务人只得使用自己的债权作抵销，而不得使用他人的债权作抵销。

如此便可理解，保证人不能以主债务人对债权人所享有的债权来解除其所负有的债务。[2][3] 正如连带债务人不得援引其任何共同债务人对债权人

---

[1] Vaz Serra 在其关于抵销之研究的最后提出了一些法律条文（前揭著作，第185页），其中第2条以仍然相当诡辩的表述，提到了用以担保他人之债务的抵押物或质物的物主，给表意人通常只能通过抵销消灭自己的债务而非第三人的债务这一原则打开了一道大门。
　　第851条一方面扩展了《Vaz Serra 草案》中所建议之法律条款的规定，摆脱了 Vaz Serra 所草拟的有些诡辩的表述。另一方面，该条有意地限制了上述物主的范围：不再表述为物主可通过抵销获解除债务［第一次司法部修订后的文本仍在某种程度上体现了这样的规定：见第828条第1款以及第763条 a)项］，转而规定，仅当因第三人之债务而作出之执行将导致表意人有丧失其权益之危险时（estiver em risco de perder o que é seu），表意人方可通过抵销消灭第三人的债务。参见 Pires de Lima e A. Varela，前揭著作，对第851条的注释。与葡萄牙法中的文本体现相同意思的法律规定，见《德国民法典》第268条第2款。

[2] 不同的观点，见 Planiol e Radouant，前揭著作，n.°1284 以及《意大利民法典》第1284条的规定。

[3] 但是，如果债权人的权利可通过与债务人的一项债权抵销而获得满足，或债务人的债务有可能以债权人的一项债务抵销时，保证人可拒绝履行债务：见第642条。

的债权来解除债务一样①②，合伙人（股东）不得援引合营组织（公司）的债权，共同继承人不得援引遗产的债权来抵销债务。③

法律作出如此规定的主要原因首先在于，让可处置他人债权的任何人介入是不合理的。债务上设有保证的债务人，以及连带债务人，他们作为其债权的债权人，不论出于何种原因，可能更倾向于履行其所负有的债务，并分别要求其债权获得履行。但是，纵然非属此种情况，由于可对使用其债权来抵销表意人的债务（主债权）表示同意（consentir），令被通知人在类似条件下可被强制消灭其债权似乎是不合理的。④

最后，第851条第2款规定，完成界定用于消灭主债权的对待债权后，表意人以其债权作出的抵销仅对其债权人产生效力。

法律想以此方式具体排除的一种可能性是，债务人通过援引其一项债权来解除债务，但所针对的并非该债务的债权人，而是与该债权人存在某种法律上的关系的人。

例如，监护人的债务人不得为抵销债务而援引其为被监护人本人所拥有的债权；合营组织（公司）的债务人不得援引其对该合营组织（公司）某一合伙人（股东）的债权来抵销其债务；遗产的债务人不得以其对共同继承人中某一人的债权来抵销其对遗产的债务；在有利于第三人的合同中，许诺人不得通过抵销其对立约人或受诺人的债权来解除其对受益第三人所负有的义务。⑤

---

① 相同的思想也体现在《德国民法典》第422条和《法国民法典》第1294条中。但是，一旦某一有作此事之正当性的连带债务人主张抵销，则该抵销（虽然仅构成其个人的一种防御方法）惠及其余全体共同债务人：见第523条。

② 相反的观点，见《意大利民法典》第1302条第1款。

③ 类似的，某项债权的用益权人亦不得援引该债权以解除其所负之与主债权相对应的债务，关于此，参见Vaz Serra，前揭著作，第38页。
更值得讨论的似乎是这样一种情况，债务人同时也是其债权人的"有质权的债权人"（credor pignoratício）：认为此时不可援引此债权进行抵销，见Oertmann，前揭著作，以及Larenz，§18，VI，第256页，注释48；认为此时可援引此债权的，见Enneccerus-Lehmann，§70，1，2，以及存有疑问的Vaz Serra，前揭著作。

④ Vaz Serra写道（前揭著作，第29页），这样做将使债权人（受益人）遭受损害，这是因为，债务人可以使用他人之债来针对债权人进行抵销，而债权人却无法针对债务人这样做。相同的观点，参见Enneccerus-Lehmann，§70，注释5，以及von Tuhr，n.°77，Ⅱ，1。

⑤ 针对相互关系（reciprocidade）的这一推论——债务人仅能以其对其债权人所享有的一项债权来抵销其债务——有些学者提出了作为该推论之例外的一种情况，即债务人（被让与的债权的债务人）基于其对让与人的一项债权而为之抵销可对抗受让人——只要对待债权产生自在知悉该让与之前已出现之事实，则根据第585条的规定，上述抵销是被允许的。

但是，对于连带债权人的情况，法律承认被诉的债务人可通过抵销解除其债务，为此不仅可援引其对起诉的债权人所拥有的债权，而且亦可援引其对其他债权人中的某位的债权，但如果是后一种情况，数额以该债权人在连带债权中所占份额的价值为限。因此，假如甲、乙和丙是丁的连带债权人，债权金额为9000康托，而丁是甲的债权人，债权金额为4000康托，则如果乙起诉，要求丁履行全部债务，丁可对此提出反对，并以其对甲的债权来抵销，但抵销的数额以3000康托为限。

352. B）积极债权之对待债权（抵销人的债权）的有效性、可要求性和可执行性

为使债务人能通过抵销解除其债务，他必须在此时刻（nesse momento）已经能够要求被通知人强制履行针对被通知人所主张的债权（对待债权）。第847条第1款a）项确认了这一理念，并解释了由这一理念可得到的推论：抵销人的债权必须是可以通过司法途径予以请求的，且不能援用实体法之永久抗辩或一时抗辩以对抗该债权。①

可通过司法途径予以请求是指，如债务人不自愿履行债务，则债权人有权提起履行之诉及针对债务人之财产的执行之诉（第817条）②——出于某种原因，这一要件在自然债务中并不存在（第402条），出于不同的原因，在附条件、期限之债务中，当条件尚未成就或期限尚未届满时，这一要件也不成就。

正是出于这一立法理由，法律规定表意人不能援引对债权人的一项自然债务或尚未到期的（法定）债务来通过抵销而获解除其所负的一项法定债务。③④ 如果针对某一项债权，被通知人可以而且想要有依据地援引某事实，而依据实体法的规定，该事实将导致抵销人的主张确定理由不成立

---

① von Tuhr 也持相同的观点，该学者写道（n.°77, v），"之所以规定抵销必须具备这一要件是因为下面的思想：抵销是一种行为，通过该行为，可以强加一项违背对方当事人意愿的债权"。
② 1867年《民法典》第765条第2款也确认了相同的意思，即可要求清偿的债务（dívida exigível）是指"可在法庭上要求支付"的债务。
③ 更详细的阐述，见 Vaz Serra，前揭著作，n.°8。
④ 即使该期限是利害关系人在抵销声明中无偿给予债务人的亦然：第849条。参见 Pires de Lima e A. Varela, Cód. civ. anot.，对第849条的评论。

（如时效、无效①或可撤销），或使法院无法立即裁定抵销人之主张理由成立（例如，不履行合同的抗辩，当被通知人只是单纯保证人时的检索抗辩，等等），② 则更不得援引该债权以抵销债务。

353. C）债务标的之可替代性

另外，第847条第1款b）项还要求，要进行抵销，两项债务的标的必须为种类和品质相同的可代替物。

因此，抵销不仅可以在金钱之债之间进行（尤其是金额之债之间，或者可以相同种类外币支付的债务之间），也可在种类和品质相同的种类之债之间进行，甚至还可在特定物之给付之间进行，只要该等物为可代替物。即使与抵销人所援引之债权（对待债权）相对者为一项选择之债或种类之债，但由抵销人选择所作之给付，则只要表意人所选择的是在事实上与其应向对方当事人交付相同种类和品质之物，则丝毫不妨碍作出抵销。

这一关于可抵销之债务的同质性（homogeneidade）的要件，完全是下列理念的结果：不得强迫（违背其意愿）债权人受领与其应获交付之物不同的物，哪怕该物价值相同甚至更高。

如甲有义务向乙交付某一特别批次的葡萄酒100瓶，同时对乙享有一项债权，标的为同一品牌的普通葡萄酒100瓶，假如允许甲以其该债权抵销前述债务，则债权人乙将遭受损失。仅当两项债务人须为之给付在这种意义上（hoc sensu）为同质者（homogéneas）时，两项债务的共同消灭原则上才会使当事人所处的状况与假如两项（可抵销的）债务被妥善地履行时所处的状况相同。③

债务的同质性并不要求须作出之给付必须是相同数额的（igual mon-

---

① 从根本上说，这是此类性质的瑕疵使最高法院在1969年6月11日的合议庭裁判中作出了不允许抵销的判决（载于 R. L. J.，103.°，第435页及以下）。债务人（Fabrica de Produtos Estrela 有限公司）想要抵销其对一位股东所负之债务（因为其向公司作出的垫借），为此援引了其针对该股东所享有的一项债权（该股东对1956、1957和1958三个营业年度的公司亏损所须承担的部分），该请求因欠缺法律依据而被争执。

② 关于各种抗辩在一般意义上的分类，以及永久抗辩与延诉抗辩在实体法中的概念，详见 M. Andrade, *Noções elementares de processo civil*, 1963, 第124页及以下。关于这一问题，参见1978年12月5日里斯本中级法院的合议庭裁判，载于 *Col. Jur.*, Ⅲ, 5, 第1571页。

③ 关于在何等条件下才能认为一项金钱之债（obrigação de quantidade 或 obrigação pecuniária）与一项价值债务（dívida de valor）之间存在给付的同质性，参见 Reinicke, *est. cit.*, 载于 N. J. W., 59, 第361页。

tante），甚至也不要求它们应当在同一地点（no mesmo lugar）作出。

第 847 条第 2 款规定，"如该两项债务之数额不同，得以相对应部分作抵销"。①

而这里所指的主要情况：一种是相对抗的债务数额不同；另一种是被告（抵销人）所援引的债权数额更大，《民事诉讼法典》第 274 条第 2 款 b）项至今仍有对此情况的规定，规定当被告欲抵销时，反诉予以受理。

对于履行地点不同的情况，第 852 条在确认该事实本身不构成对抵销的任何障碍后，规定表意人有义务就由此可能给对方当事人造成的损失作出赔偿。②

354. D）主债权存在且有效

为进行抵销（相互债务的共同消灭），最后一个必要条件是，抵销人的债务——消极债权（crédito passivo）——必须存在且有效。

如该债权（即所谓"主债权"）不存在、无效或将被撤销，则抵销将不会发生；而如果——这或许可能发生——该抵销在实践中（praticamente）已经产生了其效力，则一旦之前被认为已设立的债务被证明不存在、无效或可撤销，抵销人的债权及全部担保即重新出现。③④

---

① 众所周知，这构成对第 763 条第 1 款所规定之作出全部给付（realização integral da prestação）之原则的一个例外。

② 1867 年《民法典》第 776 条中已经确立了这样的指导方针。但是，不同于旧法典仅提及对由抵销而导致的"额外开支"（despesas de mais）的支付，现行《民法典》（第 852 条第 2 款）采取了与《德国民法典》（第 391 条第 1 款）和《希腊民法典》（第 446 条）类似的做法，规定须弥补被通知人"因不在原定地点受领其债权或履行其债务"而遭受之损害。
例如，假如甲公司应当向其同业乙公司交付 2000 吨柴油，交付地在波尔图，而乙公司（在里斯本和波尔图均设有销售办公室）亦应当向甲公司交付同等数量的同类产品，交付地在里斯本。
如果甲公司主张通过抵销解除其债务，则可能出现的情况是，乙公司本来打算将这批产品在波尔图销售，故不得不负担运输费用而将该批产品运送至波尔图的顾客。而如果声明抵销的是乙公司，甲公司也可能因为无法在波尔图履行债务而受有损失。

③ 第 856 条规定的是抵销无效或可撤销的情况，该无效或撤销是因为抵销这一法律行为本身所固有的瑕疵，而非抵销中所涉及的任何一项债务所固有的瑕疵。如此才可理解该条的规定，即在抵销被宣告无效或撤销后，债务继续存在（subsistência）。
在此情况下，关于第三人提供之担保是否重新出现的问题，该条中的规定与其他类似位置的规定（第 766 条，第 839 条，第 860 条第 2 款，第 866 条第 3 款，以及第 873 条第 2 款）类似。这些规定之间的唯一区别在于，抵销中存在两个债权人，如果无效或撤销系由可归责于一方当事人的原因造成的，则假如令第三人提供之担保消灭，另一方当事人的利益将受损，这是不公平的。参见 Pires de Lima e A. Varela，前揭著作，对第 856 条的评论。

④ 因此，不能理解有人主张通过抵销来解除一项本身是否存在已被提出争执的债权，（转下页注）

但是，不同于抵销人的债权，不要求其债务必须为法定债务，甚至不要求该债务为可要求履行之债。一方面，丝毫不妨碍该债务为一单纯的自然债务。如果自然债务中的债务人（debitor naturalis）自发地想履行债务，并接受以其法定债权的消灭为交换（通过抵销），则对其这一意图没有任何障碍。同样地，如其债务仍未到期，但抵销人放弃其所享有的期限利益，欲以其已经可要求履行的债权来抵销该债务，则亦没有任何理由阻止其这样做。可比照适用于此的类似情况，其债务（主债权）已有条件被宣告因时效的经过而消灭，但其不想以此方法获解除债务。[①]

355. 排除抵销之原因：A）主债权因故意作出之不法事实而产生

即使相互对抗的各债权满足了前面几目中所分析的全部积极（positivos）要件，但在一些情况下，不得抵销。

这里所指的是一些事实（例外的事实），它们使债务人不得以其对债权人所享有的债权来抵销，从而视其债务消灭。

第853条［第1款a）项］所提及的第一个排除抵销的原因是，债权（主债权）是由故意作出之不法行为而产生的。[②] 如属此情况，负有相关损害赔偿义务的债务人不得以侵害人对其债权人所享有的任何债权来迫使受害人承受债务消灭的后果。

这一规定的合理性在于，既然抵销能够表现为对抵销人的一种利益（通过抵销，抵销人被完全保证间接实现其对待债权），令故意作出不法事实之人享用类似的制度自然是不公正的。在该等情况下，债务人必须履行损害赔偿义务，且在实现其债权时，要为其他全部债权人所承受的风险承担责任。

既然这就是真正的立法理由（ratio legis），那么当抵销人的债权也产生自故意作出之不法行为时，也不存在任何依据允许抵销。[③] 事实上，作为第853条所规定之第一种例外之基础的利益冲突，在与抵销现象直接（directa-

---

（接上页注④）除非有关债务已被确认为存在时，作为补充（subsidiariamente）可以这样做。关于此，参见最高法院1983年2月10日的合议庭裁判（载于 B. M. J., 324, 第513页）。
关于临时抵销（compensação eventual，不能将之与第848条第2款规定之条件的抵销相混淆），参见 Vaz Serra，前揭 Algumas questões...，Revista, 104.°，第373页。

① 关于对待债权时效将过的情况，参见上文第349目。
② 《德国民法典》第393条与《希腊民法典》第450条也确认了与此相同的理论。
③ 参见 Larenz，§18, VI，第259页。与文中所提出者持相反的观点的，见 C. Gonçalves，前揭著作，n.°620；与上述二者均不同的论述，见 Vaz Serra，前揭著作，第79页，注释209。

mente）相关的当事人之间的表现并不甚突出，而是更突出地表现在须负担因不法事实而导致的损害赔偿的债务人身上，此时他表现为另一种身份，即对方当事人的债权人，要为受害人的其他债权人承担责任。

因此，假设甲对邻居乙的房地产故意损坏，从而欠乙1000康托，而乙则由于故意不履行其与甲之间订立的合同，亦欠甲2000康托，则两位利害关系人中的任何一位都不得通过抵销来解除其债务。他们中的任何一位都必须完全履行其义务，且在实现其债权时，须承担债务人无偿还能力的风险。

上述立法理由允许我们就前述分析进行的补充是，如果抵销人是由故意作出之不法行为而导致之损害赔偿的债权人（而非债务人），则抵销可以产生其效力。[1]

例如，乙故意对甲造成侵害，使后者有权要求前者支付150康托，则没有理由阻止受害人通过抵销以解除其因受领乙提供的货物而对之负有的同等数额的债务。

此种情况下的抵销并没有侵犯第853条第1款a）项旨在保护的根本利益。

356. B）主债权具有不可查封性

如债务人之债权人的权利为不可查封之权利，则债务人亦不得通过抵销解除其债务［第853条第1款b）项］。

不可查封之债权原则上是为了保障债权人或其家人的生计，[2] 这就解释了为什么法律不允许通过与其他不具同等效力的债权的抵销来使不可查封之债权消灭，[3] 因为其他债权不具相同或类似的目的。

不可查封之债权的一个例子是受扶养之权利（direito a alimentos），第2008条接着规定（第2款），"扶养义务人亦不得以抵销方式解除扶养债务，即使有关给付已到期亦然"。[4] 同样为不可查封，虽然只是部分地不可查封的债权，例如《民事诉讼法典》第824条第1款a）项和b）项中规定的债

---

① 相同的观点，见 Larenz，前揭著作及位置。

② Brox，§4，V，第185页。

③ 这就能够理解为什么《瑞士民法典》（第125条第2款）直接提到了一些性质特殊的债权，对于该等债权，要求必须向债权人作出实际支付，例如，对债务人及其家人之生计有绝对必要性的扶养金和薪金。

④ 这一理论在1867年《民法典》第767条第3款中已经被抽象地确立下来，既适用于获得扶养的权利，亦在一般意义上适用于获得其他不可查封之物的权利。

权，它们与工作报酬或福利目的等有关。

可以想象，两项（相互的）债权均为不可查封之债权的情况在实践中必然是极其罕见的，但如属此情况，则抵销在法律上是可行的。①

357. C）主债权属于国家或其他公法人

第 853 条第 1 款 c）项将属国家或其他公法人的债权排除在抵销的范围之外，仅当法律例外地容许抵销时除外。

之前的法典已经在其第 767 条第 5 款中，在原则上确立了同样的理论，适用于国家或市政的债务。

现行法律一方面扩大了该解决办法的范围，使之包含全部之公法人债务，② 同时在文本中更加清楚地表达了该等债权不能被有关债务人通过与其他债权抵销的方式宣告消灭的理念。规定这一例外的原因，一方面在于该等债权所旨在满足的需求的特征，另一方面在于，抵销可能对在原则上规范着国家及其他公法人之管理的会计规范和预算规则造成混乱和困窘。③

事实上，第 853 条中的理论起初适用于一切公法（direito público）上的债权，而不仅仅适用于税收（impostos）方面的债权，这从对这一法条的文本与 Vaz Serra 所作之准备研究中所建议的文本对比中即可发现，④ 而且该理论不仅适用于公法上的债权，也适用于私法上的债权，因为法律没有对此作出区分。鉴于准备性工作中已经注意到这一问题，假如立法者想要作出这样的区分，显然应当这样做。

358. D）损害第三人之权利

第 847 条第 1 款规定的各项要件成就，且没有出现第 853 条第 1 款中所

---

① 有争议的一种情况是，某项不可查封之债权中的债务人（如须支付薪金的雇主），同时也是有权由某一有过错之不法行为造成的损害获得赔偿的债权人。德国法院倾向于认为，在这种情况下允许进行抵销，只要上述有过错之不法行为是在导致上述不可查封之债权产生的法律关系的范畴之内作出的。参见 Larenz, I, 14.ª ed., §18, VI, 第 260 页。

② 参见最高法院 1985 年 12 月 5 日的合议庭裁判（载于 *Bol. Min. Just.*, 352, 第 306 页），以及 Filinto Elísio, *Da compensabilidade dos créditos da banca nacionalizada*, 载于 R. O. A., 46, Ⅲ, 第 771 页。

③ Pires de Lima e A. Varela, 前揭著作，对第 853 条的注释。但须注意的是，根据其精神，这一例外仅适用于真正的公法人（即公法上的法人），而不适用于所谓公共企业/公营企业（empresa pública），将后者称为公法人是不恰当的（impropriamente）。

④ 前揭著作，第 101 页。

特别规定的任何一种情况，则只要任何利害关系人向对方作出抵销的意思表示，债权通常可经抵销而消灭。

但非常可能发生的情况是，将进行的抵销可能将不当地损害第三人的权利。

例如，甲因为向乙购买货物而欠后者 3000 康托。在乙成为甲的债务人，对之负有一项金额为 4000 康托之债务之前，乙的债权被出质给了丙，或者在针对乙的执行程序中，该债权被丙假扣押或查封了。

在该等情况下，假如使甲能够以其后来获得的、对乙享有的债权抵销，从而消灭其债务，则将不当地失去丙在此之前获得的对乙之债权的权利。

1867 年《民法典》第 775 条已经尝试阻止类似的不公平现象，其中比较空泛地规定，"不容许导致第三人之权利遭受损害的抵销"。[①] 现行《民法典》在第 853 条第 2 款中再次确认了这一基本理念，但作出了更为细致的规定，"如抵销导致在有关债权可相互抵销前设定之第三人权利受损害，……，则亦不容许抵销"。

如果第三人对某一债权的权利（不论这一权利是质权、用益权还是查封、假扣押等等）[②] 是在有关债权成为可抵销之债权后才设定的，抑或说，在具体案件已经满足了第 847 条所提及的各项要件后设定，则其存在不对抵销构成任何障碍。[③]

因此，在选择第三人的哪些权利不能因抵销现象而被推延时，第 853 条没有将具有决定性作用者设定为抵销的意思表示（declaração），而是设定为债权在客观上成为可抵销（objectivamente compensáveis）之债权的时刻（momento），设定为债务可被抵销（compensabilidade）的状况——德国学者将此称为"Aufrechnungslage"，以相对于"抵销的意思表示"（Aufrechnungserklärung）。

值得注意的是，第 853 条第 2 款并不局限于宣告抵销对第三人不产生效力（Ineficácia），如采取此解决办法，将给如何界定抵销人相对于其债权人及第三人的法律地位带来不确定性和严重的困扰。遵循先前《民法典》的

---

① 关于对这一法律规定的解释，参见 G. Moreira，n.°82，以及 C. Gonçalves，前揭著作及卷数，n.°617。

② 《意大利民法典》第 1250 条仅提到了就其中一项债权获得的质权或用益权。

③ 即使抵销人的债权人陷入破产或无偿还能力境地，只要该等债权在破产或无偿还能力宣告作出前已经成为可抵销之债权，则不构成对抵销的障碍。

步伐，现行法律只是简单地宣告，当任何债权的消灭将导致第三人遭受不公正的损害时，抵销是不容许的（inadmissível）。

359. E）债务人放弃抵销

最后一个排除抵销的原因是债务人放弃抵销。[1]

1867 年《民法典》第 771 条即已规定，"可放弃抵销的权利，不仅可明示放弃，也可通过必然从中推知放弃的事实放弃"。这一解决方法是很容易被接受的，因为众所周知，抵销这一制度是为当事人的利益而构建的，而非以公共利益和公共秩序等原则的名义。

放弃是一项单方行为，因为它意味着对权利的放弃，而不论是否与受益人达成协议。但也无妨合同协议中包含放弃的意思表示。

不同于 1867 年《民法典》第 771 条，第 853 条第 2 款没有直接规定放弃的意思表示，既可是明示的表示，亦可是默示的表示。尽管如此，实无理由认为第 217 条和第 218 条关于意思表示之形式的一般规定不适用于放弃抵销的意思表示。而不管在法律中还是在习惯中，也没有规定放弃抵销的意思表示须明示作出的公式表述（fórmulas sacramentais）。任何意思表示，只要使放弃抵销权利的思想表现清楚——例如，有效履行的承诺；在特定时刻和特定地点交付的承诺，但不影响第 852 条规定的适用；[2] 等等——均可产生放弃的效力，但须证明这是表意人的真实意图。

360. 抵销之意思表示。在法庭上所主张之抵销的意思表示

在认识了抵销的要件并考察了排除抵销的原因后，我们还需了解抵销如何实行以及抵销将产生怎样的效力。

对此，第 848 条第 1 款规定，"抵销须透过一方当事人向他方作出意思表示为之"。而第 854 条补全了法律思想，补充规定道，"抵销之意思表示作出后，双方债权视为已于可相互抵销时消灭"。

这两个关键条文构建了一个二元机制（binário）——一方面是形成权，另一方面是抵销人意思表示的追溯效力——而正是在此二元机制之上，新民法定出了抵销制度的框架。

---

[1] Drakidis, *Des effets à l'égard des tiers de la renonciation à la compensation adquise*，载于 *Rev. trim. droit civil*，1955，第 238 页。

[2] 注意《德国民法典》第 391 条第 Ⅱ 款规定的关于放弃之法律推定。

1867 年《民法典》依照拿破仑立法，规定"抵销依法（de direito）产生其效力"（第 768 条），[①] 新《民法典》则采取相反的做法，规定抵销必须通过一方当事人向对方作出意思表示为之。[②]

因此，抵销便成为一项形成权，通过单方（unilateral）法律行为为之。根据第 848 条第 1 款本身的内容（和精神），有关意思表示是一种需受领的（receptícia）意思表示（第 224 条），既可以司法途径作出，也可以非司法途径作出。[③④] 如果以司法途径作出，既可以通过"透过司法途径作出的诉讼以外的通知"（notificação judicial avulsa）的方式作出（《民事诉讼法典》第 261 条），目的仅在于使对方当事人知悉抵销人的意图，也可以通过司法诉讼（acção judicial）的方式作出，为此既可通过起诉状（petição inicial），也可通过答辩状（contestação）作出。

在大多数情况下，抵销是在司法诉讼中由被告提出的，当出现此情况时，如何从各种诉讼之防御方法（meios processuais de defesa）中建立起对被诉人意思表示进行防御的理论框架，在学者们之间存在很大的疑问，有些观点甚至存在根本性的分歧。

有些学者认为，只能以反诉方式对抵销提出反对（即使有关债务为已清算之债务亦然）；[⑤] 以 Vaz Serra 为首的另一些学者的看法则相反，他们将有

---

① 如前所述，这也是《法国民法典》（第 1290 条）、《意大利民法典》（第 1242 条）和《西班牙民法典》（第 1202 条）所采取的做法。

② 这与《德国民法典》（第 388 条）、《瑞士民法典》（第 124 条）和《希腊民法典》（第 441 条）的做法相同。

③ 但是，抵销之意思表示不能附有条件或期限，否则不产生法律效力（第 848 条第 2 款），因为人们有理由认为，对方当事人的处境（以及连带的，有利害关系之第三人的处境）应当自始确切地定出，而不能有任何不确定性，假如有不确定性，其效力会因为第 854 条所规定的追溯效力原则而变得更加严重。

　　但是，这不妨碍在诉讼程序中仅作为补充（subsidiariamente）或作为一种可能（eventualmente）而主张抵销（Vaz Serra，前揭著作，第 169 页及以下，以及 *est. cit.*，载于 R. L. J.，104.°，第 372 页）。甲针对乙提起给付之诉，要求获支付其向后者出售之物的价金。乙对买卖的存在提出争执，或指出获得该价金之债权已因时效完成而失效；但作为补充，乙可主张以自己对与原告所享有的一项债权来进行抵销（《民事诉讼法典》第 469 条）。参见 Brox，第 183 页；Larenz，§18，VI，第 262 页；Heck，§61，a）。

④ 由于涉及对一项权利的处分，故该抵销只能由有行为能力且对抵销之债权具有处分权利之人为之。参见 Heck，§61，5。

⑤ 最高法院于 1971 年 4 月 16 日的合议庭裁判中也旗帜鲜明地提出了这一理论（载于 *Rev. Trib.*，89.°，第 364 页）；还可参见 Lopes Cardoso，*Código de Processo Civil anotado*，4.ª ed.，对第 274 条的注释。

关问题认真理顺后认为，抵销运作起来就像永久抗辩（excepção peremptória）一样；① 最后还有一些学者认为，抵销在有些时候构成永久抗辩，在有些时候则确实构成一种反诉要求。②

导致这些分歧产生的有两个原因：其一，某些学者就抵销这一整体性的（global）和复杂的（complexo）现象所给出的定义是有瑕疵的（defeituosa，因为它是单方的或不完全的）；其二，被告（即抵销人）所援引的实体法上的手段（meio substantivo）与其想要达到的程序法上的目的（fim processual）之间存在相当的不协调性。

为了更好地理解这一现象，我们假设，甲针对乙提起诉讼，要求后者支付其向后者提供的货物的价金（2500 康托），乙提出答辩，指出甲应当就因一场交通事故而给自己带来的极严重的损害作出赔偿（大概需要赔偿3000 康托）。

在此类情况下，当我们考察被告在答辩中所主张的抵销时，往往只关注了乙（被告）对甲（原告）所负之债务的消灭问题。人们常常忘记或者忽视的一个事实是，为达到这一效果，被告援引另一项债权关系的存在，通过自己的双手实现（cobrar por suas próprias mãos）从提交至法庭的新的法律关系中产生的对其有利的债权，为此须从其数额中扣除其欠对方当事人的部分。③

---

① Vaz Serra，*Algumas questões em matéria de compensação no processo*，载于 R. L. J.，104.°，尤其是第 292 页，以及 105.°，第 68 页。

② 司法见解方面，参见最高法院 1982 年 1 月 14 日的合议庭裁判（载于 Bol. Min. Just.，313，第 288 页）。学理方面，参见：M. Andrade，*Noções elem. proc. civ.*，n.°76；Pires de Lima e A. Varela，*Cód. Civ. anot.*，对第 848 条的注释；*Rev. Trib.*，89.°，第 367 页，对最高法院 1971 年 4 月 16 日合议庭裁判的注释；Anselmo de Castro，*A acção executiva singular，comum e especial*，1970，第 280 页，注释 2；里斯本中级法院 1980 年 7 月 15 日的裁判（载于 *Col. Jur.*，V，4，第 85 页）。
但是，对于如何界定在哪些情况下抵销，具有另外一种不同的特征，上述学者的观点并不完全一致：有些学者（例如 A. Castro 和 M. Andrade）认为，仅当被告所主张之债权的数额高于原告所提出之债权的数额，而被告要求判令原告对剩余部分的债权作出履行时，该抵销才构成反诉；其他学者（Pires de Lima e A. Varela e *Rev. Trib.*）则认为，当被告为抵销而援引一项未结算的债权时，此时的抵销亦构成反诉，但不妨碍该结算目前不构成该等债权之可抵销性（compensabilidade）的一个要件。

③ 德国的法学理论体现了德国学者的分析精神，原则上不忽视抵销现象的这一基本方面。例如，Brox 指出（第 180 页），抵销的各项目的中，除包括便利债务之消灭的目的，还包括通过自己的双手执行（Privatvollstreckung）的目的；持相同观点论述的，见 Larenz，§18，VI，第 212 页。（转下页注）

　　自此，或者说，自答辩时起，事实是法庭不仅要审理从买卖中产生的法律关系，而且亦必须就另一与原告之诉因完全不同的法律关系——答辩人所提出的民事责任（responsabilidade civil）的问题——进行审查和裁判。关于作为责任之基础的那起交通事故，答辩在程序中所发挥的实为起诉状（petição inicial）的功能，而反驳（réplica）起到答辩（contestação）的作用，这与大多数反诉的情况类似。

　　在以整体性的（global）视角对抵销进行分析后，① 就不难理解——至少在一定程度上理解——1971 年 4 月 16 日最高法院合议庭裁判中的观点了（根据该裁判，抵销在法律上意味着提出反诉请求），尤其是，正如在大多数情况下所发生的，抵销人所援引的债权来自与作为原告主张之基础的法律关系不同的法律关系。

　　通过主张抵销，被告不仅想要消灭以其作为债务人的债务，而且想要通过自己的双手实现（虽然是间接地）另一项为原告财产所享有的债权关系。

　　但是，这只是事物的一个方面。

　　必须考虑的另一个方面是，抵销人援引其对原告所具有的对待债权并不是为了从中实现其权利所包含的全部结果。被告援引这一方法（meio）只有一个目的（fim），即消灭（全部或者部分地）其在诉讼中被要求履行的债务，而这样的目的与永久抗辩通常所欲实现的目的相当。

　　也就是说：抵销人援引一种手段（存在一项针对债务人的可要求履行

　　（接上页注③）Vaz Serra 几乎没有从侧面述及这方面的问题（est. cit.，载于 R. L. J.，105.°，第 68 页），当时该学者所探讨的是下述问题：就被告所主张之抵销之诉作出的裁判，对对待债权而言是否构成裁判已确定之案件。可能值得讨论的问题是，既然原则上抵销与其他任何消灭债务之事实相当（Rev. cit.，第 66 页），而且可以肯定，抵销通常意味着需要在法庭上审理的不仅仅是一项权利或者一个使有争议的法律关系消灭的事实，而是涉及对一项新的实体法上的关系（relação material）的审理，Vaz Serra 是否赋予抵销以其应有之价值。

① A. de Castro 对 Lopes Cardoso、Castro Mendes 以及最高法院 1971 年 4 月 16 日之合议庭裁判中的观点进行了批评（前揭著作及位置），认为抵销所导致的程序方面的后果是反常的（aberrantes）、不能容忍的（inadmissíveis），这一批评似乎完全忽视了抵销现象这一方面（不是与主债务有关的方面，而是与抵销人的对待债权有关的方面），至少没有给予应有的考虑，这一点在文中的表现很明显。

　　抵销之声明具有独特的（sui generis）性质，这意味着，A. de Castro 所主张的解决方案以及其他基于相同的指导思想而提出的解决方案，既不能被全盘拒绝（rejeitadas），也不能被全盘接受（aceites em bloco）。必须对它们中的每一个分别进行考察，将作为它们之基础（关于案件利益值的、诉讼形式、反诉的可受理性、法院管辖权等）的每一法律规范的立法理由（ratio legis）与抵销的特有性质进行对比。

的对待债权），其结构（estrutura）使抵销类似于反诉，但其意图（功能）是实现一种目的，这又与永久抗辩的目的相当。

当被告之对待债权的数额高于原告之债权，且抵销人想要在诉讼程序中实现的并不仅限于完全解除针对其提出的请求，而且希望原告被判令支付该债权的剩余部分，则此时在被告所援引的防御方法与永久抗辩之间再无完美的匹配，即使在目的（fim）方面亦然。这是因为，被告不仅要应对原告的请求，而且要有意进行反击，为此针对原告提出了另一请求，从这一角度考虑也可得出结论，被告的争辩相当于反诉请求。

总而言之，从程序法的角度看，抵销是一种独特的（sui generis）机制，在某些方面与反诉相当，在某些方面则同于抗辩。

由于与反诉相当，首先要求被告必须依照经必要调整的《民事诉讼法典》第501条的规定主张其对待债权，与此同时，为适用该法典第504条的规定，要求法庭必须将答辩状中关于援引对待债权的部分视为起诉状来考虑。将抵销与永久抗辩对等（对待债权的数额高于原告所请求之债权的数额的情况除外），符合以下事实：被告在独立的请求中并不会决定请求对原告作出给付的宣判，而只是请求法院宣告原告所提出的请求全部或者部分理由不成立。

另一个问题在外国法学界的学者之间亦存在分歧，也是关于在法庭上如何处理抵销的问题，是抵销反驳（replica compensationis）的可接受性（admissibilidade）问题。

通常会产生疑问的一类情况是，原告在起诉状中仅要求实现其债权的一部分。

拥有一项2500康托债权的债权人甲，针对债务人（乙）提起诉讼，要求后者支付500康托，这可能是因为其债权中的一部分被提出了反驳，可能是为了避免成本高昂的风险，也可能是出于其他任何原因。乙提出答辩，要求以其对甲享有的一项数额为2000康托的债权抵销。

问题：原告可否在反驳中要求获得其债权的剩余部分，以针对被告在反诉中指出的诉讼理由不成立及在剩余部分的给付的宣判中作出防御。

对这一问题作出回答时，无论如何，必须从抵销制度建立于利害关系人之声明这一基本思想出发。

抵销原则上（尽管众所周知，并不总是如此）可由任一方当事人作出。但是，首先通知到对方当事人的一项意思表示优先产生抵销的效力。

因此，如果拥有一项 2500 康托之债权的原告针对债务人提起要求后者偿还 500 康托的诉讼是因为他已经要求抵销其所负 2000 康托的债务，则其所作出的抵销之意思表示优先。而被告所主张的对待债权不妨碍依照原告提出的请求判令被告作出支付。

相反，如果原告只要求实现部分债权的诉求中没有表达出任何抵销的意思并将之通知对方当事人，而是出于其他原因，则既然将两项债权相互抵销的问题是被告在进行答辩时提出的，故法院的审理将以完全不同的形式进行。

此时的抵销是以被告之意思表示为基础的。由于债权人在任何情况下始终有仅要求部分给付的权能（第 763 条第 2 款），而法院又必须遵守原告所提出之请求（《民事诉讼法典》第 661 条第 1 款），故在对抵销进行审理时，基于所被赋予的范围（como grandezas a conferir），法院一方面必须考虑原告所主张获偿还的部分债权，另一方面也必须考虑被告所主张之债权的总额。如果如此考虑后作出的审判结果对原告不公正，则归咎于其本人（sibi imputet）。[1]

361. 被告在法庭上所主张之抵销的法律性质：对针对上述理论的反对意见的驳斥[2]

在债权人提起的执行程序或要求偿还债务的诉讼程序中，债务人经常援引抵销这一诉讼之防御方法，因而抵销的法律性质问题也成为一些学者批判前一目中所阐述之理论时所针对的对象。

其中尤其值得注意的是 Anselmo de Castro[3] 和 A. Vaz Serra[4] 所提出的反对意见。

Anselmo de Castro 的问题在于，他在不经意间歪曲了笔者所提出的理论，把笔者归为抵销－反诉理论的追随者。

由于在程序法方面对有关问题进行了更深入的审视，在笔者所描述的

---

① 关于这一问题，参见 Vaz Serra，前揭著作，n.°22，以及 est. cit.，载于 R. L. J.，104.°，第 308 页及以下；Larenz，14.ª ed.，§18，VI，第 622 页。

② 关于这一论题，参见 Teixeira de Sousa，*Observações críticas sobre algumas alterações ao Código de Processo Civil*，B. M. J.，328，尤其是第 84 页及以下

③ 见 *A acção executiva singular，comum e especial*，3.ª ed.，1977，第 283 页及以下。

④ 见 *Rev. Leg. Jurisp.*，109，第 147 页及以下（对最高法院 1975 年 3 月 7 日合议庭裁判的注释），以及对最高法院 1976 年 7 月 20 日合议庭裁判的注释（载于同一期刊，110，第 254 页）。

解决方案中，不论被告所主张的抵销是全部抵销还是部分抵销（适用于对待债权的数额低于原告所主张之债权的情况），该抵销均被视为一种混合的（híbrida）程序法中的机制，视为既不同于永久抗辩也不同于反诉的第三类（tertium genus）。

就其结构（estrutura）而言，被告提出了一项针对原告的新的权利，其所期望的不仅是使该权利获得司法上的确认，而且希望在法官的帮助下（ope judicis）实现该权利，因此抵销相当于反诉。[①]

就其在诉讼程序中的功能（função）而言，如果被告所提出的对待债权的数额并不高于原告所主张之债权，且被告也没有请求判令原告支付其剩余部分的债权，则抵销类似于永久抗辩。被告所提出的虽然是一个独立的事实，但提出该事实的目的只是通过全部或部分地消灭原告所主张的权利，以使有关诉讼被判全部或部分理由不成立。

由于没有理解笔者上述立场的准确含义，Anselmo de Castro 没有根据地认为笔者仅想将反诉制度适用于抵销，而不适用于关于抗辩的一般制度。以形式主义的逻辑来审视该事宜将造成严重损害，笔者所提出之论点的真正目的正是避免该等损害，为此，既不能全盘接受，也不能全盘否认，不能先入为主地接受反诉论或者抵销－永久抗辩论。

在将抵销在概念上归为程序法上的一种或另一种机制（反诉，或者永久抗辩）以前，有必要从其所涉及的各个角度去研究和勾画其在程序法上的制度，[②] 为此只需考虑当事人和第三人在此制度中所讨论的利益，该等利益如何彼此相互协调或对立，以及这些法律直接作出明确规定的或在法律制度中所隐含的冲突的组成标准。[③]

[①] 在一定程度上相同的观点，见 Teixeira de Sousa 的论述（est. cit.，载于 Bol. cit.，第 90 页），该学者指出，"主张抵销意味着提出了一个消灭债务的事实，该事实是形成性质的，即进行抵销的权利，因此，主张进行抵销就相当于一项形成之诉，以实现进行抵销的权利"。

[②] 关于其中的某些角度（例如，裁判已确定之案件，诉讼已系属，时效，在考虑诉讼费用和上诉等问题时须考虑的案件利益值，管辖权，能力，正当性，等等），Herculano Esteves 已经对此进行了虽简练但透彻的论述，参见 Manuel Andrade, *Noções elementares de processo civil*，1976 年新版，第 146 页及以下。Teixeira de Sousa 也对这一问题进行了非常全面的分析（est. cit.，第 84 页及以下），该学者关注的是一些具有典型的程序性特征的问题。德国法中的情况，参见 Rosenberg-Schwab, *Zivilprozessrecht*, 13.ª ed.，§106，第 605 页及以下中的概述，其中特别讨论了临时抵销（eventual）的问题。

[③] 对此比较基本和不全面的论述，见 Antunes Varela, Miguel Bezerra & Sampaio e Nora, *Manual de processo civil*, 2.ª ed.，n. 106，第 330 页及以下。

Vaz Serra 的论述完全真实地再现了笔者的思想，唯独有分歧的观点是，抵销构成一种在结构上不同于其他永久抗辩的防御方法。

与抵销一样，更新所基于的事实不仅不同于而且独立于作为诉讼之基础之事实，Vaz Serra 提示道，不能因此而否认它们构成一种永久抗辩。

但是，显然这一不同意见是没有依据的。

主张债务之更新之人，其目的在于避免被依照原告之请求判令支付，事实上其所援引的只是一个使原告之权利消灭的事实。这一事实之根本在于当事人通过设立新的债务来消灭旧的债务的意思。这一事实毫无疑问不同于作为债之渊源的事实，但仍然构成旧债务之生命周期的一部分。它也构成债之关系——指现代德国法学中所定义的广义上的债之关系——的一部分。

正如债之关系通常包含的支付、免除、时效等机制一样，尽管它们全部构成不同于作为债之渊源的行为的事实。

但是，在抵销的情况下，被告并不仅仅向法庭提出了一个直接触及原告权利的事实（在更新、免除或支付的情况下系如此）或与之直接相关的事实（在时效的情况下系如此）。抵销人提出了一项法律关系，而这完全不同于且独立于原告提交法庭审理的法律关系。这一关系的直接目的并不在于消灭原告的债权，也不直接涉及这项债权，因此在法律上不能妥善地归入作为争议对象的债之关系中。

这是因为抵销涉及审理一项完全不同于且独立于作为原告所提出之请求之基础的债权关系的法律关系，Anselmo de Castro 认为无可争议的并在其文章中大声疾呼的某些解决方案，其实是不可接受的。

作为例子，可以举出其中关于管辖权和关于诉讼费用的一些论断。

如被告所主张的对待债权系基于一项法律关系，而对该法律关系的审理只能由一家外国法院进行，此时，如果在此法律关系基础上产生之债权数额等于或低于原告所请求者，则让葡萄牙的法院审理该法律关系事实上是不正当的，而如果对待债权的数额更高，且被告要求判令对方当事人向其实现剩余权利，则葡萄牙的法院无法审理这一关系。

同理，如果在确定诉讼费用而定出诉讼利益值时只考虑原告的请求，则显然是不合理的，因为国家的审判活动其实可以延伸到两种不同的法律关系，它们相互独立且对立，都是法庭必须进行审理和作出裁判的。

不过，无论如何，不管对这些以及其他因为抵销而引发的问题适用怎

样的解决方案，绝对不能认为抵销的进行受特定诉讼前提约束这一事实将
导致有关权利或者在原诉讼程序中提出或者确定地丧失。

即使被告不能在针对其提起的诉讼中以抵销之特别机制提出对待债权，
这在原则上也丝毫不妨碍被告以此债权为基础另外提起诉讼，只要可适用
的各项诉讼前提已成就。

362. 抵销之效力

如前所述，建立抵销之新制度是围绕一个二元机制（binário），追溯效
力（retroactividade）原则是该二元机制中的另一个方面。

虽然抵销取决于一方利害关系人的意思表示，但一旦作出意思表示，
其效力可追溯至双方债权可相互抵销时（ao momento em que os créditos se
tornaram compensáveis）。两项债权及有关担保和从属之权利，被视为自债权
可相互抵销时即消灭，而非自抵销人表明其欲消灭该等债权之意图时方
消灭。

立法者所采取的解决办法（在效力方面与之前法定抵销的制度非常接
近：1867 年《民法典》第 768 条）赋予债权具体的可相互抵销的情况
（situação de compensabilidade concreta）以极其重要的意义，因为正是自此情
况成就之时起，各项债权相互消灭。①

如果其中一项债权或者两项债权都产生利息，则利息自上述时刻起停
止计算，而非自抵销人作出意思表示之时起。如果在该时刻还没有哪一项
债权因有关时效期限之经过而失效，则即使在抵销人作出意思表示之日起
所援引之对待债权的时效期已过，仍不妨碍两项债权相互消灭：正是在此
意义上，第 850 条规定，"债权之时效虽完成，但在该债权与另一债权可相
互抵销之日尚未能主张该时效之完成者，则仍可作抵销"。

---

① 该文本体现了抵销之情况所具有的极其重要的（primordial）意义，但不是决定性的（deci-
siva）或唯一的（única）意义。这是因为，正如我们已经观察到的，两项债权的相互消灭
取决于抵销之声明，尽管在大多数情况下该声明得由利害关系人中之一方或另一方作出。
这意味着，只要未有抵销之声明，任何一项债权仍可以被有效地满足，或以其他债务消
灭为原因被消灭（履行、代物清偿、提存、强制执行等）。

如果清偿人（solvens）、存放人或被执行人在诉诸上述手段时忽略了存在抵销的权利或者抵
销的任何前提，仅凭此事实，并不导致上述手段的有效性（validade）受到影响。参见 Lar-
enz，§18，VI，第 263 页及注释 75；Vaz Serra，前揭著作，n.º21，第 136 页，其中引用了
一些德国学者的观点，他们中有人赞同在该等情况下允许进行非债清偿的返还财产之诉
（condictio indebiti），有人则反对。

即使其中一项债权已被让与第三人，在可相互抵偿的情况（situação de compensabilidade）成就以后，有关债务人继续享有针对受让人的抵销的权利，受让人不能以该等债权无追溯效力（falta de retroactividade）为由对抗该债务人。①

在某一债权被查封、假扣押或出质的情况下，或债权人陷于破产的情况下，只要该等事实发生在可抵销之情况（Aufrechnungslage）以后，亦适用相同的理论（对抵销之利益进行保障）。②

追溯效力原则的另一推论是，在两项债权已经可相互抵销以后，任一债务人都将不会构成迟延，因此不得要求任何债务人给付可能为此订立的违约金。

当利害关系人中之一方或双方同时拥有数项可抵销之债权（vários créditos compensaveis）时，准确地确定抵销的效力可能遇到一些特别的困难。

当出现此情况时（例如，甲欠乙 500 康托，但同时也是两项以乙为债务人之债权的权利人，其中一项为 600 康托，一项为 700 康托），《德国民法典》第 396 条承认抵销人有选择宣告哪一项或哪几项债务消灭的权利，同时赋予对方当事人对该选择提出反对的权能，但如有反对，须立即作出。③④

《葡萄牙民法典》第 855 条也承认抵销人具有选择权，这与第 783 条中关于履行的类似问题的规定类似。但该条并没有赋予对方当事人以提出反

---

① Ferrer Correia e Almeno de Sá, *Emissão de cheque, cessão de créditos e compensação*, sep. da *Rev. Dir. Econ.*, 15, 1989, 第 303 页及以下。此外，如果对待债权（"contra-crédito" 或 "crédito activo"）已因时效完成而消灭，但时效完成之条件系在可抵销之情况以后方成就的，则亦不妨碍进行抵销。
这是因为，人们认为，债权人之所以没有要求实现其债权，可能仅仅是因为他相信可以通过抵销，通过使其债务消灭的方式来实现该债权。如果允许对方当事人主张时效完成，则限缩了债权人的上述期待，这是不公正的。《德国民法典》第 390 条第 II 款中也确立了类似的规定，葡萄牙民法典在关于双务合同的第 430 条中也有类似的规定。
② 正是为了涵盖所有这些具抵销情况之效力的例外情况，Gernhuber 提到了（前揭著作，§12，VII，第 259 页及以下）对抵销之期待的保护（protecção das expectativas，德语：Schutz von Erwartungen）。
③ 从该条法律规定的表面意思来看，不管抵销人是在自己的多项债权中作出了选择，还是在被通知人所享有的多项债权中作出了选择，对方当事人均被赋予以反对权。Larenz，§18，VI，第 262 页中，以及 Oertmann 的著作中（ibid. cit.）均适度地限缩了这种做法，将该规定的适用范围限于前一种情况；但 Enneccerus-Lehmann，§72，注释 3 持不同的观点。还可参见 Vaz Serra，前揭著作，n.°23。
④ 《希腊民法典》第 452 条确立了与《德国民法典》第 396 条类似的理论，规定债务人从多项债务中作出选择须得到债权人的同意。

对的权利，因为没有足够强烈的理由支持剥夺抵销人的主动权。①

有正当性作出该选择之人不选择时，适用关于债务之抵充中的类似问题的补充规则（第 855 条第 2 款规定比照适用第 784 条和第 785 条②），但须经必要调整。

363. 约定抵销

前面几目中规定的抵销可由一方当事人向对方当事人强制作出，只要符合特定的前提条件。

这些前提条件中的某些，仅对两项债权中的一项而言是必不可少的，或者仅适用于一方当事人。例如，仅有抵销人的对待债权具有可要求性（exigibilidade）和强制性（coercibilidade）；获得债务的方法是不法的（而且是故意的），这仅导致有关债务人不得针对对方当事人要求抵销；对于放弃抵销权能的情况，这一放弃只阻止作出放弃之人的有关行为。

但是，除了基于一方当事人之单方意思表示的抵销外，学者们常常提及的还有基于各利害关系人之协议的约定（contratual）或意定（voluntária）抵销。③ 根据合同自由（liberdade contratual）的基本原则，且出于不存在任何表明此类协议将强硬地损害公共利益和公共秩序等理由，对此类抵销无法进行有效的反驳。④

只要符合当事人想要使相对立的债权消灭的严肃的意思，该协议原则上是有效的，当事人可以无须满足单方抵销中的某些要件，尤其是债务标的的可替代性，甚至债权之间的相互关系（reciprocidade）。

据此，相互提供不同性质的商品和服务的两个人或者两家合营组织，完全无妨在彼此之间订立一套专门的往来账制度，约定仅当每一期结束时，

---

① von Tuhr 指出，该理论已在瑞士法中获得确认（前揭著作，n.°78，1），但 Vaz Serra 在新民法典准备工作中偏爱的并不是这一理论（前揭著作，第 144 页）。

② 见前文第 290 目。

③ Brox，§24，第 180 页；Larenz，14.ª ed.，§18，VI，第 265 页；Gernhuber，前揭著作，§14，第 296 页及以下；Vaz Serra，前揭著作，n.°28。

④ 但是，与其他范畴中的法律行为自由（liberdade negocial）一样，此时的法律行为自由也是有限制的。其中一项限制是，不允许以不可查封之债权为抵销。虽然这项限制是在规范单方抵销时提出的［第 853 条第 1 款 b）项］，但根据其立法理由（ratio legis），这项限制应当可以延伸适用于意定抵销。

法国最高法院（Cour de cassation）在审理工人与雇主实体之间的抵销合同的有效性时，已经正确地适用了上述理念：Planiol e Ripert，前揭著作及卷数，n.°1294。

在扣除相互提供之商品和服务中数额可相抵的部分后，仍有结余（saldo）的一方才可要求对方以通用货币（moeda corrente）支付该结余。[1]

正如当事人之间完全可以约定一种抵销制度，约定一方当事人向对方所负的债务可通过与债务人所取得的针对第三人所享有的债权的抵销而消灭。[2]

但是，约定抵消的目的是在各债权成为可相互抵销之债权后使它们立即消灭（而且在大多数情况下确实涉及将来债权），不能将之与抵销的单纯承诺（promessa）混淆，也不同于当事人在合同中约定将抵销特定债权的形成权保留予一方当事人或双方当事人的情况。[3]

第四节　更新 *

364.　概念。类型

更新（novação）是另一种债务消灭原因，它不同于履行（cumprimento），而非常接近代物清偿（dação em cumprimento）。

要界定这一机制的概念范围，很容易在交易实践中找到一些有助于我们理解的例子。

例如，某家雇主企业为其雇员甲提供了一辆汽车，因为后者在履行其职务时必须经常出差，不料后来甲被提前辞退了。但是，甲想继续保持对

---

① 关于这一抵销合同的法律性质，详见 Enneccerus-Lehmann，§69，I，1，以及 Gernhuber，前揭著作，第296页。

② 参见 Enneccerus-Lehmann，§69，I。

③ 更详细的论述，参见 Larenz，§18，VI，第265页及以下，以及 Gernhuber，前揭著作及位置。

* Vaz Serra, *Novação, expromissão, promessa de liberação e contrato a favor do credor, delegação, assunção de dívida*, 1958；Pires de Lima e A. Varela，前揭著作，对第857条及以下的注释；S. Rebullida, *La novacion de las obligaciones*, 1964；Hernandez-Gil, *El ambito de la novacion objectiva modificativa*，载于 Rev. Der. Priv. , 1961，第797页及以下；Bigiavi, *Novazione e successione particolare nel debito*，载于 Dir. e pratica comm. , 1942，第71页及以下；Bonifacio, *La novazione nel diritto romano*, 1950；Pellegrini, *Della novazione*, com. de D'aamelio e Finzi, 1948，I，第117页及以下；M. Andreoli, *La novazione tacita obiettiva*, 1929；Schlesinger, *Mancanza dell'effetto estintivo nella novazione tacita oggetiva*，载于 Riv. Dir. civ. , 1958，I，第353页；A. Elefante, *Novazione*（Dir. com. ），e Rescigno, *Novazione*（Dir. civ. ），载于 Novissimo Dig. Ital. ；Magazzù, *Novazione*（dir. civ. ），载于 Enc. del dir. ；Gernhuber，前揭著作，§18（*die Novation*）；Brox，§25。

该车辆的管领，而公司也无意收回该车，于是甲为了无须退还该车辆而必须向公司交付 500 康托。

又如，乙想将自己的一些积蓄投资到一家旅游投资公司，于是购买了该公司的一些临时占用（ocupação temporária）凭证，从而有权获得其投资总金额所产生的特定收益。不久以后，经该公司提议，该利害关系人同意不再让与同一笔金额，而是采取另一种投资方式（modalidade），据此，公司对其股东承担其他债务。

又例如，丙公司的职员不从该雇主公司直接受领薪金，他们在丁银行开立存款账户，在每个月的第一天会存入相当于其前一月之报酬的金额。

所有这些情况，都有一项债务随着另一项债务的创立而消灭，后者取代了前者。

在第一个例子中，以劳动关系为基础的返还汽车的债务消灭了，为取代它，根据该公司于其原雇员之间后来缔结的协议，产生了一项支付 500 康托的债务。

在第二个例子中，临时占用的权利和获得所约定之收益的权利消灭，取而代之的是成立了另一项债务。

在三个例子中，公司所负之在每月月底支付薪金的债务消灭，与此同时，为取代该债务，产生了银行须负之向雇员账户返还存款金额及倘有之利息的债务，而后者系基于公司所负之进行存款的债务。

概念

更新表现为当事人就通过创立（criação）一项新的债务来取代（em lugar dela）和消灭（extinguem）某一债务达成的协定（convenção）。[1]

以新的债务约束取代原来的债务，既可能发生在相同的主体之间（前两个例子即属此情况），也可能涉及债权关系中主体之变更（上述最后一个例子属此情况）。

在前一类型中（客体更新：第 857 条），既包括债务标的的取代（以

---

[1] 乌尔比安（Ulpiano）对更新（Novatio）有一个为大家所熟知的定义："Novatio est prioris debiti in aliam obligationem vel civilem vel naturalem transfusio atque translatio, hoc est cum ex praecedenii causa ita nova constituatur, ut prior perimatur. Novatio enim a novo nomen accepit et a nova obligatione."

对于到底应当将更新归类为一种使债权人之利益获得满足的方式，还是归类为一种虽使债务消灭，但未使债权人之利益获得满足的方式，取决于如何定义债权人权利之满足，这实际意义不大：Rescigno, *est. cit.*, n. °1。

500 康托取代汽车），也包括只是改变给付之原因（causa）而给付不变的情况（银行本来应以雇主公司的名义支付 500 康托，后来转为以受寄人的名义支付相同金额；买受人在本应交付价金之时请求对方将有关标的借予自己，则其仍须交付价金，但系以借用人的名义）。

后一类型（主体更新：第 858 条）则既可能表现为债务人对一位新的债权人承担债务，也可能表现为债权人免除原债务人的债务，而以一位新的债务人取代之。

无论属哪一种情况，为进行更新，最重要的是各利害关系人确实想要通过设立一项新的债务来消灭（extinguir）原债务。[①] 如果当事人的想法是维持有关债务，而只改变该债务中的某一或某些要素，则不存在更新（novação，德国学者则更为清楚地将此称为 "Schuldersetzung" 或 "Schuldumwandlung"），[②] 而只存在债务之变更或修改（"Abänderungsvertrag" 或 "Inhaltsänderung"）。[③]

365. 类似制度

不能将更新与代物清偿（dação em cumprimento，给付与应给付之物不同之物）混淆，虽然它们之间明显有 "亲缘关系"（parentesco），甚至有一小块重叠区域（zona de sobreposição）。

在大部分代物清偿的情况中，债务因作出不同于应为之给付的给付而消灭，而没有设立任何新的债务。属此情况的，例如，债务人或第三人在债权人同意的情况下向后者交付特定物以代替本应为之金钱给付，反之亦然；又例如，债务人或第三人通过提供一项服务来代替债务人本有义务交付的特定物或应为之给付。

---

① Barbero 指出（前揭著作及卷数，第 241 页），更新这一概念汇聚着文中所述的两种不同的类型，是一种债务消灭之方式，表现为以一项标的或名义不同的债务取代原债务（客观更新），或者以存在于不同的人之间的一项债务取代原债务（主体更新）。
Vaz Serra 更直接地指出（前揭著作，n. °1），更新 "既可能是客观的（原债务虽然被取代，但其主体保持不变），也可能是主观的（因为原债权人或债务人被替换，原债务成为一项不同的债务）"。还可参见 S. Rebullida，前揭著作，n. °98，以及 Magazzù，est. cit.，n. 1。

② Larenz，§ 7，Ⅱ，第 88 页及以下。

③ 在德国法学界不乏学者认为，更新这一名称应当仅适用于根据双方立约人的意愿以一项（新的）抽象的（abstracta）债务代替原债务的情况。如果以一项债务代替了另一项债务，但新的债务约束具有原因性（causal），则此时只存在债务或债之关系的变更（transformação）：Enneccerus-Lehmann，trad. esp. § 75，Ⅲ。

债务人在获得债权人同意的情况下作出与应为之给付不同的给付，但这是以成立一项新的债务为之时，原则上不存在代物清偿（datio in solutum），所发生的是方便受偿之代物清偿（dação pro solvendo）。也不能将方便受偿之代物清偿与更新混淆，因为前者并不涉及债务的消灭，而只涉及在原债务的旁边创立一种新的名义，目的是方便债权获得满足。①

但是，如债务人作出的不同于应作出之给付的给付表现为赋予债权人一项新的债权，而作出该赋予的目的是消灭（extinguir）原债务（而非便于原债务的实现），则在此情况下同时发生了更新和代物清偿。

实践中比较难明确的是如何将更新与单纯的债务变更严格区分开来，《意大利民法典》第 1231 条对后者作出了明确规定。

在这一问题上，显然最重要的问题是确定当事人的意思，因为债务之替代（substituição）原则上以被消灭之债务上的担保和从属之权利的消除为前提条件，而在单纯的债务之变更（modificação）中，所有未被改变的要素都维持了下来。

但对这一问题的回答并不总是容易的。如果当事人协议进行的变更仅反映在债权关系中的某些附属（acessórios）要素上（某一期限的延长、缩短、推迟或取消，履行地点的变更，利息的约定、变更或取消，违约金的加重或减轻，② 等等），则毫无疑问，原则上债务继续维持（persistência），其中未被改变的各项要素亦维持。

相反，当所约定的变更触及债之关系中的基本要素（标的、原因、主体等），则其含义可能极其不同。

这种情况可能出现，但并不意味着它必然地（necessariamente）、体系性地（sistematicamente）出现。③

---

① 关于此，参见最高法院 1972 年 7 月 28 日的合议庭裁判（对其的注释载于 F. T. , 91.°，第 61 页及以下）。

对于其背后的基础关系而言，代物清偿具有纯粹工具性的（instrumental）功能，但这仍能够支持 Vaz Serra 以及 Rev. Trib. 的观点，根据该观点，如果在一项欠缺法定形式的消费借贷中发出一张汇票，金额为让与承兑人的金额，则在直接关系的范畴内，发出汇票的行为不能补救基础法律行为的无效。在这一点上无疑可以理解该期刊对上述合议庭裁判中之理论的批评。

② Rescigno, *est. cit.* , n.°9.

③ 关于对《西班牙民法典》第 1203 条和第 1204 条的解释，参见 S. Rebullida，前揭著作，n.° 95 中的论述，其中对最高法院的司法裁判进行了丰富的、细致的审视，还特别论及了变更型更新（novação modificativa）的问题。

事实上可能发生的情况是，债务标的本身虽被变更（alteração），但当事人并无将之消灭（extinguir），以一项新的债务约束取代原债务的意图。例如，一家旅游投资公司本来承诺向顾客出售三层右侧的两间公寓，后来经与该顾客达成协议，决定取而代之的是出售位于二层的或位于三层左侧的两间完全相同的公寓，此种情况下，可能在所约定的变更之后不存在任何更新的意图（intenção de novar）。①

同理，如债务人欠商店店主500康托的货款，并应后者请求向其发出了一张该金额的汇票，则签发票据这一行为背后通常不存在任何消灭基础债务的意图，其目的只是便于债权人实现其权利。②

但是，如果当事人变更标的不能确切表明其有更新债务的意图，③ 在实践中如何将更新的情况与单纯的修改或变更债务的情况区分开来？

根据拉伦茨的理解，似乎最终还是要靠法律所保护的交易活动中的一些概念来将上述两者区分。④ Vaz Serra 认为，但有关债之关系表现为"在经济上与原来所存在者有完全不同的关系"时，可以推定存在更新的意图。

但是，这是十分空泛和不确切的标准。

更可靠和准确的标准，应当直接在立约人意思中的新东西（aliquid novi）中找寻，这些新事物是作出判断时依据的决定性要素。⑤ 必须探明的问题是，当事人通过所作之变更是否想要消灭有关债务，尤其其上的担保或从属之权利。这一实际的目标（更新意图；animus novandi）才是裁判者应当直接指向的问题，为此可使用解释和填补法律行为意思表示所能使用的各种工具。第859条和第840条正是在此意义上去寻求解决可能对解释者产生的各种具体的疑问。

---

① 如果某些变更不涉及对债务标的的替换（substituição），则不能认为其中存在更新的意图，即使该等变更表现为主给付义务的改变（alteração）亦然（参见本书第一卷，第27目）；如提高房地产的租金或降低买卖价金等。参见 Brox，§25，第187页。

② 合同类型本身的变更（例如，原为使用借贷，后转为需要为使用有关物支付租金；原来约定以委任的名义给付特定服务，后来转为有报酬劳务）并不必然意味着债务的替换：Larenz，§7，Ⅱ。

③ 同样在此方向上进行论述的，见 Enneccerus-Lehmann，§74，注释4。

④ Larenz，§7，Ⅱ，第90页。

⑤ Diez-Picazo，n.°954，第783页；Ruggiero，*stit. dir. civ.*，6.ª ed.，Ⅲ，第210页及以下；Enneccerus-Lehmann，trad. esp.，§75，Ⅰ。

366. 该机制在立法上的意义

更新在罗马法中有极其广泛的适用范围，因为约定（stipulatio）具有正式且庄重的特征，而债务（obligatio）具有鲜明的个性。[1]

由于当时不承认债务有改变主体或标的而不丧失其特性（identidade）的可能性，唯有通过更新（novatio）才可能在不同的主体之间设立与之前债务内容相同的债务，或在相同的主体之间变更之前债务的标的（objecto）或原因（causa）。

但在如今，由于债务约束的个人色彩越来越不明显，各国立法制度多开放地承认债务有改变主体（sujeito）而不丧失其特性的可能性（这既可能通过债权的让与，也可能通过债务的承担），也有改变标的的可能性（第406条第1款），[2] 以至更新在实践中的意义远远不如从前。

因此，《德国民法典》没有规定更新，而将对这一问题的处理完全交予合同自由原则[3]以及对法律行为意思表示进行解释和填补的规则。《意大利民法典》的态度没有这么激进，并没有规定在任何情况下都用关于债务之承担（assunção da dívida）的一章的规定来规范取代债务人的主体更新的情况（第1235条以及第1268条及以下），似乎因为该法典接受了"在授权中总是存在更新"（in delegatione semper inest novatio）的古老谚语。[4]

不过，除了不应将主体更新与任何形式的债务之移转（transmissão）混淆之外，[5] 还有一些关于更新之一般制度的方面应当在法律中进行界定，因

---

[1] Masi, *Novazione*（*dir. rom.*），载于 Enc. del dir. , n. 4。

[2] 通过合同变更债之内容的可能性，显而易见来自合同自由原则（第405条第1款），以及通过双方当事人之协议可变更合同的原则（第406条第1款）。

[3] Enneccerus-Lehmann，§75，Ⅲ.

[4] 在实践中很难将那些构成主体更新（novação subjectiva）的类型与那些纯粹以债务之承担（assunção de dívida）为目标的类型区分开来，除了区分困难以外，为支持《意大利民法典》所采纳的指导方针，还可以援引的一个事实是，上述区分也没有很大的实践价值（valor prático），因为不论在哪一种情况下，债务之担保总是倾向于消灭。参见 Vaz Serra，前揭著作，第20页及以下，以及第599条第2款（关于债务承担情况下担保的移转）和第861条（关于在更新的情况下担保的消灭）的规定。

[5] 如果将更新排除作为一项典型的（típica）债务消灭原因，可能导致人们认为，立法者有意将主体更新类比为对承担债务之债务人的替换（substituição do devedor à assunção de dívida），而后者，大多现代国家的立法都在债务之移转一章中专门对之作出规定。关于这一问题，参见1941年《巴西民法典》债法草案（债法总则部分）的报告书（n.ᵒˢ 6 e 13），以及 Vaz Serra，前揭著作 n. °2，第38页。

为它们无法在法律行为意思表示的狭窄的范围中找到答案。需要回答的问题包括如何证明有取代（substituir）的意图；更新发挥作用是作为一项有因果关系的（causal）法律行为还是抽象的（abstracto）法律行为；如果新的债务非有效（invalidade），将对原债务以及其上的担保和从属之权利产生怎样的影响；如进行更新，旧债权所设之担保能否维持；针对原债务采取的防御方法在何种条件下能够对抗因原债务之消灭而设定的新债务。

第859条及以下正是为了对这些疑问作出回应。

367. 制度：a）更新意图（animus novandi）的存在和证明

在规定更新制度时，首先要审视的一个问题，自然与其最基本的要素的存在和证明有关，即消灭（extinguir）债务并设立另一项债务取代之（em lugar dela）的意思。

对此，第859条以非常简明的方式规定，"承担新债务以取代原债务之意思，应明确表示之"。

对这一提法要结合立法准备工作来理解。在这一有引介性质的问题上，立法准备工作期间，人们关注的主要是将更新所特有的债务之取代（substituição）与单纯的债之关系的变更（modificação）区分开来。据此可以轻松地得出结论，第859条中所提出的这一要求，关注的焦点并非"承担新债务……之意思"（vontade de contrair a…obrigação），而在于承担新债务是为了"取代"（substituição）原债务。

必须明确表示的是取代（substituir）原债务之意思，而这通过承担一项新的约束为之。[①]

法律没有采纳《Vaz Serra草案》中所建议的就更改意图（animus novandi）作出明确（clara）声明的要求，也没有接受（在同一草案中所提出的）指向有关债之关系在当事人约定变更之前或之后的经济形态的推定。

第859条故意选择这样的提法（"明确表示"），是为与Vaz Serra所建议的推定划清界限以及接受第840条第2款所规定之规定的结果，该条规定表明，仅当当事人直接（directamente）表明通过创设一项新的债务来取代

---

① 关于以另一项债务（新债务）取代原债务之意思的重要性，参见Magazzù的详细论述（est. cit., n.10）。

（substituir）原债务的意思时，法律才承认构成更新（第217条第1款）。[1]仅有通过默示意思表示得出的纯粹推定（facta concludentia）是不够的，[2]这也说明了法律放弃对在哪些情况下排除对更新的推定作出规定：在《Vaz Serra草案》中，对于只有债务的附属要素发生改变的情况，以及将债权计入往来账单的情况，[3]或者在清算账目的法律行为中确认结余的情况，排除对更新的推定。

368. b) 原债务存在且有效

除更新意图（animus novandi）以外，更新的基本要素还有原债务的存在与有效性，以及设立以取代原债务之债务的有效性，因为它们关系到更新这一机制的核心。

更新之目的在于通过创设一项新的债务以取代原债务，因此，无论两项债务中的哪一项有缺陷，自然会对当事人之间所进行的这一操作的有效性（validade）或效力（eficácia）产生影响。

如果有缺陷的是原债务（可能因为在更新之日原债务已不存在，也可能因为该债务其后被宣告无效或撤销），[4]则根据第860条第1款的规定，"更新不产生法律效力"。[5]

---

[1] 根据《西班牙民法典》第1204条（其中第一部分与《葡萄牙民法典》中的有关条文接近），"为使某项债务通过被另一项债务取代而消灭，要求必须对此有明确的（terminante-mente）意思表示，或者要求原债务与新债务完全是不能兼容的"。这一明确的意思表示，不能仅凭推定（presunções）而认定，相当于现行《葡萄牙民法典》中所要求的明示（expressa）表示。参见 Hernandez-Gil, est. cit., 第798页及以下。

[2] 而法律的这一指导思想是可以理解的。
原则上，如无充分的依据，似乎没有理由推定债务人想要放弃其所享有的可针对债权人之主张行使的防御手段，也没有理由推定债权人想要放弃确保其债之履行的各项担保。参见 Brox, § 25, 第188页。但是，旧法典第803条中所确立的是不同的指导方针，该条最后一部分明确地允许默认表示。关于此，参见最高法院1956年5月22日以及1957年6月18日的合议庭裁判（分别载于 R. L. J., 89, 第286页，以及 B. M. J., 68.°, 第598页）。

[3] 参见《商法典》第345条第2项以及唯一款。

[4] 如原债务可撤销（anulável），而债务人在缔结新的债务约束时知道原债务中所存在之瑕疵（vício），则更新原则上构成对上述有瑕疵之关系的默示确认（confirmação）：Vaz Serra, 前揭著作, n.°6, 第57页。

[5] 那么，假如原债务是一项自然债务，则其可以被一项法定债务有效地替代吗？
答案是否定的。如果所涉及的是一项自然债务，法律并不允许针对债务人任意采取任何法律上的抑制形式，而仅承认自发履行（cumprimento espontâneo）与其他类似的实现债务的行为的效力。不同的观点，见 Vaz Serra, 前揭著作, 第58页。此外还可参见 S. Rebullida, 前揭著作, n.°104, 以及 G. Oppo, *Adempimento e liberalità*, 1947, n.°s 85 e 86。

　　这一法律制裁——使有关更新是以更换债权人的方式为之亦然——表明，更新本身并不构成任何抽象的法律行为。

　　为具体落实（concretização）第 860 条第 1 款所确立的制度，必须要区分两种情况：一种情况是新的债务尚未被履行，另一种情况是已被履行。

　　在前一种情况下，"更新不产生法律效力"意味着债务人可拒绝履行新债务，好像该债务根本不存在一样，因而无须诉诸法院预先就该法律行为的无效或可撤销提出争辩。①

　　在新债务已被履行的情况下，如证明原债务不存在，或当原债务被宣告无效或撤销时，则所产生的结果视债务有关缺陷的性质而定。

　　如原债务不存在，清偿人（solvens）有权要求返还不当得利（第 476 条及以下）；如原债务无效或被撤销，则对依据新债务作出之给付的返还，适用第 289 条及以下的规定。②

369. c) 新债务有效

　　如新债务有缺陷（被宣告无效或撤销），则原债务自然重新出现（第 860 条第 2 款），这是因为，使原债务消灭的原因（causa）——新债务的设定——失效了。③ 该债务的重新出现可能影响第三人的利益，因为该等第三人曾经以自己的财产或某些财产为该债务的履行提供担保，随着之前该债务的消灭，他们已经有理由相信这些担保已经消灭。

　　因此，如果有关债务无效或撤销的原因可归责于债权人（例如，债权人胁迫或故意作出的行为导致新债务被撤销），则由第三人所提供之担保不随着原债务一起重新出现，除非在进行更新时该第三人已经知悉新债之关系中存在瑕疵。④

370. d) 原债务消灭的效力

　　在更新这一机制中，由于设立新债务约束的目的是消灭原债务，则逻

---

① 不同的观点，即认为"不产生法律效力"（fica sem efeito）之表述其实相当于"无效"（ser nula）的，见 Rescigno，*est. cit.*，n.°11。

② 1867 年《民法典》第 811 条规定了原债务为附条件之债（condicional）而新债务非也的情况，现行《民法典》则没有直接对此情况作出规定。如今对于此情况，应当通过对构成更新合同之意思表示的理解来规范。

③ 1867 年《民法典》第 813 条已经体现了相同的意思："如更新无效，则原债务重新出现。"

④ 类似的理论也在第 766 条（履行）、第 839 条（代物清偿）、第 856 条第 3 款（免除）以及第 873 条第 2 款（混同）中获得了确认。

辑上的推论自然是，确保该债之履行的担保（包括物之担保和人之担保）亦随之消灭，不管它们是由第三人提供的担保，还是由债务人作出的担保,① 抑或依法产生之担保（第 861 条）。

对于第三人担保的情况，某一担保本是为确保特定债之履行而设定的，非经提供担保之人同意，在任何情况下都不应允许将该担保转而用来保障另一项不同的债务。

至于债务人提供的担保，只要以更新之意图（以一项新的债务取代原债务）为基础，也不推定该担保继续维持。就其来源而言，依法产生之担保与原债务的性质有关联；因此，一旦原债务消灭，这些担保也应当随之失效，因为依据法律，令这些担保继续持续服务于新的债务是没有正当理由的。

但可能发生的例外情况是，尽管当事人想要设立一项新的债务而非仅仅变更待清偿之旧债务（obrigação pendente），但他们同时也希望继续维持确保旧债之履行的担保，使之继续为新债权提供担保。

旧《民法典》第 807 条已经承认了这种可能性，但须满足两个要件：a）就担保或从属之权利的继续维持作出明确（expressa）保留；b）如果该保留涉及第三人，则必须取得其同意。

现行《民法典》第 861 条维持了这一理论,② 尽管其确切含义（sentido preciso）有所变化，体现在增加了须作出明确意思表示（declaração expressa）的要求（exigência）上，这是因为，当利害关系人的意图只是维持已经存在的担保，使它们服务于新的债务时，如果强迫他们设立与之前担保相应的新的担保，显然是不合理的。③

---

① 如原债务系由买受特定物而产生，且原债务被一项质押担保（不管作为质物的是买受人之物，还是属第三人的动产），则如果以消费借贷代替了买卖，并从中产生了一项新的债务，前述质押担保原则上不惠及新的债务。

② 该理论与第 599 条第 2 款中确认的理论十分接近，后者是关于在承担债务的情况下担保的移转问题的，因为在此情况下，虽然债务发生了移转，但只要提供担保的第三人或原债务人没有对该债务之移转作出同意，则他们所提供之担保失效。
但是，尽管在制度上存在相似性，但也有一些重要的区别。在承担债务的情况下，新债务人或者已经作出同意的原债务人提供的担保并不失效。对于准备维持担保的第三人，并不要求其作出任何明示的（expressa）保留。此外，法定担保不失效。参见 Vaz Serra，前揭著作，第 25 页及以下。

③ 正是因为此处所涉及的是担保的维持（manutenção），而非设定（constituição）一项新的保障，因此对该维持仅须在之前的登记中作附注（averbamento）即可，而不应进行新的登记。Vaz Serra，前揭著作，注释 43。

于是，法律十分清楚地规定，为确保原债之履行的担保继续维持，必须作出明确保留（reserva expressa），这不仅适用于由原债务人或新债务人提供的担保，而且也适用于由其他人提供的担保，仅有该人作出的单纯同意，不足以产生上述效果，这在旧立法的语境下，从1867年《民法典》第807条唯一款的文本中可以推导出来。

该保留（债务人就其提供的担保或第三人就其提供的担保作出的保留）亦无妨是在原债务的成立文件或该担保本身的设定文件中作出的。根据新法律的规定（第861条第1款和第2款），无论属哪一种情况，关键的问题都在于有明确保留（参见第217条）。

既然更新是一种消灭债务的方式，必然可以得出的结论是，与其中一位连带债务人约定的更新，使其他全部债务人的债务获解除（第523条），同理，与其中一位连带债权人搭乘的更新（novativo）协议，也使债务人对其余全部债权人的债务获解除（第532条）。

因更新而使原债务消灭的另一结果规定在第862条中："可用以对抗原有之债之防御方法不得对抗新债权，但另有订定者除外。"

因此，原债务人可就原债务主张的未履行抗辩（exceptio non adimpleti）或抵销，不能惠及用以取代该债务而订立的新债务中的债权人，除非另有订定。[①]

尽管新债务取代（substituir）原债务，但新债务不受制于针对原债务的防御方法。

第五节　免除[*]

371. 概念

前面各章所阐述的各种债务消灭原因，虽然在结构（estrutura）上与履行不同，但其实它们在功能（funcional）方面与履行非常接近。它们也通过

---

① 为认定存在第862条最后部分之所谓"另有订定"，仅有提及旧的债务是不够的。仅当双方当事人约定可针对旧债务主张的防御方法（或其中之部分）可对抗新债务时，才可认定存在另有订定：Vaz Serra，前揭著作，第36页及以下。

* Vaz Serra, *Remissão, reconhecimento negativo de dívida e contrato extintivo da relação obrigacional bilateral*, 载于 *Bol. Min. Just.*, 43, 第5页；Pires de Lima e A. Varela, 前揭著作，对第863条及以下的注释；S. Rebullida, *Notas sobre la naturaleza jurídica de la condonación*（转下页注）

某种方式满足了债权人的利益，尽管不是通过作出应为之给付的方式（realização da prestação devida），而是通过不同的方法（meio diferente）：包括作出另一给付（代物清偿）；存放应给付之物，交由债权人处置（提存）；解除债权人的某项债务（抵销）；设立一项新债务以取代原债务（更新）。

但有一些债务消灭原因，它们在功能（funcional）方面与履行非常不同，包括免除（remissão，第 863 条）、混同（confusão，第 868 条）和时效（prescrição，规定在《民法典》总则部分，因为它不仅适用于债权，而且适用于其他权利）。在该等原因中，有关债权没有成功运作；有关债务所受制于的债权人之利益没有获得满足，甚至没有被间接地满足，也不可能获满足。

还未及作出给付，有关债务就消灭了。[①]

在免除中，是债权人自己——尽管是在债务人的默许之下——放弃了（renuncia）要求获得应作之给付的权力，确定性地将法律赋予其的保护其利益的工具排除在其权利义务范围之外。

例如，甲是乙的债权人，对后者拥有一项 1000 康托的债权，由于有感于在债务人身上发生的一系列不幸事件，免去了债务人的债务，以改善后者艰难的经济状况。

又如，丙欠丁 2000 康托的利息，但他正公开地对有关债务的存在提出反驳。丁知道自己享有有关权利，但与收取债权相比，更珍视自己与丙及其家人的友谊，于是决定放弃（renunciar）该笔债务。

概念

因此，债务的免除（remissão）是指债权人在对方当事人的默许之下，

（接上页注＊）de las obligaciones，载于 Rev. der. priv.，1955，第 130 页；*Rajnaud*，La renonciation à un droit，载于 Rev. trimestrielle，1936，第 776 页；*Seillan*，*L'acte abdicatif*，前揭期刊，1966，第 693 页；*Atzeri-Vacca*，Delle rinuezie，1910；*Rozzi*，Rinunzia，载于 Nuovo Dig. Ital.；*Cercielo*，La remissione del debito nel dir. civ. positivo，1923；*Pellegrini*，Dei modi di estinzione delle obbligazioni diverse dall'adempimento，*Com. de D. 'Amélio*，I，第 131 页及以下；*Tilocca*，Remissione del debito，载于 Nov. Dig. Ital.；*Giacobbe e Guida*，Remissione del debito（dir. vig.），载于 Enc. del dir.；*Hartmann*，Die liberatorischen Vertrage und ihr Rechtsgrund insbesondere，载于 AcP，85，第 1 页；*Reichel*，Der Einforderungsverzicht（pactum de non petendo），J. J.，85，第 1 页；*Walsmann*，Der Verzicht，1912；*Larenz*，I，14. ªed.，§ 19，I；*Gernhuber*，前揭著作，§ 16，第 337 页及以下；*Pereira Coelho J.* [OR]，A renúncia abdicativa no direito civil，*Coimbra*，1995。

① 正是因此，Gernhuber（前揭著作，§ 16）将免除（der Erlass）列为非经给付而使债务消灭（Erlöschen der Schuld ohne Leistung）的各种情况中的一个核心情况。

对要求获得有关给付之权利的放弃。

372. 该机制的新的法律含义以及道德法律含义

债权人以一种体现其意思的行为确定性地拒绝其债权的可能性，早在1867 年《民法典》第 815 条中即已有规定。

该条规定，"任何人可放弃（renunciar）其权利或免除（remitir）和免去（perdoar）应向其作出之给付，但法律禁止如此时除外"。

但是，这一规定受到一些有分量的学者的批评，[①] 这不仅因为其中所确立的规则（disciplina），还因为旧法典再一次在债与物权之间造成了混淆，表现为它将免除（remissão）和免去（perdão）与放弃（renúncia）混合起来，而前二者是剥夺债权关系的机制，后者则是专门适用于物权及其他类型的权利的制度。

在新法典准备期间，关于免除，最有必要审视的一个问题是，应当采取《德国民法典》（第 397 条）、《瑞士民法典》（第 115 条）和《希腊民法典》（第 454 条）的做法，[②] 将免除视为合同，还是应当采取《意大利民法典》的做法（第 1236 条），将之视为单方法律行为。

在一本关于这一事宜的有趣的专著中，Vaz Serra 用大量笔墨分析了上述问题，批判性地权衡了待选择的两种解决方案各自的优势和劣势。在分析的最后，该学者提出了一种混合的解决方案，据此，免除既得以合同为之，亦得——当属无偿免除时，不过其实在大多数时候免除都是无偿的——通过债权人之单方意思表示为之，尽管在后一情况下，免除的消灭债务之效力可因债务人的拒绝声明而毁灭。[③]

在第一次部级修订中，该理论仍被全盘接受（第 838 条），该文本基本上照抄了《Vaz Serra 草案》第 486 条中建议的文本。[④]

---

① G. Moreira, n. 97；C. Gonçalves, *Tratado*, IV, n. 645.

② 1941 年《巴西民法典》债法草案（债法总则部分）第 318 条也决定采纳将免除视为合同的理论。

③ 将免除视为单方意思表示——虽然债务人可在合理的期限（in un congruo termine）内就该意思表示提出拒绝——的理论，适用于《意大利民法典》第 1236 条中所规定的所有情况。

④ Vaz Serra 所主张的理论实际上压缩在其草案第 486 条的三款中。第 1 款确认了债权人可通过与债务人之间的合同免除债务，如果该免除是无偿的，可仅通过作出放弃声明并告知债务人的方式为之；第 2 款赋予上述后一种情况下的债务人以在合理的期限内拒绝免除之利益的权能；第 3 款规定，一旦将债权人的放弃通知予债务人，则该放弃具有不可废止性。

但在第二次部级修订期间，不同的观点占据了上风，并在最终确定的第 863 条的文本中确立下来。

立法者所接受的基本思想是（这一思想也体现在关于向第三人给付之合同的第 447 条第 1 款中），债权人的放弃构成一种使债务人之财产得利的方式，因为债务人获解除了其财产上所负担的债务，既然如此，不能将此放弃强加于债权关系中的债务人（恩惠不得强制接受，invito non datur beneficium）身上。

但是，立法者没有将免除视为债权人作出的需受领的（recipiendo）单方意思表示，没有通过规定受益人有拒绝（recusa）的可能性来明确表达上述理念，他们认为更恰当和更符合逻辑的做法是，遵循德国①、瑞士和希腊的立法，② 赋予免除以合同性质（contratualidade），此为原则。

事实上，在第 863 条的最终文本中非常清楚地表明，免除必须具有合同的形式（不过，根据第 234 条的规定，对免除人的合同要约作出承诺时程序可以更简便），③ 不论所涉及的是赠予性质的（donativa）免除，还是纯粹放弃性质的（abdicativa）免除。

该条第 1 款规定，"债权人得透过与债务人订立合同而免除债务人之债务"。

而第 2 款继续补充法律的思想，接着规定道："以生前法律行为所作之免除如具有慷慨行为之性质，视为第九百四十条及其后各条之规定所指之赠予。"

因此，只有债权人作出的放弃（abdicativa 或 renunciativa）的意思表示，并不足以产生债务消灭的效力。仅当有关债权关系中的两个主体达成协议（acordo）时，才可产生此效力，尽管法律对证明债务人的承诺持非常开放

----

① 但是，需要指出的一个有意思的事实是，在德国法学界仍然有人在制定法的层面上对将免除视为合同的理论持保留态度：Larenz, I, 14.ª ed., §19, 第 267 页，以及 Gernhuber, 前揭著作，316，第 341 页。

② 这一理论也为 G. Moreira 所采纳（n.°97），该学者认为，对于有赠予之意图（cum animo donandi）的免除，债权人非经债务人同意不得解除债务约束。

③ 将第 234 条的理论——因为债务人通常是想要获得免除的——以及第 218 条的理论——关于沉默可能具有表示同意的意义——适用于免除这一特殊情况，并不意味着《意大利民法典》的做法（第 1236 条）与新的《葡萄牙民法典》的做法在根本上是一致的。在意大利法中，放弃的解除效力在债务人作出声明之时即产生（Barbero, Sistema, II, n.°723, 以及 Tilloca, est. cit., n.°8）；而在现行葡萄牙法中，仅当债务人之行为表明其有接受要约的意图时，债务方消灭。

的态度（第 234 条）。

核心的思想是，如果债务人不想因对方当事人付出代价而受益，则不应使其受益，这一思想不仅仅有追溯效力地拒绝（recusa）按债权人之意思消灭债务（extinção operada por vontade do credor）的基础。以债务人的同意为核心要素，在通过解除债务直接使债务人财产获益时必须让其同意，这一解决方案也以前述思想为基础。[1]

但是，不能忽略也不能低估的一种可能性是，真正的或表见的债务人，面对真正的或表见的债权人的免除（remitir）债务的意图，想要确认有关债务之不存在（inexistência），并获得法院就此事实的声明。[2]

第 863 条所确立的规范立场，在实践秩序中有所解释。

葡萄牙法律之所以确认免除在制度上（sistemática）要以合意来构造，一方面，是因为在合理（razoável）期限内，债务人的拒绝可使债权人的放弃（消灭债权）失去效力，围绕如何定出这一合理期限必然产生诸多疑问，立法者想要消除这些疑问；另一方面，立法者想要避免在此期间可能产生的关于放弃权利之确定效力的不确定性（incerteza）。[3]

但是，除了基于方便等原因的解释外，这一关于免除具有合同性质的例外规定[4]系基于一种道德法律上的假设，这与第 762 条第 2 款规定中确立的假设完全类似，善意原则不仅适用于债务的履行，而且适用于相应的权

---

① 但是，新《民法典》废除了以书面文件证明（prova）免除的要求，这一要求是 1930 年改革时加入 1867 年《民法典》第 815 条的最初文本中的。这一规定导致了很多解释上的困难。关于此，参见 R. L. J.，ano 76，第 396 页，及 78，第 389 页；C. Gonçalves，前揭著作及卷数，n.°647；Vaz Serra，前揭著作，第 46 页及以下。

② 关于此，参见 Giacobbe e Guida，*est. cit.*，n.°2，载于 *Enc. del Dir.*。

③ 甚至 Vaz Serra 也不忘指出相对立的解决方案的弊端（前揭著作，第 27 页）："这一提及'合理期限'的做法导致一些疑问的产生，因为判断是否经历了一段合理期间——在此期限内，债务人本应声明其不欲从免除中受益——是有疑问的。于是，债权人可能不知道自己是否仍为债权人，还是已经不是了，而债务人也可能不知道自己是否仍为债务人，还是已经不是了。既然涉及如此重要的利益，似乎应当确立一个期限：例如，可以在公共邮政所需的时间的基础上再加八日……"

但是，该学者随即又对该期限可能的订定问题作了一些补充。

这就解释了他为什么又作了进一步的观察（第 31 页）："尽管如此，我们还是可以看到，令免除具有合同性质的解决方案在很多国家的立法中获得了肯定，并在法国和意大利的法案以及巴西的草案中获得了确认。该方案可能的优势之一是，通过要求免除具有合同形式，债权人必须寻求获得债务人的同意，这便解决了前述问题。"

④ 事实上，原则上拥有权利（无论所涉及的是物权、形成权还是其他性质的权利）之人只需通过单方意思表示即可放弃该权利。

利的行使（exercício do direito）。

作为权利（direito subjectivo）的拥有人，债权人可以要求也可以不要求债务人须为之给付的作出，可以要求作出全部给付，也可只要求作出部分给付（第763条第2款），可以为履行设置一个期限，也可以延长所定出之期限，可以任由权利因时效经过而失效，等等。

但是，债中除债权以外还有其他的内容，债权只是债权关系的其中一个方面。债是一种复杂的关系，债权人和债务人同样参与其中。通过免除以使债之约束消灭，不仅意味着债权人所被赋予的要求清偿之的权力（poder de exigir）的确定失去，而且同时意味着使债务人受益，后者表现为扣减一项债务人财产中所负担的负面要素。

而且，在其实施的特殊情况下，不应使免除的这一必要效力的产生完全取决于债权人的专断意思，哪怕仅仅是临时性的依赖关系。①

因此，认为抵销应当具有单方性的观点，与关于债之关系的现代观念（这些观点全部聚焦于债权人与债务人之间的合作义务）并不相协调。②

但是，现实的另一面却不能被忽略或低估。

虽然就其法律结构而言，免除（remissão）确实必须被视为一种双方（bilateral）法律行为，但该事实并不妨碍从经济的角度承认债权人在无偿免除（remissão a título gratuito）的情况下占据优势地位。

在这一方面，完全可以说，免除的核心是对债权的放弃（renúncia）。

当放弃（renúncia，为债务人所接受）所针对的是债权时，无妨赋予其一个特别的名字（免除），以使之区别于某一权利之意定失去的情况，在后一种情况中，作出放弃之人的意思表示不以特定之人作为相对人。

---

① 这一指导方针在关于物之担保（garantias reais）的部分获得了明确确认，债权人只需通过单纯的放弃行为（acto de renúncia）即可使之消灭（参见第664条、第667条、第730条 d）项、第752条及第761条）。

② 甚至可以非常肯定地说——在这一问题上，Vaz Serra、Larenz 和 Du Chesne 的论述走得最远——在向第三人给付的合同中赋予相对人获得给付的权利（受益人获得该权利，无论其是否接受），与债务人通过免除而获得的解除之间，没有很强的相似性。
在前一种情况下，通常通过合同新（de novo）创设一项利益，对此受益人可以拒绝（第447条第1款）。
在后一种情况下，例如，当有关债系产生自一个双务合同时，免除除导致债务消灭外，还对已有的合同关系以及据此创造的平衡状况构成变更，而根据第406条第1款的规则，该变更必须经双方立约人的同意。

373. 类似制度

第 863 条第 2 款规定，"以生前法律行为所作之免除如具有慷慨行为之性质，即视为……赠予"。根据其表述方式，可以从该规定中推知，免除既可能具有也可能不具有慷慨行为的性质。

当免除是以赠予之意图（animus donandi）作出时（或如第 940 条中所规定的，"出于慷慨意愿"），该免除相当于赠予，[①] 并因此而须遵守赠予中关于方式、行为能力、废止和可处分性等的规定。

如免除并无赠予的意图（cum animo donandi），而意图只是拒绝（rejeitar）该债权或将之从债权人的权利义务范围中排除（demitir）出去（并不必然具有确定的名义），如债权人的和解，[②] 则此时的免除既可能构成一种有偿（oneroso）法律行为，也可能构成一种无偿法律行为，具体属哪种情况要看该免除是否以某种对价（correspectivo）作为交换。[③] 但是，这一对价也难以具有免除的某种对待给付（contraprestação）的性质。

事实上，如果债权人放弃其权利是以获得另一项不同的给付作为交换，并在作出放弃行为之时受领了该给付，则在当事人之间所发生的并非免除（remissão），而是代物清偿（dação em cumprimento）。如果免除是以设立一项新的债务为交换，债务人（或第三人）须履行新债务，则亦不存在免除，所发生的实为更新（novação）。如果债务人的对待给付表现为解除其债权人

---

① 不仅"相当"（equiparação），而且严格说来，依据合同自由精神进行的免除可以纳入（integração）第 940 条第 1 款给出的赠予（doação）的一般概念中。

本款所采纳的概念远比 1867 年《民法典》第 1452 条所采纳的压缩的概念的范围要宽，因为现在的赠予概念，不仅包括将赠予人之财产无偿移转（transferência）予受赠人的行为，而且包括有慷慨意愿之一方当事人使用自己的财产而无偿处分一物或一项权利，又或承担一项债务的行为。而免除正是一项以处分人之财产为代价而无偿处分债权的行为。

关于赠予的可能的各种概念，参见 Antunes Varela, *Ensaio sobre o conceito do modo*, *passim*，尤其是第 26 目及以下。

② 参见经 4 月 23 日第 132/93 号法令核准的《企业恢复与破产特别程序法典》第 66 条及以下。

③ 赠予性质的免除与单纯放弃性质的免除在制度上有着十分重要的区别。

对此，Pires de Lima 和 A. Varela 写道（Cód. Civ. anot., Ⅱ, 对第 863 条的评论），"因此，赠予性质的免除必须于免除人在生时被接受（第 945 条），但如果该免除只是放弃性质的，则免除人之死亡原则上对合同之成立不构成障碍（第 231 条）。例如，如果债务人为债权人之直系血亲亲属，则须就赠予性质的返还进行归扣（第 2104 条）；在算定特留份时，赠予性质的免除须予考虑（第 2162 条）；可根据第 969 条及以下的规定单方废止赠予性质的免除，且如所涉及者为夫妻之间的债务，对赠予性质的免除须适用于第 1761 条及以下的制度——这些均与放弃性质的免除不同"。

所负的一项相互的债务，则此时构成抵销（可能是法定的抵销，也可能是意定的抵销）。①

但是，这些考虑仍然不足以使我们像 Tilocca 和其他学者那般得出结论，认为在有偿性（onerosidade）广阔范围内没有为免除留下任何空间。

有偿性活动范围并不限于相互之间有双方互负义务的（sinalagmático）关系的给付，这一关系是双务合同的特征。

我们假设，债权人（甲）免除其对乙享有的一项 1000 康托的债权，仅仅是为了满足受领丙向其作出的一项 5000 康托的遗赠的条件。又如，丁声明愿意免除其对戊享有的一项债权，条件是后者须将丁想要取得的特定物出售予丁（可能是以公平的价格，也可能是以双方约定的价格）。

在上述情况中，与债权人的放弃相关的经济对价并不表现为双方互负义务的行为中的相互的债务，但是，无论在哪一种情况下，都不能反驳有偿性的存在。

有赠予意图（cum animo donandi）的免除，依第 863 条第 2 款的规定被视为赠予，是通过生前法律行为作出的，但免除亦可通过遗嘱作出。

在此情况下，所适用的不是赠予的规则，而是规范遗嘱继承的规定。如果最终债务消灭，则是两个接连发生的单方法律行为的结果：一方面是债权人的遗嘱处分行为；另一方面则是债务人接受的意思表示。

免除既不同于对债务的消极确认（reconhecimento negativo de dívida，指对债务不存在的确认/reconhecimento da inexistência da dívida），也不同于消灭合同关系的合同（contrato extintivo da relação contratual）。

对债务的消极确认是一种宣告性质的法律行为（意大利学者将此称为"di accertamento"），② 据此，可能的债权人向对方当事人声明有关债务不存在，而且该声明有约束力。③

这会产生一些疑问，例如，债务人是否已经向被继承人（de cuius）交付应给付之金额。唯一的继承人接受债务人的观点，声明有关债务不存在，因为已被支付。

---

① 参见 Tilocca, *est. cit.*, n. °5。
② 德国学者则将此称为"Feststellungsgeschäfte"（订定或确定的法律行为）：Larenz，§19，1，第 268 页。
③ 至于某一人声称另一人或另一实体不欠自己任何东西的确认是否具有约束性，则纯粹是一个如何对意思表示进行理解的问题。

对债务的消极确认基于对债务不存在的信仰（通过声明作出），不能与免除混淆，后者是对某一确实存在的债权的自愿失去。但是，对债务的消极确认的背后可能隐藏着一项真正的免除，例如，声明人是在认为债权存在的情况下作出该声明的。[1] 而当有关声明是在未来履行的前提条件下作出的时，对债务的消极确认又发挥着单纯的提前受领证书（quitação antecipada）的作用。[2]

374. 免除的效力

免除的直接效力，一方面是债权的确定失去，另一方面是债务的解除。

而且，一旦债务消灭，从属之权利以及之前确保该债务履行的担保——不论是人之担保还是物之担保——亦相应地随之消灭，提供该等担保的第三人无须参与此过程。

正是应当在此意义上解释第 866 条第 1 款的文本，根据该款，"免除债务人之债务，亦使第三人受益"。

因此，主债务的免除也推动了从属之债务及其余担保的免除。

也就是说，债务的免除使保证、抵押、出质及其他任何与债权相伴的担保消灭。[3]

当有关债务为连带之债或不可分之债，以及有多个债权人或债务人时，如全部债权人均免除债务，则债务以及其全部从属之债务整体性地消灭，为此，需要全部债务人的参与。

但是，在有多个债权人或债务人，但并非共同之债或按份之债的情况，当免除只涉及某一或某些债务人或债权人时，以及在免除仅直接涉及某一或某些保证人的附属（acessória）债务的情况下，问题就不像前面所述那样简单了。

---

① Enneccerus-Lehmann，§ 74，Ⅱ，1 e 2。当并未实际作出支付，却交付了支付收据，且该交付具有赠予意图（animo donandi）时（如生日礼物，对某项服务的酬劳等），该交付行为也可能存在虚伪（尽管是无过错的）。

② 关于在何等条件下可以撤销该确认合同，参见 Vaz Serra，前揭著作，第 83 页及以下。

③ 1867 年《民法典》第 816 条已经体现了相同的意思——尽管以更狭义的方式规定——规定"向主债务人作出的免除（perdão）惠及保证人"。
  在现行《民法典》中，原则上一切担保——无论是债务人提供的，还是第三人提供的——均随主债务的消灭而消灭，这一原则体现在多个条文之中，包括第 651 条、第 664 条、第 667 条、第 730 条 a）项、第 752 条和第 761 条等。参见 Pires de Lima e A. Varela，前揭著作，对第 866 条的注释。

当连带之债（第 864 条第 1 款和第 2 款）或不可分之债（第 865 条第 1 款）中有多个主债务人的情况，且有关免除并不涉及全部债务（remissão in rem）而只涉及某一债务人（remissão in personam）时，则免除的效力仅使受益人受益，尽管不得损害其他人的利益。

为了更具体地表达这一思想，可以说，对连带债务人的免除，使该债务人对债权人的债务获解除。

其他共同债务人仅就与被解除债务之债务人有关的部分获解除债务。但是，如果债权人保留了向这些债务人要求全部给付的权利，则他们也保留有针对获解除债务之债务人的完全的求偿权。

例如，我们假设，甲、乙和丙以连带方式欠丁 9000 康托的债务，而丁仅免除了甲的债务。由于在内部关系中，各债务人须对债务平均地承担责任，从这一思想出发，再考虑到丁和甲在关于免除债务的声明上没有添加任何其他内容，故该免除的后果是，甲的债务获解除，而丁仅可要求乙和丙以连带方式承担 6000 康托的债务。

但是，假如丁在免除甲的债务时还声明，保留向乙或者丙要求清偿 9000 康托债权的权利，则甲因为被丁免除的债务而无须向其支付债务，乙或者丙可能要求甲支付，犹如免除不存在一般。

如果是连带债权的情况，第 864 条第 3 款规定，"如一连带债权人免除债务人之债务，则以属作出免除之债权人之部分为限，解除该债务人对其他债权人之债务"。

因此，如果债务是 9000 康托，有三名连带债权人（甲、乙和丙），在其中一名债权人免除其债权的情况下，其余两位债权人仍有权分别或共同地要求获支付 6000 康托。

1867 年《民法典》中所确立的是不同的解决方案，该法典承认连带债权人有免除全部债务的权能，但其仍须向其他债权人承担责任。

新法典虽然背离了连带关系的形式逻辑，但其所采纳的解决方案，[1] 在

---

[1] 这一解决方案由 Vaz Serra 所建议（est. cit. , n. °6），并在《法国民法典》（第 1198 条）和《意大利民法典》（第 1301 条）中获得了确认。这一解决方案并非基于对作出免除之连带债权人的意思的推定，作为其基础的思想在于，任何连带债权人均无正当性以该等方式处分其他连带债权人在共同债权中的部分，除非其被明确赋予了此种权能。

Vaz Serra 写道（前揭著作及位置），"……任何债权人均不得作出对其他债权人造成损害的行为"。

不损害每一债权人对其在债权中的份额所享有的基本权利的前提下，更好地保障了其余债权人的利益。①

如果是有保证这一主债务的从属之债务的情况，免除的反映呈现出不同的方面。根据单纯的经验推定即可知，从对从属之债务或其他任何担保中无法推知存在消灭主债务的意图。

如果是只有一位保证人的情况，债权人对保证人的免除，原则上不惠及债务人。

1867 年《民法典》第 816 条规定，"对主债务人的免除惠及担保人，但对担保人的免除不惠及主债务人"。②

新《民法典》将该条以及第 872 条中的理论放大，使之普遍性地适用于所有担保："放弃债务之担保不推定为免除债务（第 867 条）。"③

但当多一名保证人时如何呢？

当有多名保证人，而有关免除只是向其中一名保证人作出时，该名保证人的债务完全解除，至于其余保证人，仅就与被免除的保证人相应的部分惠及他们。④ 但是，如果免除只是对其中一位保证人作出的，但须取得其余全部保证人的同意（mas com o assentimento de todos os restantes），则该等保证人在原则上须为全部债务承担责任。⑤

---

① 关于有多个主体的不可分之债中的免除，参见本书第一卷，第 230 目，第 845 页。

② 类似的，第 873 条规定，"不得因出质的免除而推定债务的免除"。

③ 本条所确认的理论（对应于《意大利民法典》第 1238 条）可以通过两个原因来解释：其一，根据一般的经验法则，有放弃一项担保的意图在事实上并不意味着有放弃债务的意图；其二，由于对债务的免除构成一个合同，故必须在债务人的参与下方可为之。

对于免除系有偿作出的情况，《法国民法典》第 1288 条与《意大利民法典》第 1240 条的理论没有获得采纳，这一理论是由 Vaz Serra 所建议的，其内容是为了债权人及其他担保人的利益，将第三人所支付的金额计入主债务。

立法者推定，作出担保之人并无开始履行，而只有从其担保的风险中解脱出来的意图。

如果是确实已经开始履行的情况，则必须适用关于第三人为履行的制度。

④ 对于有多名保证人的各种情况，旧《民法典》第 867 条仅就连带保证的情况作出了规定。

现行《民法典》第 866 条第 2 款以概括的方式对有多名保证人的情况作出了规定，规定的方式与第 864 条第 1 款就连带之债所规定的解决方案类似。但显然，面对第 649 条中所区分的各种不同的情况，上述所确定的解决方案在实践中并不总是具有相同的范围。

如果在所设立的保证中，各保证人可以主张分割的利益，则诉诸第 866 条第 2 款规定的前一规则对他们没有意义，除非他们中有人处于无偿还能力状况。

⑤ 这样规定是可以理解的。各共同保证人原则上无须参与对其他任何共同保证人赋予的免除。

如果他们有参与，并声明自己同意该免除，是因为他们想要承担被免除人的债务。

这一解决方案也为《意大利民法典》第 1239 条第 II 款所采纳，且亦为法国和意大利债法及合同法法典草案第 212 条中所建议的解决方案。

对于其他担保，完全适用于以上所列举的两项原则：一方面，对债务的免除使对有关债权的担保失效（第866条第1款）；另一方面，不能从对担保的免除中推定对主债务的免除（第867条）。

375. 免除的无效或撤销

与其他债务消灭原因一样，免除中也可能存在瑕疵，导致免除无效或撤销。

如出现瑕疵，且免除后来确实被宣告无效或撤销，则正常的后果是债权重新出现，所有从属之权利及确保其履行的各项担保亦随之重新出现。

与其他类似情况中的规定类似,[①] 仅当无效或撤销是因可归责于债权人本身的事实导致时，上述后果才不会发生。在此情况下，债务依然会重新出现。不重新出现的只是第三人提供的担保（除非该第三人在其获悉有关免除之日已经知道免除合同中存在的瑕疵）。

当债权人对免除的非有效有过错时，假如牺牲第三人对由其提供之担保已失去怀有的正当期待，令有关债务为债权人利益而重新出现，确实是不甚合理的。

第866条第3款隐含规定的无效和撤销制度，连同第863条第2款的规定表明：免除在葡萄牙被视为一种有因果的（causal）法律行为，这与德国不同，将之视为抽象的（abstracto）法律行为。

事实上，之所以将有赠予意图（animo donandi）的免除归入赠予机制，并因此对之适用关于赠予的制度，法律是使免除的有效性（validade）取决于影响其原因的瑕疵。赠予意图的欠缺或瑕疵使免除无法成立，导致其无效（nulidade）或撤销（anulabilidade）。

因此，如免除具有慷慨行为之性质，且系向一位无能力通过赠予受领之人作出，则根据第953条的规定，债务全部重新出现（在确认免除无效以后），而不仅限于不当得利的部分。

---

① 类似的情况规定在第766条（关于履行）、第839条（关于代物清偿）、第856条（关于抵销）、第860条第2款（关于更新）以及第873条第2款（关于混同）中。

第六节　混同[*]

376. 概念

民法中规定的最后一种履行以外的债务消灭原因是混同（第 868 条及以下）。

债务约束是一种不同主体之间的关系，其设立以存在至少两个不同的人为前提条件：一个人处于债务的积极方面，有要求获得债务人须为之给付的权利；另一个人处于债务的消极方面，受制于（adstrita）与上述权利相对的作出给付的义务（dever de prestar）。

但是，债权关系在其生命周期内可能遭受的各种变化中，值得一提的一种是，出于各种各样的原因，同一债务中债权人（credor）和债务人（devedor）的身份汇集在了同一人身上。

例如，甲欠其叔叔乙 1000 康托，后来债权人死亡，其唯一的继承人（可能通过法定继承，也可能通过遗嘱继承）是这位侄子。

丙公司欠丁公司 1500 康托的货款，后来两间公司合并。

商人戊为支付己向其作出的特定供应，向后者签发了一张债权证券，经过几次背书移转，这张债权证券又回到了戊的手上。

庚欠辛 5000 康托，后来二人在同一次事故中死亡，唯一的继受人是他们共同的侄子壬。

受寄人本应将受寄物返还给物主，但买下了该物。

在上述作为例子举出的各种情况，以及许多其他很容易识别的情况下，由于债权关系在一个方面或两个方面都发生了移转，对该债务积极和消极方面的拥有（titularidade activa e passiva）聚集在同一自然人或法人身上。

---

[*]　Vaz Serra, *Dação em cumprimento, consignação em depósito, confusão e figuras afins*, 1954; Toesca di Castellazzo, *Confusione*, 载于 *Nuovo Digesto Ital.*; Amore, *Confusione*, 载于 *Novissimo Dig. Ital.*; Faver, *Confusione (dir. vig.)*, 载于 *Encic. del diritto*; Id., *Estinzione delle obbligazione per confusione*, Milano, 1964; Perlingieri, *Il fenomeno dell' estinzione nelle obbligazione*, 1971, 尤其是第 53 页及以下; Kretschamar, *Die Theorie der Confusion*, 1899; Gernhuber, 前揭著作，§19。

在一些情况下，是债权人继受了债务人在某一债务中的地位，在另一情况下，债务人继受了债权人在某一债权中的地位。另外还有一些情况，某一第三人同时继受了债权和债务中的地位。

概念

混同是指，如果同一债权关系中债权人与债务人的身份汇集在同一人身上（cum in eandem personam ius stipulantis promittentisque deventi：D. 46，3，107——蓬波尼论述中的片段），则债务消灭。[1]

第 868 条规定，"一人就同一债务既为债权人亦为债务人者，债权及债务即告消灭"。[2][3]

1867 年《民法典》第 796 条的规定不似这般精致，但明显表达的是相同的思想，该条与同时期外国立法中的相关规定类似，规定"出于相同的原因，债权人的身份与债务人的身份混同在同一人身上时，债权及债务即告消灭"。

这些条文中所指之混同（confusão），完全不同于同一人就某物同时享有所有权以及某些其他物权的现象［参见第 1476 条第 1 款 b）项、第 1513 条 a）项[4]以及第 1569 条第 1 款 a）项，以前的学理和立法把此种现象称为"混同"］。前者是消灭债务（extinção da obrigação）的一种方式，后者则导致恢复对有关物的全面权力（plena potestas）。[5]

377. 混同的消灭债务之效力

原则上，没有人对导致混同之各种现象本身的效力（eficácia própria）

---

[1] 但须注意的是，这一现象不仅可能发生在简单之债中，而且可能出现在复杂的债之关系中（例如，承租人成为出租人唯一的继承人）。类似的现象同样也可能发生在所有权固化（consolidação）时的物权中，例如，用益权人成为失去对有关物之占有的所有权人的继承人的情况。关于混同的真正范围，参见 Gernhuber，前揭著作，§ 19，I，第 385 页，以及 Favero, *est. cit.*, n. 2。

[2] 1942 年的《意大利民法典》中亦有如下类似规定（第 1253 条）："如债权人与债务人之身份汇集在同一人身上，债务消灭，而已经为债务人提供担保的第三人获解除债务。"

[3] 有些学者指出，混同可能的原因包括将债权让与或赠予债务人。但在实践中，要区分将债权赠予债务人与债务的免除是极其困难的，甚至不乏有人认为，对二者进行区分的观点是十分荒谬的。参见 Biondi, *Le donazioni*, 1961，第 406 页；Andrea Torrente, *La donazione*，1956，n. °97 - bis；相反的观点见 Barbero, *Sistema*, Ⅱ, n. °s 723 e 726；Perlingieri，前揭著作，第 64 页及以下。

[4] 该项被 3 月 16 日第 195 - A/76 号法令和 4 月 2 日第 233/76 号法令所废止，这两项法令分别是关于农用房地产和都市房地产的，据此永佃权制度被废除。

[5] Pires de Lima e A. Varela, *Código Civil anot.*, Ⅲ，第 461 页。

持任何异议，但在说明为什么混同有消灭债务的效力时，不同的学者在理论上有不同的观点。

有学者认为，通过混同而使债务消灭具有绝对的必然性，这一必然性产生自有关事实本身的情况，即在债权人身份和债务人身份之间存在不可兼容性（incompatibilidade）。假如使某人能够（以债权人的身份）要求（同时作为债务人的）自己作出特定履行，这在逻辑上是不可理喻的。①

但是，出于严密性的理由，如果采纳上述观点，我们将不得不认为，债务人继受债权人的地位以及债权人继受债务人的地位（在逻辑上）是不可能的，也就是说，作为适用混同机制之法定前提的"一人就同一债务既为债权人亦为债务人"（二者是相互对抗的）是不可能的。②

该理论之所以在实践中没有被采纳，首先基于的事实是，即使一人就同一债务既为债权人亦为债务人，该债务的全部效力或至少部分效力可以维持。关于此，比较常见的一种情况是，债务人是债权人唯一的继承人，并通过财产清册程序受领了遗产。③

另一些学者持相反的观点，他们认为，一人成为某一债务的债权人和债务人并不导致债权关系消灭，只会使用其来保护债权人权利的诉讼瘫痪（paralisa），④ 这就解释了为什么一旦结合的两个方面再度分开，有关债务就

---

① Diego Espin 写道（3.ᵃed.，Ⅲ，第 167 页），"令某一人同时作为债权人和债务人，这在概念上是不可能的（*nemo potest a semetipso exigere*）"。

② 这是包括 Allara（*La fattispecie estintive del rapporto obbligatorio*，1949－1952，第 60 页）在内的一些学者所强烈主张的立场：如果某人不可能同时作为债权人和债务人，那么使债务人继受债权人在债权中的地位和使债权人继受债务人在债务中的地位也同样是不可能的。
于是，如果债权人（或债务人）死亡，而债务人（或前述后一种情况下的债权人）作为其继承人继受了其地位，则债务的消灭并非如通常和传统上所认为的那样，是因为混同，或是因为债权关系的一种落空（inanição），该债权关系仅在其中一个方面（lado）或名义（titular）上减灭，因为该继受不会在另一方面上发挥作用。该债务的消灭更多的是因为内在的（endógena）原因——欠缺某一要素且不可弥补——而非外在的（exógena）原因。

③ 参见 Perlingieri，前揭著作，第 55 页及以下。不过，第 868 条描述的这种事实可能性或状况（hipótese ou situação de facto）的方式，与该条最后部分的规定相应，它首先表明，同一债务中债权人与债务人的身份汇集于同一人身上（reunião）构成一种优先（prius），与权利的继受或移转现象相联系，与其债之关系产生的效力相关。换句话说：债权人获得债权关系消极方面的地位，以及债务人获得债权积极方面的地位，在第 868 条的文本中都是无可争议的情况（dado），由继承权或因移转之法律行为的通常效力而产生。

④ 混同使负有债务之人解脱，破坏了诉权，不导致债务消灭（Confusio eximit personam ab obligatione, perimit actionem, non extinguit obligationem.）。这似乎是包括 Barassi（Ⅲ，第 174 页，注释 1）在内的一些学者所持的观点，该学者认为，混同是"阻碍有关关系实现其目的的瘫痪（paralisi）的结果"。

会重新出现。①

但事实是，根据法律规定（第868条），混同既发挥着使主债务消灭的作用，也发挥着使从属之债务和担保消灭的效力。而且，债务的重新出现仅被规定在一种情况下，即出现破坏混同之前提条件的事实的情况，且条件是导致混同被破坏的这一事实在混同之前即已出现（第873条）。

根据第873条，如果使债权人成为唯一继承人的遗嘱处分因遗嘱人意思中的任何瑕疵而被撤销，或该处分因遗嘱形式中的缺陷而被宣告无效，则债务人对被继承人（de cuius）的债务重新出现，须向遗产负担；但是，如果债务人被有效地指定为债权人的唯一继承人，并将遗产出售予第三人，则债务不重新出现。②

与刚刚阐述和评论的两种观点都不同的是为 Favero 所接受的说法，Favero 认为，混同是消灭债权的一种必然原因（或决定性的原因），③ 并因此而能使债务消灭，这是因为其在本质上是一种实现债权的方式（uma forma de realização do crédito）。④

无论混同出现在债权人（债权人为债务人的继受人）身上，还是债务人（债务人为债权人的继受人）身上，⑤ 混同总是意味着债权的实现，或者是通过继受原来曾作为债权之标的的物，或者是通过等同方式实现债权。⑥

但 Favero 的这一说法也遇到了诸多难以克服的困难。

假如某人就同一债务既为债权人亦为债务人是债务消灭的必然（necessária）原因，理由是这一情况必然导致债权的立即实现（imediata realização），

---

① 这也解释了为什么虽然发生了混同，但在计算可予处分的份额以及清算继承税时必须考虑被继承人（de cuius）对继承人所享有的债权。参见 Cunha Gonçalves, *Tratado*, V, n.°637。

② 至于被继承人原来的债权是否因遗产的出售而受到影响的问题，这仅仅（apenas）取决于如何理解该法律行为的条款。

　　但是，即使在上述问题的回答为肯定的具体情况下，有一个解决方案可能是确定的：由第三人所提供之担保不为取得人的利益而重新出现（参见如第873条第2款）。不仅如此：如有理由认为，所出售之遗产的价值包含被继承人（de cuius）对继承人（转让人）所享有之债权，则意味着设立了一项与旧的债务内容相同的新的债务，而非旧债务的延续。对相反情况——继承人（转让人）为被继承人之债权人的情况——的同样方向上的讨论，见 Vaz Serra，前揭著作，第254页。

③ Favero 指出（*Estinzione della obbligazione per confusione*，第60页），混同的消灭债务之效力并不是从法律规定中产生的，"而是从该情况内在的因果效力中产生的"。

④ 前揭著作，passim，尤其是第51页及以下。

⑤ Favero 将此称为"*Confondente*"（第52页），但这一术语在葡萄牙的法学理论中没有对应者。

⑥ 更详细的讨论，见 Favero，前揭著作，第52页及以下。

则第 872 条的规定将是无法理解的，根据该条，即使某人就同一债务既为债权人亦为债务人，只要债权与债务分属不同的财产，亦不发生混同。

因此，作为债权人之唯一继承人的债务人，如通过财产清册程序接受了遗产，则其对遗产（其为遗产的拥有人）所负的债务继续存在，以维护遗产之各债权人的利益。[①]

另外，在诸如债权人所继受的是一位无偿还能力（insolvente）之债务人的情况下，很难认为构成债权的（必然）实现，[②] 除此之外，在以给付特定物为标的的债务中，如债权人是债务人的继受人，则在严格意义上也不能说构成债权的实现。

可以肯定，本来债权旨在将对某物的所有权或占有移转于债权人，在上述情况下，该物成为债权人的财产。但同样可以肯定的是，之所以会有这样的结果，并不是因为债权关系本身的法律技术机制的有效运作（funcionamento），而是因为继受（sucessão）了对之前作为债务人须为之给付之标的的物的所有权（或占有）。[③]

---

① Favero 试图对这一反对意见提出辩驳，对诸如《意大利民法典》第 490 条（以及《葡萄牙民法典》第 872 条）等法律条文的真正的*规范内容*（conteúdo preceptivo）和纯粹的*理论表层*（revestimento doutrinário）（后者对解释者而言没有约束力）进行区分，得出的结论是，1942 年《意大利民法典》的这一条文中，仅规定要对被继承人相对于继承人的债务和债权进行专门的和具体化的处理（而非对属于同一人的不同财产的划分）——这样的处理并不与混同必然（necessariamente）具有消灭债务的效力相矛盾。

从分开之财产的问题（这一问题在此并不具其本身的地位）中抽象出来，仅可以说，这一继承人对被继承人所负之债务进行特别处理（Favero 所提及的情况）的做法，使遗产之债权人能够要求该遗产之继承人作出（realização）须为之给付——好似有关债务继续存在一样。而且，一切从属之权利以及保障该债之履行的一切担保亦同该债务一起，继续存在。

如何使类似的情况与债务的必然消灭的观点相协调呢？

② 如某债务人的继受人为其债权人，该债务人完全没有其自身的财产，则毫无疑问，原则上有关债权因混同而消灭（第 868 条）。但在此情况下，假如得出结论认为有关债权已经实现（se realizou），则未免走得过远，无论依据法律，还是依据逻辑，都不允许解释者作此理解。

③ Favero 为排除其理论所遭遇的困难而论及《意大利民法典》第 1254 条（对应《葡萄牙民法典》第 871 条第 2 款）的做法（前揭著作，第 90 页及以下）也不无争议，根据该条，"混同不损害已经在有关债权上获得用益权或质权的第三人"。

根据 Favero 的理解，在该等情况下，用益权和质权并非如权利之上的权利（direitos sobre os direitos）理论所主张的那样，系设立于债权（direito de crédito）本身之上，而系仅仅设立于该债权之标的（objecto）之上。

因此，《意大利民法典》第 1254 条在本质上只意味着（繁复的阐述：见第 91 页），当有关债权受制于用益权或质权时，混同使该债权消灭，但不使设于作为该债权之标的的物上的权利消灭。（转下页注）

从上面对关于混同的各种理论的批判性分析中，可以得出怎样的结论呢？

混同之所以具有消灭债务的效力，简单但正确的解释是，一人就同一债务既为债权人亦为债务人，使该债务约束的存在变得不具合理性（descabido）。[①] 一项债务同时汇集一项要求特定给付的权利，以及与此相对应的作出给付的义务，故原则上，仅当有牺牲一人（债务人）的利益以满足另一人（债权人）的相对利益的必要性（necessidade）时，该债务才真正具有合理性（cabimento）。如果出于任何继受现象，该等利益混同到同一人身上，则债权典型的工具性（instrumental）功能原则上不再具有合理性。[②]

但也只是原则上不再具有。这是因为，考虑到很多债权关系的复杂性（complexidade），以及第三人之利益对债务之生命周期的可能影响，即使一人就同一债务既为债权人亦为债务人，维持该债务可能仍然具有合理性。

因此，考虑到债权关系所涉的各种利益，法律规定在下面各种情况下债务是否因债权人与债务人的身份汇集在同一人身上而消灭，在何种程度

（接上页注③）对此笔者只有两点意见。

第一，对生息或产生其他利益之资金之用益权（第1464条）与对特定金额或已提取之资金的用益权（第1465条）是两个完全不同的事物，在前一种情况下，用益权构成一项债权关系，而在后一种情况下，用益权并不必然构成一项债权关系。

第二方面的意见通过例子可以得到更好的理解。

假如甲是乙的债权人，有获得利息的权利，甲在其债权上设定用益权并将之让与丙，为期五年，但在两年后，甲死亡，乙为其唯一的继受人，此时丙是否继续有权获得利息就可能有疑问了，因为此时的利息是使用一笔并不属于债务人的金额或资金的价金，而债务人已经因为甲的死亡而获得了对该笔金额或资金的拥有权。

第871条第2款规定（与《意大利民法典》第1254条一样）的特别意义正是在于确认用益权的继续存在。

上述分析也比照适用于（mutatis mutandis）下面的情况：甲为乙之债权人，在其债权上为丙设定了质权（以为自己或第三人的债务提供担保），后来还未及丙执行该担保，甲作为乙唯一的继承人继受了后者的地位。

① Gernhuber 也以其一贯的尖锐文风提出了相同的观点（前揭著作，§19，3，第388页），"相反，债权与债权关系消灭是因为它们失去了它们的意义"（*Forderungen und Schuldverhältnisse erlöschen vielmehr, weil sie ihren Sinn verloren haben*）。

② Perlingieri 遵循同样的思考路径并写道（前揭著作，第56页），"于是，因混同而消灭所对应的并非完全机械化（mecanistiche）或结构性的理由，而是对应法律关系在目的论上的和功能上的价值"。

Heck（§64，1）和 Larenz（§19，I，第270页）也持相同的观点，他们认为，债权因混同而消灭并不具有任何逻辑上的必然性（necessidade lógica），在大多数情况下只是因为使该债权继续存在没有任何法律上的必要性（necessidade jurídica）。

上消灭：当第三人对有关债权享有权利时，[①] 当同时作为债权人与债务人之人为债权人或债务人的共同继承人（co-herdeiro），或者为连带之债或不可分之债中的一位共同债务人或共同债权人时，等等。

378. 混同制度

根据第 868 条的规定，并从混同在债法卷中的位置可以推断，一人就同一债务既为债权人亦为债务人的主要效力，是债权和债务的消灭。

一旦主债务消灭，随之失效的还有各种从属之债务（违约金、定金、留置权等）以及保障该债之履行的各项担保，无论它们是由债务人提供的，还是由第三人提供的。[②] 这就是关于保证的第 651 条以及关于抵押的第 730 条所明确确立的一般原则，且该原则延伸适用于一切担保。

在此意义上，可以说，与其他债务消灭原因一样，混同亦惠及第三人。但相反的方面显然是不正确的，正如第 871 条第 1 款所规定的，"第三人之权利不因混同而受影响"。

因此，假如甲是乙的独子，欠其父 500 康托，后父亲死亡，留下了价值为 100 康托的财产，并已在生前将 300 康托赠予一位外人（丙），如果有必要计算可处分（disponível）份额有多少，以证明生前慷慨行为相对于甲获得特留份的权利（第 2159 条第 2 款）的效力，则在甲的债务上发生的混同不妨碍有关债权在作此计算时被考虑。若不如此，则将不当地损害受赠人（丙）的权利。[③]

遵循第 871 条第 1 款中明确陈述的基本思想，第 2 款继续规定道，如在债权上为第三人设定用益权或质权，"则在该用益权人或质权人利益所要求之限度内，有关债权不受混同影响而继续存在"。

为举例说明这一条文中的理论，我们假设甲是乙的债权人，债权金额为

[①] 债务有理由因混同而消灭，但这并不意味着混同的消灭效力仅及债权人与债务人之间的关系的论断具有正当性（Vaz Serra, *est. cit.*，第 237 页）。对此只需想想由第三人提供的担保即可，它们随着债务的消灭而失效。

[②] 《意大利民法典》第 1253 条仅提到了由第三人提供之担保的消灭，但并没有任何进行限缩的意图。

[③] 早在 1867 年《民法典》的语境下，Guilherme Moreira，II，n.°94 中已经提出了相同的观点。
此外，基于类似的原因，此处关于可处分份额的计算的论述，也适用于某些税务上的效力，尤其适用于继承税的确定。

500 康托，甲在其债权上为丙（质权人）设定了质权，以担保丁所负有之一项金额为 300 康托的债务。不料，甲死亡，其唯一的继承人是其债务人乙。

原则上，甲对乙所享有之债权因混同而消灭。但是，根据第 871 条第 2 款的规定，为了保护第三人的权利，丙继续对被质押的债权享有处分权（好似乙仍有义务向甲交付所欠之金额），但以对质权人绝对必要的部分为限，第 871 条第 2 款（最后部分）将此规定为债权继续存在的限度（limite）。①

但是，在实践中，事物并不总是像在前述例子中所描绘的那般简单。

在实践中，就某一债务既为债权人亦为债务人之人可能并非被继承人（de cuius）的唯一（único）继承人，而是数位共同继承人（co-herdeiros）中的一位，在此类一般（genérica）情况下，该共同债务人可能是死者的债权人，也可能是死者的债务人。②

如为前一种情况，混同仅以其作为共同继承人须为支付自己的债权而负担的责任为限。

因此，假如被继承人留下的财产价值 400 康托，两位份额相等的债权人（甲与乙）中的一位是死者的债权人，债权金额为 200 康托，则此时原则上仅将就该债务的一半发生混同。如无相反约定（第 2098 条），另一半债务构成另一位继承人（乙）的负担。

在后一种情况下，假如共同继承人中的一位（甲）欠死者 100 康托，而死者留下的财产价值 200 康托，则前述债务原则上因为混同而完全消灭。另一位继承人首先应当受领 100 康托，剩余的 100 康托在两位继承人之间平均分配。

379. 连带之债中的混同

更微妙的一个问题是，在连带之债以及不可分之债的情况下，混同的效力如何确定。不过，无论在哪一种情况下，都是法律说了算（legem habernus）！

在连带之债的范畴内，混同可能表现为两种不同的形态：其一，因为某人就某一债务既为连带债务人亦为债权人而混同；其二，因某人就某一债务既为连带债权人亦为债务人而混同。

---

① 如果作为混同之标的的债权为第三人设有用益权，则从该益权的期限（duração）中也可得出类似的限度。

② 关于意大利民法如何处理上述两种情况，参见 Favero，前揭著作，第 105 页及以下。

为说明第一种可能性，我们假设甲、乙和丙以连带方式对丁负有 600 康托的债务，后甲死亡，丁为其唯一继承人。

由于在此情况下，任何一位债务人都须为债务的全部履行承担责任，可以认为发生在丁身上的混同使全部债务消灭，而其余的债务人（乙和丙）仅在求偿阶段向债权人（丁）承担责任。

但是，这并不是法律中所确认的解决方案。根据第 869 条第 1 款所建立的理论，混同并不就债务之全部解除其余债务人的债务，而只以与混同直接相关的债务人的债务部分为限，解除其他债务人之债务。

因此，上面所举出的例子中，如没有理由不在各共同债务人之间平均分配有关债务，① 则乙和丙须连带地（solidariamente）向丁承担 400 康托的责任。

第 869 条第 2 款也体现了与此基本相同的思想。该条规范的是上面所区分的第二种情况，在这种情况下或许更容易得出上述根据连带债权的形式分解而能得出的符合逻辑的解决方案。

假设甲以连带制度欠乙、丙和丁 900 康托，而后乙死亡，甲为其唯一的继承人。

由于乙本来有权要求获得全部履行给付，故可以推知，在此情况下，混同使债务完全消灭，② 而在求偿阶段甲必须向丙支付 300 康托，向丁支付 300 康托。

但是，这并非法律中所确立的解决方案。鉴于仅以混同直接涉及之债权人的部分为限，解除债务人之债务，根据第 869 条第 2 款可以推知上述例子的结果是，甲继续向丙和丁承担连带（solidariamente）责任，须负担总债务的三分之二（600 康托）。

与连带债权人中之一位作出免除的情况（第 864 条第 3 款）类似，相似的情况出现在混同中时，法律亦背离了纯粹的形式逻辑（lógica formal），这是因为法律认为，通过求偿权，由同时作为债务人和连带共同债权人之人向其他债权人提供的保障，在原则上比不上由从履行、代物清偿、提存，甚至抵销中受益之人提供的保障（第 523 条）。

---

① 如果混同发生在一项因交通事故而产生的损害赔偿之债中，而受害人（债权人）是司机的委托人（comitente）的继受人，且司机是事故中唯一有过错者，则受害人可继续要求责任人向其进行全额损害赔偿。
② 《德国民法典》第 429 条第 II 款与《西班牙民法典》第 1143 条体现了完全相同的意思。参见 Vaz Serra，前揭著作，第 249 页。

380. 不可分之债中的混同

对于在不可分之债（且为有数名债权人或债务人的债务）中可能发生的混同，对此所适用的解决方案从其内在方面来看，在相当程度上仿照了在连带之债范畴中所采取的解决方案。

同样，在不可分之债（indivisibilidade）的问题上，亦必须区分两种可能性。

甲、乙和丙欠丁一套银质餐具，后来丁死亡，丙为其概括继承人。

在此情况下，尽管在丙身上发生了混同，但他有权要求甲和乙向其交付整套餐具，只要他向两位被催告人交付相当于其（即丙）在债务中所应分担的部分价额。

在相反的情况下，即当混同系发生在不可分之债中的债务人与其中一位债权人之间时，法律规定适用第865条第2款的规定。

假设甲、乙和丙有权利要求获得丁的整套餐具，而丁是丙的继受人，对此情况，法律规定的解决办法是，甲和乙继续有权要求获得交付这套餐具，但他们有义务向丁交付丙在这套餐具中所占部分的部分之价额。

381. 不适当的混同

在一些情况下，因嗣后发生的事实，同一人既为某项债务的担保人（garante），又为该债务中的主体（可能是债权人，也可能是债务人），这些情况不同于混同，有些学者不那么温和地将这些情况称为"不适当的混同"（confusão imprópria）。①

属于此类典型情况的有两种，它们清晰地规定和规范在第871条第3款和第4款中。第一种情况是，某人既为债务人（devedor），亦为保证人（fiador）；② 第二种情况是，某人既为抵押物或质物的债权人，亦为物主。③

---

① 使用这一表述是为了涵盖其他类型的一些情况：连带债务人继受另一位共同债务人的地位，连带债权人继受另一位共同债权人的地位，等等。参见 Vaz Serra，前揭著作，第244页。
② 与文中所述情况均不同的情况还有两种：其一，在已获保证的债务中，混同使债权人的身份与主债务人的身份汇集于同一人；其二，混同使同一人既为债权人，又为保证人（Amore, *Confusione nelle obbligazioni*, *Nov. Dig. Ital.*, n.°15）。
在前一种情况下，众所周知，主债务的消灭导致保证亦告消灭，因为后者纯粹是从属债务（第651条）。在后一种情况下，公认的观点是保证关系消灭。
③ 关于债务人仅获得债权之上设定的用益权或质权的情况，参见 Vaz Serra，前揭著作，第245页。

在前一种情况下，由于本来能够由另一人（por outra）来保障须为之给付的履行，而已无这样的一人（uma pessoa），由于原则上不认为主债务消失，且从属之债务亦维持，故此时混同的通常结果是"保证即告消灭"（第871条第3款）。但是，也有一些情况，尽管主债务被撤销，但保证继续有效（第632条第2款）。

如果因为出现了第632条第2款中规定的某种可能性，以至保证继续有效时，如果保证人继受主债务人的地位，债权人可能对该担保的继续存在正当利益（第871条第3款最后部分）。[①]

在第二种情况下，某人既为抵押物或质物的债权人，亦为物主，通常的效力是物之担保的消灭。

物主最初在该物上设定负担是为了担保第三人的债权，如果这项债权后来被转让到自己手上，原来的担保对他没有任何意义，因此该担保将消灭。

但是，当担保标的是房地产时可能出现的情况是，该房地产上设有多于一项的抵押，被转让于该房地产业主的债权的受偿顺位先于其他债权，因此他对维持该担保有正当利益，以便在他想出让这项债权时，与不能向对方提供同等程度的抵押相比，他将处于更好的谈判环境中。

在该等情况下，由于该担保的继续存在不损害其他债权人的任何正当（legítima）期待，第871条第4款不反对使该担保为房地产业主的利益而继续存在。

382. 混同之终止

某人就同一债务既为债权人亦为债务人的局面可能遭到破坏，这可能是由某一先于混同的原因造成的，也可能是由某一后于混同的原因造成的。

例如，债务人因为一份遗嘱而被传召受领债权人的遗产，结果后来该遗嘱因为错误、欺诈或胁迫而被撤销。又如，相反的一种情况是，债务人作为法定继承人参与了遗产分割，但后来出现了之前被忽视或者被不法隐瞒的一份遗嘱，导致之前所作的分割被撤销。

[①] 至于为了债权人之正当利益而使保证可能继续存在的其他情况，参见 Vaz Serra，前揭著作，第238页。

正如上述两种情况中所展示的，一旦某一在混同发生之前即已存在的因素导致混同遭到破坏，而债权人对此没有过错，则混同之消灭债务的效力终止，且具有追溯效力，有关债务重新出现，其从属之债务和担保亦随之重新出现。

如果混同之终止可归责于债权人（例如，正是债权人通过欺诈或胁迫而勒索了遗嘱），债务仍然重新出现，但是第三人所提供的担保并不随之重新出现，除非他们在获悉混同之日已知悉瑕疵的存在，从而使他们对债务的消灭不存在正当的期待。

如果混同终止的原因发生在混同本身发生的时刻之后（例如，通过将遗产出售①），则已消灭的债务原则上不会重新出现，而第三人所提供的担保自然亦不重新出现了。

第七节　复杂债之关系的消灭

383. 合同（合同关系之渊源）的破坏与合同关系的消灭

本章前面几节所阐述的事实，可以共同（unas）或者单独（simples）构成消灭债务的原因。

但是，除了这些原因，还有一些复杂的（complexas）或多方的（múltiplas）债之关系，② 它们由两项或更多的主给付义务（deveres principais deprestação）、与此相应的债权（direitos de crédito）以及通常与主债务相伴的给付的次级债务（deveres secundários de prestação）和从属的行为义务（deveres acessórios de conduta）组成。关于此，比较典型的一种情况是各法律关系产生自双务（bilaterais）合同的情况，其中一方立约人负有一项简单（simples）债务（例如，买受人负有支付价金的债务），与此相对的至少有对方立约人所负的相互的/双务的（sinalagmática）债务（交付物之债务）。双务合同中产生的各项简单债务，无论是哪一项债务，都可以单独消灭（isoladamente extinta），这可能是通过履行（cumprimento），也可能是因为之前几节中所分析

---

① 参见 Guilherme Moreira, n.°96；C. Gonçalves，前揭著作、卷数及位置。
② 参见本书第一卷，第 13 目，第 65 页及以下。

的任何其他原因（第 837 条及以下）。① 但是，有一些消灭债务的（extinti-vos）事实触及复杂债之关系之全部（todo），涉及其全部维度（espessura），或至少涉及其大部分。

有些事实直接（directamente）涉及复杂债之关系的渊源（fonte），大多数情况下是合同（contrato），只是其效果反射性地投在由此产生的法律关系上。非有效（invalidades）即属此情况，这些非有效产生自有关行为形成（formação）时的瑕疵，有些非有效（无效，nulidades）发生时，任何利害关系人可随时主张有关法律行为的破坏，亦可由法院依职权宣告（第 286 条），而在另一些情况下（撤销，anulabilidades），有关法律行为是否被破坏取决于在该等情况下利益受到法律特别保护之人的选择（opção）和判断。②

另一些事实直接（directamente）指向合同关系，而合同作为合意的有效性（validade）不受影响。此类事实的直接目标不在于法律行为的行为本身，而在于该行为产生的效力。

合同的解除（resolução）、废止（revogação）和单方终止（denúncia）即属此情况。法律和大多数法学学者都将无效（nulidade）、撤销（anulação）和不生效力（ineficácia）视为法律行为之缺陷（defeitos）或瑕疵（vícios）的后果，它们主要规定在《民法典》的总则部分；解除（resolução）、废止（revogação）和单方终止（denúncia）是对合同关系（relação contratual）中某些变动（vicissitudes）作出反应的方式，它们主要适用在债法（obrigações）领域，而也是因为这个原因，它们被特别地规定在《民法典》第二卷中。

384. 合同的解除*、废止和单方终止**

在法学文献中，将解除、废止、单方终止等概念用于合同制度中是很常见的。这并非因为该等原因触及法律行为合意的形成（formação），也非

---

① 而这丝毫不妨碍整个（toda）复杂债之关系因为其中所包含的多项简单之债的多个履行行为（代物清偿、提存、抵销等）——可能同时，也可能相继发生——而消灭。对于履行，甚至可以断言，这是使复杂债务获得实现并进而消灭的通常的和常见的途径。

② 关于无效理论的更详尽的阐述，参见 Enneccerus-Nipperdey, *Lehrbuch*, 15.ᵃ ed., §§202 e 203；Flume, *Das Rechtsgeschäft*, 1965, 以及葡萄牙学者的著述，见 Rui Alarcão, *A confirmação dos negócios anuláveis*, 1971, *passim*。

* Vaz Serra, *Resolução do contrato*, 1957；Pires de Lima e A. Varela, 前揭著作, I,（转下页注）

** Salvatore Romano, *Revoca degli atti giuridici privati*, 1935；Id., *Revoca (diritto privato)*, 载于 *Novissimo Dig. Ital.*；Gschnitzer, *Die Kündigung nach deutschem und österreichischem*（转下页注）

因为它们将威胁到意思表示的有效性（validade），而是因为该等原因打击合同的效力（efeitos），或多或少地破坏合同关系（relação contratual），从而影响合同法（lex contractus）。①

但是，对于各种合同关系消灭原因的区分，不同的学者之间，甚至不同的立法之间，所使用的确切术语都是不同的。各种消灭原因的背后，也许有一个为大家所共同接受的基本（básica）思想，但这一思想的外延界定得不好，之后在具体适用于某些消灭原因时会难以贯彻。②

但是，如果我们局限于对现行法律文本的探讨，则不难描绘出上述每一种消灭原因的基本线条。

a）*解除*（resolução）、*解除条款*（*cláusula resolutiva*）和*解除条件*（*condição resolutiva*）。解除是对合同关系的破坏，③由立约人中的一方基于合同订立以后发生的某一事实作出。④

解除权既可能产生自法律，也可能来自当事人的协议（第 432 条第 1 款），对此，葡萄牙的规定与《德国民法典》中所明确作出的规定（第 346

（接上页注＊）对第 432 条及以下的注释；Brandão Proença, *A resolução do contrato no direito civil. Do enquadramento e do regime*, Coimbra, 1982; B. Machado, *Pressupostos da resolução por incumprimento*, Coimbra, 1979; Picard e Proudhomme, *La résolution judiciaire pour inexécution des obligations*, 载于 *Rev. trim. droit civil*, 1912, 第 61 页; Cassin, *Réflexions sur la résolution judiciaire pour inexécution*, 载于前揭期刊, 1945, 第 159 页; Gilson, *Inexécution et résolution en droit anglais*, 1969; Auletta, *La risoluzione per inadempimento*, 1942; Mosco, *La risoluzione del contratto per inadempimento*, 1950; Mirabeli, *La rescisione del contratto*, 1962; E. Wolff, *Rücktritt*, *Vertretenmüssen und Verschulden*, 载于 AcP, 153, 第 97 页; Larenz, *Lehrbuch*, I, 14.ª ed., §26, 第 403 页。

（接上页注＊＊）*Recht*, 载于 J. J., 76, 第 317 页及以下; Sangiorgio, *Rapporti di durata e recesso ad nutum*, 1965。

① 这两个相继的时刻具有相反的心理学上的表征，在合同中是可能区分的——一方面是对当事人意思自治的表达，另一方面是约束合同（lex contractus）双方当事人的工具——我们在本书第一卷第 53 目中对此进行过强调。

② 关于之前立法在"废止"（revogação）和"解除"（rescisão）之概念上的不明确，参见 Galvão Telles, *Manual dos contratos em geral*, 3.ª ed., 1965, n.ᵒˢ 172 e 173。

③ 指有效设立的合同关系。

④ Vaz Serra 在论述 Enneccerus-Lehmann 的理论时写道（前揭著作，第 47 页），"解除是向对方当事人作出的一项意思表示，其意思是使有关合同被视为好似并未缔结。解除合同的一方当事人声明，一切事物都好像合同从未被订立一样"。
而正是为了强调解除使当事人恢复到合同订立以前的情况，在第 433 条已经规定解除在效力方面等同于法律行为之无效或撤销的情况下，第 434 条规定了解除的追溯效力。参见 Brandão Proença, 前揭著作，第 15 页及以下。

条）类似。在大多数情况下，解除系基于一种受到约束的（vinculado）权力，原告有义务主张并证明存在于当事人协议或法律中规定的依据（第 801 条第 2 款和第 802 条第 1 款），该依据能证明单方破坏合同是合理的。但也丝毫不妨碍在某些情况下，解除基于立约人的自由裁量权（poder discricionário），如附买回条款之买卖（venda a retro）的情况（第 927 条及以下）。① 此外，没有任何理由认为，要求解除合同的原告所主张的依据必须是一个损害（danoso）其利益的事实，尽管在以法律为依据解除时通常存在这样一个事实（例如，除了第 801 条和第 802 条，还可参见第 1050 条、第 1075 条和第 1093 条的规定）。既然当事人有赋予其中一方以解除自由裁量权的权能，例如，在附买回条款之买卖中、在特定期限内可能出现的情况，那么他们完全可以使合同的解除取决于一个在严格意义上并非对权利拥有人引致损害的事实。例如，依据法律规定（第 1140 条），使用借贷的解除取决于"合理理由"（justa causa），这完全可以表现为经使用借贷的贷与人说明的适当性（conveniência）的理由，而并不是非得表现为避免或修补某一损害的意图。②

此外，解除可能表现为司法解除，也可能表现为非司法解除，具体取决于要产生解除的效力是否必须要有法庭的参与（前者参见第 1047 条和第 1094 条，后者参见第 436 条）。③

解除原则上具有追溯效力（第 434 条第 1 款；但是，对于持续或定期执行的合同，参见第 2 款的规定④），但是，由于不能损害第三人的既得权利

① Heck 给出了一些类似的例子（§52，1），与我们的观点一致，在该等情况下，一方当事人可能想要解除合同，而且此时解除合同是合理的。在之前的葡萄牙立法的语境下，有一些与我们不同的观点，认为解除（rescisão）不同于废止，它总是表现为一种受到约束的权力，参见 Galvão Telles，前揭著作，n.°173。

② 即使系因为须向一方当事人作出的给付成为不能，以至该方当事人解除合同的情况，该解除也不应以债务人有过错（culpa）为要件，当然，过错的存在可能对解除制度产生重要的影响：B. Machado，前揭著作，第 7 页及以下。

③ 尽管合同之解除得以意思表示向对方当事人为之，但如果对方当事人不接受该解除或对其效力提出反驳，在大多数情况下（例外的情况例如租赁合同的解除：第 1047 条），自然必须诉诸司法途径解决：Vaz Serra，对 1968 年 5 月 3 日最高法院合议庭裁判的注释，载于 Revista，102，第 167 页及以下。

④ 在租赁合同的解除中，合同关系的消灭并不影响与承租人已经居住于有关不动产或使用有关动产的时间段相对应的租金，但是，这并不妨碍该解除的消灭效力追溯至解除原因发生的时刻。显然，不能将分期付款的买卖合同视为持续或定期执行的合同：参见 1985 年 1 月 24 日的最高法院合议庭裁判（载于 Bol. Min. Just.，343，第 309 页及以下），以及 Antunes Varela 对其的注释，载于 Rev. Leg. Jurisp.，122，尤其是第 318 页及以下。

（除非在第 435 条规定的情况和条件下），解除原则上仅在当事人之间具有债的（obrigacional）效力。这意味着，解除原则上为当事人创设（cria）了债务——为使立约人恢复到以前的状态（status quo ante）而必须履行的债务。以使用借贷为例，一旦根据第 1140 条的规定解除合同，借用人有义务（obrigado）在所约定之期届满前立即（imediatamente）返还借用物。如附买回条款之买卖中的出卖人解除买卖合同，则买受人有义务返还标的物，而出卖人有义务向买受人偿还价金和其他合同费用。但是，根据有关法律行为解除本身的条款，合同关系的破坏还意味着那些由合同而创设且尚未履行的债务的消灭。

例如，一旦租赁合同解除，无论系应出租人申请而解除，还是由承租人主动解除（第 1050 条），租赁这一债之关系均消灭，出租人的义务［第 1031 条 b）项］和承租人的义务（第 1038 条 a）项］也都因此而消灭。又如，如果承揽合同中的定作人解除合同（第 1222 条第 1 款），则支付工作物之价金的债务消灭。[①]

原则上，解除可以通过向对方当事人的单纯意思表示而作出，且这一意思表示实具创设的效力（eficácia constitutiva）。

当事人约定，当未来的和不确定的某一事实发生时，赋予他们中的一方以消灭合同关系的权力（poder），学者们约定将此称为"解除条款"（cláusula resolutiva）。

因此，解除条款是有追溯力地消灭合同关系的形成权的发生原因（fonte）。例如，甲将一艘游船租给乙，租期为两年，但在合同中增加了一个条款，据此，如果出租人的儿子从巴西回来并且想使用该船，则出租人保留解除合同的权利。

解除条款与解除条件不同，如有解除条件，则一旦未来的、不确定的事实发生，合同关系立即遭到破坏。而对于解除条款，一旦有关事实发生，只赋予受益人以解除合同的权力（poder）。[②]

---

① 但是，众所周知，有一些债或义务（特别是从属的行为义务），它们并不因为复杂债之关系的消灭而终结：有一些是因为，它们是在有关债之关系终止以后才产生的（例如，允许承租人在原居住地继续张贴关于其新居所的指示信息的义务）；另一些则是因为，它们本来就是因主债权债之关系的消灭而产生的（例如，将通过合同而获得之物返还的义务）。

② 参见 Baptista Machado, *Pressupostos da resolução por incumprimento*, Coimbra, 1979, n. 11, 第 62 页及以下。

解除条款的一个十分有趣的例子是所谓 "不满意简约" （pactum displi-centiae），第 924 条对这种情况作出了规定和规范。①

b）废止。合同的废止也意味着订立合同之人对合同关系的意定的毁灭。②

但废止系基于立约人在合同成立以后达成的协议（acordo），该协议包含与之前相反的意思（在相反的意思中/ contrarius consensus）③；但废止只是来自其中一方立约人的意思时（单方废止），则其区别于解除，因为它只适用于未来。④ 正是由于它只适用于未来，在实践中所导致的结果是，废止仅涉及作为尚未完成的各项法律行为的构成要素的各项意思表示（如遗嘱，在被继承人死亡之前，遗嘱是处于萌芽状态的一种法律行为；又如，第 969 条第 1 款规定的赠予尚未被接受的情况，此时的赠予是形成中的法律行为），或者在其他一些情况下，废止保留着已实现的（过去的）法律行为效力（例如，单方废止赠予的情况，无论受赠人出于善意还是恶意，仅自提起有关诉讼之日起，有关废止方即产生效力：第 978 条）。

原则上，废止体现为一种自由裁量权，当事人（第 406 条第 1 款）或作出废止之人（第 448 条第 1 款、第 969 条第 1 款以及第 2311 条及以下）无须为有关法律行为关系的破坏提供任何依据，无论所涉及的法律行为关系是已形成的、处于萌芽中的还是仅仅处于准备之中。但是，在一些情况下，废止系产生自一种受到约束的法定权力（第 970 条及以下），而在另一些情况下，虽然原则上⑤赋予作出废止之人以自由裁量权（第 1170 条第 1款），但废止的客观基础是存在还是缺失并不是无关紧要的（第 1170 条第 2

---

① 参见 Baptista Machado，est. cit.，第 64 页，以及 Greco-Cottino，*Della vendita*，对第 1500 – 1503 条的注释，第 281 页（载于 Com. de Scialoja e Branca）。
② 正是因为废止之诉并非来自作出有关法律行为之人，所以不应将废止之诉称为债权人撤销权之诉（impugnação pauliana）：参见 Salvatore Romano，*est. cit.*（Nov. Dig. Ital.），n. °1。
③ Betti 写道（*Teoria geral do negócio jurídico*，Ⅱ，第 80 页），"对法律行为的废止从反方向上体现着私法自治，早先正是意思自治赋予了该法律行为以生命"。相同的见解，见 Esser，§32，第 199 页。最能表明这一废除最初合同的行为从反方向上体现着私法自治的，毫无疑问是废止协议（acordo），这体现着对合同解销的共同意思（mútuo consenso）。
④ 据此可以将废止分为两种典型的情况：一种具有双方性（bilateralidade），系基于双方立约人在立约之后就终止合同的协议；另一种，如果是单方废止的情况，则废止不具追溯效力，这可能是因为没有必要，可能是因为作出废止之人的意愿，也可能是因为法律的规定。参见 Vaz Serra，est. cit.，第 47 页；Enneccerus-Lehmann，§262。
⑤ 虽然第 1170 条第 1 款作出了坚决的原则性规定，但事实上委任并不总是可以自由废止的（见第 1170 条第 2 款）。

款最后部分，以及关于商业委任的《商法典》第 245 条）。①

与解除一样，废止也能创造（criar）债务（通常指立约人中的一方或双方返还所受领之物的债务），阻止（impedir）其他债务的产生，或消灭（extinguir）已经设立的债务。

如委任人废止委任，受任人为委任人计算而作出行为的义务（作出一项或多项法律上之行为）自然消灭。类似的，如代理合同中的本人（即被代理人，principal 或 preponente）废止合同，或者反之，代办商（agente）单方终止合同，则亦出现与前一例子类似的现象，本人相应的债务消灭。

c）单方终止。单方终止亦指向未来，是持久给付的合同（如不动产租赁合同、供应合同、公司或合伙合同、委任合同等）中特有的一种机制，该等合同因第三人的意思（可能是真实的，也可能是推定的）或依据法律的规定而更新，或者它们是以不确定的期限订立的。②

准确地说，单方终止是一方立约人作出的表示（declaração），原则上须在正在进行的法律行为期届满前的特定期限内提出（参见第 1055 条③），该表示中指出其不想更新该可予更新的合同，或不想继续该定有不确定之期限的合同。

在某些情况下，单方终止表现为原告某一自由裁量权的行使（参见第 1054 条，以及关于承租人的第 1095 条）；在另一情况下，单方终止表现为一种受到严格约束的权力（《都市不动产租赁制度》第 69 条及以下）。

与解除和废止一样，单方终止也使由合同产生的复杂债之关系消灭，该合同因单方终止的阻碍而无法更新或继续。一旦不动产租赁被单方终止，

---

① 与《民法典》第 1172 条一样，《商法典》第 245 条（该条不仅适用于委任合同，而且适用于代办商合同以及其他类型的商事中介合同）也表明，即使可以自由废止或单方终止委任，但废止可能需要担负损害赔偿之义务。相同的观点也体现在最高法院 1969 年 3 月 7 日的合议庭裁判中（载于 R. L. J.，103.°，第 222 页及以下），该裁判唯一的缺憾是，没有在这样一个具体的案件中（涉及不确定期限的代办商合同）定出确定须由废止人负担之损害赔偿的标准。

② 参见 Enneccerus-Lehmann, 13.ª ed., §24, Ⅱ, 第 101 页，以及 Larenz, *Lehrbuch*, Ⅰ, 14.ª ed., §26, d), 第 415 页及以下。Gschnitzer (*est. cit.*, 第 331 页) 明确地将单方终止定义为一种单方的、需受领的意思表示，其目的在于在特定期限结束时使某一持久性法律关系终结。但是，关于劳动合同，需参见《劳动合同法》第 108 条的规定，其中将实为废止的情况也包含在单方终止的概念之中。

③ 关于劳动合同，参见《劳动合同法》第 107 条的规定：Bernardo Xavier, *Regime jurídico do contrato de trabalho anotado*, 2.ª ed., 1972, 第 202 页。

则自有关表示产生其效力之时起，出租人与承租人的债务均消灭；[1] 单方终止劳动合同的，雇主实体与劳动者的权利和义务同样被视为消灭。

385. 合同因情事变更而解除*

合同因情事变更而解除的情况，规定在第 437 条及以下，对此有必要予以特别说明。

这一解除或变更合同的可能性——而不论在有关法律行为中是否存在在此意义上的条款（解除或变更的条件或条款）——具有强烈的改革特征，创新性地松动了（libertação inovadora）契约必须遵守（pacta sunt servanda）或合同不可触碰（intangibilidade）等传统原则。

无论如何，这一解决办法中体现了情事不变（rebus sic stantibus）条款理论、不可预期论（imprevisão）、温德沙伊德的前提假设说（pressuposição）以及厄尔特曼关于法律行为基础的现代理论等理论的循环往复。[2]

第 437 条的规定与第 252 条第 2 款的规定有相当高的相似性，因为二者都围绕着"法律行为基础"：第 252 条第 2 款所处理的是基本上属主观的法律行为基础，而第 437 条面对的则是基本上属客观的法律行为基础。[3]

第 437 条与法律行为基础制度的连接关系体现了两个基本方面。一方面，作为解除合同之依据的，并非在合同订立之日已有的情事的变更，而必须是"当事人作出订立合同之决定所依据之"情事的变更；[4] 另一方面，因该等情事的发展而遭受损害的一方当事人，可选择最符合其利益的一种方案，即要么申请解除合同，要么申请按衡平原则之判断变更合同。

这一种解除合同的情况的主要特征在于，该解除并非基于对方当事人对合同义务的任何违反，也非基于任何给付的嗣后的、客观的缺陷。

此时的解除，其根源（raiz）在于合同的心理动机，在于各方当事人在

---

[1] 关于不动产租赁合同的解除与单方终止之间的区分，与我们持相同的观点的司法见解，参见例如最高法院 1991 年 4 月 11 日的合议庭裁判（载于 *Bol. Min. Just.*，406，第 601 页）。

* Vaz Serra, *Resolução ou modificação dos contratos por alteração das circunstâncias*, Lisboa, 1957.

[2] 关于这些理论，参见 Antunes Varela, *Ineficácia do testamento e vontade conjectural do testador*, Coimbra, 1950，第 263 页及以下。

[3] 关于涉及主观法律行为基础的双方错误（erro bilateral），参见 Larenz, *Allg. Teil*, 5.ª ed., §20，Ⅲ，第 356 页及以下；关于客观法律行为基础之欠缺（falta），见 Larenz, *Lehrbuch des Schuldrechts*, Ⅰ, 14.ª ed., §21，Ⅱ，第 320 页及以下。

[4] 最高法院在 1979 年 5 月 10 日的合议庭裁判（载于 *Bol. Min. Just.*，287，第 262 页）中准确地适用了这一区分（对某些情事与其他情事的区分）。

订立合同之日对未来的预见是有缺陷的。而正是因为此，虽然就其效力而言，基于情事变更的解除是解除的一种典型情况（尽管因为有依据衡平原则变更合同这一替代性的解决方案而有所缓和），但就其来源（origem）而言，此时的解除仍然不失为一种类似于合同撤销（anulação）的机制。而这就解释了为什么对方当事人可依据第 437 条第 2 款的规定拒绝解除合同，或者反对基于意思表示错误的撤销，而按表意人的意思接受有关法律行为时（第 248 条），该等手段之间有明显的相似性。

基于情事变更的解除的特殊性还体现在另外两个基本的方面。

第一，正是因为受害一方当事人被授权作出的反应并非基于各方当事人真实的意思（lex contractus），而系基于法律的特许（concessão，这违反契约必须遵守的古典规则），故此时的解除受制于善意原则。仅当在有关合同关系所面对的新的事实条件下，要求按照原样（qua tale）履行所约定的债务将严重损害善意原则时，才允许解除合同。

第二，如果面对有关事实的新情况时，对合同的维持（正如各方当事人所设想和确认的）是为合同本身的（特有的）风险（射幸风险）所涵盖的，亦不解除合同。①

---

① 参见 Antunes Varela e Manuel H. Mesquita, *Resolução ou modificação do contrato por alteração das circunstâncias*，载于 Col. Jur. , Ⅶ, 2, 第 7 页及以下；Lobo Xavier, *Alteração das circunstâncias e risco*, Col. Jur. , Ⅷ，第 17 页及以下；以及埃武拉中级法院 1986 年 5 月 28 日的合议庭裁判，载于 Col. Jur. , Ⅺ, 3, 第 253 页及以下。

第六章

债之移转

第一节　概述

386. 债权之移转及其实践重要性

我们认识了债之关系生命历程中的不同阶段，从作为债的渊源的事实
到终结这个约束存在的行为（履行及其他消灭原因）。但我们还需要学习一
个尽管在这个关系进程中偶然出现，但经常在实践中存在且在很大程度上
表现为债权在新时代的经济生活中所担当的重大角色作出贡献的现象。

这就是债权、债务及任一合同当事人的法律地位的移转，这些现象
（尤其是债权移转这个现象）事实上在商业交易的领域中具有突出的实践
意义。今天，在经济生活中，有相当高比例的情况，金钱债务（在日常生
活中较常见的债的类型）的满足不再透过国家中流通的钞票或货币等现金
来实现。这一任务由汇票（出票人签发的向持票人或其所指示的人支付的
付款委托书）、本票（*billetsà ordre*：向某人或其所指示的人的支付承诺），
尤其是支票（向银行作出的付款委托书，且出票人须在该银行有必要的备付

金①）完成，它们代替了金钱并透过背书在债权人之间流通，并且实现了为对财货、金钱或劳务交易的法律保护所必需的债权移转。

除了这些高度作为支付方式的票据证券（正如某些法国学者所指称的，les effects de commerce），商法中亦存在另一种债权证券（其中以股份有限公司的股票②及其他无记名证券③最为突出），它们共同代表国家财富的极重要的部分，并通过其移转的特别制度④以寻求在更高程度上满足商业流转的快捷性及安全性的特定需要。

随着劳务给付的不断增多，同时随着人们将现金投放到信用机制的趋势不断加强，债权移转的法律现象便实现了更大的实践重要性，因而我们需要探讨其规则。

387. 民法中的债之移转及其理论上的重要性。作为债权人财产元素的债权

在商业交易的领域以外，基于明显的理由，债之移转的法律现象的实践重要性显得非常小。

这类移转更为鲜见，且其制度原则上离不开保护其运作所涉及的三方利益的一般规则。

虽然如此，但即便在具有独立法典化的商法的国家，民法仍然以非常成熟的方式调整这一事宜，以作为保持其不可争议的实践重要性的标志。此外，众所周知，民法中规范的债之移转这一传统方式同样被商人所采用，正如在民事契约中愈趋使用典型的商事债权之移转或设定的形式（如支票或汇票的背书或出票）一样。

---

① 关于这些种类证券（尤其是*指示式证券*）各自的法律性质与特定功能，参见 Ferrer Correia, *Lições de direito comercial*, Ⅲ, *Letra de câmbio*, 1966 年，第 19 页及以下；Pereira Delgado, *Lei uniforme sobre letras e livranças anotada*, 1965 年，第 12 页及以下；Gonçalves Dias, *De letra e da livrança*, I, 第 253 页及以下。

② 有人质疑公司的股票是否真正的债权证券：参见 Vaz Serra, *Títulos de crédito*, 1956 年，第 40 页及以下。

③ 顾名思义，无记名证券是指单纯透过手头交付(*tradição manual*)移转的证券。为了描绘相似类型证券制度的这些独特之处，人们说它们不仅记载了债权，而且最重要的是，它们也跟债权合为一体。

④ 适用于无记名证券的独特制度，从根本上表现在两个方面：一方面，其移转手续极度简化（相比之下，那些所谓*记名证券*的流通，除了要遵守民法上的移转制度，还要采用一些必要的手续）；另一方面，可以针对转让人援引的抗辩不可对抗取得人。参见 Vaz Serra, 前揭著作，特别是第 1 目和第 2 目；Carbonnier, 第 125 目，第 521 页。

然而，规范债权移转的民事规范的理论和实践重要性，不仅表现在其直接适用的领域，还源于在解决商事权利和义务的问题上，通过《商法典》第 3 条赋予民法的候补功能。

基于这一连接两个私法根本领域的*管道*，关于债权让与、代位、债务之单纯移转及合同地位之让与等法律规则的适用范围，大大超越了完全从属于民法关系的狭小领域。

对法学家而言，（债之）*移转*的其他理论价值是构建其中一种也许较能展现债权本身的拥有人所固有的处分权的形式。[①] 债权人的处分权除表现为两个主体之间的对人关系——目的是满足债权人的特定需要——还表现为债权是一种可由利害关系人实现——甚至在债权到期前即可实现——的财产价值。[②] 这取决于*债务人须为之给付*的实现将来这一不太稳定的单纯*期待*。

债——它们与物权一起构成一般意义上的财产权——的这一侧面或方面还因这一方式而被强调，那就是除可查封被执行之债务人财产中的物之外，其债权亦可被查封。因此，债权是财产的构成元素，而财产为其拥有人所承担的债务提供一般担保。由此，当被执行人的债权被查封后，即可经司法途径将之移转于在竞买中取得该等债权的第三人，为此适用与移转执行之诉中司法变卖标的物类似的程序。

388. 债之关系的移转、更新和继承

*移转*一词充斥于日常的法律术语及当代的学术语言中，以致人们往往不注意这一词所表明的根本思想，也无法记起以对该思想的接受为标志的重大概念上的历史变革。

移转（由 trans 和 mittere 组成）一词与*债权*搭配，出现在从第 577 条开始的一章的标题中，描绘了这样一幅图景：虽然债权只是单纯观念上的创造，但可将之从一人（移转人）拱让（"trans" + "mittuntur"）给另一人（取得人），如同有形物一般。这一图景绝不是对法律语言的无关痛痒的使用，而是具有非常清晰的含义：取得人所取得的与本来属移转人的是同一债权，而非塑造出来的与前一债权相似的另一债权。例如，乙的债权人甲

---

① 关于能够展现债权人处分权利的其他形式，参见第一卷，第 40 目，第 166 页。
② 关于这个课题，Larenz 在其著作 § 33 中有详细的分析。

将该项债权让与第三人（丙），则将该操作视为移转现象意味着，丙所取得的权利正是原来甲所拥有的那一项权利。同理，当第三人替代债务人履行了债务，且法律视其代位取得了债权人的地位时，情况亦相同。

因此，正如一些学者所指出的，此时并不构成为受让人或代位人设定一项与原债权具有相同标的的新债务。若是如此，这便属于更新的现象（第858条），而不构成债之移转的情况（第577条及以下）。[①]

让与、代位及其他类似现象会维持债权的同一性（而不局限于创设新的债权以取代原债权）这一理念，在实践中不仅意味着债权之标的保持一致性，而且还意味着，在让与人或获支付的债权人的状况与受让人或作出清偿的代位人的状况之间存在其他实质同一的痕迹。

当债权移转时，确保其履行的从属权利和担保原则上亦会随之移转于受让人或代位人（第582条和第594条），且承认债务人有权以可向原债权人主张的防御方法对抗他们（第585条）。相反，如果有更新的意图，则债务的消灭原则上会导致担保亦告消灭（第861条），且可对抗原债务的防御方法亦消灭（第862条）。

与所谓更新相比，移转一词强调债务在主体发生变更的情况下仍维持，这一特点更为深刻地受到继承一词的冲击，后者在传统上用来指权利和义务的死因移转。

作为学者们所描绘的影像的逻辑后果，事实上可以说，在移转本身的轨迹中，当债由原主体过渡到新主体时，有关债务仍可变更其外观，尽管只是非本质的变更（对此，参见第582条第1款最后部分的规定）。与此相反，在死因继受中，由于债权或债务的新拥有人乃是在一个甚至没有改变其地位的关系中占据了原拥有人的位置，所以没有任何变更债之本质或属性的可能性。

事实上，这个从明显有概念主义味道的实质推断的文字中抽取出来的单纯想法，仍能在实际解决方案层面得到某种支持，特别是涉及单纯之债务移转方面（第595条及以下）。

[①] Heck 认为（§69，第4目，以及§72，第2目及第4目），这纯粹是一个术语上的问题。在债权让与的情形，既可以说，存在一项跟先前的权利具有相同内容的（归属于受让人的）*新*的权利；同样也可以说，受让人是旧的权利的新债权人。但 Vaz Serra 则有相反意见，参见其前揭著作，第5页，注1，以及 Mota Pinto, *Cessão da posição contratual*，第130页。

如前所述，① 债权之诉（以及与此相对的，债务人的财产的责任）构成债之一项根本要素，它在某种意义上最能表现将债务人与债权人相联系的约束的法律性。如果给付义务的履行总是在某种程度上取决于债务人的个人特质，特别是其履行意愿，那么这一债权之诉的实践结果就与责任人财产的清偿条件有十分紧密的关系。

对债权人而言，可要求甲（原债务人）或者乙（承担债务之人）履行1000康托的债务（连同一定的利息、违约金等等）并非没有区别。

但在继承法中，由于遗产与继承人本身的财产是分离的，而且第2070条规定了遗产之债权人——其中亦可能包括继承人——享有优先权的制度，故该等债权人在该条第3款所指期限内继续以原来确保原债务人履行的同一财产集合作为其权利的担保。

因此可以断言，在死因继受领域中债的同一性，较在生前单纯之债务移转中的同一性更为严格。

389. 债之移转、债的严格人身性质以及债之关系概念的历史演变

债可以移转这一命题，基于不再认为不可与其原来的关系主体的人身所分离，在今天已普遍被学者及法律所接受。②

然而，从前却不总是这样认为。相反，古典罗马法学家却持另一观点。

由于债（obligatio）产生自两个特定个人之间所订立的要式口约（stipulatio），且创设一个强调人身从属性或依赖性的约束（特别是在著名的 Lex Poetelia Papiria de nexis 公布以前的时期③），在债没有消灭且创设另一个新约束以取代它的情况下，学者无法想象该关系的任何主体存在变更的可能性。④ 作为将一人的债权让渡予另一人的方法，更新的强制使用并没有对当时的实践需要构成重大障碍，尽管人们知道利害关系人必须求助于一定措

---

① 参见第一卷，第38目，第158页。

② 转移，是指债权关系其中一名主体单纯被替代。它并不是唯一一种可以在债的内部发生，反又不破坏其独立性的主体变更。
除了转移之外，还有在原债务人中新增一名或数名债务人，在原债权人中新增一名或改名债权人，以及相反状况（债权人或债务人的数目减少），参见 Barbero，Ⅱ，第193页。

③ 参见 Sebastião Cruz, Da solutio, Ⅰ, 1962年, 第36页, 注58。Mota Pinto（前揭著作，第27页）认为，罗马法学家们之所以拒绝债的移转这个概念便要归咎于罗马法的形式主义（formalista）特性，以及债务人的人身责任原则。

④ Diez-Picazo，第371目，第325页；Mota Pinto，前揭著作，第18目。

施（如"自我事务代理/procuratio in rem suam"①"扩用诉讼/actio utilis"的让与以及其他近似措施）以在某些方式上克服人身约束的概念所带来的僵化。②

直到几个世纪以后，随着从北海区域以及地中海各城市开始的海事商业的兴起，才渐渐产生便利支付手段流通以满足交换经济——正如近代欧洲国家所出现的情况——的需要。

1804 年的《法国民法典》以及受该拿破仑法典影响而产生的其他欧洲法典，已经开放地规定债之关系积极方的两种主要的移转方式（让与和代位）。其后，除了在商事交易领域中的债权证券以外，学说还轻易地在民法领域开创了道路，以完全接受单纯之债务移转以及最后在双务合同中任一当事人整体地位的让与。

上述各机制已可在现行《民法典》中找到明确规定。

390. 债之移转的不同情况：论述次序

作为债之关系的主体变更的移转，并不总是触及债的同一元素。有时候，该移转涉及单纯之债；其他时候则涉及复合之债。

在前一情况下，移转既可以债的积极拥有性（在这种意义上即指债权）为对象，亦可以消极拥有性（债务）为对象；在后一情况下，移转可以涉及任一立约人的（整体）地位。

在债权之移转中，法律及学者们再将之区分为至少两种情况：债权之让与以及代位。

在单纯之债务移转的领域中，学者们及法律亦将债务的承担分为不同情况，有时根据承担的原因，有时根据其幅度。

下文的阐述会根据《民法典》中定出的顺序，由债权之移转的两种方式开始，其后便会谈及单纯之债务移转（债务的承担），而最后便以所谓合同地位的让与来结束，这也是债之移转中最为复杂的一种方式或种类。

---

① *Procuratio in rem suam* 赋予第三人为自身利益而诉诸法院的权能，尽管第三人是以债权人的名义索债：参见 Betti, *Teoria Gen.*, Ⅲ, 2, 第 18 页；Arangio Ruiz, *Istit. di dir. rom.*, 1934 年，第 387 页及以下；Biondi, *Cessione di crediti e di altri diritti（dir. rom.）, Nuovo Dig. Ital.*。
② Heck, §69, 1。

第二节　债权之让与[*]

第一分节　一般原则

391. 债权之让与：例子与概念

学者们经常将实践中频繁出现的一些具体情况作为债权之让与的典型例子来提出。

甲将 5000 康托借予乙，为其三年，并由丙保证这一债务。一年后，贷与人无法预料地需要现金周转，由于还不可以要求借贷金钱的返还，所以他便以 4200 康托将该债权出售予基于对保证人的偿还能力的信任而敢于取得它的丁。

戊以 30000 康托将一村野小屋出售予己。由于多亏中介庚而能以很好的条件出售，戊决定将其对买受人的债权的一部分（5000 康托）赠予庚。

辛欠壬 2000 康托。在获得债权人同意的前提下，辛决定将其对癸所拥有的相同数额的债权移转于壬，以视为向壬立即支付（cessio in solutum）或在癸履行后立刻得到支付（cessio pro solvendo）。[①]

---

[*] 参见 Vaz Serra, *Cessão de créditos ou de outros direitos…*, 1995 年；Pires de Lima 与 Antunes Varela, *前揭著作*, 第 577 条及续后若干条的注释；Diego Espin, Ⅲ, 第 225 页及以下；Planiol 与 Ripert（在 Radouant 的协作下完成），ⅤⅢ, 第 1107 目及以下；Aubry 与 Rau（跟 Esmein 合着），Ⅴ, §359；Carbonnier, 第 123 目及以下；Graziani, *La cessione dei crediti*, 1930 年；Sotgia, *Cessione dei crediti*, *Nouvo Dig. Ital.*, 以及同一作者, *Cessione di crediti e di altri diritti*（dir. civ.）, *Nov. Dig. Ital.*；Barbero, Ⅱ, 第 713 目及以下；Panuccio, *La cessione volontaria dei crediti nella teoria del trasferimento*, 1955 年；同一作者, *Cessione dei crediti*, 载于 *Enc. Del dir.*；Bianca, *Il debitore e i mutuamenti del destinatario del pagamento*, 1963 年；Mancini, *La cessione dei crediti futuri a scopo di garanzia*, 1968 年；O. Bähr, *Zur Vessionslehre*, J. J., 1, 第 251 页；Baugmärtel, *Die Unzumutbarkeit der Forderungsabtretung*, AcP, 156, 第 265 页；Löbl, *Die Geltendmachung fremder Forderungscechte im eigenen Namen*, AcP, 129, 第 257 页；Brox, §28；Esser, §55；Larenz, §34。

[①] 文中所述的两个分类，分别对应代物清偿（dação em cumprimento）的两种类型：狭义的代物清偿（datio in solutum）（第 837 条）和方便受偿的代物清偿（dação pro solvendo）（第 840 条第 1 款）。根据第 840 条第 2 款，如果代物清偿的标的为让与一项债权，则会推定其为方便受偿（pro solvendo）者——这样，只有当受让人所受让债权获清偿时，让与人的债务方获解除。参见 Vaz Serra, 前揭著作, 第 9 页, 注 8；Mancini, 前揭著作, 第 6 页, 注 14。

欠缺拍摄电影资金的电影制片人，以借款的全部金额及相关利息为上限，将在该电影将来放映可能获得的所有收入移转于向其提供资金的实体，以作为其所欠下的债务的担保。[①]

上面所描述的所有情况，虽然建立在十分不同的目的之上，但其存在一个共同的现象，那就是由债权人向第三人所作出的全部或部分债权的移转。

概念

于是可将债权之让与定义为一个合同，据此，*债权人将其部分或全部债权让与第三人，而不论债务人同意与否*（第577条）。

对于将债权移转于他人的债权人，我们将之称为"让与人"（cedente）；对于取得债权之人，即继受债权人对权利的拥有者，我们称为"受让人"（cessionário）；而对于被移转之债权的债务人，我们通常称为"被让与债权的债务人"（devedor cedido，即"debitor cessus"）。

"让与"这一术语既指称让与人与受让人之间所作出的行为（合同），亦指称该行为（对债权之拥有权的移转）的根本效果。[②]

作为让与人与受让人之间的合同，[③] 债权的让与有异于向第三人给付的合同。尽管向第三人给付的合同所导致的实际后果与让与的后果相同，但前者表现为受诺人向第三人（受益人）赋予针对许诺人的债权（第443条第2款）。

在债权的让与这个法律定义（第577条）中较为突出的标志，是它所导致的债权人的更替并不需要债务人的同意。

在大多数情况下，债权人个人的变更并不会损害债务人，后者在任何

---

① 根据Mancini（他将让与在经济社会现况中所担当的最为重要的功能归纳为四种：买卖、赠予、支付与担保）所言，在意大利，文中所指的那种合同（给予电影制片人贷款），是让与将来债权以作为（现存另一项债权的）担保的最常见例子：参见前揭著作，第17页及以下。

② 德国人则分别用两个不同的词（Abtretung与Übertragung），来表达作为债权移转的源发事实（*facto gerador*）的让与，以及作为移转现象，又或者说，作为让与法律行为的效力（*efeito*）的让与。参见Larenz，第14版，第34节，1，第575页："以法律行为将一项债权转移（Übertragung），通常仅以移转合同（Abtretungsvertrag）为之"（*Die rechtsgeschäftliche Übertragung einer Forderung geschicht in der Regel durch einfachen Abtretungsvertrag*）；Paniccio, *Cessione dei crediti, Enc. Del dir.*，第1目，注1。

③ 债权的移转不仅以约定方式（让与合同）为之，亦可基于法律就规定或者法院裁判而发生（第588条）。然而，不应该将法定让与（*cessão ope legis*）跟精神完全不同于让与的法定代位（*sub-rogação legal*）混为一谈，过去的学说经常如此。

情形下必须继续作出相同的给付。然而情况并非总是如此。在将债权部分让与一个或多个受让人的情况下，债务人仅须如同让与前的状况一样作出一个履行行为，还是须将履行分为可能在不同地方作出的多个不同行为，这并非完全无关痛痒。

然而，尽管存在这一可能性，但法律不需要债务人同意的决定性原因是，面对以一般的方式向债权人赋予的债权的自由处分所带来的好处，法律便要牺牲对债务人所造成的这个或有的不便或损害。①

392. 本机制的体系位置

在比较现行《民法典》与 1867 年《民法典》对债权之让与所作的定义，尤其是比较让与之机制在两部法典中的体系安排以后，可以找到一些需要强调的鲜明差异。

1867 年《民法典》第 785 条似乎不仅将债权之移转，还将物权——也许不包括所有权——之移转包含在让与的概念之中：这一看法在某种程度上建基于该条文、该条的唯一款以及第 786 条第 1 款的行文。②

1966 年《民法典》第 577 条有意将移转之标的限于债权，同时将对限制物权的移转——无论是无偿移转还是有偿移转——规定在其他制度中。③

另外，虽然 1867 年《民法典》将让与和代位规定在两个专门的章节中，但它们被置于关于债之消灭的各种原因的章节中，它们与其他的一些

---

① 以前有段时间，作为一种保护债务人的措施，将债权让与给更加有权势、会让债务人的处境变得更加困难的人（*cessio in potentiorem*；向有权势者作出的债权让与）是被禁止的。这种禁止在今天已然消失，因为再也不用害怕人们在法院的权利会不对等。《民事诉讼法典》第 271 条所指的、可作为诉讼替代拒却事由的"处境变得较困难"，并不包括类似情况。参见下文第 383 目，关于争讼中之债权的让与的部分。

② 第 785 条只有一句，它的主语（债权人）会让人认为，这条规定只是想指债权而已。然而，将该语句的*直接补语*（*complemento directo*）["其权利或债权（*o seu direito ou crédito*）"]加以扩展的选言连词（*disjuntiva*），还有组成该条唯一款第一句的主语的选言连词，皆显示，法律并不只打算将让与的概念局限于债权的移转，还打算将其他权利的移转也包括在内。不论第 786 条的规定，还是第 1544 条所给出的买卖的概念，以及第 1452 条所述的赠予的概念也好，都是跟这种见解互相协调的，这就可以使解释者心里更为确信，1867 年的立法者所说的*让与*不仅包括债权移转，还包括所有权以外的物权的移转。

③ 在新法的表述中，无论是买卖的概念（第 874 条），抑或是赠予的概念（第 940 条第 1 款），除了包含一定物的所有权的转移，都还包括其他权利的转移（当中首先会想到的就是那些限定物权）。参见 Pires de Lima 与 Antunes Varela 在 *Cód. Civ. anot.* 中对第 874 条及第 940 条的注释。另外参见 Panuccio, *Cedibilitá e cessione di diritti e di situazioni giuridiche*，载于 *Enc. Del dir.*，该文探讨的是权利让与现象的实际外延范围。

章节一起，被归入题为"合同的效力及履行"的一章（第九章）中。与此相反，现行《民法典》以专门的一章（债法卷第一编第四章）规定债权及债务之移转，其中仅规定了债权之让与、代位以及单纯之债务移转。

然而值得注意的是，尽管存在上述瑕疵，面对 1804 年《法国民法典》以及受到这部《拿破仑法典》影响的同一时期的其他法典，1867 年《民法典》对债权之让与的体系设置是一个显著的进步。事实上，《法国民法典》将债权之让与规定在关于买卖的一编中（第 1689 条及以下），将债权视为物，更将其移转（法律以同义词"*transport*"称之！）视为买卖。[①] 同样，《西班牙民法典》（第 1526 条及以下）和《意大利民法典》（第 1538 条及以下）亦存在同样严重的缺陷，它们亦将债权之让与规定在关于买卖的编章中，归类为债权及其他无形权利的移转（西班牙法的情况）。[②]

1867 年的《葡萄牙民法典》将该机制从买卖的狭窄领域中解放出来，将其制度搬到关于合同与债之通则的一编；从这个方面看，这显示了立法者对债权让与现象的真实范围有着敏锐触觉，这是值得强调的。

393. 让与及其原因：作为多因或多效合同的让与合同

如果将让与限于由债权人向第三人所作出且不取决于债务人同意的债权移转的情况，法学家则仅考虑到在实践中导致这种债之关系主体变更的各种类的其中一个方面。

通过在前面其中一个节段中为说明让与的概念而举出的例子可以发现，债权之移转可以发生在买卖、赠予、代物清偿、方便受偿之代物清偿或为实现债权人欲实现的其他债权而设定的担保之中。因此，在不同的情况下，让与的原因各不相同，故第 577 条在对让与进行定义时故意忽略了这些原因，因为立法者仅想在法律定义中体现导致债权之移转现象发生的各种原因的共同特征。

第 577 条的这一忽略是否表示债权移转的原因在关于让与的法律制度中

---

① Carbonnier，第 123 目，第 514 页。

② Diego Espin（上述著作的上述章节，第 225 页）一针见血地将那些对西班牙法所采用的概念与体系作出的批评，归纳如下："a）一切权利皆为无形，所以'无形权利'这种表述是错的；b）将任何权利或股的移转也视作债权让与，这使债权让与的范围失之过宽；c）将债权的让与和出售混为一谈，亦即在出售的名目下处理让与，并把'出售'和'让与'这两个词视作同义词。"

没有任何影响？换言之，让与是否为一抽象法律行为？[1]

如果某一法律行为的有效性不因作为其基础的法律关系所固有的欠缺或缺陷而受到损害，则为抽象法律行为。在其法律制度的界定上，抽象法律行为独立于其原因。

汇票（或任何指示式证券）的出票和背书在所谓间接关系的领域中构成抽象法律行为，这是因为，无论承兑人还是被背书人，都不得以作为承兑或背书基础的合同（基础法律关系）所固有的瑕疵来对抗（间接的）持票人。涉及物权移转的某些法律行为在德国法中亦被视为抽象法律行为，这是因为，基础法律关系（买卖、赠予、交换、设立合伙等）的瑕疵可以在双方当事人的关系中迫使取得人返还，但不导致物权效力本身无效或撤销。

于是，通过对抽象法律行为现象的上述描绘，很容易得出结论，在葡萄牙的法律制度下，没有任何理由将债权之让与视为一种抽象法律行为。[2]

一方面，第 578 条规定，在当事人之间作出之让与的效力（与其要件一样）由作为让与基础之法律行为的种类而确定。因此，如债权人作出的债权之移转以对该债权的买卖（第 874 条）为基础，而该买卖因法律行为形成中固有的任何瑕疵而无效或被撤销（例如，由于被让与之债权由他人拥有；由于与当事人的预想相反，该债权不存在；由于买受人成为错误、欺诈或胁迫的受害人；等等），则该移转直接受到无效或撤销所及，且根据第 289 条至第 291 条所定的规则，该非有效的结果亦反射到第三人（例如，自受让人处获让与债权的次受让人，在针对受让人的执行之诉中通过竞买取得有关债权之人，获受让人以被让与之债权出质的债权人，等等）的权利义务范围之中。

另一方面，众所周知，"债务人须以所有可向让与人主张之防御方法对抗受让人，即使受让人不知悉该等方法之存在"（第 585 条）。这样，如果债权的创设性法律行为存在导致无效或撤销的任何瑕疵，债务人须以可用以对抗原债权人的防御方法对抗受让人及次取得人。

---

[1] Mancini（前揭著作，第 124 页及以下）与 Panuccio（上引最后一部著作，第 4 目）对这一课题作了大量的论述。

[2] 相同的观点，在西班牙法上，参见 Diez-Picazo，第 961 目，在意大利法上，参见 Mancini，前揭著作，第 128 页及以下，以及普遍的学说。可是德国法则不然，在德国法上，债权让与和其他处分法律行为（negócio de disposição）一样，是一种抽象法律行为（negócio abstracto）：参见 Larenz，§34，1，第 452 页，以及 Brox，§28，第 209 页。

　　然而，有人认为让与合同的瑕疵对债务人（debitor cessus）是没有重要性的：如债务人获通知或通过其他途径知悉该让与，并向受让人支付债务，则即使该让与其后被宣告无效或撤销，债务人所作支付的有效性和效力亦得以维持。

　　然而，此情况下债务人的地位，有两个值得说明的地方。

　　首先，仅因债权已被让与第三人这一事实，并不免除债务人须以善意行事的义务，这是第762条第2款对债之双方主体所施加的义务。为正确履行这一义务，债务人须审查该让与是否存在及其有效性，不能将任何偶然获悉的不负责任的讯息或所谓（债权）受让人的声称均视为正当的，[1] 否则将承担再次履行的风险。

　　在就让与的存在及有效性获得适当澄清后，尤其是获得让与人的澄清后，如果债务人向受让人履行，则该支付在事实上并不会因为让与其后被宣告无效或撤销的事实而失去其有效性及效力。

　　然而，如果将这一解决方法与适用于对让与首先分析的两个方面的解决方法联系起来的话，对在让与通知或接受前向让与人所作的支付的制度而言，从整体评价中所得的逻辑结论是，它仅涉及对（善意债务人）向表见债权人所作支付的保护，而并非视让与为一种抽象法律行为。[2]

　　如果让与基于其制度正统地与支配债权移转的原因相联系（在合同的要件与合同的效力方面）而作为有因法律行为，那么从它没有与各种合同一起被纳作债法卷第二编却被规定在债之通则一编中这一事实可能会显得有点儿怪异。对该事实的解释主要在于，由于债权的让与并非只具有确定原因而具有可变原因，[3] 法律选择将让与的（原则性）法律规则限于规定构成让与的不同种类的共同方面，然后通过第578条第1款所建立的规则，在

---

① 相同的观点，参见 Planiol 与 Ripert，Ⅶ，第497页，注2；Mancini，前揭著作，第131页及以下。De Ruggiero 与 Maroi 则有相反的见解，参见 Instit. Dir. Priv.，第8版，Ⅱ，第114页及第119页。而在德国法方面，参见《德国民法典》第410条实际给予债务人的防范措施。Enneccerus-Lehmann 于 §304，Ⅰ，1 中写道，为了让债务人一方对于让与有必要的知悉，"对债权的知悉必须是充分可靠确凿的，不能够只是应知或者听说"。

② Vaz Serra 似乎有相同的观点，参见其前揭著作，第13页。

③ 除了债权让与以外，意大利学说也指出了其他无固定原因的（原因）法律行为的典型例子。参见 Mancini 于其前揭著作，第146页，注68所列的参考文献。学者们在描述这种现象的时候，用语仍然众说纷纭：有些学者谓之可变原因（causa variável），有些学者谓之可替代原因（causa fungível），还有一些学者谓之概括性原因（causa genérica）。参见 Paniccio，上引最后一篇文章，注23。

确定其制度的其他方面时，准用与每一种类的原因相关部分的规定。

然而，由于第 578 条第 1 款的准用性规范合理地将与债权移转的（可变）原因相联系的制度方面的内容结合在让与的规则之中，考虑到所规范的各个种类的复杂性，考虑到立法体系的现实，更合适的做法似乎是将让与视为一项多因①或多效合同，而非如 Mancini② 和其他学者一般，将之称为概括性原因合同。

当债权之移转所附属的具体原因被引入到让与的制度框架之中，让与的独立性（Mancini 认为它正处险境）正是源自原因的可变性以及债权移转现象的特定性质。

第二分节　制度

394. A）关于让与原因有效性的要件

让与的有效性取决于某些要件的符合度。根据第 578 条第 1 款的规定：有些要件会视其基础的法律行为的种类而有所不同；另一些要件则适用于所有让与合同，而不论让与的原因为何，因为这些要件涉及债权之移转，这是所有让与合同的基础。

对于第一个方面，众所周知，除了其他特别或限制地适用于第 874 条及续后条文所规定的每一种合同的要件，还存在一些适用于各种合同的共同要件（规定在《民法典》总则部分且并非专门适用于单方法律行为的要件）。根据每一种情况的情节，这两类要件均应被视为适用于债权之让与。③

这样，如果通过赠予作出让与，则必须受制于赠予合同本身关于行为能力、绝对及相对可处分性、方式及意思表示完成的规则（尤其参见第 940 条及以下的规定），以及共同适用于所有法律行为的规则（第 217 条及以下）。如果债权移转的原因外衣是买卖，则除法律行为的共同有效规则，还

---

① 多因（*policausal*）（或多效；*polivalente*）这个词，比复因（*pluricausal*）这种表述更为合适，因为前者更准确地表达了原因可因个案而异（*variebilidade*），而非表示在同一具体类型中有复数原因（uma *pluralidade de causas*）。

② 参见前揭著作，第 144 页及以下。

③ 参见 Panuccio，前引文章，第 2 目。

须遵守买卖合同中关于行为能力、处分权、立约人的相对可处分性或合同形式等的特别规则。

395. B）债权移转的特定要件：I）权利的可让与性

债权移转的第一个特定要件是权利的可让与性。

由于处分权乃财产性权利所固有的一个属性，所以原则上所有债权均可移转。众所周知，甚至连债务人的拒绝亦不构成债权移转的障碍（第577条；对于合同地位之让与，则根据第424条第1款的相反规则）。

然而，对于债权的自由让与性的规则而言，存在两个例外情况，它们均启发自相同的基本想法。

一方面，对基于法律规定或当事人约定而禁止让与的权利，排除第577条赋予债权人的权能。债权人让与其权利予第三人的可能性并没有触及公共利益或秩序的原则，而须受制于合同自由原则（第405条第1款）。因此，在第577条第2款为保护不知情的第三人的利益而规定的限制内，法律容许排除或单纯限制债权可移转性的条款（*pactum de non cedendo*）。①

同样，如某些债权的设定与直接满足债权人人身需要的思想紧密联系，以致不仅将其移转于第三人是不合逻辑的，而且该让与的可交易性本身也是不合逻辑的，法律亦禁止对该等权利的让与。受扶养之权利即属此情况，根据第2008条的规定，此类权利"不得放弃或让与"。②

另一方面，在很多情况下，特别是在提供劳务合同、委任合同和劳动合同时，债务人须为之给付因其本身的性质而与债权人本人不可分离，则根据第577条的规定，强迫债务人受到另一人的拘束是明显不合理的。③

第577条第1款最后部分所述的即是此类情况。

---

① 仅若受让人在缔结合同时知悉禁止让与或限制让与的条款，这种条款方可对抗受让人。在此情形（举证责任会归于因争议法律行为而受惠的人）下，让与被视为不生效力，而这种不生效力须由让与人的债权人提出。这种条款，会令债权变得不能在法律上流通（参见Larenz，§34，II，第581页）。

然而，德国主流学说认为，只要这种条款原则上是为债务人利益而设立，则债务人可同意所作的转移，从而补正让与不生效力；参见Brox，§28，第211页。

② 关于使用及居住（物）权，参见第1488条的规定；关于生存配偶的扶养费，参见第2018条。

③ 其中一种被法律推定不可移转的情形，是优先权的约定所致的权利（第420条）。尚参见第995条的规定。

事实上，女主人可将其要求女佣提供劳务的权利让与其子女或朋友，又或公司可将其要求某专家提供专业服务的权利让与其子公司，这些都是不合常理的。

《德国民法典》（第399条）本质上是为了规定相同的内容，但采纳了不同的表述：如债务人须为之给付在不变更其内容的情况下无法向原债权人以外之人作出，则该债权不得让与。这一法律规定的含义和范围是可以理解的，[①] 但该表述并非完全恰当，因为在很多情况下（例如，以一定金额为限提供担保的承诺，对某不动产或动产的租赁，[②] 等等），尽管给付的内容并不必然发生变更，但在违背债务人的意思或欠缺其预先许可的情况下也不允许变更债权人。[③]

《德国民法典》（第400条）还排除了不可查封之债权的拥有人的处分权，目的是对抗债权人的请求权，确保该等债权所欲保障的严格的人身需求获得满足。[④] 但是，某项债权不可查封并不必然意味着它不得被让与，因为查封是一项凌驾于债权人意思的行为，而让与则取决于债权人的意思。[⑤] 仅当债权基于法律或性质而为不可转让之债权时（《民事诉讼法典》第822条），完全倒转的规则——不得让与的债权，不可查封——才是正确的。

仅因当事人的约定而不可移转的债权，不能被视为免受查封；假如仅凭利害关系人的约定即可排除申请执行的债权人的查封权，必将损害法律保护之交易的安全。[⑥]

---

① 作为例子，参见 Enneccerus-Lehmann，§302，Ⅲ，1。

② 正是因为对出租人（第1031条所述之债之债务人）而言，承租人（该债的债权人）是何许人并非毫无分别，因此第1038条原则上禁止让与承租人的法律地位，也禁止物的转租。

③ 相较于德国法，《葡萄牙民法典》的表述，更加合乎以下理念：那些不得与特定物权分开移转的物上请求权（*pretensões reais*）（例如，为创设地役而约定的权利）并不适用自由让与原则。

④ 学者们认为，如果让与正是为了支付利害关系人（让与人）的生活费的话，该禁止即告终结：参见§34，Ⅱ，2，及§28，第211页。

⑤ Vaz Serra，前揭著作，第104页及以下。

⑥ 关于让与的形式，值得一提的是规定有抵押担保债权让与的第578条第2款。因为抵押权乃是从属，而法律又不要求作为主元素的债权的移转要有任何特别的形式，所以，似乎让与任何有抵押作担保的债权时，没有必要遵守特别形式。
然而，考虑到抵押权格外重要，以及法律就其创设所抱持的谨慎态度，因此第578条第2款要求有抵押担保债权的让与要采用公证书，除非让与以遗嘱作出，又或者被抵押的是动产。从立法论的角度而言（*de jure condendo*），Vaz Serra 有不同的见解，参见其前揭著作，第22页及以下。

396. Ⅱ）对于特定的人而言权利非争讼性的特征

如有关权利已在司法争讼程序中被提出有争议（争讼中之权利），则（不可与债权人本人分离之）债权的可自由让与性规则便会受到严重的限制。

由于取得该等权利的法律行为可能被用于严重投机，且可能导致声请回避，之前的立法（1867 年《民法典》第 786 条和第 1563 条）已经对该法律行为作出反应，该反应表现为对让与的通常制度的两个重要的偏离。一方面，不允许在该等条件下将债权让与在权利有争议的（地域）范围内行使职责的法官或其他当局；另一方面，如争讼中之权利是被有偿让与的，[1]承认债务人有赎回权，为此债务人只需支付受让人所支出的价金、相关利息和交易中产生的其他开支，而无须（按其票面价值）支付有关债务。这是以间接方式作出的规定，但确实足以有效对抗买受争讼之权利的投机行为。

不过，新法典终结了上述第二个偏离。只要争讼中之债权的买卖符合立约人的正当利益，我们便无法证明这项"阿纳斯塔修斯的措施"（得名是因为其来源可以追溯至阿纳斯塔修斯皇帝的一项决定）所无偿赋予债务人的利益是正当的。

然而，法律不仅保留了向特定个人让与债权或其他权利的禁止，甚至还扩大了该禁止所触及实体的范围，从而涵盖了惯常在进行诉讼的地域出席其活动的检察院司法官、司法文员及诉讼代理人，亦包含了参与程序的鉴定人及其他辅助人。[2]

扩大该禁止所触及之人的范围，其目的是消除所有可能因明显缺乏公正无私性而使关于争讼中之债权的司法裁判受到怀疑的让与，这也符合"身为恺撒妻，必须避嫌疑"的古老格言。

法律对违反这项规定所施加的处罚（类似于第 876 条对买卖争讼中之权利所规定的处罚）仍然是该交易无效（参见 1867 年《民法典》第 785 条唯一款）。

---

[1]　在旧法的领域，人们曾经争论过一个问题：争讼中的赎回究竟仅仅适用于债权的约定让与，抑或同样适用于司法变卖？最高法院 1966 年 7 月 22 日的合议庭裁判采纳了后一种见解并充分地说明了理据（参见 R. L. J.，第 100 期，第 40 页及以下）。

[2]　然而，非司法当局则不在此禁止之内，因为就它们而言，并不存在关乎司法裁判的声请回避这种危险。参见 Vaz Serra，前揭著作，第 49 页。

然而，这里所涉及的是一种*混合无效*（nulidade mista），在第 580 条所关注的两个问题上区别于通常模式的无效：其一，该无效不得由受让人主张；① 其二，不免除受让人弥补所产生的损害的义务。

该禁止的例外情况（第 581 条）在总体设置上对应于 1867 年《民法典》第 786 条就阿纳斯塔修斯的措施的规则所规定的例外情况。②

但根据立法理由，旧法中的两种例外情况（规定在上述条文的第 1 款和第 2 款中）有所扩张。

新法典不再仅以将争讼中之权利有偿让与该权利的继承人或共有人作为例外情况，而是将所有向拥有优先权之人作出让与（不论是有偿的还是无偿的）的情况均规定为例外情况，因为该权利的存在就是该例外的真正合理理由；新法典还合理地扩大了该例外的范围，从而亦涵盖让与之对象为就被让与之权利拥有一次性作出全部给付之权利之人这一类似情况。③

另外，新法典亦确认所有为维护受让人所占有之财产（动产或不动产）而作的让与（不论以有偿方式还是无偿方式）的有效性，而不像先前的法典那样仅将维护不动产的情况规定为例外情况④。

397. Ⅲ）让与的通知或接受，又或被让与的债权的债务人对让与的知悉。合同完成时间的问题

原则上，对债权之让与（第 578 条第 2 款中规定的例外情况除外），适用于方式自由的一般原则（第 219 条）。但在学者之间一直非常有争议的问题是，就让与向债务人作出的通知是否构成合同完成的要件？各国立法处理这一问题的指导思想不尽一致。

① 人们认为，债权取得人在违反针对他而设的禁止后，如果又有权可以在交易不似预期、结果事与愿违时取消法律行为的话，这样是不公平的。参见 Vaz Serra，前揭著作，第 50 页。
② 在这些情形下，争讼中的债权或其他权利的取得人，显然是为了*正当目的*，而非只是拿权利来谈判，以图投机，故此，并没有理据以避嫌为由予以禁止。参见 Vaz Serra，前揭著作，第 52 页及以下。
③ Vaz Serra（前揭著作，第 54 页）写道："倘若禁止所针对的人拥有优先权或赎回权，则应允许其取得该等权利所涉及的财产，因为须推定其取得并非为了投机，而是为了满足优先权或赎回权所保护的利益。个中理由，跟共同继承人之间让与继承权相关股份的情形相类似。"
④ 实际上，当禁止的*抽象范围*所涵盖的那些人（第 579 条），在具体个案中，充当债权担保的被抵押物业的占有人，或当取得人是质物的主人时，例外地向其承认争讼中债权让与有效，这种做法是很公正的。

拉丁国家的传统理论借助法律提供的一些资料，就让与的效力设定了根本的区分。在当事人之间的关系中，债权之让与立即产生效力，即自合同成立时其产生效力。对债务人而言，就该让与向其给出通知是必须的，仅自获悉通知（denuntiatio）时起，债务人方须对受让人承担义务。

1867 年《民法典》采纳了这种做法，[①] 其第 789 条（相应于《法国民法典》第 1690 条[②]）规定："对于让与人，被让与的权利基于合同的事实而转予受让人；但对债务人或第三人，仅在就让与通知债务人，或当让与系以公证书方式作出时，以其他方式使债务人知悉后，该让与方可产生其效力"。[③④]

这种根据观察点的不同而对法律行为的效力作出如此区分的做法，引发了疑问和争议，特别是在意大利法学界。因此，在 1966 年《葡萄牙民法典》准备工作的过程中，这一问题被重新提起，[⑤] 新法典最终在几个不应轻视的问题上使用了与 1867 年《民法典》第 789 条不同的行文。

一方面，新法典中完全没有述及当事人之间合同成立的时间，如此便消除了之前立法就让与之效力规定的时间间隔。

另一方面，关于债务人，新法典有两项革新。除将债务人对让与的接受等同于通知，[⑥] 还允许通知既可通过法院作出亦可不用通过法院作出（第 583 条第 1 款）。此外，只要受让人证明债务人此时已知悉有关让与，可对后者获通知或接受以前向让与人作出的支付（或其他任何与该债权有关的行为：和解、抵销、免除等）提出争议（第 583 条第 2 款）。

于是，被让与债权的债务人对让与的认知的证明责任便转移予受让人，只要他具有利益对抗向让与人所作出的支付与同一让与人所订立的债权有关的任何法律行为。

最后，法律还特别规定了债权人将同一债权先后让与二人或数人的情

---

① 参见 Guilherme Moreira，第 55 目；Cunha Gonçalves，V，第 631 目。相同的观点，在西班牙法方面，参见 Diez-Picazo，第 969 目，以及 Diego Espin，Ⅱ，第 226 页；至于法国法方面，则参见 Carbonnier，第 123 目，第 453 页。

② 该条文规定，"受让人，仅因向债务人所作的转让通知，而对第三人而言获赋权"（*Le cessionaire n'est saisi à l'égard des tiers que par la signification du transport faite au débiteur*）。

③ 传唤（参与诉讼或执行）和假扣押，以往被认为是可使债务人知悉让与的官方行为。

④ 第 791 条及第 792 条，作为第 789 条第二句的必然推论而出现在 1867 年《民法典》中。

⑤ 参见 Vaz Serra，前揭著作，第 206 页及以下。

⑥ 正如学者们所教导的那样（参见 Guilherme Moreira，前引著作、卷目及章节；C. Gonçalves，前引著作、卷目及章节），通知可由让与人或受让人作出，因为两者皆对此有利害关系。

况，第584条（对应《意大利民法典》第1265条）赋予首先通知债务人或首先为其接受之让与以优先性，而在这一方面，不再将对让与的单纯知悉等同于通知或接受。[1]

面对新《意大利民法典》——其中的学理在本质上与《葡萄牙民法典》中的学理一致——的文本，Mancini[2]和其他一些学者主张，无论对于债务人和第三人，还是对于当事人本身（让与人和受让人），仅自将让与通知债务人，或为其所接受，又或自其知悉该让与时起，该让与方产生移转的效力。

只要有关让与在出现上述任一情况之前不对债务人产生效力，并考虑到债务人在债之关系中的关键地位，承认让与在让与人和受让人之间立即产生移转的效力，似乎是明显不合逻辑的。要证明即使在合同订立后，继续拥有有关债权之人仍然是让与人而非受让人，不仅要通过债务人向其所作支付的有效性来证明，也要通过让与人对其权利保持着完全可处分性（让与人可以免除该权利，可以将之用来抵销其债务人所拥有的其他债权，可以将之让与第三人，等等）来证明。

Mancini的论述令人印象深刻，但并不是决定性的。[3]

首先，没有任何理由表明，亦没有条文表明，在当事人的关系（让与人与受让人）中，法律行为合意的实时效力原则（尤其参见第408条第1款的规定）不适用于让与。没有任何理由表明让与人不应被视为自始须履行诸如第586条所规定之义务：向受让人交付证明债权的文件和其他证据。

其次，在考察让与的总体效力时，不能仅仅局限于合同中与债权之移转相关的部分；而是还须考虑该让与中与其具体原因有关的那些方面，第578条的准用性规范中间接涉及了这些方面。

然而，就这些方面而言（尤其是以无偿方式向受让人作出的慷慨行为的完成，或者以有偿方式取得债权的取得人所负债务的产生），没有任何有

---

[1] 比照第584条及第583条第2款，显然可见这样的一种意图：维护获债权人接续地移转债权的第三人的利益，排除债务人单纯知悉让与这一点获证实的风险。

[2] Mancini很好地阐述了主张移转效力推延至通知或其他等同事实之时方发生的见解，参见其前揭著作，第36页、第52页、第55页及以下。根据学者们的主流意见（参见 von Tuhr, W. Roces 翻译的 *Tratado*, 95, pr.；亦参见 Larenz, §34, Ⅳ），德国法则确立了完全相反的见解［认为让与有*即时*移转和对世（*erga omnes*）的效力］。

[3] Panuccio有不同主张（参见其前引最后一篇文章，第5目）。他认为，无论是在双方当事人之间，还是对包括债务人在内的第三人而言，让与都有即时移转效力。

力的理由可以使我们认为在立约人的合意成就时该让与合同不产生其效力。而且，既然作为债权之买受人的受让人自始负有对待给付义务（在特定的交换情况下，取得人的对待给付甚至可能具有物权效力：第408条第1款），如果不让他同时取得与该债务相对应的债权，对他（及其债权人①）是极不公平的。

虽然人们认为，债务人在没有获得通知有关让与且没有通过其他途径知悉该让与的情况下向让与人作出的支付可对抗受让人，但这并不必然意味着让与人继续拥有该债权且对之拥有完全的处分权。②

法律之所以确认该履行具有解除债务的效力（根据不当得利制度要求让与人向受让人承担返还义务，以此来纠正局面），是因为不同的立法制度均或宽或严地保护向表见债权人作出的支付。③④

让与人仍是债权人这个想法，与他所承担的——无论是不当受领债务人须为之给付时，还是为债务人（免除某项债务，允许迟延给付，减少给付的金额，等等）或第三人而处分（之前已被让与的）债权时——责任的

---

① 文中的那些思考说明了，在让与人的债权人和受让人的债权人之间有冲突的情形下，后者的利益理应优先。Vaz Serra 在比较相关的两套制度，以表明其支持德国法和瑞士法的解决方案时，写道："即使让与人和受让人都没有就让与知会债务人，让与人或债务人亦不应该能够援用该状况，去妨碍受让人的权利；让与人的债权人，也不应能够据此对一项已不属于其债务人（让与人）的债权行使他的权利。"参见其前揭著作，第283页。
实际上，1867年《民法典》的第789条将延迟效力扩及债务人以及第三人，但新法典则相反，其第583条第1款和第2款仅仅提到了债务人。至于第三人方面，法律特意规定第584条的特别解决方案仅适用于债权的接续取得人。

② 事实上，Vaz Serra 有不同的主张，他一针见血地写道："让与人自其让与债权后，就已经不再是其拥有人，故承认其有向债务人索债的权利是不合理的。即使让与人和受让人都没有就让与知会债务人，受让人或债务人亦不应能够援用该状况，去妨碍受让人的权利。"而且，也没有什么理由，能说明这种意见没有被《民法典》采纳为这些条文的最终理念。

③ 关于向表见债权人作出的支付与其效力的概论，参见 Ciorgianni, *Creditore apparente*, 载于 *Novissimo Dig. Ital.*。

④ 债权被移转于首名受让人后，让与人有效地将债权移转于第三人，这种事实上的可能性（这由第584条的规定所致），也可作为相同或类似的说明。
通知或债务人的接受，在这里所发挥的功能，就跟那些须登记物权的物业登记相类似。
应当注意，Mancini 的观点在第584条所指的情形下，也跟传统观点一样面临着相同的理论难处。
如果首次让与并没有被通知或接受，但被债务人知悉，则法律行为的移转效力，因为债权的拥有人（对债务人而言）已变成首名受让人。即便如此，尽管已不再拥有债权，但让与人仍维持着必要的正当性得以移转权利予第三人。显然，这只是一种给予向非主人（*a non domino*）取得的人的例外保护措施。

内容不相协调。① 这项责任应当归责于处分他人权利之人，② 而非只是不遵守形成中的合同准备阶段所施加的行为义务的人。

因此，比起 Mancini 所提出的理论——无论对于债务人、第三人，还是当事人本身，有关法律行为都具有延后的移转效力——主张法律行为在当事人之间立即产生移转效力（而不论是否对债务人作出通知）的传统理论似乎更容易与让与合同的整体规则相协调。

398. IV）*将来债权的让与中债权的实际创设或取得*

让与之标的不仅可以是在合同订立时已存在且为让与人所拥有的债权，也可以是仍不存在的债权（尚未订立的租赁合同中的租金、已经订立的租赁合同中未来数月的租金、未来几年的利息、尚未到期的定期金等）；也可能是已经存在但债权人还未取得（虽然预期将会取得）的债权。③

一言以蔽之，让与之标的既可以是现在的债权（已经到期的、有期限但尚未到期的、附条件的④等），也可以是将来债权（第 211 条）。既然原则上容许将来物之给付（第 399 条），没有理由不容许受到同样限制的将来债权的让与⑤，只要该等债权不欠缺可确定性这一必要要件即可。⑥

---

① 而且，那样的话，在让与完成后的一段时间内仍然属于让与人的*权利*，便面临着合同的移转效力可能被触发的极端风险与*不稳定性*：这项权利的*存在*与*持续*，会一直决取于一件很大程度上跟利害关系人的意思无关的事情，那就是债务人对让与的知悉。参见 Mancini 前揭著作，第 57 页。

② 如是者，如果让与人在不当受领了被让与债权的债务人（*debitor cessus*）的给付后破产或无偿还能力，受让人（以及倘有的相关债权人）应当有权从破产财产中分离出这项给付，假如有可能将它个别化的话。

　若让与人二次让与债权，且第二次让与优于第一次让与，则有义务向首名受让人赔偿*积极*合同利益，而非仅仅是*消极*合同利益。

　适用于买卖他人之物（第 897 条）的*促成有效*（*convalidação*）义务，与第 584 条所规定情况的结构并不相容。在首次让与优于第二次让与的情况下，获得让与人转移已不属于他的债权的第二名受让人，其权利并不比第一名受让人更值得被促成有效。

③ 这几个类别中，没有一类本身是被第 557 条最后部分的禁令所涵盖的。

④ 如果被让与的债权附有条件，则在条件（停止条件）成就与否待定期间，便只存在一项纯*粹期待*。如是者，若在条件成就之前，债务人错误履行的话，则有权向受让人请求（正如他有权向让与人请求一样）返还不当给付。持这种观点的，例如，Mota Pinto, *Notas sobre alguns temas de doutrina geral do negócio jurídico*，第 206 页。

⑤ 事实上，第 399 条提到法律例外地禁止将来物给付的那些情形。由于赠予合同（第 942 条第 1 款）是其中一种情形，故应认为*将来债权的赠予*同样被禁止（然而，亦参见为定期给付的赠予而设的第 943 条规定）。

⑥ 参见 Enneccerus-Lehmann, *Recht der Schuldv.*，第 15 版，第 299 页。Larenz［§34，（转下页注）

关于将来债权的让与，学者们有时候会提出这样的一个问题：被让与的债权直接在受让人的范围内产生（Unmittelbarkeitstheorie），还是在移转于受让人之前，必须先进入让与人的权利范围（Durchgangstheorie）。①

这实质上是如何解释立约人的意思的问题。但是，为了确定一个简单的一般准则，学者们习惯区分两大类情况：其一，有关债权表现在将来才会设立的单纯之债中，但其基础为让与合同成立之日已经设立的长期合同关系；其二，从作出让与时仍未设立的合同关系中产生的债权。②

属第一种情况的，例如，对（已属于让与人的股份的）未来五年的股息的让与；对（已被让与人出租的不动产）未来三年的租金的让与；等等。

属第二种情况的，例如，对电影制片人预期取得的放映或改编（改编为广播或电视）收入的让与（这在意大利非常普遍）；对让与人预计将在一定时间内取得的船只的租金所得的让与；等等。

在前一种情况下，原则上债权在受让人的范围内直接产生，③ 因为自让与合同订立时起，受让人已立即取得了关于未来债权的萌芽的法律期待。④

在后一种情况下，由于仍然必须订立合同才会导致被让与的（未来）债权的产生，且在该等合同中让与人将作为其中一方主体，故预期中的债权将在让与人的范围内产生，之后才移转于受让人。

作为简单的一般指导标准，基于上述区分的学理确实站得住脚。

虽然第 1058 条规定，对在继受日尚未届满之时段所涉及之租金作出免

（接上页注⑥）Ⅲ，第 584 页］说道，如果不能具体地知道被让与的债权为何者，则让与人预期因将来出售房地产而得到的限额为 50000 马克的债权，其让与便会因欠缺必需的确定（参见第 280 条第 1 款）而并非有效。

① 作为例子，参见 Mota Pinto，前揭著作，第 227 页及以下。

② Mota Pinto（前揭著作，第 227 条，注 1）对德国的司法见解与学说所讨论的那些最常见的各类将来债权的让与，有相当详尽与完整的介绍。根据他的介绍，以及 Mancini（前揭著作，第 19 页及以下）所收集的资料，将来债权的让与，常常被用来担保其他债权的履行。这种用作担保的债权让与，和债权出质两者之间的那些根本区别，详见 Mancini，前揭著作，第 157 页及以下。

③ 取得债权的一项或多项前提关乎让与人的人身（在将来租金让与的情形中，原则上——第 1058 条——让与人维持出租人的身份，是受让人取得相关债权的前提），并不妨碍债权直接诞生并归属于受让人。事实上，债权不至于构成让与人财产的组成部分，因而不能受其债权人侵略，这是重要的。

④ 这种见解，作为例子，参见 Larenz（§34，Ⅲ）。他赞同 Klaus Hahnzog 在其专著（Die Rechtsstelung des Zessionars kunftiger Forderungen，1962 年）中所作的论断。亦参见 Mancini，前揭著作，第 77 页。

除或让与，不得对抗出租人的生前继受人，但从该条中并不能得出反对学者们共同说法的任何决定性的理据。

一方面，由于该规定完全不妨碍出租人的生前继受人在取得有关物之时承诺会尊重该免除或让与，所以它仅具有候补性质。

另一方面，第1058条所涉及的情况是，被让与的（未来）债权走向一边而作为其基础的租赁关系遵循不同的路径，之所以规定上述解决方案，是因为如果将会承担义务以确保承租人在与被让与的租金相应的期限内对有关物的使用和享益的人被剥夺未来租金，将导致不公平。

但是，如果出租人已将将来租金让与第三人（受让人），且在该等租金到期前房地产的所有权上没有发生任何继受，则上述理由不再成立。[1]

在所有让与将来债权的情况下，为防止有关合同不产生效力，设定或取得该债权的期待必须成就。

399. C）效力：I）获给付之权力的移转。全部或部分让与

让与合同的主要效力是获得债务人须为之给付的权利的转移（从让与人到受让人）。[2] 单纯因为该合同的效力，受让人获得以自己的名义为自己的利益要求获得给付的权力，[3] 同时让与人丧失该权力。该合同无须遵守任

---

[1] 尚应注意关于查封效力的第821条规定。

　　虽然，在查封当日尚未届至的期限内所涉及的将来租金，其让与被认为不得对抗请求执行人（这也不可避免地对受让人所作的有偿租金对待给付有影响），但这绝不妨碍查封物权创设之前那段期间所对应的*将来租金让与*，具有"在受让人的财产中直接产生相关债权"这种效力。

[2] 现今（观乎第477条第1款的文本，以及这个制度的历史演进过程）已经不太可能再出现以往学说上所提出的疑问：是否能让双务合同产生债权，但移转人继续身为双务合同所生之债的债务人。

　　简言之，以往人有这样的一个疑问：某物的出卖人是否得将价金债权移转给他人，但继续身为该物（或者说物的交付）的债务人。事实上，既然买受人（被让与的价金债权的债务人）继续享有合同不履行抗辩权、合同解除权，以及其他建基于买卖合同关系的防御方法，那么，即便是在立法论的层面上，也无疑问余地。作为例子，参见 Mota Pinto，前揭著作，第225页，注1。

[3] 受让人不仅取得（*形式上的*）*请求给付的权力*，这一点有别于受债权人委托索债的单纯受权人。除了给付请求权力，受让人尚有留置给付标的权力，将其据为己有，满足自身利益（而非让与人的利益）。

　　即使对所谓*信托让与*（*cessão fiduciária*）而言，上述论断仍然是正确的。例如，纯粹*以担保为目的的信托让与*，便是如此。为了担保信贷的即时提供，这样，将来债权让与会经常发生。即使在债权移转的背后有所约定，但受让人在这种情形下仍然有权获得应为给付（而无须像债权出质的情形那样，诉诸出质的司法变卖，或者抵押权的执行），因（转下页注）

何特别方式，但当所涉及的是抵押债权的让与且有关抵押涉及不动产时除外（第578条第2款）。

但是，为得到更好的保障，受让人应通知债务人，而该通知（使该让与为债务人所知悉的行为）亦得由让与人作出——无论哪一种情况，都无须遵循任何特别方式，因为法律无此要求（第219条）。与通知等同的行为是（已通过任何途径知悉有关让与的）债务人对让与的接受（第583条第1款）——该接受可以是明示的或默示的（部分支付、对同一债务提供新的担保、请求迟延履行等）。即使没有通知亦没有接受，如果债务人已通过任何适当途径知悉有关让与，则该知悉具有与通知非常相近的效果。

事实上，尽管债权之移转是基于让与的单纯效力而在当事人（让与人和受让人）之间发生的，如果债务人不了解该让与并对让与人进行了支付，则虽然该支付是对已非为债权人之人作出的，仍然不失为有效的支付。[1] 唯一的后果是让与人有义务根据不当得利的规则及其限制向受让人返还其不当受领的给付（第476条及以下）。类似的，在相同的情节下，如让与人作出任何处分有关债权的法律行为（允许迟延履行、接受以在该让与其承担的一项债务的抵销、免除该债权等），该法律行为虽然是由已非为债权人之人作出的，但仍然是有效的，以保护善意的债务人（第583条第2款）；但让与人须就其因不法处分受让人的权利而给后者造成的损害承担责任（第483条第1款）。

如原债权人相继将同一权利让与两人或多人，根据第584条的规定，优先的让与并不是首先作出的那个，亦不是首先为债务人所知悉者，而是首先通知债务人的或首先为其接受的让与。让与人须对其他受让人承担责任，可能是因为他不法地处分了他们的权利，也可能是因为他让与了他人的权利。如债务人向根据第584条的标准不具有优先地位的债权人作出了支付，则可能被迫重新支付，当然他有权要求获得返还先前的支付。[2]

（接上页注③）而可以稳确地留置给付标的，只要不违反禁止吞并协定（*pacto comissório*）的那些规范（第675条和第694条）即可。

然而，信托让与的终结，会使受让人（担保获得人：*Sicherungsnehmer*）有义务返还被让与的债权，只要因让与而获担保的那项主债权，由于支付或任何其他履行以外的原因而消灭。关于这点，参见 Mancini，前揭著作，第159页及以下，以及 Larenz 在 §34，V 中，对信托让与与讨债让与制度的详尽论述。

[1] 从第583条第2款规定的最后部分中可清楚得知，若无通知或接受，即*推定*不知悉让与。

[2] 文中所述见解的基本思路，作为例子，参见 Larenz，§34，IV。

然而，在让与被通知、被接受又或（以任何稳定及可信赖的途径）已被债务人获得以后，如果债务人向让与人支付，则该支付不会导致债的消灭（第770条），而清偿人须重新向真正债权人（受让人）作出支付。[1]

然而，第577条第1款却规定，债权人可将其全部债权或其中的部分让与第三人：无论哪种情况，都无须取得债务人的同意。[2]

因此，拥有5000康托债权的某人可让与2000康托的债权而保留3000康托的债权，也可将2000康托的债权让与甲，将1500康托的债权予乙以及将1500康托的债权予丙。

从法律文本在此方面所开放的这些广泛的可能性中，可以找到部分让与的各种情况或类型：一定比例的债权让与（例如，让与人可获得的损害赔偿的五分之一）；在金额不确定的债权中低于该金额的确定部分的让与（在数额高于100康托但仍需通过提交账目确定的债权中，让与其中100康托的债权）；让与确定部分以外的不确定的部分（在前述例子中，让与超出1000康托的部分）；等等。

对于部分让与的情况，法律并没有设定优先标准，没有规定处于优先地位的是原债权人（对比第593条第2款的规定，其中规范的是部分债权发生代位的情况），还是在时间上靠前的几位受让人（参见1867年《民法典》第790条）。这一事实表明，新法典想要确认一个获得普遍接受的学说：如无相反约定，则各项债权或者享有相同程度的优先地位，或者同为平等的共同债权，具体根据导致该等债权的那一债权的性质确定。[3]

400. Ⅱ）担保及其他从属权利的移转。例外

既然让与旨在根据当事人的意图将让与人作为拥有人的（同一）权利

---

[1]　但显然，他有权向让与人请求返还不当给付。

[2]　债权人放弃请求整体给付，而只请求部分给付的权能（第763条第2款），并不足以说明，为何根据法律，部分让与不必经债务人同意。债权人的上述权能，并不妨碍债务人作出整体给付，而如果债权人不接受整体给付，便会*迟延*。然而，部分让与，却让债务人失去这样做的可能。法律显然是希望便利债权人的处分权力，这是因为考虑到，对债权人来说，只移转部分债权，可能是有好处的，因而，相应地牺牲了债务人的利益。参见 Vaz Serra，前揭著作，第107页，注221。

[3]　有人提出过这样的问题：让与人与受让人约定，因部分让与而出现的各项债权，不处于相同顺位，这种约定是否合法。
原则上，没什么理由不承认这种约定，只要它并不侵犯第三人的权利即可，正如第728条及第729条便为抵押权的移转设了明文规定。只要不违反上述限制，顺位不同是可获承认的；然而，这不是让与的*典型*效力，而是*附带*于让与的条款的效力。

移转于受让人（而非仅仅重新设立一项与前债权内容相同的债权），则除获得债务人须为之给付的权利外，如无相反约定，该债权的各项担保及其他从属权利亦移转于取得人（第582条）。

原则上，从物跟随主物的命运（accessorium sequitur principale）、给主物印上特性，并在很多时候加强了主物在实践中的稳固性。没有它们的话，债权将丧失其身份特征，原则上不再是同一债权。①

在债权的担保之中，抵押、质押和保证备受强调。对抵押债权的让与，须按照第578条第2款规定的方式。

由于质押的设定原则上包含质物的交付（第669条），而质权人有如谨慎所有人般保管和管理质物的义务（第671条），可能使人们对担保的继续存在以及将质物交付于获物主交付有关物之人以外的人产生疑问。第582条第2款明确地解决了这一疑问：在通常情况下，即质物已被交付于原债权人时，该物转由受让人持有，② 在例外情况下，即质物由第三人占有而未被交付于质权人时，继续由第三人占有。

只要债务人仍为同一人，仍须履行相同的给付义务，则保证为受让人的利益继续存在，没有任何例外。

同样，只要优先受偿权的设立系基于债权的形成原因（第733条）而非单纯基于债权人本人的身份，③ 则该等优先受偿权随债权移转亦不产生任何疑问。

在担保权利中，留置权（第754条及以下）是否可随债权移转，在根本上是有些许疑问的，因为该权利明显（即使不是在全部情况下，至少也在某些情况下）与让与人本人的身份相关。

但尽管如此，第760条却表明，只要留置权所担保的债权同时移转，则

---

① 然而，第582条第1款容许透过约定，阻却被让与债权的任何担保或从属发生移转。实际上，让与人可能出于某种理由，而不希望将确保债权受偿的质权或抵押权等移转给受让人，而且，让与人和受让人也可以协议接受解除保证人的债务。
就质权和抵押权而言，阻却它们移转，甚至可以出于以下意图：拥有质权或抵押权的债权人，必须在不移转债权的情形下，向第三人移转担保。

② 要求把让与人占有的质物交付给受让人，这种方案的出发点是：（由于"债权可被自由让与"这项原则是众所周知的，因此）债务人可以且应当预计到，有质权担保的债权有可能被移转，因而，质物也有可能被移转。《意大利民法典》第1263条则确立了不同的方案：若出质人未同意移转质物，则质物继续由让与人占有。

③ 然而，有些债权的优先受偿，是决定性地基于债权人身份的。在这些情形下，普遍情况下不是优先受偿权不伴随债权移转，而是债权本身不可让与。

不妨碍留置权的移转。但是，如果债权人只是让与其债权，而未对留置权作出任何安排，则原则上不能认为留置权被移转，因为它与原债权人本身有紧密的联系。

针对债权移转情况为与主债务相伴的担保规定的制度，同样适用于债务承担的情况。

如某人在债权让与前承担了该债务，而没有解除原债务人的债务（第595条第2款），则受让人取得要求获得给付的权利，根据一并承担债务的特定规则，既可要求原债务人给付，亦可要求承担债务之人给付。[1]

除担保以外，在与被移转之权利相伴的从属权利中，值得指出的包括对利息的订定、违约金条款、仲裁协定（为该债权受到争议的情况而设），以及其他可能涉及债之制度的其他约定。

还有，我们知道，不仅复合的债之关系，有时候单纯的债在其存续过程中，除了要求给付的权利及与此相对的给付义务，亦会由其他法律义务、形成权及相对的屈从状况、负担及期待等组成。

原则上，所有这些作为债权人具体状况的组成部分的权利和义务，均伴随着该债权人向受让人作出的对该债权的移转而移转。

但有一个很重要的例外，学者们通常在论述形成权时合时宜地提出这一例外。[2]

让与人所移转的债权是有其渊源的，通常是一个合同。但在作出让与时，让与人并没有将其在合同中取得的法律地位完全移转；在债权人因合同而取得的法律状况中，最突出的是债权，而正是该权利，这一单独的权利，通过让与被移转于受让人。

但是，有一些形成权是与被让与的债权相关的，因为它们如卫星围绕行星转动般围绕着该债权而运行；还有一些形成权，它们超出了被让与的权利的狭窄范围，而与导致债权产生的合同关系相关联。

前者会移转于受让人；后者则不会脱离让与人的范围，因为让与人并没有完全摆脱其通过合同所取得的地位。[3]

---

[1] 参见下文，第四节。

[2] 参见 von Thur，前揭著作及译本，第93目，1，以及第94目，Ⅱ，1，c.；Panuccio，前揭著作，第49页及以下；Mota Pinto, *Cessão da posição contratual*，第243页及以下。

[3] 以 von Thur 的教导为基础，学者们认为，附随行为义务所适用的处理方案，也类似于为形成权而设。参见 Mota Pinto，前揭著作，第264页及以下。

因此，以下权利（形成权）移转于债权的受让人：催告债务人的权利（第805条第1款①），在债务人不履行时提起履行之诉的权利、在债务人不遵从给付判决时执行其财产的权利（第817条），在涉及选择之债或种类之债且选择权属债权人的情况下选择给付的权利（第542条和第549条），确定第808条规定的合理期限的权利，等等。但是，基于债务人不履行或基于作为法律行为基础的情事的非正常变更（第437条）而对导致被让与的权利产生的合同的解除权并不移转于受让人，同样，对该合同的撤销权和确认权，根据第887条及续后条文规定要求增加价金的权利以及在长期给付的合同中单方终止的权利，等等，都不会移转。②③

第582条第1款最后的部分对被移转之权利的所有从属权利均为让与所包含的这个规则定为例外情况，那就是与让与人本人不可分离的从属权利不予移转。

是否不可分离，以从属权利的基础或理由来判断。如债权的某些属性因其性质或利害关系人的约定而不可移转或不应视为移转于取得人，则它们不可与让与人本人分离。

这样，如果让与人向受让人担保债务人的偿还能力，而受让人又将该债权移转于次受让人，则原债权人所提供的这项担保不移转于受让人。同样，如果让与人符合享受时效中止的利益的条件（第318条及以下）而受让人不符合，则该利益亦不移转。

---

① 严格而言，催告权只能被认为是一项形成权，它有别于债权（请求债务给付的权力），因为它是（虽然只是附带性地）使不履行的债务人处于*迟延状况*的一种权力。

② 更多的阐述，尤其是关于以对方不履行债务为由解除双务合同的权利，参见 Mota Pinto，前揭著作，第245页及以下，尤其参见第249页的注1，他在那里反驳了 Galvão Telles 的不同见解。

③ 文中提及的那些权利（诸如合同的撤销权、确认权、废止权、解除权、单方终止权、变更或修改权），在继续属于让与人的情形下，能否被自由行使，而不必经受让人同意，则是另一个问题，虽然那是*可移转性问题*的补充问题。

其基础超出被移转债权所限范围的那些权利，让与人不必经受让人同意，即可行使，除非让与行为已排除了这种可能（在知悉可撤销瑕疵之后让与债权，可构成默示确认合同，这便排除了撤销权；让与将来债权，意味着放弃了在相应期限内终止合同的权力）。然而，让与人所负有的担保债权在让与之时存在且正当的义务（其旨在让受让人防范由债务人而非让与人主张的瑕疵），并不足以排除这些权利的存在。这项义务（以及第762条第2款所规定的善意的一般义务），只不过是使让与人有可能须向受让人赔偿债权丧失所致的损失而已。

Mota Pinto 有相同的基本思路，参见其前揭著作，第252页及以下。

401. Ⅲ）债务人可用以对抗之防御方法

受让人所取得的债权与曾属于让与人的相同。因此，不仅那些能加强该权利在实践中的稳固性的从属权利和担保会移转于受让人，而且还包括那些能削弱或破坏该债权的债之关系的瑕疵（可对抗让与人的抗辩）。

由于债权的让与甚至不需要债务人的同意，所以原则上债务人面对让与人的状况不得差于其之前面对受让人的状况。

基于这些理念，第585条规定，"债务人得以所有可向让与人主张之防御方法对抗受让人，即使受让人不知悉该等方法之存在，但基于在债务人知悉该让与后方出现之事实而生之防御方法除外"。[①]

债务人可以争议债权的存在，或者可援引所有可向让与人主张的抗辩（延诉或永久抗辩）以反对受让人的请求。

这样，债务人既可以主张履行或其他债权消灭原因以反对受让人，也可以主张影响作为被让与的债权的渊源的合同的有效性的错误、欺诈、虚伪等。[②]

关于能否以与债务人对让与人的债权的抵销来对抗被让与的权利，在学者们之间引起了一些争论。[③]

[①] 《德国民法典》第404条也有相同规定。Larenz（§34，Ⅳ，第587页）留意到司法见解对这个条文的解释和适用空间之广。举例而言，如果债权时效在让与之日前已开始算起，且在其发生后才完成，则债务人须以此对抗受让人。

[②] 须以一切可针对让与人援引的防御方法来对抗受让人（只要该等方法是建立于知悉让与前所发生的事实），并不意味着，债务人援引的防御方法所对应的屈从状态，完全地移转至受让人。

如果是由债务人以适当诉讼声请撤销、废止、解除或单方终止债权所产生的那项合同，原则上，诉讼须针对让与人提起，且仅仅曲折地触及受让人（参见 Köhler 的文章，载于 J. Z.，第86期，第516页）。在受让人针对债务人提出要求履行债务的诉讼中，如果债务人以抗辩进行防御，则让与人无疑有正当性以适当的诉讼途径参与诉讼。参见 Mota Pinto，第257页及以下。

[③] 《法国民法典》第1295条规定，尽管"债务人毫无保留地接受债权人将其权利让与第三人者，其接受前对让与人所得主张的抵销，不得对受让人再行主张。让与已被通知但未经接受者，不得以通知后所生之债权作抵销"。

《意大利民法典》也有相同的规定。《葡萄牙民法典》第585条并未确立这种处理方案，因为其认为，接受让与不一定以放弃（以针对让与人的其他债权进行）抵销为前提，而且也认为在这种情形下，向债务人施加负担（ónus），要他向受让人声明，有一项可针对让与人予以抵销的债权存在，是不合理的。参见 Vaz Serra，前揭著作，第128页及以下。

抵销的可对抗性，其首要理据在于以下理念：让与不应有害于债务人面对让与人所处的状况。正是为了不损害其正当期待，故根据法律的精神，应当承认，以债务人（转下页注）

不过，第 585 条的规定使得我们就所采纳的解决方法不再有任何严重的疑问。只要债务人所主张的债权在其知悉该让与前已存在，则即使该债权在知悉让与之后才到期，该抵销亦对受让人成立。

如对让与人的债权后于债务人对有关让与的知悉（在让与后，债务人向让与人作出的出售；让与人在债务人知悉让与以后的期间所欠的租金），则该债权不能作为抵销的基础。

然而，在部分让与的情况下，可能会产生一些疑问。

对于拥有乙 5000 康托债权的甲，将其部分债权（2000 康托）让与丙。如乙在该让与之前即对甲拥有 2500 康托的债权，可否通过抵销以之对抗丙？又或者，在可以向让与人抵销的范围内，是否不可以此作为呢？

抵销是一种由抵销人自由处置的权能，故不应因债权的让与而阻碍该决定的自由。如原债权人行使第 763 条第 2 款赋予的权利，只要求债务人给付 2000 康托，仅在晚些时候才要求给付剩下的 3000 康托，则这不妨碍债务人主张抵销以对抗其选择的前一或后一请求。同样，在部分让与的类似情况下，我们亦没有理由否定债务人有类似的权能。①

402. D）债权存在及可要求履行性的担保

1867 年《民法典》第 794 条规定，"让与人有义务确保该债权在让与时的存在及正当性，但不须确保债务人的偿还能力，除非有如此约定者"。

该规定的总体含义并不会带来任何疑问。众所周知，这条规定实际上旨在确立一个根深蒂固的理念：让与人仅向受让人担保其债权真实（nomen verum，即其作为民事之债债权人的身份），而不担保其债权优良（nomen bonum，即实际履行债务人的偿还能力）。

然而，这条规定的行文备受非议，其中所采纳的解决方案亦备受抨击。

由于债权的存在和正当性是单纯的客观事实，不取决于当事人的意思，所以，如果将它们等同于任何取决于作为该债权的内容的给付的要件，令债权人有义务确保它们，这样的说法未免不太合适。

然而，比这个形式重于实质的效果更差的是，在让与人须承担的责任

（接上页注③）的一项债权针对让与人所作的抵销，须被债务人用以对抗受让人，即使它是在让与后才到期，只要其创设是先于（债务人）知悉让与或与其同时即可。

① 相同的观点，参见 Vaz Serra，前揭著作，第 135 页。

问题上，第794条（受制于《拿破仑法典》中的古老概念，即将债权的让与同债权的出卖等同起来）没有区分债权移转的各种（可能的）原因。

新法典第587条试图消除上述两个缺陷。

一方面，该条表述为让与人担保①（而非有义务确保）债权的存在和可要求履行性；另一方面，该条强调，根据该让与所属的法律行为是无偿的还是有偿性质的而存在不同的担保。

因此，如果移转是通过债权的买卖而作出的，则让与人按照第892条及以下的规定对权利的存在和可要求履行性负责。② 如债权是被赠予的，则其责任按照第956条和第957条的比较宽松的规定来确定。③

403. 债务人偿还能力的担保

虽然让与人担保债权的存在和可要求履行性，但他在其后并不对给付的实际实现承担责任，即让与人不担保债的履行，除非他通过明示意思表示（第217条第1款）担保债务人的偿还能力。对此法律没有要求用严格的方式，只要根据明示意思表示本身的规定（第217条），认定存在任何表示表明让与人须弥补因债务人无偿还能力而给受让人造成的损害，即可认定存在上述明示。

---

① 第587条第1款所用的表述"担保"（garante）（让与人担保……），虽然还有改善的余地，但看来已比1867年法典所用的表述"有义务保证"（é obrigado a assegurar）更为正确。在这里，担保等同于负责（responsabiliza-se）。

这种担保所涵盖的债权可请求性，并不指已到期债权的即时可请求性，因为将来债权、附条件的债权［译者注：此处原文为"convencionais"（约定），但似是作者笔误，应为"condicionais"（附条件）］和附期限的债权，无疑都是可让与的。可请求性，是指债权的这样一种性质：（在让与后或一定期限届至后或特定事件发生后）须以司法途径予以请求——故此，这个概念便排除了那些自然债务所对应的债权，那些债务人表示因抵销而消灭的债权，那些被债务人有理据地予以争议的债权，那些（虽然存在但）让与人不可处分的债权，等等。参见 Guilherme Moreira，前揭著作及卷目，第56目。

Vaz Serra 也有相同的见解（参见前揭著作，第290页），他写道："因此，让与人不仅担保债权存在，尚担保其不受抗辩所妨碍，也不受制于争议或抵销——这些事都会危及债权在法律上的存在或有效性（valor）。"

② 如是者，如果被让与的债权不属于让与人，则其有义务返还已受领的价金，并有义务赔偿受让人已花费的开支，以及他所遭受的损害。如果让与人是故意这样做的，而且受让人属善意，则该等损害包括一切假如受让人无订立合同即不会遭受的损失（第898条）；如果让与人的行事并无过错，则赔偿范围就仅包括所受损害（danos emergentes）（甚至不包括价金与债权面值之间的差价）。

③ 关于债权存在与可请求性担保的确切内涵，参见 Paniccio，前揭著作，第22目。

葡萄牙的这一法律规定并没有将让与人的责任限于（正如《意大利民法典》第1267条在一定程度上所采取的措施①）他从受让人处所受领的价值。因此，该担保的功能更多的是为满足（受让人的债权），而非返还。②

同样，担保债务人偿还能力的让与人的地位（仅在证明债务人无偿还能力后，让与人才被要求承担责任，且其责任以弥补因债务人无偿还能力而给债权人造成的损失所必需者为限）亦完全不同于连带债务人或承担他人债务之人的地位，债权人可直接要求后二者履行全部债务。

第三分节　债权让与的规则对其他概念的适用

404. 其他权利的让与、法定或经法院裁判的债权移转

第588条在两个方向上扩大了关于债权让与的规则的通常的适用范围。一方面，该条规定该等规则（中可适用的部分）延伸适用于未被法律排除的其他权利（债权以外的其他权利）的让与；另一方面，关于约定移转的这些规范被视为亦适用于法定（ope legis）或经法院裁判的（ope iudicis）债权移转。

第一个扩张明显并非旨在包含物权以及亲属权利，前者移转的形式直接规定在法律的其他位置（物法卷第1316条及以下），而后者与亲属身份（status familiae）的联系使它们原则上具有严格的人身性，因此不可移转于第三人。第588条的准用所特别针对的权利是著作权、对无体财产的支配权（第1303条）以及形成权。③ 前两类法律关系虽然在很多方面近似于物权④但在其移转中会出现与债权之移转十分类似的问题。文学作品的出版者、艺术作品的复制者及使用他人发明专利的公司的法律地位，在很多方面都

---

① 《法国民法典》（第1694条）甚至比《意大利民法典》更明确地限制了债务人偿还能力担保的内容，其规定债权的出卖人"不就债务人的偿还能力负责，除非其有此义务，且仅以其所受领价金的数额为限"。《瑞士民法典》（第173条，第1款）则稍微拓宽了担保责任，把价金的利息、让与的开支，以及对债务人所作的无用措施包括在内。

② 关于第587条第2款所规定的担保条款或合同（其旨在涵盖债务人无偿还能力对受让人所造成的损害）与保证合同（contrato de fiança）（作为一种从属债务，其所涵盖的是整体的他人债务）的区别，参见 Vaz Serra，前揭著作，第282页及以下。

③ 参见 Larenz，§34，Ⅵ。

④ 参见 Pires de Lima 与 A. Varela，*Cód. Civ. anot.*，Ⅲ，对第1304条的注释。

类似于债务人在债之关系中的地位，而著作权或工业产权的移转则在这些方面十分类似于债权的让与。

至于形成权，众所周知，在大多数情况下，它们都作为从属的权利，随它们所围绕的主权利而移转。[1]

当然，亦存在一些可单独移转的独立的形成权，如基于优先权约定而产生的优先权（参见第 420 条），以及附买回条款之买卖中解除买卖合同的权利（第 927 条）。这些权利亦包含在第 588 条第一部分规定的延伸中。

准用的第二部分中，首先包括债权的法定移转的情况，如规定的第 119 条第 1 款、第 120 条、第 2076 条第 2 款、第 2077 条、第 794 条、第 803 条第 1 款的情况，或者在无代理权之委任中将受任人所取得的债权移转于委任人的情况（第 1181 条第 2 款），将出租人本身的债权移转于取得租赁物之人的情况（第 1057 条），将承租人对出租人所享有的权利移转于顶让他人房地产中设立的场所的受益人（《都市不动产租赁制度》第 118 条），等等。

经法院裁判之债权移转时有发生。例如，《都市不动产租赁制度》第 84 条规定了经法院裁判而使租赁权移转于承租人的配偶的情况；旨在终结财产清册程序的分割表中通常包含被继承人的一些债权，确认分割的判决将它们移转于判决中所指定的利害关系人；当被执行人的债权被查封时，如该等债权在执行程序待决期间未到期，它们通常被判给竞买人（《民事诉讼法典》第 860 条）。

对于这些法院命令的债权移转，原则上都适用债权让与的规则，特别是第 578 条、第 579 条、第 580 条、第 581 条和第 582 条的规定。

第三节　代位[*]

405. 例子、概念

债权之让与系基于在债权人（让与人）与取得债权的第三人（受让人）

---

① 参见 Mota Pinto，前揭著作，第 234 页及以下。

* 参见 Vaz Serra, *Sub-rogação nos direitos do credor*, 1953 年；Pires de Lima 与 Antunes（转下页注）

之间所订立的处分债权的法律行为，除此，还有另一种移转债权的重要方式，其基于债的履行（或等他行为），法律和学者们将之命名为"代位"（第589条及以下），或者更详尽地称为"因支付而代位"。①

一些具体的例子有助于勾画这个新概念。

甲请求乙借给自己5000康托，并由一位第三人保证该债务的履行。由于债务人在应当支付时拒绝支付或无法支付，该担保人支付了债务。

因为保证人的做法，根据第644条的规定，他"代位取得债权人之权利"。

丙以25000康托向丁购买了一处房地产，并立即将该房地产抵押予债权人，以担保价金的支付。在该债务到期时，买受人遇到严重的经济困难，因此求助于其友戊，后者同意代其支付或向其提供支付所必需的金钱，条件是以与前述相同的抵押来担保戊的债权。为此，根据第590条和第591条赋予其的权能，债务人使戊代位取得债权人的权利。其中第590条第1款规定，"债务人在第三人履行债务前或履行时，亦得使履行债务之第三人代位取得债权人之权利，而无须债权人同意"，而第591条规定，"如债务人以从第三人借入之金钱或其他可代替物履行债务，则债务人得使该第三人代位取得债权人之权利"。

概念

根据纯粹描述的标准，可将代位定义为，由代替债务人履行或为债务人的履行提供必需的资源的第三人替代债权人而拥有获得某一可代替之给付的权利。②

（接上页注＊）Varela, *Cód. civ. Anot.* , 对第599条及后续条文的评注；Jacinto Bastos, *Das Obrigações em geral*, 第Ⅲ卷，1972年，第160页及以下；Espin, *Sobre el pago con subrogación*，载于1942年的 Rev. Der. Priv. ，第300页；Diez-Picazo，第981号码编及以下；Gauthier, *Traité de la subrogation de personnes ou du paiement avec subrogation*, 1853年；Thezard, *De la nature et des effets de la subrogation*, 载于1879年的 *Rev. crit. De lég et jurisp.* ，第97页；J. Mestre, *La subrogation personnelle*, Paris, 1979年；Butera, *Surrogazione per pagamento e (Pagamento con)*, *Dig. Ital.*；Magani, *La surrogazione per pagamento nel dir. Priv. Ital.* , 1924年；Merlo, *La surrogazione per pagamento*, 1933年；Giorgianni, *Surrogazione (Pagamento con)*, *Nuovo Dig. Ital.*；Buccisano, *La surrogazione per pagamento*, 1958年。

① 这是西班牙学说中的主流叫法，参见 Espin, Ⅲ, 第233页。
② 法律（参见第593条）把债权发生替代所惠及的那个第三人称为 sub-rogado。将该主体称为 sub-rogante，而把 sub-rogado 这个名称留给他所替代的债权人，这种想法（参见 Pugliatti-Falzea, *I fatti giuidici*, 1945年，第28页）虽然在词源学上比较恰当，但在学说上并未得到平反。

这是一种债权移转的现象，因此法律将之规定在"债权及债务之移转"一章①，但代位的核心在于履行，而让与的法律基础却是债权让与人与取得人之间所订立的合同。

因此，代位人的权利总是根据履行来衡量（第 593 条第 1 款）的，②而受让人的权利则根据法律行为的约定来界定。如代位的第三人支付了 500 康托，则仅就 500 康托成为债权人。而如果让与是无偿的，受让人不支付任何对价即可就 500 康托成为债权人，或者如通常情况下的有偿让与一样，受让人以低于债权票面价值的金额取得了债权，则其亦可因支付了低于 500 康托的金额而就 500 康托成为债权人。

债权的让与服务于债权的流通利益，而代位则仅旨在补偿第三人因履行他人之债而招致的牺牲。③

因此，由于在让与中债权人是决定性地处分债权之人，所以法律（第 587 条）规定其须就让与时权利的存在和可要求履行性向取得人承担责任。代位情况下的债权人则不负有相同的责任，因为应由第三人（或债务人）在履行之前调查有关债权是否存在及是否可要求履行。

由于代位人取得了原属债权人的所有权利，所以其地位便非常不同于为向债务人作出间接慷慨行为而履行的第三人，也非常不同于因对债务的归属错误性地怀着管理他人事务的意图或基于债务人的委任而履行之人。

这些作出履行的特别情节被法律规定为代位的前提，正是它们表明由清偿人取代（subingresso，subentrada）④ 原债权人的地位是合理的。

关于由第三人作出或在其协助下（第 591 条）作出的履行的学说，同样适用于其他满足对可代替之给付的债权的方式，包括代物清偿、方便受偿之代物清偿、提存、抵销或有偿免除（第 592 条第 2 款）。⑤

---

① 意大利民法典所采用的体系标准则不一样。它将此事宜放在关于债的履行的一章（第 1176 条及以下），其标题为"以代位支付"（第 1201 条及以下）。

② 关于支付（履行）作为代位前提的重要性，参见 Rui Alarção 与 Henrique Mesquita, *Sub-rogação nos direitos do credor*, Rio de Janeiro, 1979 年。

③ 研究者们都普遍强调，让与和代位是两种根本不同的债权移转现象，它们在经济生活中发挥着不同的功能。参见 Diez-Picazo，第 801 页；Merlo，前揭著作，第 28 目，尤其是第 42 页，以及 Buccisano，前揭著作，第 32 页。

④ 这两个词（"承继""接替"）被 Diez-Picazo（第 981 目）用来定义代位现象中新债权人对旧债权人的替代。

⑤ 参见 Vaz Serra，前揭著作，第 56 页。在代物清偿的情形下，毫无疑问，清偿人须向债务人请求其所作给付的价值，只要该价值并不超逾债务的数额。

代位具有实际的好处，这使之在债之关系的主体变更中保有有利地位（lugar ao sol）。作出支付的第三人在某种程度上是受惠的，因为他通过履行债务而取得了债权人的权利，并在大多数情况下实现了其本身的利益；债权人同样是受益的，因为在债务人可能不具条件地履行债务时，由第三人满足了其债权；同样可能受益的还有债务人，因为他在一个本来可能无法适时履行的时候获解除履行债务的义务（及在不履行的情况下，避免陷于迟延）。

不能将债权人之代位与物的代位相混淆，前者是人的代位，以履行或等同行为为基础，而后者指在特定法律关系或财产集合中一物对另一物的代替。① 同样也不能将债权人之代位等同于债权人代位债务人（第606条及续后条文），后者是赋予债权人的一种权能，使之可代替其债务人行使某些债务人对第三人拥有的具有财产内容的权利。②

406. 根据来源对代位的分类：a）（基于债权人或债务人意思的）意定代位；b）法定代位

早在旧法仍然生效时，以1867年《民法典》的文本为依据，③ 同时根据作为代位之基础的履行的不同方式，学者们将代位分为两种。

第一种为我们所谓意定代位，其可以基于债务人的同意（如第778条和第780条的情况）或债权人的同意（第779条第2款最后部分）。另一种为法定代位，在法定代位中，清偿人法定（ope legis）取得在此之前由债权人占据的地位，因而不取决于债权人或债务人的任何意思表示（第779条第1款）。④

在进行新民法典的准备工作时曾适时考虑的第一个疑问是，是否应当维持基于债权人意思的代位？《瑞士民法典》已经将此废除，因为在实践中并不容易将之与债权之让与的情况相区分，而且此种代位有被用以逃避关

---

① 作为例子，参见第1462条和第1273条的规定。
② 关于这三个概念的相异之处和相似之处，参见 Buccisano，前揭著作，第106页及以下。
③ 代位的历史起源，可追溯至罗马法中的 *beneficium cedendarum actionum*（诉权让与优惠）（关于这点，参见第653条的规定），它实际上就像因判决而发生的代位（sub-rogaçãoope *iudicis*）那样运作。Merlo 有详尽的论述，参见其前揭著作，第1页及以下。
④ 然而，必须注意，在意定代位的情形，由于代位触及没参与所订协议的人的权利与利益，因此，必须获得法律允许方可为之，而非纯属意思自治的表现。在这种意义上，可以说代位总是借助于法律（*ministerio legis*）而发生。

于让与的法律规定的风险。①

　　然而，在追随 Vaz Serra 所主张的指导思想下，大家均承认，我们并无决定性的理由来废弃这类代位，这不仅因为基于债权人真实意思的代位在实践生活中合乎当事人的正当利益，② 而且因为支持《瑞士民法典》中之指导方向而提出的论据并不具有说服力。③

　　第 589 条维持了这类代位，只是寻求以适当的条文（类似 1867 年《民法典》已经采取的做法），通过对被代位人的意思表示设置形式要件和时限要件，来保护债务人的其他债权人的利益以及被移转之权利的担保人的利益。

　　新法典还在第 590 条和第 591 条规定了第二种意定代位，即基于债务人意思的代位。法律决定性地克服了导致创设债务人向作出应为给付的第三人处分其非拥有人的权利的权能这个理论障碍，从而关注建基于实践考虑而作的利益的合理分配。④

　　尽管债务人继续受制于给付义务，但基于在这个时期中其债务的履行或执行对他所造成的严重困扰，他对第三人所成就的履行仍可能具有正当利益。同时，由于清偿人仅取得早前存在的权利，且取得的时间刚好是原债权人丧失其拥有的时间，所以第三人参与的代价（即由其取代原债权人的地位）并不会对债务人、其他债权人或负责债之履行的人带来任何不合理的损害。

　　除所谓意定代位——以债之其中一方主体的意思表示为前提条件——的两种情况以外，新法典还在第 592 条维持了法定代位。新法基于充分的理由，扩大了 1867 年《民法典》第 797 条第 1 款仅针对保证人直接提出的理论的适用范围，使法定代位适用于履行债务之第三人曾为债之履行提供担保的所有情况。

---

① 参见 Vaz Serra，前揭著作，第 13 页。

② Planiol、Ripert 与 Radouant（参见 Traité pratique，Ⅶ，第 1221 目）写道，由债权人的意思引发的代位"不仅让缺钱的债务人在"债务"到期时免于执行，也让想即时得到现钱的债权人不用等到债权到期就可收到款项，而且可马上从代位的第三人处获得支付"。相同的见解，参见 Vaz Serra，前揭著作，第 13 页及以下。

③ 虽然在某些情形下，*难以知道双方当事人的真正意图为何*，但这无碍在其他许多情形下，这种意图是相对容易界定的，也无碍"让与债权"与"由清偿人代位"这两种意图，是本质上不同的两回事。
　　此外，让与制度与代位制度的区别，也不致于会造成当事人想以其中一者来规避另一者精神上的重大危险。

④ 这种代位的历史源头，可追溯至 18 世纪初的法国。参见 Savatier，*Cours*，第 2 版，Ⅱ，第 506 目；Espin，Ⅲ，第 248 页，以及 Diez-Picazo，第 804 页。

然而，对于清偿人未曾为债之履行提供担保的情况，新法限制了代位所包含的较有利机制的适用范围，使之限于参与的第三人能直接从债权之满足获益的情况。

407. 代位的要件：A) 基于债权人意思的代位

1867 年《民法典》第 779 条第 2 款规定债权人作出的代位有两个要件，表现为：该代位须在支付时（no acto do pagamento）以明示方式（expressamente）作出。

现行《民法典》第 589 条维持了关于债权人意思表示方式的内容。但对于该表示的时间，并没有如旧法般规定"在支付时"，而仅规定了一个时限，"债务履行前或履行时"。

要求明示意思表示（第 217 条第 1 款）是合理的，因为这便利了对某些对很多利害关系人（债务人、清偿人、同一债务人的各债权人、债的担保人等）而言都具有实践意义的事实的证明问题的解决，也因为这迫使债权人在采用涉及代位的例外对待时更为明确，这是有利的。[1]

将履行债务的时刻作为代位的时限也不无充分的理由：一方面，假如债权人在其权利消灭后仍可使其债权及所有担保重新出现，[2] 使新债权人优先于先前的各债权人，使已经消灭的责任重新出现，这将是难以理解的；另一方面，如果债权人与第三人不是在履行时作出代位，而是在履行前作出，则在这个问题上所欲保护的正当利益便不会遭受任何损害。[3]

408. B) 基于债务人意思的代位

尽管立法者在第 590 条和第 591 条中保留了 1867 年《民法典》中已经规定的基于债务人意思的代位的两种情况（第 778 条和第 780 条），但新法典在有关要件的要求上规定得更为准确。对于由第三人作出履行的情况，第 590 条并不满足于债务人对清偿人的行动所作出的明示或默示的同意，法律还要求

---

① 要求明示并不意味着表示必须采用某种格式（亦即严格遵照任何仪式或行文）或必须以书面为之。它可以只是一种口头表示。参见 Pires de Lima 与 Antunes Varela，前揭著作，第 I 卷，第 422 页。

② 参见 Planiol、Ripert 与 Radouant，前揭著作及卷目，第 1222 目；Gonçalves，*Tratado*，V，第 626 目。

③ 认为应从字面上解释《法国民法典》第 1250 条第 1 款最后部分。这类不同观点，作为例子，可参见 Savatier，前揭著作及卷目，第 505 目；Carbonnier，第 130 目，第 545 页。

明确表示代位之意思（根据第 217 条第 1 款的规定），其着眼点在于第三人行为的效果，而非债权人利益的单纯满足。[①] 关于该意思表示的发出，法律规定以债务履行的时刻作为时限，理由与第 589 条的规定的对应理由相同。

对于债务人以第三人提供的资源作出履行的特别情况（"以从第三人借入之金钱或其他可代替物"），虽然第 591 条没有放弃要求以文件方式，但不要求以公文书来作为借贷的证明。[②] 然而，法律并不满足于指明有关借贷物用于债之履行的意思表示。新法有志于澄清当事人的关系中存在的一个问题，即究竟债务人仅想承认贷与人有第 1142 条规定的要求返还的权利，还是确实想要赋予贷与人以代位特有的利益，故要求明示意思表示中"贷与人代位取得债权人权利"。[③]

409. C）纯粹基于法律的代位

在两种主要情况下，法律规定履行债务之第三人代位取得债权人的权利，不论债之主体的意思何如（第 592 条）。

第一组情况是清偿人在履行前为债之履行提供了担保，例如通过抵押、质押或以其所有之物提供担保。

这是一种在传统上就经常被赋予代替债务人作出支付的保证人的利益（参见 1867 年《民法典》第 779 条第 1 款），而 1966 年《民法典》第 592 条第 1 款又有意将之延伸到其他为履行提供担保的情况。

在该等情况下允许代位的好处是不难理解的，不仅因为此时涉及第三

---

① 关于旧法与新法在要件上的差异，Vaz Serra（参见其前揭著作，第 32 页）用下面的一段话阐释道："另一方面，债务人单纯同意第三人作出支付一事，并不足以说明他想让第三人代位取得债权人的权利；更别说这种同意能够像 778 条所容许的那样，从此事可以推断出来。债务人可以同意第三人支付其债务，但不希望由其代位取得债权人的权利。"

② Guilherme Moreira（第 58 目）写道："公文书不仅旨在证明借贷是为了支付债务，也旨在证实借贷日期，所以，如果不要求采用公文书的话，即使债务已经消灭，人们也可以协议谎称，先前所缔结的借贷是用来支付债务或把债务消灭后才做的借贷，其日期虚假地推前，并在任何情形下使保障或者担保消灭，如保证和抵押重生，从而损害身为占有人的第三人、其他债权人或保证人。"

　　虽然人们承认，有必要提防 Guilherme Moreira 所指的风险，但人们认为，为此目的而要求采用公文书这种专门手续是不必要的（这会使操作的实施变得过分困难），因为要求采用文书（书面）的形式便已经足以保障法律的宗旨了。参见 Vaz Serra，前揭著作，第 26 页。

③ 为避免第三人被债务人与消费借贷贷与人蒙骗，在这种情形下真正对第三人而言重要的日期，并非借贷日期，而是标志着代位确切时刻的履行日期。参见 Pires de Lima 与 Antunes Varela，前揭著作，第 424 页。

人（第 592 条字面表述为"履行债务之第三人……"），而且因为此时履行的特别目的，即为清偿人的利益而避免担保被执行。

第 592 条第 1 款的行文中所包含的第二类主要情况是清偿人能直接从债权之满足获益的情况。[①]

如果我们将第 592 条第 1 款的最终文本与民法典草案第一次司法部修订的对应文本（其中规定的是对支付的作出有法律或精神利益的第三人）以及 Vaz Serra 草案中相类似的、行文更加诡辩的规定（第 142 条）相比，可以轻易得出的结论是，法律想要将代位的利益限于对债权的满足有本身利益的人，排除履行完全是为了债务人的利益的情况[②]以及纯粹为了清偿人的精神或情感利益而履行的情况。[③]

为第三人本身利益而履行的这个一般类别，不仅包括该第三人旨在避免其所有的权利丧失或受到限制的情况，也包括清偿人仅想保护其权利在经济上的稳固的情况。

前者包括以下情况：次承租人为避免转租失效，支付承租人所欠下的租金（《都市不动产租赁制度》第 45 条）；质权人支付质物的价金，以防止买卖被解除；质物或抵押物的取得人履行债务人所欠下的债务，目的只是避免质物被变卖或判给，又或抵押债权被执行；等等。

后者则包括优先债权人向另一受偿顺序在自己之前的优先债权人作出支付，或一般债权人向优先债权人作出支付，以避免对其他债权人毁灭性或不适时地执行。

410. 代位与求偿权

在外国的一些立法中，代位与求偿权不被视为不同或相对立的法律事务，而是作为彼此兼容的制度，在很多情况下甚至相互重叠。

[①] 第 592 条第 1 款所涵盖的两组情况，构成了不同的案例群，这使 Merlo（前揭著作，第 143 目）就以下问题所提出的解决方案，变得相当有疑问，即使对葡萄牙法而言亦然：保证人只保证其中一名连带债务人支付了整体债务，不能保证其效力如何。
毫无疑问，他可以向受保债务人请求全体给付。然而，他是否同样可向保证所不涵盖的那些债务人，请求全体给付或部分给付？

[②] 无因管理人、待继承遗产保佐人、待分割财产管理人等，以自身财产作出履行，便属于这种情形。

[③] 由其他共有人支付某名为共有人的债务，以免债务人的共有物份额被执行，这种经常发生的情形，以及其他相似情形，便是如此。

事实上，《法国民法典》第 1251 条即规定，对由于有义务与他人共同清偿债务，或者有义务为他人清偿债务，因而有利益清偿债务并已进行清偿者，代位权依法产生（第 3 款）。意大利也将类似的学理从旧法中引入，确立在 1942 年《意大利民法典》第 1203 条第 3 款中。

学说和司法见解一般认为包含在该等规定（根据清偿人本身所具有的债务人的资格而有相应的调整）中的一种情况是由连带债务人作出了超出其份额的支付。① 而这恰恰也是求偿权的一种典型情况。

本来，Vaz Serra 想在新的葡萄牙民事立法中确立与法国和意大利相同的解决方案。② 但第 592 条第 1 款最终文本接受的却是不同的指导思想，将代位限于由第三人作出履行的情况，并在这些情况的范围内把代位限于对履行提供担保或能直接从债权的满足获益的第三人。

于是，虽然代位和求偿权在根源上具有一定的相似性，但它们在葡萄牙的法律体系中构成了不同的法律现实，在某些方面甚至是相对立的。③

代位是债务移转的一种方式，它使代位人拥有原属原债权人的同一债权（当然该权利受履行幅度的限制）。而求偿权是一项刚产生的权利，由（全部或部分）消灭前债之关系之人或承受代价使前债之关系被视为消灭之人拥有。④

代位是向某人赋予（有时是因为一方或另一方当事人，有时基于法律）的一项利益，该人为第三人，因为他能从债权人权利之满足中获益而作出履行。而负担连带债务情况下的求偿权是法律赋予的一种恢复的权利（或请求返还的权利），获得赋予该权利之人是给付受领人的债务人，但其履行超出了其在内部关系中本应承担的份额。⑤

---

① 作为例子，参见 Merlo，前揭著作，第 138 目及以下；Buccisano，前揭著作，第 46 页，注 78。

② 参见前揭著作，第 64 页。Vaz Serra 的确在其研究的最后部分，列点写道：
第四条——法定代位
1. 法定代位，发生在下列情形：
a）……
b）有义务与他人或为他人支付债务，并因支付债务而受惠的人，支付债务；
c）……

③ 参见 Pires de Lima 与 A. Varela，前揭著作，第 I 卷，对第 592 条的注释。

④ 文中所着眼的是，超额履行的连带债务人所享有的求偿权（第 524 条），以及连带债权人针对超额受领的共同债权人所享有的求偿权（第 533 条）

⑤ 在积极连带的情形下，求偿权的意义等同于：虽然债权人在面对清偿人时须整体给付，但若所受领的超出了内部关系中自身的额度，即有返还义务。

于是，导致求偿权产生的各种情况的性质似乎可以说明：如无相反约定，被消灭的债务的担保及从属权利，均不移转于求偿权利人。

例如，甲、乙和丙以连带方式欠丁 9000 康托，戊作为保证人担保甲的债务，如乙作出了全部给付，并不使其相对于其他共同债务人而获得连带债权人的身份，[1] 他也不获得要求甲的保证人承担任何责任的权利，除非设定该保证时定出的内容表明该保证亦旨在担保被保证人可能对其共同债务人负有的债务。[2]

411. 代位的效力：A）债权的移转。全部代位和部分代位。代位不使债权人受损的原则

代位的主要效力是债权的移转，由已获满足的债权人移转于代债务人履行或承担代价而使债务被履行的第三人（代位人）。由于代位人的取得实质上系基于履行行为，所以只有代位人才可要求债务人作出与满足债权人利益而作出之给付相同或相当的给付。[3]

这是衍生的或移转性的取得，但也是受限的（本乎此意，hoc sensu）取得。

因此，如果债务为 10000 元，而有条件成为代位人的第三人又确实支付了 10000 元，则这便是其可要求债务人作出的给付。但是，如果清偿人仅支付了 8000 元，则其有权获得的给付不超出这一数额。[4]

事实上，除全部代位，还存在所谓部分代位（参见第 593 条第 2 款），这既可能因为债权人的权利没有获得全部满足，也可能因为有两个或更多

---

[1] 然而，参见第 526 条的规定。它在任何情况下，都不向求偿权赋予连带之债的性质。

[2] 关于这点，参见第 639 条第 3 款的规定。在意大利与法国的学说中常被引用的一种论点（Buccisano，前揭著作，第 49 页，注 86），认为保证人有义务，乃是考虑到债务人而非债权人的人身。这种论点，仅当涉及*同一项债务*时才成立。如果那是新债务，则非如此，即使其取决于原债务，或与原债务有关联亦然。而且，连带债务人的求偿权，虽然是连带之债关系流程的组成部分，但它有别于原债权人的权利，无论是就主体而言，还是就客体而言。

除此，至少当无明确相反协议时，因连带而生的相互责任这种典型约束，假如因共同债务人自身而扩及主债务中其余共同债务人各自的责任担保人的话，是不公正的。

[3] 1966 年 5 月 25 日的最高法院合议庭裁判（载于 R.L.J.，第 99 期，第 356 页），自现今第 593 条第 1 款所确立的基本思想，得出如下结论：雇主实体须就已支付的金额，针对身为交通意外责任人的第三人予以法定代位，而不得就那些在将来才到期的款项发生代位。

[4] 根据第 764 条第 2 款所定的方案，如果向无行为*能力人*给付，则代位人有权请求的给付甚至可能会低于此数额。

人（全部或部分地）满足债权人。

在前一种情况下可能出现的问题是，没有获得全部支付的债权人是否享有相对于代位人的优先地位，还是二者在完全相同的条件下获得支付？在后一种情况下可能产生疑问的情形是数个第三人在相接续的时刻成为代位人。

无论哪一困难，都可以在 1867 年《民法典》中找到明确的解决方案（第 782 条和第 784 条）。第 782 条赋予仅获得部分支付的债权人以就剩余债务的支付的优先地位。第 784 条则规定，如同一债权不同部分的代位人无法同时获得支付，则按各个代位的接续顺序来支付。

现行《民法典》同样在第 593 条第 2 款和第 3 款中对这两种情况作出明确规定。对前一种情况，第 593 条第 2 款规定，在部分满足的情况下，如非另有约定，则代位不损害债权人或其受让人的权利。

尽管在提法上有差异，新法典在实践上继续维持旧法的做法，赋予原债权人（或其受让人）就剩余债务的支付的优先地位，[①] 但对于有数名代位人的情况就不同了，第 593 条第 3 款终结了基于代位时间之先后的优先地位。

《法国民法典》第 1252 条也规定未获全部支付的债权人具有优先地位，验证了"代位不使债权人受损"（*nemo contra se subrogasse censetur*）的古老格言，但对于法定代位或基于债务人意思的代位的情况则说服力不大。

412. B）债权之担保和从属权利的移转

与获得给付的权利一起移转于代位人的还有债权的担保（包括人之担保和物之担保）以及从属权利，只要它们并非与原债权人之人身不可分离者。这是适用于债权之让与的理论（第 582 条第 1 款），第 594 条使之延伸适用于代位。

因此，在代位中同样适用从随主（*acessorium sequitur principale*）的格言。[②] 因此，如果第三人所满足的债权系通过某项质押、抵押、收益用途之指定、（可与债权人人身相分离的）优先受偿权、保证或其他类似措施担保

[①] 关于新表述的含义，参见 Vaz Serra, *Cessão de créditos ou de outros direitos…*, 1955 年，第 324 页及以下。在（没有获得全部支付的）债权人与部分代位人之间的竞合中，《意大利民法典》第 1205 条采纳了状况平等准则：参见 Merlo，前揭著作，第 97 号。

[②] 参见 Merlo，前揭著作，第 83 目及以下。

的，无论该担保是由债务人设定的，还是由第三人设定的，有关的权利亦惠及代位人。① 如质物由债权人占有，则与让与的情况一样，债权人应将之交付代位人（第 582 条第 2 款和第 594 条）。

对于债权的从属权利（利息、违约金、限制责任条款等），根据第 594 条的准用效力，无论其移转的规则，还是基于从属权利之人身属性的例外规定，亦同样适用于代位。

413. C）代位对债务人和第三人的效力

在债权人之代位或法定代位的情况中，很可能第三人履行了债务并代位取得了债权人的权利，而债务人对此并不知悉。

但是，无论代位人还是原债权人，可以而且应当通知债务人，以使该移转完全产生效力，对所有利害关系人产生所有效果（第 594 条）。更具体地说，通知旨在避免债务人在基于善意而不知存在代位的情况下向原债权人作出支付。②

事实上，如果没有作出通知，而债务人在不知悉代位的情况下③向原债务人支付或与之订立与该债权有关的任何法律行为（免除、抵销、迟延的宽限等），则无论是该支付还是该法律行为，都可对抗代位人。

同样，如果同一债权中的债权人被两人或更多人接续地代位，首先作出的代位或首先获得债务人确认的代位并不优先，而是以首先通知债务人或首先为其接受的代位优先。这是从根据第 594 条而准用的第 584 条中可以得出的结论。

414. 可对抗代位人的防御方法

第 594 条在让与制度与代位制度之间建立起一种平行关系，将前者的规定延伸适用于后者，该条的内容主要反映在其积极的方面。这就是建立在这两种债权移转的形式之间的等同原则。但是也不乏有人关注该条内容的

---

① 在部分代位的情形下，担保的不可分性导致每一名代位人皆完全地行使其担保物权：参见 Buccisano，前揭著作，注 86。但在这种情形下，担保物权的共同拥有会因应发生的情况（第 593 条第 2 款或第 3 款）而有不同表现。

② 参见 Buccisano，前揭著作，第 76 页。

③ 如果既无通知，亦无接受，那么，如果代位人想令债务人向原债权人所做的行为不可对抗他，他便要主张和证明：债务人是知悉代位的。

消极方面，表现为主张准用性规范中没有提及的法律规定不适用于代位。事实上，不难理解，第 578 条——该条规定，根据作为让与基础的法律行为的种类来确定其适用制度，自始承认了有偿移转——中确立的原则并不适用于因为履行而与原债权相关的代位。

同样不适用于代位的还有对将争讼中之权利让与特定人之禁止，这是因为，履行是代位人取得权利的条件和措施，履行的这一职能剔除了通过债权的取得而谋利的所有想法。

在债权之让与中，关于债务人可用以对抗受让人之防御方法的规定（第 585 条）也同样不适用于代位。让与产生自合同，债务人并非该合同的当事人，这就解释了为什么债务人得以其可针对让与人援引的防御方法对抗受让人。而代位可能是债务人的代位，假如赋予债务人以同样的对抗债权人的地位的自由，将是不可理解的，至少在债务人代位的情况下如此。①

善意原则（第 227 条和第 762 条第 2 款）适用于债务人与清偿人或贷与人之间，根据第 590 条和第 591 条订立的协议，在此情况下发挥着过滤网的作用，留下了第 585 条规定的某些防御方法，例如以债务人的债权作出的抵销、合同不履行的抗辩、解除导致债务产生的合同的权利、在订立合同时在事实上可以争辩的意思表示瑕疵等。

关于时效机制，原则上时效对抗债权人而继续进行，计算时要将代位之前的时间与之后的时间相加，除非债务人的参与意味着对债权的真正确认从而导致时效中断。

第 586 条被排除适用是因为该规定无必要，因为有些法律规定已经规范了履行的证明（第 786 条和第 787 条）以及履行后债务凭证的返还（第 788 条和第 789 条）。

故意不规定比照适用第 587 条也是有理由的：在代位的情况下，由于债权人不具有让与人（特别是有偿让与的情况）所具有的债权交易者的角色，所以对他施以第 587 条所指定的责任是不合理的。但是，如果后来发现债务不存在或导致有关债务产生的法律行为被宣告无效或撤销，则清偿人有权要求返还其所作出的给付。但此时的返还所依据的是不当得利的规则，而非让与人对债权的担保。

---

① 在法定代位或债权人引发代位的情形下，可针对代位人援引的防御方法，其制度更加接近让与的规定。在这些情形下，债权不仅会连同那些巩固债权的担保与从属一并移转，还会连同那些动摇债权的瑕疵或缺陷一并移转。参见 Merlo，前揭著作，第 89 目。

415. 代位的法律性质

关于代位现象——尤其是法定代位——的法律性质问题，学者们一直争论不休。[1]

传统学理将代位视为债权转移的一种类型。尽管代位基于履行这一事实，而履行是最完美的债务消灭原因，但由于债权人的利益不是由债务人满足的，而是由第三人满足或者以第三人提供的资源满足，所产生的效果是债权没有消灭，而是完全移转于该第三人。

但是，多年以来，有很多十分权威的学者认为，虽然此时的履行是由第三人作出或资助作出的，但只要附属于该权利的利益完全获得满足，该履行就会导致债权消灭。[2] 从这一共同前提出发，一些学者认为，代位是一种两面的操作（opération à double face）;[3] 另一些学者认为，代位仅有的特别之处是原债权之担保的法定移转;[4] 包括 Vaz Serra[5] 在内的另外一些学者认为，代位人的权利只是一种获得损害赔偿的权利，而 Buccisano[6] 和其他一些学者则主张，代位的基础上存在真正的债权的客体更新，但从其来源

---

① 参见 Vaz Serra, *Sub-rogação nos direitos do credor*，第 5 页，注 1；同一作者，对最高法院 1965 年 6 月 18 日的合议庭裁判所作的注释，载于 *Rev. Leg. Jurisp.*，第 99 期，第 15 页；Espin，前引文章；同一作者，*Manual*，Ⅲ，第 235 页及以下；Merlo，前揭著作，第 31 页及以下（此作品对代位的许多学说观念有十分完整的表述，也有详尽的评论）；Buccisano，前揭著作，第 30 页及以下。

② 这是有迹可循的：《法国民法典》（第 1249 条及以下）与《意大利民法典》（无论是 1865 年的旧版本，还是 1942 年的现行版本亦然：参见第 1201 条及以下），都是在支付这个大标题下处理代位。

③ 此乃 Demolombe 的观点（参见 *Cours*，XⅢ，第 320 目），其比 Pothier 所主张的*拟制让与理论*稍晚提出。在债权人亦即被代位人和满足债权的第三人亦即代位人的关系上，代位由支付构成，而在代位人与他为清偿的债务人的关系上，则是一项让与。

然而，这种让与是*被拟制的*，因为应构成让与客体的债务已然消灭。

这种构想，跟 Pothier 和先前学者们的构想，其相似性是显而易见的。在一个代位仍未被妥善定义，而且让与和债权买受又被混为一谈的时代，学者们自然倾向于将第三人所作的债务支付，与受让人所支付的债权"买受"价金相提并论。代位，就这样被看成是原债权人所作的*拟制让与*。例如，Mourlon（Merlo 在其前揭著作的第 37 页提到了他）便说道，让与是"法律上的拟制，作出支付的第三人，被视为买受了债权，而非偿付了债权"（*une fiction de droit, en vertu de laquelle le tiers qui paie est censé avoir acheté la créance plutôt que l'avoir acquittée*）。

④ 此乃 Merlin 的观点（参见 *Répertoire universel dt saisonné de jurisprudence*，1807—1809 年，XⅡ，第 348 页）。他坚持认为，身为代位人的第三人其处境有别于债权人的受让人或继受人。

⑤ 参见前揭各部著作。

⑥ 参见前揭著作，特别是第 77 页及以下。

上又不足以将之定性为第三人的权利。

一个折中的理论在学者之间广为接受，即相对消灭理论，它由 Hartmann[①]提出，根据该理论，第三人所作出的履行会导致债务消灭，但并非如债务人履行般绝对消灭，而是只相对于债权人消灭，所以对于（没有履行的）债务人以及参与该债之关系（并代替债务人履行）的第三人而言，该债继续存在。

为评估这些相对立的理论的价值，我们首先必须重申法律学说的特殊功能：法律学说的功能并非通过解释法律和填补法律漏洞，为在法学范畴内提出的问题寻找解决方案，而是以更好的形式逻辑标准，科学地理顺并结合法学家通过论证活动获得的材料，将它们融合到适当的概念中。

如果从这一严格的角度去考察上述问题，关于代位之法律性质的其中一些学说就可以被立即排除了。

首先可以排除的是认为代位是拟制的让与的理论以及代位是两面的操作的理论。因第三人向债权人作出应为之给付而推定债权人有让与债权的意思并不符合实际（主要指法定代位或基于债务人意思的代位的情况），而作为该理论之前提的让与制度与代位制度之间的等同性也是不准确的。[②]

另外，如果承认债务因第三人作出的支付而消灭，如果承认仅通过法律的单纯拟制即可认为债权重新出现并移转于清偿人，则无异于放弃了对我们所论述的这一机制的教义学定义。

对某些情况下第三人作出的债务支付给予特别对待并不是一种拟制，而是一个现实。正是那些适用于此情况的各种解决方案，才使我们在理论上作出界定，以确定代位的法律性质。

同样站不住脚的理论是，认为代位是赋予第三人以损害赔偿请求权，来弥补履行给他造成的损害。

一方面，代位有一些基本的方面，例如债权之担保和从属权利的移转，而损害赔偿请求权是一项新产生的、由受害人拥有的权利，二者没有任何共同之处。

另一方面，弥补损害的思想在不同的法律体系中似乎都与遭受损失相联系，后者可能是因为他人的不法事实，可能是因为危险物或危险获得造

---

① 参见 *Die Obbligation. Untersuchungen über ihren Zweck und Bau*，1875 年，第 46 页及以下。

② 参见下文，第 356 目。亦参见 Enneccerus-Lehmann，§306，注 1。

成的风险，或者可能是因为与他人的某项上位利益所重叠（因合法事实导致的损害）。而这不能或难以与受害人本身为维护自身利益而作出的自愿行为——例如，质物之物主或抵押物之物主就他人债务作出支付，或者次承租人为避免转租失效而就他人债务作出支付——相协调。

诸如 Buccisano[1] 等学者所主张的将代位视为客体更新现象的说法则否定了法律的明确文义，相当于否定了履行后清偿人地位的特征。而同时主张代位人的新权利乃是对原债权人地位或位置的拓印，则无异于想要调和两个在逻辑上不可能调和的思想。

我们认为，只要像 Hartmann 一样适当地考虑债之关系事实上的复杂性，我们就没有必要通过推翻传统概念去忠实地描绘人的代位的现象。

债不仅表现为债权，后者只是前者的其中一个方面。从社会经济的角度看，债权关系也同样不仅仅表现为满足特定人之利益的强制性工具。

债是一项法律关系，它与其他任何法律关系一样，亦具有两极。如果在硬币的正面，债构成满足特定需要的一种工具，那么在硬币的反面，债便表现为对该关系中消极主体（债务人或义务人）强制施加的牺牲。

虽然只要债务人为之给付具有可替代性，其他任何人都可作出该给付，但可被要求作出该给付的只有债务人。债权人要求给付的武器只能针对债务人使用。

为确保债之关系中两个相冲突的根本利益的有序调和，除了债权人所享有的要求给付的权利和债务人所负的作出给付的义务外，还可以存在（并且往往存在）许多其他次要的或从属的权利和义务。

于是，面对上文所简要描述的债之关系的复杂性，在概念逻辑层面上，我们不得不接受以下三个结论。

a）只要第三人的履行未使债之关系的消极方面运作起来，则该履行并不必然导致债务人所负担之作出给付的义务的消灭。

b）第三人的履行使债权人的利益——该等利益附属于债权人要求给付的权利——获得完全满足，必然导致原债权人丧失（perda）债权，但如果考虑到给付的可替代性和有关第三人的行为后有理由认为有关债权继续存在，并由清偿人所拥有，则该债权不消灭。

---

① 《西班牙民法典》正是在新的一章（第1203条）笼统地提到更新的概念。参见 Diez-Picazo，第981目。

c）如有理由维持债务人作出给付的义务（因为他还没有履行），并使债权继续存在，由清偿人（因为他代替债务人作出了可替代的给付）而非原债权人（他的利益已经获得实现，故失去了该权利）拥有，则能够最好地表达这种双重关系的概念是债权之移转。

正是因为在第三人履行的效力层面上债权的丧失与消失之间的区别，新的《民法典》拒绝了其他立法对代位机制的体系安排（即将之置于关于履行或支付的章节，作为支付的消灭效力的一种例外），而在深思熟虑后将之置于题为"债权及债务之移转"的专门的一章（第577条及续后条文）。

这也是 J. Mestre 的指导思想，不仅体现了该机制（在罗马法中即已存在）的典型特征，而且也解释了该机制近年来的飞跃发展，后者也得益于社会保障制度和保理（factoring）制度的发展。①

第四节　债务承担*（单纯之债务移转）

416. 单纯之债务移转与债之关系的去人格化过程。债务承担的概念及不同情况

与债权之让与和因第三人支付导致的代位一样，单纯之债务移转同样

---

① 参见 J. Mestre，前揭著作，1979 年，ns. 635 及以下，第 695 页及以下。

* 参见 Carneiro Pacheco, *Da sucessão singular nas dívidas*, 1912 年；Vaz Serra, *Novação, expromissão, promessa de liberação e contrato a favor do credor, delegação, assunção de dívida*, 1958 年；Pires de Lima 与 A. Varela, *Código Civil anot.*, 对第 595 条及后续条文的注释；Mota Pinto, 前揭著作，第 23 目，第 166 页及以下；Jacinto Bastos, *Das Obrigações em Geral*, Ⅲ, 1972 年，第 175 页及以下；Ney Ferreira, *Da assunção de dívidas*, 1973 年；Diez-Picazo, 第 988 目及以下；Jordano, *Assunción de deuda*, 载于 *Annuario de der. civ.*, 1950 年，第 1372 页；De Diego, *Transmisión de las obligaciones, según la doctrina y la legislación española y estrangera*, 1912 年；Gaudemet, *Étude sur le transport de dettes à titre particulier*, 1898 年；Planiol 与 Radouant, Ⅶ, 第 1141 目及以下；Carbonnier, 第 127 目；Barbero, Ⅱ, 第 706 目；Bigiavi, *La delegazione*, 1940 年；Corrado, *Il trasferimento del debito*, 载于 *Riv. dir. Priv.*, 1943 年, I, 第 155 页；Coviello（N.）, *La sucessione nei debitti a titolo particolare*, 载于 *Arch. giur.*, 1896 年, 287 页；Nicolò, *L'adempimento dell' obbligo altrui*, 1936 年；Pacchioni, *La successione singolare nei debiti*, 载于 *Riv. dir. Com.*, I, 1911 年，第 1045 页及第 1913 页，第 81 页及以下；Russo, *Debito（Cessione del）*, 载于 *Nuovo Dig. Ital.*；Rescigno, *Delegazione（Dir. civ.）*, *Enc. del dir.*；Delbrück, *Die Übernahme fremder Schulden nach gem. und preus. Recht*, 1853 年；Demelius, *Vertragsübernahme*, 载于 J. J., 第 241 页；Fabricius, （转下页注）

意味着某些实践需要在法律上得到满足，尽管这些需要不如债权关系积极方面的移转的决定性需要那般常见。①

人们不时地缔结债务，或者为了促进对特定物——动产或不动产——的保存或保值，或者为了确保对某些事实上的或法律上的集合物的经营。如物或集合物的拥有人随即想将它们转让，在不令取得人反感的情况下，转让人可能认为适宜将与该等物有关的债务同时移转。例如，不动产的出卖人可能有意将支付改善费用的负担连同改善物一并移转于买受人；酒吧的买受人也可能愿意履行出卖人之前与某一冷饮厂订立供货合同的承诺。②

在其他时候，第三人愿意承担他人的给付义务，是因为想要以此方式来避免债权人作出可能间接损害自己的行为。例如，承租人的妻子可能愿意支付其丈夫欠下的租金，以避免出租人提起勒迁之诉，从而影响到自己和子女。抵押债权人可能承诺向定作人支付在被抵押的不动产上进行工程的价金，目的是防止因为没有完成该等工程而导致其债权担保贬值。

然而，多个世纪以来，由于债的概念具有严格的人身性，债权关系的主体变更一直受到反对，又由于债务人之人身在债之关系的经济中具有极大重要性（无论因为其身份还是因为其财产能力），各国的立法、司法实践和学说都反对在继承以及一般继受等类似现象以外接受单纯之债务移转。获得普遍接受的观点是，债务人被替代必然意味着主体更新，原债务人所负担的债务消灭，并创设了另一项约束（由新债务人所负担）以取代前者。③

最早针对不可单纯转移债务的教条作出反应的是德国的潘德克顿学派，

（接上页注＊）*Vertragsübernahme und Vertragsbeitritt*，载于 J. Z.，1967 年，第 144 页；Knoke，*die Sondernachfolge in die Schuld bei defreiender Schuldübernahme*，载于 J. J.，第 60 期，第 407 页；Larenz，§35；Pieper，*Vertragsübernahme und Vertragsbeitritt*，1963 年；Demuth，*Garantievertrag und privative Schuldübernahme in der neueren deutschen Privatrechtsgeschichte*，1966 年；Heckelmann，*Die Anfechtbarkeit vòn Schuldübernahme*，1966 年。

① Carneiro Pacheco（前揭著作，第 1 页）在其论著开首，便举了一个很好的例子来说明债务承担在实务上的用处。A 贷款 500 元给 B，后者以 500 元出售房地产予 C。这时候，在不转为现钱，也不创设新债的情形下，A 有两种方法让 B 解除债务：要么接受 B，移转 B 对 C 的债权（债权让与）；要么同意 B，将债务移转给 C（债务承担）。

② 关于这点，参见德国联邦最高法院（B. G. H.）1963 年 2 月 11 日的裁判所审理的情形，载于 N. J. W.，第 63 期，第 900 页。

③ 参见 Carneiro Pacheco，前揭著作，第 10 页及以下；Diez-Picazo，第 988 目及以下；Diego Espin，Ⅲ，第 253 页及以下。C. Pachero 在描述罗马法上债（*obligatio*）的概念时写道："债务人或债权人的改变，要求实施新的要式，而在这个形式主义法制下，新的（转下页注）

特别是 Delbruck 及 Windscheid，而《德国民法典》已经在第 414 条及以下明确规定第三人在债之关系中承担债务人的地位的可能性（Übernahme）。[①]

遵循《德国民法典》以及 1942 年《意大利民法典》的路径——其中受前者的启发更大——新的《葡萄牙民法典》在关于债之移转一章中新加了题为"单纯之债务移转"的一节，其中详细地规定了债务承担这一制度。

顾名思义，债务承担是第三人（承担人）承担向债权人作出他人须为之给付义务的操作。

债务承担意味着债务人本身发生改变，但没有改变债的内容及其身份的同一性。只有如此，谈论（单纯之）债务移转才有些许意义，因为它与古代法的指导方向相反，后者在体系上将债务人的替换包含在更新的概念中（见 1867 年《民法典》第 802 条第 2 款）。债务人的替换可以通过第 595 条第 1 款中描述的两种途径中的任何一种来实现：或者通过原债务人与新债务人之间订立的经债权人追认的合同；或者通过新债务人（承担人）与债权人之间直接订立的合同，此时无须原债务人同意。

移转（债务移转）这一术语出现在新《民法典》规范这一问题的章节的标题中，首先表明的思想是，有关债务在不丧失其身份同一性的前提下由原债务人移转于承担人，且前者自后者受约束于债权人之时起得以解除债务。

事实上，这发生在债务承担的大部分情况中，在该等情况下，第三人的参与目的正是使原债务人获解除债务。

但也存在一些不同的情况，例如第 595 条第 2 款中所规定的例外情况：在该等情况下，债务的承担将承担人置于原债务人之侧，但没有解除后者的债务，因此赋予债权人的不是获得双重给付的权利，而是通过两个约束而获得须为之给付的权利，这类似于有连带债务人之债的情况。[②]

（接上页注③）要式会产生一项新债。因此，虽然债可以消灭或重生，但本性使然，不得流转。"面对 1867 年《民法典》时，G. Moreira（Ⅱ，第 191 页及以下）仍然坚持"若要让他人替代债务人，只能以更新来实现，借以消灭前债创设凭据（título constitutivo）的法律效力"。虽然有第 802 条第 2 款的规定，但 C. Pacheco 有着与 G. Moreira 相反的观点，参见其前揭著作，第 85 页。

① Ney Ferreira（前引文章，第 35 页及以下）同样描述了，债的概念与（债权关系领域的）继受现象在法国法上的演进。

② 第 595 条第 2 款，在其所着眼的那类情形下，将承担人与原债务人一同视为连带债务人。这项规定说道："在上述任何情况下，仅当债权人有明确意思表示时，移转方解除原债务人之债务；否则，原债务人与新债务人将负连带责任。"关于此规定最后部分的确切内涵，参见下文，第 374 目。

事实上，当抵押债权人承诺向承揽人支付在被抵押的不动产上进行的工程的价金时，当承租人的妻子承诺向出租人支付丈夫所欠下的租金时，这些合同当事人的意图既可能是以新债务人（其自然向债权人提供了更强大的清偿能力的担保）取代原债务人的地位，解除后者的债务，也可能是以新债务人的财产承担有关债务，而不解除原债务人的债务，从而加强债权人获得应为之给付的权利。

无论是本国的还是外国的学说，均寻求突显这两种移转之间存在的深层差异，并对它们赋以不同的名称。

对于新债务人承担债务的承诺导致原债务人的债务获解除的情况，学者们将此称为债务的解除性、排除性或剥夺性承担（acollo privativo[①]；befreiende Schuldübernahme[②]）。[③] 对于第三人承担原债务人的债务但后者继续与前者一起受到该债务之约束的情况，学者们称为债务的累加性承担、债务的共同承担、债务的添加或附加、债务的增加或加强承担（accollo cumulativo；Schuldbeitritt）。[④]

417. 债务承担与其他近似概念的比较：解除债务之承诺；保证；向第三人给付之合同；更新；债务允诺（expromissão）和委托（delegação）

从其结构和功能来看，债务承担是一种法律行为，与债法范畴的其他多种协议相近，甚至存在大范围的共同或重叠的地方。

只有对这些概念进行比较，并划定它们之间的界限，才能有助于我们更准确地定义债务承担的典型特征。

解除债务之承诺或履行的承担

无论在法律关系的结构上，还是在法律行为的功能上，与债务承担最近似的一个概念就是解除债务之承诺（promessa de liberação），又称履行的

---

① 参见 Barbero，Ⅱ，第 707 目。
② 参见 Esser，§ 56，Ⅰ，第 415 页；Brox，§ 29，第 219 页。
③ 参见 Vaz Serra，前揭著作，第 189 页，注 1。
④ Vaz Serra 的论著（前揭著作）所提到的名称，是德国法学文献的主流表述（Schuldbeitritt；Kumulative，vervielfaltigende oder bestärkende Schuldübernahme：参见 Larenz，§ 35，Ⅱ）的葡文版本。从 20 世纪中叶起，自 Delbruck 的经典论著以降，个别债务移转这个主题已在德国法学文献上被广为研究。

承担（assunção de cumprimento，德文：Erfüllungsübernahme）。①

如某人（许诺人）有义务使债务人的债务获得免除，代替后者履行，也就是说，由该人代替债务人向债权人作出债务人须为之给付（参见第444条第3款），此时便出现了解除债务之承诺。② 例如，一家葡萄牙公司（甲）向一家外国公司（乙）购买一批货物，并承诺后者会向运输该批货物的运输公司支付后者有义务支付的运费，作为价金的一部分。

债务承担与解除债务之承诺之间的相似之处在于，在这两种法律行为中，均存在一人承诺作出他人须为之给付。二者的区别在于，在解除债务之承诺中，第三人仅对债务人负有义务，只有债务人有权要求第三人按照承诺解除自己的债务，而在债务承担中，第三人的义务面对债权人而订立（立即或嗣后），因此，债权人有权要求承担人作出须为之给付。

为强调两个概念的区别，可以将解除债务之承诺称为债务的内部承担，这也解释了Carbonnier的命名。③

它们之间的近似性会导致的其中一个实际结果是，如果原债务人与新债务人之间订立的债务承担合同没有获得债权人的追认〔第595条第1款a）项〕，则根据当事人的推定或假设意思（第239条和第293条），该债务承担往往转换成为单纯的履行的承担。④

保证

同样在功能方面与债务承担十分近似的还有保证之法律关系。二者在功能方面如此近似，以致在实践中往往很难得知究竟第三人确实希望承担债务人的债务，还是只想为债务人提供保证，次要和补充地对债务的履行承担责任。⑤

例如，当承租人的妻子为避免被提起勒迁之诉而承诺支付欠下的租金时，根据利害关系人之间意思表示的内容，我们并不总是能够轻易地确定

---

① 参见 Carneiro Pacheco，前揭著作，第3页及第4页；Brox，§29，第220页。

② 参见《德国民法典》的类似规定（第329条）。

③ Carbonnier（第127目，第527页）将*债务解除许诺*，归为债务让与在理论上可能出现的三个级别：*内部让与*（cessão interna）、*累加性让与*（cessão cumulativa）和*完全让与*（cessão perfeita）。虽然在法教义学（dogmática jurídica）的层面上，这可能会造成债务解除许诺与（解除性和累加性）债务承担混为一谈，但撇开这一问题不谈，将*内部*（interna）（让与）一词用于债务解除许诺，似乎是相当有启发性的。然而，将让与一词用于债务移转，则不是很恰当，因为这会让人误以为，债务人获赋予债务的处分权力。

④ 相同的观点，参见 Esser，§56，Ⅱ，第419页。

⑤ von Tuhr（第89目，Ⅱ，1）对此写道："双方当事人通常都不会理解这种法律上的区别。"

她究竟只想为承租人的债务提供保证，还是确实想对出租人就欠缴的租金承受债务人的地位。当抵押债权人表示负责支付在被抵押不动产上进行的工程的承揽费用时，也会产生类似的解释上的疑问。

从理论上讲，这两种状况是十分不同的，而这一差异亦体现在它们的制度的多个方面。

原则上，保证是一种补充债务（第638条第1款），且保证人所负责的总是他人的债务（dívida alheia）。承担人则不同，他或者是唯一的债务人（解除债务的承担的情况），或者与原债务人共同作为主债务人。除此之外，承担人承受了原债务人的法律地位，自承担债务的一刻起，原属债务人的债务由承担人承担，承担人系对自己的债务负责。

因此，保证会伴随着债务人债务的可变内容，[①] 而承担人则以在承担时有关债务所具有的内容而对它负责（有一例外情况，就是在累加性承担的情况下，原债务人可以通过任何形式而使债务全部或部分消灭）。因此，如果是可归责于原债务人的原因造成了迟延损害，而迟延发生在承担以后，则承担人无须对此负责，而保证人则须对提供保证以后出现的（法定的或约定的）迟延的后果负责。

另外，代替债务人作出履行的保证人将代位取得债权人的权利，因为虽然保证人对履行享有利益，但他是第三人，而承担人履行的则是自己的债务，故不享有代位的利益。[②]

在实践中，对这些产生疑问的情况的定性，取决于如何对作为有关合同之基础的意思表示进行解释和漏洞填补。德国主流的司法见解和学理认为，在有疑问的情况下，仅当第三人在债之关系中具有本身的真实的（客观）利益（例如，在承租人妻子的情况中，她对阻止勒迁之诉有利益，或者在抵押债权人的情况中，该人对避免承揽人罢工有利益），而非仅有单纯帮助债务人的个人利益时，我们才应当承认债务承担的存在。[③]

在这个以及其他情况下，法律行为的解释规则要求我们不仅关注合同当事人意思表示的内容，而且亦要关注在合同订立前或订立时存在的情事，以及当事人的目的。同时，显而易见的，在伴随合同的各个情事中，我们

---

① 第634条明文规定："保证之内容与主债务之内容相同，且其担保范围包括因债务人迟延或过错而产生之法定及合同规定之后果。"

② 除文中所指的那些差别，尚有另一些差别，是由第632条第2款规定不适用于债务承担所致。

③ 参见 Larenz，§35，Ⅱ，第611—612页；Esser，§56，Ⅱ，3，第420页。

仍须特别注意德国学者们所强调的那个实质方面，尽管只是作为单纯的启发性的标准。

向第三人给付之合同：关于债务承担与第三人给付之合同之间的关系，也许因为它们是在教义学上受到关注时间相对较短的两个概念，大部分学者对它们的定义是相当不确切的。有一种模糊的趋势认为，由于债务承担具有明显的弹性，可将之视为向第三人给付之合同可能具有的多种形式中的一种。[①]

在累加性的债务承担中，受益的第三人是债权人，而在剥夺性或解除性的债务承担中，受益的第三人是债务人。[②]

但须注意的是，无论在上述哪一种情况下，受益的第三人既不会像在第443条第1款和第444条第1款直接规定的情形中一般，取得要求获得新的给付的权利，也不会像在第443条第2款规定的情形中一般，取得要求获得新的财产给予的权利。

在累加性承担的情况下，债权人保持要求获得相同给付的权利。但是，债权人不再只得向债务人要求给付，而是可以选择对自己更为有利的做法，或者要求债务人给付，或者要求承担人给付。如属解除性承担的情况，新债务人为解除原债务人的债务而承担的债务则与先前后者所负债务相同。

然而，第433条及以下所规定的向第三人给付之合同（典型合同）的结构则是不同的。第三人取得权利而可要求的新的给付（或者新的财产给予）产生自许诺人设立，但乃在受诺人的指示下或为受诺人考虑而设立的债务。

从许诺人所负的这一债务的一般框架中可以得出两个重要的推论：一方面，当受益人尚未表示赞同有关许诺时，许诺人可单方废止该许诺（第448条第1款）；另一方面，许诺人得以由其与受诺人订立之合同而产生之一切防御方法对抗第三人（第449条），因为赋予第三人的利益正是由此合同产生的。

在债务承担中，首先，由于并不存在真正的受诺人，所以无论原债务人（累加性承担的情况）还是债权人（剥夺性或解除性承担的情况），均不

[①] 作为例子，参见 Vaz Serra，前引文章，第191页的注释，以及《意大利民法典》第1273条的第一阶段草案。

[②] 因为原债务人与新债务人之间合同所产生的债务承担（*accollo*），无论是*累加性*承担，还是*解除性*承担，都是一项第三人（债权人）利益合同。参见 Cicala, *Il negozio di cessione del contratto*, 1962年，第170页及以下，以及他所引述的其他意大利学者们的观点。

享有（单方）废止承担人之承诺的权利。① 其次，由于承担人所承诺的给付正是原债务人须为之给付，故新债务人可用以对抗债权人的防御方法并不是那些基于其与原债务人之间或其与债权人之间的关系的防御方法，而是那些因原债务人与债权人之关系而产生之防御方法（第598条）。②

但可能出现的一种例外情况是，承担人的参与是由另一位债之关系以外之人引起的，促使债务人的债务获得解除或者加强债权人获得债务人须为之给付的权利符合该人的利益。

如属此情况，在利害关系人之间订立的这一协议中，可能同时存在一项债务承担和一项向第三人给付之合同（典型合同），在该合同中：承担人发挥着许诺人的功能；指示（承担）许诺之作出的人则处于受诺人的角色；而原债务人或债权人则视具体情况而定，作为受益第三人。

总而言之，无论累加性的债务承担还是解除性的债务承担，都具有类似于向第三人给付之合同的效力，因为它们都为一位非属合同当事人之人（在累加性债务承担的情况下，指债权人；在解除性债务承担的情况下，指原债务人）创造了利益或好处。然而，在大部分情况下，债务承担的结构（即承担人承担了原债务人对债权人所负的债务）都不同于第443条及续后条文规定的向第三人给付之合同本身的结构。

更新

（解除性）债务承担与因债务人被替换而发生的主体更新（第858条最后部分）之间的相似性和差异性相对较容易明确化，但在实践中，有时由于当事人的意思不清楚，将某种情况定性为此抑或彼可能有些困难。

上述两个概念中，都发生了债务人的替换。然而，在更新中，债权关系消极主体的变更包含设立一项新的债务以取代原债务，原债务消灭；而在债务承担中，债务人的变更并不包含原债务的消灭，而纯粹是发生在债之关系中的一种继受现象。

在债务承担的情况下，③ 原债务的继续存在表现在：承担人可针对债权

---

① 第596条第1款所指的废除（distrate）的可能性，有别于受诺人可作出的（单方）废止。

② Larenz（§35，I，第606页）有相同的观点。他写道："在第三人利益合同中，许诺人的债务，仅依他与受诺人所缔结合同的内容而定。因此，许诺人得以那些建基于这项合同的抗辩（Einwendungen）来对抗第三人，但不得援引那些建基于受诺人与第三人（债权人）之间关系的抗辩。"另参见C. Pacheco，前揭著作，第55页。

③ Mota Pinto（参见其前揭著作，第168页及以下）充分论证了，（解除性）债务承担如同债权让与那样，是一种债的继受现象。

人使用的防御方法的确定（第 598 条），已经开始进行的有利于原债务人的时效惠及新债务人（第 308 条），原债务的从属债务随原债务移转于承担人（第 599 条），等等方面。

从债之约束的维持的角度看，与单纯之债务移转最具相似性的是所谓方便受偿之代物清偿（dação *pro solvendo*），后者完全可以通过对某项债务的承担来实现（第 840 条第 2 款）。但是，方便受偿之代物清偿有一个典型的特征，与代物清偿一样，通常而言，所作出之给付不同于债务人须为之给付。除了这个共同点之外，在方便受偿之代物清偿中，两项给付之间还存在目的关系以及由此关系而生的依赖性（第 840 条第 1 款最后部分）。

债务允诺（expromissão）和委托（delegação）

在《意大利民法典》中以及 Vaz Serra 所起草的债法草案中，对单纯之债务移转这一现象的规定不同于《葡萄牙民法典》最终文本中所采取的视角。

《意大利民法典》在本章中区分了三种不同的法律行为，分别是债务允诺（expromissão）、委托（delegação）以及在原债务人与新债务人之间订立的合同，意大利法律和学者赋予最后者以一技术名称，即债务承担（对他人债务的承担/accollatio）。①

委托（delegação）（见《意大利民法典》第 1268 条）是一项协议，据此，一人（委托人，delegante）委托另一人（受托人，delegado）向第三人（领受人，delegatório）作出特定的给付，后者被许可以自己的名义受领该给付。②

例如，由于存款人想向某位第三人借款、赠予或者支付某项债务，故命令银行将自己账户内的特定金额交付于该第三人。③

当委托人是第三人的债务人——上述最后一种情况即属于此——且有关行为旨在取代原债务人或者在原债务人之侧另置一位须作出相同给付的债务人时，该委托便构成消极委托，可能导致真正的债务继受。

债务允诺（exse promissio：见《意大利民法典》第 1272 条）也是一项

---

① 作为例子，参见 Rescigno，前引文章，第 8 目。

② 参见 Vaz Serra，前揭著作，第 97 页及以下；Barbero，前揭著作，Ⅱ，第 708 目及以下，以及第 201 页的注释所引的学者们的观点；Diez-Picazo，第 989 目及以下。

③ 文中所述的前两个例子，属于所谓积极委派（delegação activa），因为是债权人向债务人指出了另一名债权人，而前者并非后一名债权人的债务人。参见 Vaz Serra，前揭著作，第 106 页；Die-Picazo，第 1005 目。

协议，据此，第三人（债务允诺人，expromitente）在非经债务人委托的情况下，承担向债权人作出他人须为之给付的义务。①

例如，甲在知悉其邻居（生病或失踪）欠下一项待支付的债务且债权人准备进行执行的情况下，承担起清偿该债权的义务。

同样作为单纯之债务移转的一种形式，且不比前两种鲜见的情况是，原债务人直接与第三人订立协议，第三人有义务作出原债务人须为之给付，并对债权人作出承诺。

但是，《葡萄牙民法典》仅将单纯之债务移转规定为一种类型（债务承担）。为此，立法者从导致该继受的各个法律行为的不同结构中抽象出来，以关注它们所指向的共同结果。

然而，虽然立法者把所有的种类注入同一法律概念，但这并不意味着《民法典》忽视了该概念在结构上的多样性。

事实上，在关于这一问题的引介性规定中（第595条第1款），立法者首先便明确规定了利害关系人进行债务之继受可通过的不同方式。a）项规定的是原债务人与新债务人之间订立的合同，相当于在意大利被称为"accollo"的情况；而b）项规定的则是新债务人与债权人之间的合同，不论是否获得原债务人的同意，这一协议——尤其是在未经债务人同意的情况下——相当于债务允诺。而无论是基于对第595条的直接适用（既然原债务人与新债务人之间订立并经债权人追认的合同是有效的，可以作为债务移转的手段，那么债权人作为一方当事人参与、基于与前述合同相同的目的而订立的三边协议就更有理由被认为是有效的，是债务移转的手段），还是根据合同自由的基本原则（第405条），亦不容否定葡萄牙法承认委托作为债务移转的一种工具。

《葡萄牙民法典》所直接规定的债务承担（在此方面，葡萄牙更多地受到了德国法而非意大利法的影响）与 Vaz Serra 草案中分析列举的三个概念之间的近似性和差异性在其总体方向上是容易探知的。

债务承担旨在实现的基本效力是作出给付之义务的移转，因此，可以涵盖意大利法学学理中所讨论的三种协议。

相反，无论是委托和债务允诺，还是原债务人与新债务人之间为解除前者之债务而订立的合同，可能不仅导致债务的承担，而且也会产生其他

---

① 参见 Barbero，前揭著作及卷目，第712目；Vaz Serra，前揭著作，第77页及以下。

的不同效力。例如，如果委托人不是第三人的债务人，则委托并不导致债务的承担。债务允诺则既可能导致债务继受，亦可能导致更新。Vaz Serra 指出，"债务允诺是可能导致债务人更替的其中一种方式，但通过它同样可以导致债务负担或单纯在原债务人之外添加一位新债务人"。[①]

同样，须经债权人追认的原债务人与新债务人之间订立的合同，既可能导致更新或排除性的承担，亦可能导致累加性的债务承担，具体根据合同当事人所表现的意思而定。

418. 债务承担有效性的特别要件：A）债权人的同意

在债务承担有效性的各项特别要件中，首先有必要强调的是债权人的同意。为使债务被继受，为使债之关系的消极主体变更，债权人的同意是必不可少的。

第595条第1款所规定的三种法律行为中任何一种方式或做法事实上都有一共同要素，它是单纯之债务移转现象中不可或缺的元素，那就是债之积极主体的同意。这或者表现为追认的方式。例如，a）项所规定的合同类型的情况，或者表现为在合同中的直接参与；例如，b）项所规定的债权人作为立约人的两种情况。[②]

在移转现象的这一主要问题上，债权让与与债务承担之间不存在实质的对称性。

债权人在行使其处分权时，不论债务人同意与否，均可将部分或全部债权让与第三人（第577条），而在未经债权人同意的情况下，债务人则不得将其作为债之关系消极主体的地位移转于任何他人。

当所涉及的是解除性的承担时，可以毫不费力地找到债权让与与债务承担制度之间存在的上述实质性区别的合理理由。[③] 债务人的个人品质（包括责任感和谨慎程度等）和财产能力在债之经济中具有相当重要性，以致正如 Carbonnier 所言，[④] "无人可被迫接受债务人的更替"（nul ne peut être

---

① 参见前揭著作，第77页。
② 债务人的同意，对此行为而言，并不是必要的［第595条第1款b）项］。个中理由，就与债务人同意对第三人履行而言并非必不可少的理由一样。
③ 参见 Mota Pinto，前揭著作，第168页，注1；Diez-Picazo，第995目；Jordano，前引文章，第1377页；Barbero，Ⅱ，第706目，第195页；Larenz，§35，I，第602—603页。
④ 参见前揭著作，第127目，第527页。

contraint à changer de débiteur）。如果是累加性的承担的情况，由于它总是给债权人带来利益，使债权人在不失去原债务人的情况下又获得另一债务人，因此，似乎没有理由反对而更应接受免除债权人之同意的解决方案。

但是，新的《葡萄牙民法典》采纳了一种特别的制度，维护债务移转现象中债权人的利益。

毫无疑问，累加性的承担原则上会为债权人带来利益。但是，由于原则上无人可以（在违反其意思的情况下）被强加利益，再结合所谓合同原则，① 所以当债权人没有对累加性承担给予同意时，该承担不生效力［第595 条第 1 款 a）项］。② 对于解除性承担，法律甚至不满足于债权人的同意，考虑到债权人的利益以及法律关系的稳固性，法律还要求该同意是明确作出的（第595 条第 2 款）。③④ 如果债权人没有作出解除债务人之债务的明确意思表示，该承担便是累加性的；对于第595 条第 1 款 a）项规定的情况，就累加性的承担而言，债务人只需作出单纯的默示追认即可。⑤

当债务承担乃通过新债务人与债权人订立的合同作出时［第595 条第 1 款 b）项］，债权人同意的要求通过合同成立的要求来获得满足。如果债务承担系通过原债务人与新债务人订立的合同［第595 条第 1 款 a）项］作出，则必须经债权人的追认。⑥ 但是，在此情况下，要求当事人无限期地等

---

① 事实上，第457 条规定与第596 条第 1 款规定有着某种*实质的*相似性。在前一种情形下，如果许诺的相对人没有承诺，进而缔结合同的话，那么在许诺人改变念头时，要他遵守许诺去向他人给付，可谓毫无必要。第二种情形，在利益调和的纯粹*合理性*层面上，同样可以说，当债权人并无接受或追认时，并无任何决定性的理由，妨碍新旧债务人就废止他们所缔结的债务承担合同。

② 相同的观点，参见 Ney Ferreira，前揭著作，第74 页；不同的观点，参见 Mota Pinto，前揭著作，第149 页，注2。

③ 《意大利民法典》第1273 条，Ⅱ 的处理方案，有相同的取态。

④ 即使从立法论的角度（de jure condendo），要好好保护债权人的正当利益，也不必像《瑞士民法典》与《希腊民法典》的做法那样，进一步要求债权人作为立约人参与其中。

⑤ 例如，若债权人接受新债务人支付利息、催告债务人履行、延长期限，或向其定出履行期限，即存在默示追认。参见 Pires de Lima 与 Antunes Varela，前揭著作，对第595 条的注释。

⑥ *解除性承担的法律性质为何*，学者们众说纷纭。参见 Ney Ferreira，前揭著作，第83 页及以下。

最站得住脚的学说见解，似乎是认为新债务人与债权人之间合同所致的债务承担，对前一名缔约人而言，是一项负担行为（negócio de obrigação）（译者注：或直译为"债务行为"），对后一名缔约人而言，则是一项处分行为（negócio de disposição）（因其解除了债务人的债务，所以是债关系的主体改变）。

如果债务承担是由原债务人与新债务人之间合同所致，则对后者而言，它仍然是一项负担行为。而对原债务人而言，则是一项处分行为（不过是处分他人权利）：原债务人（转下页注

待债权人的意思表示也是不合理的，因此第 596 条第 2 款规定，各当事人均有权向债权人作出表态的期限，期限届满，视为债权人拒绝作出同意。[①]

合同被追认后，第 596 条第 1 款赋予合同当事人（原债务人和新债务人）的废止合同的权利即告终止。如拒绝追认，该合同不生效力，但仍可能按照一般规定转换为解除债务之承诺。

419. B）被移转之债务及移转合同均有效

由于债务承担的目标是由他人向债权人作出债务人须为之给付，故它取决于承担人所承担之债务的存在和有效。

如有关债务不存在、被宣告无效或应有正当性对之提出争议之人的声请而撤销，则债务承担自行失效。更准确地说：该债务承担因为目标不能（法律上的不能）而无效。

但是，有关债务的存在和有效还不足以确保承担人所作出的旨在解除原债务人之债务的承诺的效力。法律还要求债务移转合同本身有效；反之，如果该合同被宣告无效或撤销，则原债务人的债务重新出现，第三人提供之担保通常不重新出现，除非该第三人于悉知移转时明知有关瑕疵的存在（第 597 条）[②]。如果是累加性承担的情况，移转合同的无效或撤销会导致新债务人的债务消灭，仅原债务人继续负有作出给付的义务。

但是，我们必须将第 597 条的规定（将移转合同的无效或撤销作为使承担人之债务消灭的原因）与第 598 条所确认的一般学理结合起来，根据后者，新债务人无权使用基于其与原债务人之关系而产生之防御方法对抗

（接上页注⑥）预先指望债权人终会同意（*追认*），而与新债务人订立合同，借以使自己的*债务被解除*。这种观点，被大部分的德国学者所采纳（作为例子，参见 Enneccerus-Lehmann，§ 84，5；Larenz，§ 35，I；Brox，§ 29，第 222 页），并与债务承担法律行为的双方性的见解互相协调，即使债务承担是由原债务人与新债务人之间合同所致亦然；不同的观点，则把这种情形下的债务承担，视为三方法律行为，参见 Mota Pinto，前揭著作，第 512 页及以下。

① 期限是由*催告人*订定的，而非由法院订定，故不必诉诸《民事诉讼法典》第 1456 条至第 1457 条所规定的"以司法途径订定期限"的特别程序。

② 这种解决方案［它既适用于移转合同具有 a）项所定形式的情形，也适用于其遵守 b）项规定的情形］类似于为其他相似情形而设的解决方案：第 766 条、第 839 条、第 856 条、第 860 条第 2 款、第 866 条第 3 款、第 873 条第 2 款。

法律之所以认为，即使原债务重新出现，第三人所提供的担保，通常也确定地消灭，显然是想保护担保人在债务人的表见债务解除时所具有的期待。这项规则的例外，也完全符合构成*法律理由*（*ratio legis*）的那种思想。

债权人。

将两条规定结合，可以得出以下两个结论：一方面，新债务人得以承担合同的无效——例如基于所承诺的给付在事实上或法律上为不能、不法或不道德等（参见第 280 条）——对抗债权人，并得以第三人承担债务之意思涉及错误、欺诈或胁迫为由声请撤销合同，只要对原债务人而言该等瑕疵有一定的重要性，符合撤销的前提条件；[①] 另一方面，新债务人不得主张作为承担之基础的合同无效或可撤销来对抗债权人。[②]

例如，新债务人可以主张债权人故意令自己相信债务之数额远小于实际数额。但是，新债务人不得主张自己所承担的债务是原债务人本应作出而没有作出的一项供给的对待给付，或是一项法律上不可能的给付的对待给付。[③]

在原债务人与新债务人的关系中，当承担合同是在二者之间订立时，与债权让与中的情况一样，该承担的制度会根据作为其基础的法律行为的类型来确定。

如承担人想向债务人作出一慷慨行为，解除后者的债务，则原则上对他们之间的关系要适用赠予的制度。如承担人只是借给债务人必要的资源以满足债权人的权利，则原则上所适用的是消费借贷的制度（第 1142 条及

---

① Mota Pinto（前揭著作，第 512 页及以下，特别是第 513 页的注 1）以另一种途径，来保护债权人因合同表见有效而有的正当期待。Mota Pinto 不承认第 597 条和第 598 条之间的区别（前者承认以移转合同的撤销来对抗债权人；后者则不承认以建基于原债务人与新债务人之间关系上的防御方法来对抗债权人），而是把债权人视为债务承担合同的立约人，这样的话，新债务人所主张的意思瑕疵的成立，便变得取决于那些关于受意人的前提在债权人身上的实现。

然而，这种观点，立刻就有悖于第 595 条第 1 款 a）项界定债权人在原债务人与新债务人之间合同上所处地位时所采用的方式；而且，在虚伪的情形下，身为追认人的债权人，在第 243 条第 1 款的规定中，不得不被视作第三人，所以这种观点似乎也不能成立，除非像这位学者所建议的那样，原债务人与新债务人之间的虚伪协议，转换成只是一项真意保留表示（参见其前揭著作，第 518 页）。

② 作为例子，参见 Larenz，§35，I，第 607—608 页，虽然那是德国法的条文，在根本问题上，无异于葡萄牙法的规定。关于这点，参见 Mota Pinto（前揭著作，第 513 页，注 1）对德国联邦最高法院（B. G. H.）1959 年 12 月 8 日一则裁判（载于 N. J. W.，1960 年，第 621 页及以下）所作的恰当评论。

③ 我们再举一个例子来说明这个条文的处理方案：A 向 B 购入房地产，并由 A 承担 B 对 C 的债务，当成价金的一部分，C 也追认了双方当事人这类协议的解除性承担。

这样的话，即使 A 有权以房地产有瑕疵为由减缩价金（第 913 条及第 911 条），但他也不得援引此事来拒绝向 C 履行债务，或获减缩债务。

续后条文）。

420. 承担的制度：Ⅰ）在累加性承担的情况下两位债务人（原债务人与新债务人）之间约束的性质

在法律规定的债务移转的任何方式下，仅当债权人作出明示意思表示时，有关债务承担方解除原债务人的债务，否则根据第 595 条第 2 款最后部分的规定，"原债务人与新债务人将负连带责任"。

之所以规定两位债务人负连带责任，是因为法律的主要意图是赋予债权人以无分别地要求任一债务人作出全部债务履行的权利。但是，这并不容许我们猜测立法者有意将类似的情况纳入完全连带之债的法定模式，后者即是第 512 条及以下规定的负担连带债务的类型。

事实上，由于承担人所承担的债务就其来源而言是他人之债，这已经赋予债务承担以在某些方面明显不同于连带之债的特征。

在连带之债中，如果债务人中之一人具有针对债权人之任何个人的防御方法，并不妨碍债权人向其他债务人要求全部给付（第 519 条第 2 款）。相反，在累加性的债务承担中，如果原债务人成功地以个人防御方法对有关债务提出异议，[①] 则承担人的债务亦会因为欠缺作为其支柱的要素而失效。

如新债务人被要求履行，虽然原债务人之债务时效已完成，但没有理由使新债务人享有第 521 条第 1 款所规定的对原债务人的求偿权。

如债权人获得了针对原债务人的已确定裁判，且原债务人原来的债务被认定为成立，则应当认为该裁判亦可对抗新债务人（这与第 522 条关于债务人之连带关系的规定不同），但不妨碍承担人使用个人防御方法（例如，以自己的债权作抵销）以对抗债权人。

同理，在累加性承担的情况下，作出给付的承担人不对原债务人享有求偿权，作出履行的原债务人也不对承担人享有求偿权。他们之间的内部关系是通过作出承担之基础的合同来界定的，而不是通过将他们联系起来

---

① 第 598 条不允许新债务人针对债权人，援引那些原债务人的个人防御方法；然而，有正当性这样做的原债务人一旦援引，这些防御方法便会惠及承担人，这跟消极连带的情形相反。例如，A 与 B 是 C 的连带债务人，欠债 600 康托，即使 A 主张其无行为能力或身受错误之害，并且胜诉，但 C 仍然可以向 B 请求支付所欠的 600 康托。然而，在累加性承担的情形下，如果原债务人援引任何这些理由，并且抗辩理由成立，则承担人的债务将因欠缺客体而失效。

的共同责任的任何推定来确定。

421. Ⅱ）承担人可使用的防御方法

那么，新债务人可以使用哪些抗辩来对抗债权人的要求呢？

我们假设，甲向乙购买了一处不动产，根据协议，除其他义务外，甲还有义务向丙作出一项本应由乙作出的给付，以作为对丙所贷与的金钱的返还。

甲可使用何等防御方法对抗丙的催告？

在当事人没有就此事宜作出特别约定的情况下，法律对此建立了两个基本原则。

第一个原则是，新债务人如果承诺向债权人作出应为之给付，则不得使用基于其与原债务人之间的关系而生的防御方法来对抗债权人。在前述具体例子中，承担人（甲）不得通过主张自己与乙之间的买卖关系中存在的任何瑕疵（例如，没有交付有关不动产，不动产有瑕疵，涉及该不动产的不可预料的负担，等等）来拒绝向债权人（丙）履行其所承担的债务。

第二个原则是，基于原债务人与债权人之间关系而生的防御方法惠及新债务人，条件是有关防御方法在债务承担前已成立，且不属原债务人的个人防御方法。还是在前述具体例子中，例如，甲可以主张乙与丙之间订立的消费借贷合同无效，理由可以是形式的欠缺、暴利或虚伪等；甲同样还可主张条件不成就、有关债权不可要求履行、催告人不具正当性、债务时效已过（根据第308条第2款的规定，已经开始进行的有利于原债务人的时效惠及新债务人）等。但是，甲不得主张乙遭受的错误、欺诈或胁迫，这是因为，对有关消费借贷合同有效抑或撤销作出选择的权能属于借用人，而非第三人：从这个意义上讲，以该等瑕疵为依据的撤销是原债务人的个人防御方法。[①] 在很多时候甚至可能出现的情况是，原债务人与承担人之间订立的承担合同必须被视为对可撤销的法律行为的或明示或默示（根据合

[①] 在**累加性**承担的情形下，这种见解是毫无争议的：若原债务人与新债务人，就选择合同有效还是撤销合同意见不一，那么原债务人的选择总是优先的。法律正是为了他的利益而规定撤销。

但就**解除性**承担方而言，就不得采纳其他解决方案了：只要撤销的不是债务承担法律行为（参见第597条），而是债所产生的那项合同，那么，其中一方立约人意思瑕疵所致的撤销权，仅可赋予该名立约人。

同当事人所作出的意思表示的内容而定）的确认。①

同样基于适用于划分个人与非个人之防御方法的指导方针，有些学者有根据性地就承担人可援引的形成权进行了区分。如果有关形成权产生自主体发生变更的简单的债权关系，则该等权利移转于新债务人；如果它们只是产生自导致债务产生的复合关系，则不移转。②

例如，当债务人所承担的债务为种类之债或选择之债且选择权属于债务人时，承担人可选择所作的给付，同样，如果被移转之债务为支付有关物之价金，则承担人可根据第 887 条和第 911 条的规定要求变更或减少价金。但是，承担人不得单方终止、解除或变更因被承担之债务产生的合同，因为这里的形成权所涉及的不单纯是被移转的债务，而是导致该债务产生的、在整体上被考虑的合同关系。这些形成权并非被移转于承担人的给付义务所固有，而是原债务人的合同地位所固有的，而原债务人并没有放弃这一地位。

在结束对这一目的讨论之前，我们还要补充的是，一旦原债务人使用了其个人防御方法（如抵销、撤销等），则它们可惠及新债务人。

例如，如果原债务人以其对债权人的债权作出抵销来对抗债权人，则有关债务的消灭亦惠及承担人。

422. Ⅲ）债权的从属权利的移转以及有关担保的继续存在

债务承担在名义上和实质上均是一种债之消极主体通过法律行为移转的现象。

因此，移转于承担人的不仅是原债务人所负担的主给付义务，而且还有次给付义务（如在迟延或不履行的情况下的赔偿义务）、附随行为义务（将特定事实的发生通知债权人、就给付之标的采取特定的预防措施）、给付义务所固有的形成权（例如种类之债或选择之债中的作出选择的权力、在支付价金之债中要求变更或减少价金的权利）、与债权人之权利相对应的屈从状况以及有关债务的附属内容（履行日期和地点的确定、违约金条款等）等。

对于有关债务之担保在何等条件下继续存在这一问题，法律有依据地考虑了债务承担现象中存在的两个相对立的方面：一方面，债务会继续存

---

① 参见 Rui De Alarção, *A confirmação dos negócios anuláveis*, I, 1971 年，第 189 页及以下。

② 参见 Mota Pinto, 前揭著作，第 35 目；Larenz，§35，I。

在，与移转前是同一债务；另一方面，解除性的承担意味着债务人的变更，而无论是解除性的承担还是累加性的承担，都可能是在未经债务人和作为担保人之第三人的同意的情况下作出的。

因此，第599条第2款在制度上作出了区分：如提供担保的第三人（保证人、质物或抵押物的物主等）或原债务人没有对有关移转表示同意，则由他们所设定的担保便会伴随着债务人的变更而消灭；[①] 其他所有担保（直接由法律产生的担保，由作为承担人的第三人设定的担保，由已对有关移转表示同意的第三人或原债务人设定的担保）继续存在，尽管在债之关系中发生了变更。

第600条直接解决了一个大多数学者在研究该制度时都会提出的问题：在解除性的债务承担的情况下，如显示新债务人无偿还能力，原债务人有什么责任？该条所规定的解决方案是，原债务人无须承担责任，除非债权人在解除原债务人之债务的情况下仍然作出明确表示保留原债务人的责任。

在这一问题上，法律没有区分在债务移转同时发生的无偿还能力与债务承担后发生的无偿还能力。[②]

在解除债务人的债务之前，债权人须小心调查承担人具有的经济能力。如债权人解除债务人的债务而没有明确保留其责任，则推定他愿意冒承担人无偿还能力的风险。

第五节　合同地位的让与*

423. 例子、概念

通过生前法律行为进行的债权和债务的移转还可以有另外一种形式，

---

① 例如，在保证的情形下，因为保证人担保某名债务人会履行，而要保证人有义务继续担保不同的人，这是不合理的。经必要变通，物主将物出质或抵押以担保他人债务的情形，也可以这么说。

② 《西班牙民法典》第1206条的立场有点不同。它规定，在承担人在承担后无偿还能力的情形下，只要其无偿还能力是公开的，或为债务人所知悉，则不免除"原债务人"责任，而责任免除一般制度的例外。

* 参见 Galvão Teles, *Cessão do contrato*, 1950 年；Vaz Serra, *Lugar da prestação. Tempo da prestação-Denúncia. Cessão da posição contratual*, 1955 年，第 212 页及以下；Pires （转下页注）

它比之前几节所讨论的形式都具有更广泛的含义。

通过债权之让与（在立法层面被《法国民法典》确定性地规定为债权继受的形式），债权人将其对某项单纯债之关系中的债权的拥有移转于第三人，而无须经债务人的同意。通过债务承担（直到《德国民法典》在立法上对其作出确认以后才占据一席之地），作出债权人有权获得之给付的义务（单纯之债）由债务人移转于第三人（承担人），且为此债权人同意是必不可少的。

但在实际生活中，特别是在商事领域，人们早已意识到，不仅有必要赋予合同当事人以将单独考虑的对某项债务的负担或对某项债权的拥有移转于第三人的可能性，而且有必要赋予他们由订立特定合同而产生的权利和义务作为一个集合移转于第三人的可能性。

某人租赁某不动产并在其内开设属于自己的商业场所，当他欲将该商业场所售与他人时，自然有正当利益将其作为不动产承租人的地位移转于商业场所取得人，其中不仅包括对该不动产的收益权，也包括所对应的定期支付租金的义务。又如，某纺织厂主为完成大量的纺织品订单而与某棉花生产公司订立了原材料供应合同，不料其间该厂因某些原因而倒闭，则厂主有合理和正当的理由就其合同地位与邻近工厂的管理层交易，因为后者可能刚好欠缺足够的棉花以如期履行订单。

某人认购了某股份有限公司的股票，即使还未完全缴付股款，认购人可能同样具有可理解的利益将其地位让与第三人，其中包括认购权和作出应为之给付的义务。[1]

（接上页注＊）de Lima 与 A. Varela, *Cód. civil anot.*, I, 第 280 页及以下；Antunes Varela, *Cessão da posição contratual*, 载于 Bol. Fac. Dir., 第 46 期, 第 195 页；Mota Pinto, *Cessão da posição contratual*, 1970 年；Orlando Gomes, *Contratos*, 第 7 版, 1979 年, 第 108 目及以下；Diez-Picazo, 第 1009 目及以下；Diego Espin, III, 第 261 页及以下；Garcia Amigo, *La cession de contrato en el derecho español*, 1963 年；Cristobal Montes, *La cession de contrato*, 载于 *Anuario de der. civ.*, 1968 年, 第 851 页；Lapp, *Essai sur la cession de contrat synallagmatique à titre particulier*, 1951 年；Becqué, *La cession de contrats*, 1959 年；Fontana, *Cessione di contratto*, 载于 Riv. dir. com., I, 1934 年, 第 173 页；Puleo, *La cessione del contratto*, 1939 年；Clarizia, *La cessione del contratto*, 1946 年；Carresi, *La cessione del contratto*, 1950 年；Barbero, II, 第 716 目及以下；Cicala, *Il negozio di cessione del contratto*, 1962 年；同一作者, *Cessione del contratto*, 载于 *Enc. del dir.*；Andreoli, *La cessione del contrato*；Demelius, *Vertragsübernahme und Vertragsbeitritt*, 载于 J. Z., 第 67 期, 第 144 页；Larenz, §35, III；Esser, §56, IV。

① Pieper（前揭著作, 第 16 页及以下）突出了合同地位让与在当今经济生活中的重要性。

概念

合同地位之让与（第 424 条及以下）是指双方或双务合同[①]中的一方当事人在经对方当事人同意的情况下将其因该合同[②]而产生之权利和义务作为一个集合移转于第三人的法律行为。

这个操作中有三个角色：一是移转其地位的合同当事人（让与人）；二是取得被移转地位的第三人（受让人）；三是让与人在原合同中的对方当事人，他转而成为受让人的对方当事人（被让与的合同当事人，或者简单来说，被让与人）。

使该法律行为具有特色的元素是合同一方当事人所移转的标的：该方当事人所拥有的合同地位。这个地位至少包括要求获得给付的权利以及作出全部或部分待给付的义务。如果基础合同对有意进行移转之人产生的只有权利或者只有义务，则他向第三人作出的让与自然转变成为债权之让与或债务之承担。[③]

之所以将此操作命名为合同地位之让与，[④] 学说和立法（第 424 条）想明确表达的意思是，基础合同关系的其中一端发生的主体变更并不损害该关系的同一性。[⑤] 原来以让与人作为一方当事人的合同关系与新法律行为后由受让人作为一方主体的合同关系是同一个：继受不产生新的权利，只是

[①] 第 424 条提到了*相互给付*（*prestações recíprocas*）的合同。然而，那些产生互惠（*reciprocidade*）关联给付义务的合同，原则上，是第 426 条及以下处理合同不履行抗辩时所涉及的那些双务合同。关于这点，参见《意大利民法典》第 1406 条的相同术语，以及 CICALA，前揭著作，第 4 页，注 3。

可是，Mota Pinto（前揭著作，第 61 及 62 目）则认为，不将合同地位让与局限于第 424 条定义的限制，这样做是有好处的，也有实际理由。

[②] 在*合同地位让*与上，必须牢记两项合同的区分：其一是*基础合同*（contrato-base），在文中的例子里，便是生产商与纺织厂缔结的棉花供应合同；其二是让与的*工具合同*（contrato-instrumento），又名让与合同，亦即后来（该具体例子中，便是由两间纺织厂的管理层）所订立的合同，其用以移转基础合同所产生的其中一方的地位。

[③] 参见 Diez-Picazo，第 1013 目，第 832 页。然而，亦参见 Mota Pinto，前揭著作，第 61—62 目。

[④] （合同地位的）*让与*一词，既可以泛指合同种类、法律行为事实，也可以指*个别*类型的效力，而这又被借用来指称缔约人的整体操作。严格而言，法律行为的种类，指的是其中一方缔约人地位的出售、赠予、代物清偿等，至于地位的出让，则只不过是这项法律行为的两种基本效力中的一种。全部参见 Cicala，前揭著作，第 3 页及第 5 页。

[⑤] 德国学者们一般用 *Vertragsübernahme*（合同承担）一词来指称这个法律行为概念：全部参见 Larenz，§35，Ⅲ 以及 Esser，§56，Ⅳ。另外一些学者，如 Lehmann（参见 *Die Abtretung con Vertägen*，1950 年），则偏好*让与*（*Abtretung*）一词，至于 Früh（参见 *Die Vertragsü-bertragung im schw. Recht*，1994 年）则选用*移转*（*Übertragung*）一词。

将旧的权利移转（*successio non producit novum ius sed vetus transfert*）。

但是，基于与未经债权人同意不可能作出债务承担相同的理由，在合同地位之移转中，非经被让与的合同当事人的同意，让与人的替换不可能实现。

424. 立法上的确立：这一移转现象在债法领域的历史演进

合同地位之让与在 1867 年《民法典》中还完全不被认为是一个具有一般特质的概念，[1] 得益于 Galvão Telles[2] 和 Vaz Serra[3] 的突破性工作，随着新《民法典》的公布（第 424 条及以下），该概念才在法学中占据一席之地。

因此便出现了一条非常有趣的和有教育意义的发展脉络，其中的一些标志，无论在债之概念方面，还是在由债所创设之约束的移转现象方面，都具有里程碑的意义。[4]

几个世纪以来，由于占据支配地位的观念是债（*obligatio*）所具有的严格人身性，且保留着原始法的高度形式主义的痕迹，人们不承认债权关系中有发生移转的可能性，除非因为某一主体死亡而使他人占据死者的地位（locum defuncti）。只要有关债务未消灭，它会一直不可分离地与设定该约束时的主体的人身相联系。

受到中世纪时期交换经济在地中海和佛兰德斯（Flandres）沿海城市兴起和发展的强烈影响，[5] 债权之让与打开了债之不可移转性教条的第一道缺口。《法国民法典》开放地规定了债权之让与（第 1689 条及以下），但还是完全没有提及债务之移转。

直到《德国民法典》，债务之承担才在立法上获得确认（第 414 条及以下），这得益于德国潘德克顿法学在包括民法在内的各个法律部门进行的概念革命。[6]

---

① 然而，在 1867 年《民法典》委任合同的规定中（第 1342 条及第 1343 条），合同地位让与已个别地露出苗头，因为那里承认了受任人被替代的可能。尚参见《商法典》第 369 条第 2 款、第 374 条和第 431 条。关于这些规定的解释，以及与其制度史相关的 1966 年《民法典》在以前立法上其他规定的解释，参见 Mota Pinto，前揭著作，第 10 目。

② 参见 *Dos contratos em geral*，第 1 版，1947 年，第 317 页；*Cessão do contrato*，载于 *Rev. Fac. Dir. Lisboa*，第Ⅵ期，第 148 页。

③ 参见前揭著作。

④ 除了许多其他著作，作为例子，参见 Carneiro Pacheco，前揭著作，第 9 页及以下；Mota Pinto，前揭著作，第 18 目及以下；Diez-Picazo，第 1009 目。

⑤ Ferrer Correia，*Lições de direito comercial*，Ⅰ，第 8 页及以下。

⑥ 在葡萄牙法上，详见 Mota Pinto，前揭著作，第 138 页及以下。

最后出现的是合同地位之让与，它在 1942 年的《意大利民法典》中获得确认（第 1406 条及续后条文）。

根据这部法典所设定的一般规则，允许对由某一双务合同而产生之全部权利和义务的移转，这符合充分发展的经济本身的需要，直到现代债法理论意识到包含在债权关系中的各项约束的复杂性以后，合同地位之让与才能真正地获得完全的理解。

在第一个阶段，占据支配地位的仍然是实践需要而非语言的科学准确性，学者们往往将此称为合同的买卖（venda do contrato），因为这种移转通常是通过支付相应价金而作出的。在这之后的一段相当长的时间内，人们使用的则是合同的让与（cessão do contrato）的表述，[①] 而且该表述为《意大利民法典》所采纳：这个表述是不恰当的，因为让与人所移转的并非该合同本身，而是由其产生的合同关系的一部分。[②]

1966 年的《葡萄牙民法典》不仅在适当的范围内（作为一般性的概念）确立了这一制度，并赋予其更准确的命名（合同地位之让与），而且将合同地位之移转放置于更为合适的体系位置中：它被放在关于合同之一般规定的一节中（第 405 条及以下），[③] 而不是关于法律行为的一章中（第 217 条及以下），更非规范各种合同的编章（第 874 条及以下）。

425. 与近似概念的比较：a）次合同（sub-contrato）；b）合同地位的法定代位；c）合同的附入（Vertragsbeitritt）

合同地位之让与与其他一些近似概念具有明显的相似性。将它与其他概念对比可以突出它的一些典型特征，有助于了解该制度的特征。

次合同

有必要与合同地位之让与区分开来的第一个概念是从合同。所谓从合同，是指某人利用其在相同性质的前合同中的地位而订立的合同。[④] 对这一抽象概念的一个具体化是第 1060 条对转租的定义。

该条规定，"转租系指出租人以其从先前订立之租赁合同中所获给予之

---

① 参见 Cicala，前揭著作，第 34 页（注 2）及以下。
② 参见 Vaz Serra，前揭著作，第 213 页；Nicolo, *L' adempimento dell' obbligo altrui*，第 291 页。
③ 因而被放在债卷之中，因为它是债关系的移转现象：Vaz Serra，前揭著作，第 214 页。
④ 参见 Orlando Gomes，前揭著作，第 101 目及以下；Ruggiero-Maroi，第 205 页；R. Martinez, *O subcontrato*, Coimbra, 1989 年。

承租人权利为基础而订立之租赁合同"。

合同地位之让与与从合同或派生合同之间的根本区别在于，在前者中，让与人放弃了其作为合同当事人的地位，由受让人取代了他的位置，① 而设立从合同之人则保持着其先前的合同地位，只是以先前的地位为代价设立了另一个合同关系。②

合同地位之让与导致基础合同关系中发生单纯主体变更，该合同关系继续存在，只是有了新的主体。从合同意味着创设了第二个合同关系，其进程（或运作阶段）与第一个合同关系同时进行，二者共存的特征在于，一个关系取决于另一关系，而且两个关系中有共同的合同当事人。③

例如，如果甲向乙让出自己作为租赁丙之不动产的承租人的地位，该操作的结果是甲不再作为承租人，在租赁关系中作为丙之对方当事人的人是取代了甲的乙。

但是，如果甲没有让与自己的地位，而是将该不动产转租予乙，则甲仍然是该不动产的承租人，丙仍然是他的出租人。只不过，除了甲与乙之间的原租赁关系，在乙与丙之间又产生了一项新的合同关系，而后者在效力上紧密地取决于前者的命运（参见第 1102 条）。④

合同地位的法定代位

在效力角度与合同地位之让与最为接近的一个概念是合同的法定代位，它还被称为合同地位的强制或法定让与。⑤

关于合同中的法定代位，最熟悉的例子便是出租人地位向取得租赁物所有权之人的法定转移。

事实上，第 1057 条规定，"取得作为订立租赁合同基础之权利之人，继受出租人之权利及义务，但不影响登记规则之适用"。

因此，如果某不动产的业主甲将之出租予乙，之后又将之售予丙，则根

---

① 因此，让与是（复合）债关系的移转或继受（广义的 sucessão）现象。它是由（同一项）合同关系的主体变更所致的单纯主体替代。

② 这种情形下所存在的继受现象，如果比拟为以所有权为代价创设物权的话，可以说，由合同引发了一种创设性继受，其以两项合同共同缔约人的权利为基础。

③ Orlando Gomes（前揭著作，第 102 目）写道："让与并不意味着有新合同形成，而是缔约人由他人替代。然而，从合同则是主合同其中一方当事人与第三人所订立的另一项合同。"

④ 例如，第 1059 条第 2 款、第 1093 条第 1 款 f）项，便将转租区别于承租人法律地位的让与。文中就这两个概念的对比所说的一切，原则上，都可被认为适用于次承揽和承揽人合同地位让与的区分，以及次使用借贷和借用人合同地位让与的区分等。

⑤ 参见 Mota Pinto，前揭著作，第 11 目。

据法律的规定，丙继受甲而取得其作为乙的出租人的地位。这就是"买卖不破租赁"（*emptio non tollit locatum*），从某一时期起，它在各国立法中获得了普遍确认，取代了罗马法中的相反做法。根据这一原则，事实上，租赁合同对一方当事人所产生的权利和义务亦作为一个集合移转于作为取得人的第三人。

不过，此种情况（同类型的其他情况亦然①）下的移转并非如合同地位之让与一般②产生自当事人的意思，而是因为法律的规定，③ 法律要求一方当事人必须这样做，以维护被代位人的更高利益。

合同的附入

与合同地位之让与不同但有很大相似性的还有合同的附入，它在德国的法学文献中有广泛的论述（德国学者将此称为"Vertragsbeitritt"）。④

合同的附入是指第三人承担另一合同中一方当事人的相同地位并在不取代后者的情况下与后者共同拥有由该合同产生之权利和义务的法律行为。

例如，某棉花商承诺向甲公司提供一批货，后来，根据甲公司与（同样需要原材料的）乙公司订立并经该棉花商确认的协议，该棉花商须同时向两家公司供货，并有相应的权利和义务。

因此，从某种程度上讲，合同的附入之于合同地位之让与，正如债务的累加性承担之于债务的解除性承担。这种法律行为虽然没有为法律所直接规定，但基于合同自由原则，其可接受性是毋庸置疑的。

426. 合同地位之让与合同（工具）以及作为让与之标的的合同；前者（让与合同）的要件

为准确界定合同地位之让与中三个角色各自的权利和义务，以及为理

---

① 总的来说，在这些情形下，某项合同关系在归属上的继受，是依法律（*ope legis*）而与某项权利的归属有所关联。参见 Mota Pinto，前揭著作，第 12 目。

只要合同地位让与理应得到被让与缔约人（*contraente cedido*）的同意，就不得不认为，第 1118 条所规定的承租人地位让与，属于*强制*或*法定*的让与（这里所谓强制或法定，是指不取决于被让与缔约人的意思）。参见 Orlando de Carvalho，*Critério e estrutura do estabelecimento comercial*，I，第 613 页，以及 Antunes Varela 对 1968 年 3 月 1 日最高法院合议庭裁判所作的注释，载于 *Rev. Leg. Jurip.*，第 102 期，第 77 页，还有《民法典》第 1120 条第 1 款。

② 尤其是第 1059 条第 2 款所规定的承租人地位让与。

③ 合同地位的移转，还可以因判决（*ope iudicis*）而发生，正如第 1110 条第 2 款和第 3 款所规定的承租人地位移转那样。

④ 作为例子，参见 Pieper，前揭著作，第 217 页及以下；Esser，§56，IV，3，以及 Mota Pinto，前揭著作，第 453 页。

解此类法律行为的特定功能，我们有必要在脑海中对在此过程中交错出现的两个合同进行区分。

一方面，我们有某一合同当事人法律地位的让与合同，通过该合同使法律地位移转，是移转的工具；另一方面，我们有产生一方当事人（让与人）移转于第三人的地位（权利和义务的集合）的（基础）合同。[①]

事实上，安哥拉的棉花公司与葡萄牙的纺织厂之间订立的供货合同是一回事，而该纺织厂向需要这批原材料的另一工厂移转其由该合同产生的权利和义务的合同（通常在后）是另一回事。

两个合同之间的联系在于，让与合同的典型效力是由基础合同所产生之关系中一方当事人地位的移转。

正如我们开始时所说，该供货合同的让与人所让与的并非其所订立的合同本身，并非处于产生阶段的法律行为。而是在特定的时刻，让与人让与其在由基础合同所产生之关系中的法律地位；在该关系运作阶段的特定时刻，让与人将该关系的一部分移转。

让与合同的要件

此操作过程中所涉及的每一合同——作为让与之工具的合同和作为移转之标的的合同——都有其特定的要件和特有的制度。

让与合同的要件被概括性地和间接地规定在第 425 条的空白规范（norma em branco）中。

该条规定，"移转方式、处分与受领之能力、意思之欠缺与瑕疵以及当事人间之关系，按作为让与基础之法律行为种类予以确定"。

作为合同地位之移转的外壳的法律行为事实上并不总是属于相同的种类。

在多数情况下，合同地位的取得是以支付价金（各方当事人定出的以金钱表示的价值）为对价，因此让与具有买卖合同的法律面貌。[②] 但非常可能出现的情况是，例如，在前述的一个例子中，还未完全缴付股款的认购

---

① 不应将文中所说的*基础*合同（让与人向第三人移转的那个地位，便来自这项合同）跟第 425 条最后部分所指的"作为让与基础的法律行为"，亦即构成让与的那项*原因*法律行为（诸如买卖、代物清偿、赠予、合伙）混为一谈。
　　*让与合同*属于后者，因为它完全而非只是*局部*地作为让与人地位移转的渊源。

② 相较于旧法（1867 年《民法典》第 1444 条）的狭窄定义，第 874 条拓宽了买卖的范围，而且根据其（超出字面的）*精神*，其也涵盖了以价金换取的合同地位让与（参见 Pires de Lima 与 Antunes Varela, *Cód. civil anot.*, Ⅱ, 第 118 页及第 119 页）。

人在无任何对价的情况下将其认购权让与，目的是对受让人作出一项慷慨行为。① 如合同地位之让与是作为履行另一不同给付的方式而被作出和接受，则可能发生了代物清偿；如让与人因为移转其地位而收获了某项不能划入法律所规定的任一合同类型中的利益，则可能发生了无名有偿合同。②

除让与这一法律行为可能属于的不同种类，还有必要指出的是，在该合同的性质（无偿或者有偿）与基础合同的性质（通常为有偿）之间甚至不必然存在一致性。

事实上，法律并不阻止在有偿合同中就让与人的地位作出无偿让与。

与债权之让与一样（第 425 条和第 578 条的规定明显类似），合同地位之让与也是一项多因的法律行为，或者说是一个具有可变原因的合同，③ 但它不是抽象法律行为。

第 425 条在规定让与合同中出现意思之欠缺与瑕疵时的制度时，规定准用作为让与基础之法律行为种类（买卖、赠予、代物清偿、公司等）的规定，这种立法方式表明，基于当事人意思之欠缺或瑕疵而产生的无效或撤销必须遵守作为原因之法律行为本身的规则。④

因此，如果在原材料供货合同中的地位是由取得人（受让人）所购买的，但其同意是被胁迫作出的或是因为重大欺诈或错误（参见第 247 条及以下）作出的，则与其他任何买卖合同一样，该让与合同是可撤销的。同理，如父亲向其中一名子女作出有偿让与而未取得其余子女的同意，则根据第 877 条的规定，该让与也是可撤销的。

同样，如当事人之间通过生前慷慨行为进行合同地位的移转，则赠予中特有的关于方式的规定、⑤ 关于能力的规则、关于不可处分性的规则等亦适用于让与。

---

① 在认购权让与的交易中，支付所欠给付的义务，通常都不会起着对价的功能，而是起着赠予负担（ónus ou encargo）的功能。

② 参见 Vaz Serra，前揭著作，第 227 页。

③ Diez-Picazo 的观点，实质上与文中的论断一致。他（第 1014 目，第 833 页）写道："这个原因法律行为的框架，仅当具体结合了一个特定原因时，才会活过来，并展现出类型化的面貌。"

④ Vaz Serra（前引著作及章节）说道："由于可以买卖、赠予等名义来让与合同地位，因此，在对合同的形式、处分与受领的能力、同意的瑕疵、当事人之间的关系等加以审核时，便需要考量合同的原因，亦即基础关系。"

⑤ 如是者，若合同地位让与涵盖不动产，则须采用公证书（第 947 条第 1 款）；若涵盖动产，则须遵守第 947 条第 2 款的规定。

427. 让与合同的效力：A) 对让与人与受让人之间的关系

合同地位之让与合同在其图形上可描绘为一个三角形的回路，因为其成立要求处于不同位置的三个主体的同意。除直接参与移转之人的意思以外（一方是让与人，另一方是受让人），第 424 条第 1 款还直接规定，对于债务人的人身身份在其作为债权人的债务关系中并非无关重要的被让与的合同当事人而言，必须取得该人的同意。[①]

由该合同的三方关系产生了一个对应的复合体，在效力上关系到三方运作主体。为使该等效力达到完美的平衡，必须依次对由让与而产生的三组关系进行考察，它们分别是：让与人与受让人之间的关系，让与人与被让与合同当事人之间的关系，以及受让人与被让与合同当事人之间的关系。

让与对让与人与受让人之间关系产生的典型效力是，让与人在基础合同中的地位移转于受让人。通过分析可以将这一移转拆分为以下几个事实：a）对移转人而言，他丧失了与被让与之合同地位对应的债权、形成权和期待；b）（还是对该合同当事人而言）与该地位相关的债务、义务和屈从状况获得解除；c）对受让人而言，他因该移转而继受取得让与人所丧失的债权、权利和期待，并须负担让与人获解除的约束。[②] 而且，原则上该移转仅触及基础合同关系在让与之时所具有的形态，而非订立（基础）合同后的实时形态。[③]

如果像多数情况那样，有关让与是有偿作出的，则根据我们前面的分析，与让与人应为的移转所对应的是受让人所承诺的对待给付。关于这两项给付的履行方式、作出给付的地点和时间、将两项给付联系起来的（双务）约束的效力——从合同不履行之抗辩，到合同因任一方当事人不履行而解除——等，都根据作为该让与之基础的法律行为的种类来规范，在此例中，即意味着通过买卖合同的规则所规范。如果让与是以无偿方式作出

---

① 此条文第 1 款的最后部分说道："只要他方缔约人（指被让与缔约人）在合同缔结前或后，则同意移转。"

② 文中所述的三个阶段现象，可被概括为发生在基础合同关系上的主体变更。基础合同关系，其主体虽然有变，但其同一性继续维持。参见 Mota Pinto，前揭著作，第 63 目。

③ 在 200 吨棉花的供应合同中，如果在购买棉花的商家将其地位让与第三人时，生产商已供应 50 吨，那么，得到余下给付的权利，以及对应的价金支付义务，便会移转给受让合同地位的商家。

这纯属缔约人意思的解释。

的，则一般根据第 425 条的准用性规范适用赠予的制度。

关于移转所涉及的形成权和相应的屈从状况，有一个重要的问题需要指出。

与债权让与的情况一样（第 582 条第 1 款），在合同地位之让与中，我们亦遇到一些具有人身性的形成权和屈从状况（与基础合同而非与由该合同所生之合同关系相联系），它们原则上不移转于受让人。

相反，受让人获移转为（在其运作阶段的）合同关系所固有的形成权（及相应的屈从状况），例如，合同不履行之抗辩以及（基础）合同的解除权本身，这便与债权之让与的情况相反，后者仅涉及与债权相联系的从属权利，而不包括与可能由该债权构成的合同关系相联系的从属权利。

让与人在什么范围内担保被移转之地位的存在和有效性，以及继续约束被让与之合同当事人的债务的履行呢？

法律直接回应了学者们经常提出的这一疑问，所给出的答案与在债权之让与的章节中对类似问题的回答类似。与第 587 条一样，第 426 条同样遵循了正确的学说，区分了真实债权（*veritas nominis*）和优良债权（*bonitas nominis*）。

让与人须向受让人担保被移转之合同地位在让与时存在，[①] 但不向后者担保其作为债权人的债务的履行。

同时，与债权之让与一样，对被移转之合同地位存在的担保的内容根据让与合同为有偿抑或无偿而有所不同。[②]

如为有偿让与，根据第 426 条第 1 款而准用者为关于买卖不存在之物或他人之物的制度。

例如，如有关合同地位被出售（第 874 条），其后证明该地位本来不属于出卖人，而是属于另一人，则直接适用于此情况的是第 892 条及续后条文规定的制度，其中比较重要的包括合同的无效（第 892 条），在买受人为善意的情况下使合同转为有效之义务（第 897 条），以及向善意买受人作损害

---

① Vaz Serra（前揭著作，第 228 页）在说明此方案理据何在时，写道："不应向受让人施加压力，要他调查合同是否存在和有效，否则便有悖于法律交易的需求；一旦向受让人让与合同地位，让与人即默示担保合同有效。"

② 因此，这种担保并非要求让与人一成不变地确保受让人所欲结果，而不问取得名义为何。同样，这也不是仅仅向个案适用法律行为非有效的通常效力。

赔偿的义务，即使出卖人之行为无欺诈、无过错亦然（第 899 条）。[①]

如为无偿让与，则所适用的模型是赠予制度，其中除合同的无效（当所让与的是他人的合同地位或不存在的合同地位，又或有关让与被宣告无效或撤销时），仅规定当让与人所谓属欺诈时有损害赔偿义务［第 956 条第 2 款 b）项］。

只要合同地位有效地移转（因为该地位存在、属让与人所有且让与人可有效地处分之），原则上移转人便不再承担责任。即使被让与合同当事人因不能或不想而不履行其债务，受让人亦不得以此为由拒绝向让与人作出或有的对待给付，亦不得解除让与合同。

这样，将自己的合同地位让与第三人的买受人的状况与将自己所购买者——如货物——转售的买受人的状况之间便存在一个在实践上很重要的分别。[②]

对于前者，一旦作出让与，该买受人无须对出卖人的不履行负责，亦无须对其无偿还能力负责；对于后者，如出卖人不想或不能履行，则此时的买受人没有条件履行其在转卖合同中所承担的主债务，且在无相反约定的情况下必须承受相应的后果。

不过，正如第 426 条第 2 款所规定的，如合同地位之让与人担保被让与合同当事人之债务的履行，便须对此负责。

如让与人提供了类似的担保，则如何向受让人负责呢？作为保证人，作为连带债务人，作为他人之债务的承担人，还是作为受让人所预见的后果的担保人？[③]

对这一问题的回答具有明显的实际意义，但我们只能根据每一具体情况，通过对约定提供担保的法律行为进行解释，甚至可能的填补来找出答案。

428. 被让与合同当事人拒绝同意：在让与人与受让人之关系中的反映

为使有关法律行为产生完全效力，被让与合同当事人的同意是必需的，

---

① 若被移转的地位不存在或非有效，引致让与无效，那么，有赔偿义务的让与人，究竟须弥补*积极*合同利益（履行利益），还是*消极*合同利益（信赖损害）？这个问题，参见 Mota Pinto，前揭著作，第 65 目，以及 Antunes Varela，前引文章，载于 Bol. Fac. Dir.，第 46 期，第 211 页。

② 参见 Mota Pinto，前揭著作，第 468 页，注 1。

③ 参见 Mota Pinto，前揭著作，第 469 页。被让与缔约人（contraente cedido）不同意让与人解除债务的情形，所引起的类似问题，参见上文，第 385 目。

该同意既可以在让与合同订立之前作出，也可以在之后作出（第 424 条第 1
款）。如同意是在让与合同之前作出的，则要使该让与产生效力，要求被让
与人知悉有关让与（通过通知，这是一种简单的单方意思表示，尽管是需
受领的意思表示）或者承认该让与（明示或默示）（第 424 条第 2 款）。①

然而，如果被让与合同当事人没有作出预先同意，且在让与合同订立
以后拒绝作出被要求作出的同意的话，这个拒绝会产生怎样的效果呢？

一个效果是肯定的：该合同地位之让与没有完成，而无论对被让与合
同当事人所作同意是让与合同的构成元素还是仅作为外在元素这个问题
（这一问题在学者之间充满争议）作出怎样的回答，② 这在一定意义上类似
于在合同完全成立以后对有关法律行为的追认。

由于被让与合同当事人的意思这一要件的不可补正的欠缺，以致合同
地位之移转不能完成，而让与人与受让人所欲（单方面）实施的是这一整
体性的移转，故很多学者认为，这两个合同当事人所订立的合同是无效的，
以及不产生任何效力。③

另一些学者（他们更倾向于将合同地位之让与拆分为两个互补但不同
的操作的理论）则在利害关系人所欲实现的整体性的移转中区分出让与人
的债务和债权：前者非经债权人——被让与合同当事人——的同意不得移
转；后者则可在未经债务人同意的情况下移转于第三人。如果根据这一划
分，非经被让与合同当事人核准的合同地位之让与是无效的，但它通常转
换为一个混合合同，一方面是债权之让与，另一方面是累加性的债务承
担，④ 也可能转换成合同的附入，又或没有解除让与人之债务的合同让与。

原则上，我们不能接受这一转换制度。累加性的债务负担本身亦需要
债权人的同意，而现在所讨论的情况是被让与合同当事人（因基础合同而
对让与人产生的债务关系中的债权人）拒绝对让与合同作出同意。此外，
解释者也没有任何理由得出结论认为让与人在未被解除其所负之债务的情

① 葡萄牙法的规定，相当于《意大利民法典》第 1407 条第 1 款；参见 Pieper（前揭著作，第
207 条）在德国法缺乏明确条文的情形下所作的思考。
② 第 424 条第 1 款提到，被让与人在让与合同缔结之前或之后作出同意，因此，似乎可以认
为它是合同事况（realidade factual do contrato）以外的元素。然而，法律字面所造成的单纯
表象或观感，也不可以被过度联想。
③ 参见 Mota Pinto，前揭著作，第 67 目。
④ 参见 Pieper，前揭著作，第 208 目；H. Lehmann, *Recht der Schuldverhältnisse*, Ⅱ，第 337 页，
以及 Vaz Serra，前揭著作，第 223 页，注 19。

况下仍然会确定地、无条件地将自己对被让与合同当事人所享有的债权拱手相让。

但显然也有例外情况，例如，当事人确实选择作出上述混合法律行为，又或他们的意思表示表明他们宁愿选择这一结果而非合同（单纯或简单）无效的解决方案（参见第 293 条）。

429. B）对让与人与被让与合同当事人之间的关系

通过合同地位之让与，让与人在丧失其所处分的债权（及相关的从属权利和担保）的同时，获解除他因基础合同而须对被让与合同当事人负担的债务。

与在单纯之债务移转中债务人获解除债务须债权人对此有明确意思表示不同，在合同地位之让与的情况下，让与人的债务获解除并不需要有明确的意思表示：这是让与的正常效力，是第 424 条第 1 款所赋予的规范形象中的唯一焦点。

无论权利的丧失还是债务的解除，原则上它们都即时生效（ex nunc）而无追溯效力，因为该让与触及的是由基础合同而生之关系的目前状况而非其原来的结构。

但《意大利民法典》（第 1408 条第 2 款）在关于让与后让与人的状况的问题上规定了这样一种可能性：基于当事人的约定，可在不解除让与人之债务的情况下进行合同的让与。

葡萄牙民法没有作出相同的规定。但根据合同自由原则，足以容许当事人自由主动地将这样的条款或其他有类似意义的条款纳入合同文本之中。[①]

如出现此情况，要准确界定让与人与被让与合同当事人之间通过约定所建立的约束，明显取决于如何解释当事人协议中引入的特别条款。透过不解除让与人之债务的意思表示，利害关系人的意思可能是想由让与人作为保证人担保受让人获移转之债务的履行（是否具有检索抗辩权根据具体情况而定），可能是想令让与人对该等债务负连带责任，也可能只是令其补充担保该等债务的履行，等等。[②]

[①] 事实上，"不解除让与人债务"这种条款，完全可以是要求他方当事人预先同意让与的对价。
[②] 让与人所承担的这些义务，其各种可能类别的含义与范围，参见 Mota Pinto（前揭著作，第 481 页及以下）。

无论属于哪一种情况，都涉及对一项不同于让与之前所存在者的新约束（让与人与被让与合同当事人之间）内容的确定。事实上，如果各方表示将一方当事人的地位移转于第三人，且他们只想为了一方利益而令移转人对该整体让与中所包含的关系中的一部分承担责任，则这一没有解除让与人之债务的合同地位之让与便应当被视为该合同当事人（整体）地位的移转，以向被让与合同当事人作出担保的新约束机制作为补充。

让与人因该移转而使自己作为（被让与合同当事人的）对方当事人的身份实际丧失，这具有明显的实践意义，表现为由被移转的合同关系所生之形成权、期待和屈从状况不再属于该主体（而是转为由受让人所独有）。[①]

关于这一新约束的特征，在有疑问时，考虑到实践中通常在哪些情况下会发生合同地位之让与而不解除让与人的债务，学理上倾向于将让与人视为负补充责任之人而非连带债务人。[②]

可以说，这一补充责任界于保证与连带债务之间。它不同于保证，因为一旦受让人拒绝履行债务，让与人须负责履行；它也不同于连带之债，因为让与人并非对自己的一项债务负责，而只是确保一项他人债务的满足。

430. C）对受让人与被让与合同当事人之间的关系

合同地位之让与合同的主要效力是受让人取代让与人成为基础合同关系中被让与合同当事人的对方当事人，该合同关系维持其在让与之日的状况。

因此，如果纺织厂甲向棉花生产企业乙购买了 200 吨棉花，其后在已经收到 50 吨的一批棉花以后，经乙同意而其合同地位让与另一家纺织厂丙，则从此以后，在供货合同关系中作为乙的对方当事人，而须作出给付的是丙，不再是甲。如果乙向原买受人交付一批新的棉花，则此举不解除其对受让人所负的债务，因为该给付不是向债权人作出的，而是向第三人作出的。

除基本的权利和义务，受让人还对被让与合同当事人负有因基础合同关系而产生的对让与人所负的旁属或次要义务、期待、负担和附随行为义务。

[①] 在这方面，不解除让与人债务的让与，显然有别于单纯加入合同。在后一种情形下，原缔约人并不会丧失源自基础合同关系的权利，而只是与加入人一同拥有它。

[②] 参见 Vaz Serra，前揭著作，第 225 页；Pires de Lima 与 Antunes Varela，*Cód. civ. Anot.*，I，第 281 页；Mota Pinto，前揭著作，第 483 页；Diez-Picazo，第 1017 目，第 835 页；Barbero，II，第 719 目，第 229 页。

如果对让与人之前所负担之债的履行的担保是由让与人或受让人提供的，则该等担保针对受让人而继续存在，由受让人作为被让与合同当事人的债务人，甚至对于担保系由让与人提供的情况，亦不存在该人未对有关移转表示同意的例外（类似于第599条第2款规定的例外，该款规定的是债务承担情况下涉及原债务人的一种例外），因为在该人未作出意思表示的情况下有关让与是不可能发生的。由第三人提供的担保（例如保证，或者对基础合同以外之人的财产的质押或抵押）则不继续存在，除非该担保人有意更新担保。

除担保以外，第582条第1款还规定了如下原则：在债权之让与中，被移转之权利的从属权利亦移转于受让人，只要它们非属不可与让与人本人分离者。在合同地位之让与的情况下，被移转的同样包括从属权利（其中最突出的形成权和屈从状况），而且不仅限于债权之从属权利，而是整个被让与之合同关系的从属权利。[①] 因此，在前述例子中，如果棉花生产企业没有作出某项须为之给付，则受让人不仅有拒绝作出相应的对待给付的权能（合同不履行之抗辩），而且在需要时有解除合同的权能。

这一解决方案源自第424条中关于整体移转的一般理念，和第427条的明确规定："合同中之他方当事人有权以由合同而生之防御方法对抗受让人，但不得以由其与让与人之其他关系而生之防御方法对抗受让人，除非他方当事人在同意让与时已保留该等防御方法。"

虽然这一理论是偶然的原因而仅是针对被让与合同当事人提出的，[②] 但在确定受让人相对于被让与合同当事人的地位时，也不可能适用不同的指导方针。[③]

但是，在为合同地位之让与而规定的解决方案与第585条中针对债权之让与中出现的类似问题而确定的学理之间，存在一个明显的差异。

在合同地位之让与中，被让与合同当事人只能以基于基础合同而生之防御方法对抗受让人（反之亦然），而在债权之让与中，债务人得以所有可

[①] 然而，在合同地位让与中，如同债权让与那样，也要排除掉那些与让与人人身不可分离的权利——尤其是那些与合同关系无关联但与基础合同本身、与法律行为协议相关联的权利。参见下文，第431目。

[②] 之所以单方面针对被让与人，理由在于：法律希望引入第427条第二部分的但书。肯定的是，对以让与发生前身为基础合同的局外人，不必做这种澄清。

[③] 相同的观点，参见 Mota Pinto，前揭著作，第70目，第491页。

向让与人主张之防御方法对抗受让人，只要它们不是基于在债务人知悉有关让与后方出现的事实而产生的——包括基于债务人之债权的抵销，而该等债权与导致被移转于受让人的债权产生的关系并无任何联系。

出现上述差异的根本原因在于，债权之让与可以在非经债务人同意的情况下作出，因而禁止债务人使用其本可针对让与人使用的防御方法的解决方案既不公平也不合理。相反，合同地位之让与不能在未经让与人和被让与合同当事人同意的情况下作出，因此二者在作出其法律行为意思表示时具有保留其欲保留的防御方法的可能性。

还是关于移转所涉及的形成权，在学者之间一直存在的一个备受争议的问题是，那些因让与之前的事实而产生的形成权是否移转于受让人？

我们假设某企业有义务在一定时期内定期提供某种原材料，当该企业的对方当事人将其合同地位让与第三人时，该企业已经不能作出其中一期给付，那么受让人可否主张在订立让与合同之前被让与合同当事人已经不履行而解除供应合同呢？

对上述泛泛提出的问题的回答总是取决于被讨论是否移转的形成权的存在理由。对于解除权系基于一方当事人的不履行的特别情况，虽然解除的威胁构成了对迟延债务人的胁迫，虽然解除是有充分依据丧失对他方当事人的信任之人的自然解救方法，但它们都不能证明将此移转于合同地位之受让人是合理的：这既是因为，在大多数情况下，受让人不拥有要求获得在让与之前到期的给付的权利，亦是因为，被让与合同当事人并没有对受让人作出任何导致后者对其丧失信任的不履行。

显然，如果解除（或其他任何形成权）的理由系基于一个在让与合同订立之后仍然存在的持久事实①或者该合同订立以后的事实，则对此情况适用不同的解决方案。

因此，如果租赁物存在第 1032 条中所规定的某种瑕疵，且该瑕疵在承租人将其地位让与第三人后仍然存在，则虽然这一解除合同的理由可能溯及让与之前，受让人仍可依据该条规定解除合同。②

---

① 在 1972 年 7 月 23 日最高法院合议庭裁判（载于 B. M. J.，第 218 期，第 189 页）所审判的个案（并非关于合同地位让与，而是关于合同法定代位）中，法院认定发生的情形，即属此类。

② 参见 Pieper，前揭著作，第 210 页。举例而言，相似的情形有：某承揽工程有瑕疵且瑕疵可归责于承揽人，但仅在承揽人将其地位让与第三人后，该等瑕疵方被发现和告知。

431. 在合同地位让与之后对基础合同提出争议的正当性的问题

一个在学者之间一直存在分歧的问题是，当基于无行为能力或以让与人为受害人的任何意思瑕疵而导致基础合同可撤销时，哪些人有正当性就该基础合同的可撤销性提出争辩？[1]

承租人受出租人胁迫或欺诈而订立了租赁合同。如果承租人将其地位让与第三人，那么他还可以对该合同的可撤销性提出争辩吗？在某些情况下，合同地位的受让人又可否这样做呢？

当进行合同地位之让与时，如果作为撤销权人的让与人作出了确认有瑕疵之法律行为的（明示或默示的）意思表示，则对上述问题的解答没有什么困难。

那么在其他情况下又如何呢？

应注意的是，在目前所讨论的状况中，撤销的形成权并非来自出现主体变更的合同关系，而是来自合同，即原来双方合同当事人所订立的双方法律行为，它不是——在逻辑上也不可能成为——让与的标的。通过合同的撤销而受到法律保护的利益的拥有人是让与人，无论在让与之前还是之后均是如此，因为让与人的意思在形成上出现瑕疵。因此，当胁迫终结或发现自己作出错误的意思表示时，只有让与人可选择撤销基础合同还是令其继续存在。根据其依据，该撤销权必须被归类为不可与让与人本人分离的权利，对此必须类推适用第 582 条第 1 款最后部分的规定。

如让与人选择撤销基础合同，则因为标的不能，他向第三人作出的合同地位的移转亦变得无效。

没有任何有说服力的理由令让与人所声请的撤销的成立取决于受让人的批准。[2] 这样的解决方案会在没有充分理由的情况下剥夺让与人所拥有的、法律对意思表示的形成有瑕疵的表意人所给予的保护。而且，这样的解决方案在葡萄牙法律制度中也找不到任何文本作支持，因为葡萄牙法没

---

[1] 参见 Siber，前引文章，第 297 页；Ficker, *Vertragsübernahme und droits relatifs au bien*，载于 AcP，第 165 期，第 37—38 页；Enneccerus-Lehmann，§ 87, I, 2, II；Früh，前揭著作，第 67 页，注 41；Roquette, *Grundstückserwerb und Mietverhältnisse*，载于 N. J. W.，第 62 期，第 1553 页；Mota Pinto，前揭著作，第 495 页及以下。

[2] 参见 Pieper，前揭著作，第 212 页。Mota Pinto 提出了很好的反驳理由。参见其前揭著作，第 73 目。

有在第 243 条和第 291 条以外规定对善意取得第三人的其他保护措施，而它们不适用于作为善意取得人的合同地位之受让人。①

432. 让与人或受让人在让与合同中的意思瑕疵具重要性的条件

最后要探讨的问题是，当撤销之诉的成立取决于对方当事人的某种心理状况时，让与人的意思瑕疵——不是在订立基础合同时的瑕疵，而是在订立让与合同时的瑕疵——在何等条件下对被让与对方当事人而言具有重要性。

让与人指出，自己因为受到受让人的欺诈而陷于错误，从而向其移转了自己的合同地位。

仅凭受让人的这一欺诈行为，是否足以使让与人亦可针对被让与合同当事人主张撤销？

为明确这一问题的准确内容，有必要重申的一点是，在上述情况下，问题并不在于由让与所生之合同关系的变化（vicissitudes），而在于准备或作出让与合同时出现的瑕疵。

无论在理论上赋予让与合同怎样的性质（双方还是三方），可以肯定的是，受让人不得通过主张让与人仍未履行其在让与合同中所承担的债务或确定不履行其债务而拒绝履行自己对被让与人所负担的债务，更不得解除基础合同，除非在对该让与作出同意时被让与人已经同意有援引该等防御方法的可能性。

这是一个较合理的解决方案（因为就该让与合同中的一部分而言，原则上与被让与人无关），似乎也自然是第 427 条中所确认的解决方案。既然原则上被让与人只能以由基础合同而生之防御方法对抗受让人，那么同样公正和衡平的是，受让人亦只能针对被让与人援引基于该关系而生之防御方法，而非那些由让与这一合同关系而生之防御方法。

因此，也就是说，供应合同的受让人不得基于让与公司尚未履行其根据让与合同所须履行的债务或者确定不履行而拒绝支付被让与人所供应货物的价金，亦不得拒绝受领其有权在不陷入迟延（债权人迟延）的情况下受领的货物，除非被让与人在就该移转作出同意时已经承认可以该等防御

---

① Cicala 的观点，有别于文中所主张的。他认为不得以撤销（正如解除那样）对抗善意取得人，这跟葡萄牙法不一样。参见其前揭著作，第 19 目，第 113 页及以下。

方法进行对抗。

一个在法律解释者的脑海中浮现的特别疑问而有必要探讨的问题是，对于那些基于让与人本人而使让与合同本身非有效的原因，它们在何等条件下才对被让与人具有重要性？如果所涉及的是无效的原因或者可撤销的原因，要回答上述问题没有任何困难，因为在该等情况下，法律仅考虑表意人的心理状况、其人格或一些纯粹客观性的前提。

属于此类情况的包括（非偶然的）无行为能力、胁迫或无意识之意思表示（第246条）。对此，一旦表意人出现有一定重要性的情况而符合特定条件，则该有关撤销既对受让人成立，又对被让与人成立。

出现严重困难的一些情况是，非有效之原因（如错误、欺诈、真意保留或偶然之无能力）是否具有重要性取决于受意人本身特定主观状态的发生。

学者们对这一问题存在分歧首先是因为，关于让与合同的定义以及其属双方还是三方合同，在学界是非常有争议的。①

但是，唯有通过明显形式逻辑的概念主义，才可以从关于让与合同的性质或结构的先验概念出发（尽管是在法律文本中直接采用的一些元素的支持下），解决那些没有为法律所特别考虑的根本问题，包括让与人在让与合同中的意思瑕疵是否可对抗被让与合同当事人的问题。在此方面，有些学者认为，让与人所声请的让与合同的撤销一旦可对抗受让人，则亦可对抗被让与人，理由无非是让与是一项双方法律行为，另一些学者则欲将法律对受意人规定的有重要性的主观前提要求延伸至被让与人本身，他们的考虑是，让与是一项三方法律行为，被让与人必然受惠于与法律赋予双方法律行为或需受领之单方法律行为中的授意人相同的保护。无论哪一种观点，都过于概念主义。

自始远离上述任何一种有纯粹概念逻辑之嫌的标准，问题才能够通过两个实质的协调而获得适当的澄清和解决。

一方面，我们必须考虑被让与合同当事人在让与合同的经济中所具有

---

① Cicala（前揭著作，第17页及第18页，注53及注54）对这个问题有详细介绍，也引述了一些关于这个课题的法学文献。在德国学说上，无论是Esser（§56，IV，2，第424页），还是Pieper（前揭著作，第194页及以下；被让与人有预先同意的情形，亦参见第201页）都认为，合同地位让与合同，原则上是一项三方合同。至于Larenz（§35，Ⅲ）则认为，让与既可以是一项三方合同，也可以是一项取决于被让与缔约人同意的双方合同。

的独特地位。毫无疑问，他是该合同的其中一个参与者，因为该合同只有在得到其同意的情况下才能被视为完成。[①] 然而，不应忽视也不可轻视的是，作为一方面的被让与合同当事人与作为另一方面的让与人和受让人对合同的形成所作出的是不同的合作。

让与人与受让人相互讨论和协调如何安排让与本身利益的进程，在大多数情况下，即在移转是以有偿方式作出的情况下，该进程表现为以对待给付换取相应的合同地位。而被让与人即使已经知悉（偶然或非偶然）有关安排，也只是被召唤以许可或追认该安排的一部分（如果预先没有作出概括同意）——表现为将让与人在基础合同关系中所承担的法律地位移转于第三人的那部分交易。

被让与人不会——通常也不必——就自己仅限于作出许可的移转中所包含的利益的安排问题与让与人和受让人商谈。[②]

另一方面，我们必须考虑法律为了表意人的某些意思瑕疵的成立而对受意人所要求的每一主观前提理由何在。关于每一个要件，我们都要考虑被让与合同当事人在让与合同的形成中具有怎样的特别参与，从而查明法律的要求是否真正对之适用。

为了更好地理解上述学理，简单和适当的做法是举例。

例如，第 244 条所规范的真意保留只有在为受意人所知悉的情况下才作为意思表示非有效的原因。之所以规定真意保留的成立取决于这一主观前提，即是为了保护对方当事人由于未领悟到（可能有过错也可能无）表意人的意思表示与真实意思之间存在差异而产生的期待。在合同地位之让与的情况下，不论真意保留仅存在于让与人或受让人的意识之中，还是同时存在于二者的意识之中，抑或表现为一项被让与人没有参与的虚伪协议，无论基于其目的还是基于其进程，上述要件都完全适用于被让与合同当事人。

关于表示之错误或表示之传达错误以及关于人或法律行为标的之动机错误，其是否具有撤销效力的其中一个决定性因素是受意人知悉或不应忽

[①] 参见 Diez-Picazo，第 1011 及 1012 目，第 830 页及以下。

[②] Barbero（Ⅱ，第 717 目，第 226 页）似乎已经认识到，被让与人的参与，在让与的构造上所发挥的特定作用，并把这种参与视为让与人与受让人之间合同的生效要件（法定条件）。Lehmann（Ennecerrus-Lehmann，§ 87，Ⅱ，2）和每一位把被让与人的同意表示视为某种*批准*（《德国民法典》第 182 条及后续条文所称的*Zustimmung*）的德国学者们都是这么认为的，尽管这也许不是最佳的学说。

略该错误所涉及的要素对表意人的意思的根本性作用。

此处所涉及之要件——正如前述真意保留的情况——并非旨在确保法律行为相对于就该行为之有效性有正当期待之人的有效性，而只是旨在限制基于错误而撤销的情况，限制为如下的一些情况：基于法律所描述的事实条件，对未受错误影响的表意人的意思进行保护从对方当事人本身的视角来看是更合理的。然而，首先因为该要件的性质（对意思表示中特定元素对表意人的意识所产生的影响的感知），它仅适用于参与该法律行为背后利益的安排并就此与表意人商谈之人，而不适用于只是被召唤就合同地位之移转作出许可之人，被让与合同当事人即属后者。

对欺诈的情况亦可得出类似的推论。

从第 254 条的规定可以推知，仅当欺诈产生自受意人的行动，或当表意人的错误系由第三人引致或由第三人隐瞒造成，而受意人已知悉或应知悉该欺诈时，该欺诈方导致有关法律行为的可撤销性。

原则上，对让与人所遭受之欺诈的知悉或者按照所被要求的谨慎性而知悉的义务仅适用于受让人，因为不同于被让与合同当事人，受让人无障碍地参与了让与合同的订立。

但是，如果被让与合同当事人正是令让与人在基础合同的订立中陷于错误的人，而这一错误已被告知受让人——在告知的过程中让与人无过错，则虽然该欺诈行为并不是由在此问题上真正的受意人向表意人作出的，我们不会拒绝承认受让人主张的被让与人的欺诈的可能性。[1]

如果上述解决方案是正确的，它们便决定性地证实了下面的论断：对于让与合同非有效的各种原因相对于被让与合同当事人成立的条件问题，不能单纯基于概念性质的考虑来衡量，而要根据每一种原因本身的实质条件来衡量。

433. 让与的法律性质：分拆说（Zerlegungstheorie）与统一说（Einheitstheorie）

实践中，其实往往并不存在标的纯粹为转移某一合同地位中所包含的所有权利和义务而对该合同地位所作的让与合同。事实上所存在的只是对特定人通过订立特定合同而取得的合同地位的买卖、赠予、代物清偿等。

---

① 参见 Antunes Varela，前引文章，载于 Bol.，第 46 期，第 212 页。

法律直接在关于合同的一般规定的一节中规定合同地位之让与，作为典型或有名的概念，其实是有目的地在这些现实类型上打开一个纵切面，目的是根据其体系标准来规范那些有类似操作而未被包含在其中的原因法律行为的一般模型中的特别方面。

超出合同地位之移转的现实或具体类型的部分，在某种程度上集中于第 425 条的准用性规范中，该条系以空白的方式提出其内容。

然而，由于让与这一法律行为总是被单独地考虑，长期以来学者们对移转的间接标的的法律性质颇有争议。①

不同的立法在规范由生前行为导致债之关系发生的主体变更的章节中仅承认债权之让与、代位和债务承担，而学理上则普遍倾向于将合同地位之让与拆解为债权之让与和解除性的债务承担。②

然而，随着对债务关系（不论简单关系还是更常见的复合关系）的分析表明让与合同所涉及的移转现象的多元性，在学者之间更具压倒性的观点是以整体和统一的视角看待移转的内容，取代对法律行为标的的拆解性分析。③

《意大利民法典》（第 1046 条及以下）和《葡萄牙民法典》（第 424 条及续后条文）④ 在债权之让与和代位以及债务之承担之外，在债之关系主体变更中还增加了合同地位之让与这一典型制度，这有助于决定性地巩固那些主张统一说——这一已经在学者之间取得认同的学说——的法律文献的地位。

事实上，统一说符合法律文本中表述的概念（合同地位），更好地反映

---

① 所谓合同让与，其法律性质如何，众说纷纭（计有更新、合同续期、债权让与和债务承担的混合、统一让与），参见 Galvão Telles，前引文章，第 2 目及以下。认为让与是被让与人和让与人先前所订立的合同，在*受让人与被让与人之间续期*的那种想法（在意大利，Nicolò 与 Carresi 便是这样想的），显然背离了这个制度规定所描绘的继受现象（例如，参见第 426 条第 1 款的规定）。参见 Pires de Lima 与 A. Varela，前揭著作，对第 424 条的注释；Diez-Picazo，第 1011 目，第 830 页。因此，尽管 Nicolò 是学术权威，但合同续期（*renovatio contractus*）一说，在意大利学说中也丝毫谈不上成功。参见 Cicala，前揭著作，第 13 页及以下。关于*合同承担*与缔结新合同的区别，尚参见 Pieper，前揭著作，第 120 页及以下。

② 参见 Diego Espin，Ⅲ，第 267 页；Pieper，前揭著作，第 31 页及以下。

③ 最先由 Siber（*Die schuldrechtliche Vertragsfreiheit*，载于 J. J.，1920 年，第 70 期，第 294 页及以下）提出的移转客体一元观或者说单一观，现今已广被国内外法学专著所采纳。参见 Barbero，Ⅱ，第 717 目；Garcia Amigo，前揭著作，第 294 页；Mota Pinto，前揭著作，第 191 页及以下；Pieper，前揭著作，第 52 页及以下。

④ Diego Espin（Ⅲ，第 263 页）已对《葡萄牙民法典》的革新地位有所提及，虽然它遵循的是《意大利民法典》所开创的路向。

该机制的规则（这表现在，移转于受让人的是一系列权利、义务、负担和屈从状况，它们超出了对债权之让与和债务之承担的效力的简单加总），[①] 也更符合当事人本身的意图。事实上，当事人通常的意图都是权利和义务的整体移转，而非根据让与人财产中的积极或消极标志而将该移转分割成两块。[②]

---

① 有人认为，即使将（现在和将来）债权让与和债务承担加起来或联结起来，也不足以构成合同地位让与的完整形象，因为它们并不包括那些固有于缔约人身份上的，因而超出被单独考量的债权或债务范围的形成权、期待、负担、屈从状态（典型例子是一项持续关系上的单方终止权），参见 Larenz，§35，Ⅲ；Siber，前引文章，第 227 页及以下；Pieper，前揭著作，第 168 页及以下；Mota Pinto，前揭著作，第 387 页及以下。

② Diez-Picazo（第 1011 目，第 830 页）写道："将此现象解拆为一系列的法律行为，这种做法跟当事人经验上的意愿（vontade empírica）、其表示的单一性，以及他们欲以整体的操作来达致的单一目的，都不相符。"

不同的观点，参见 Cicala，前揭著作，第 26 页及以下、第 128 页、第 234 页及以下。

第七章

债之一般担保

第一节　一般概念

434.　内容体系

债的履行是由构成债务人财产的财物所保证的,[1] 因此债务人之财产构成对债之一般担保。[2] 之所以称为一般担保，是因为债务人的可查封财产的

---

[1] 第 601 条的表述极为简明扼要，这比《意大利民法典》第 2740 条的以下规定更为可取：
"债务人以其所有现时及将来之财物，对债之履行承担责任。"

财产担保的典型情形，并没有涵盖债务人的一切*现时*和*将来*的财物，而是包括执行*之时*一切组成债务人财产（patrimònio）的（可查封）财物（bens）。

此外，债务人在以其一切财产（对债务的履行）承担责任之前，是以作出应为给付的能力和意思（决定）承担责任的。

[2] 关于（债务）*担保*一词在法学文献上的宽广含义（从一般担保到特别担保、债权信托让与担保、连带或补充责任、保留所有权的出售等），参见 Fragali, *Garanzia (dir. priv.)*，载于 *Enc. del dir.*，第 1 目。然而，这位学者说得很有道理：*担保*这个笼统领域中，所牵涉的许多情况，都跟这个概念的确切内容有出入。

本义的担保是指，债务人负有的给付义务为债权人所带来的期望获得*加固*（reforço）。可是，这位学者的用词却太严格了，因为他以*担保*一词专指，个别地为特定债权人加固其权利满足的可能性（传统上称为*特别担保*）（前引文章，第 4 目）——在这种情 （转下页注）

294

保护范围覆盖了该主体的全部债务。

除一般担保外还可以有对债权的特别担保，可能是在第三人的财产上设立的，也可能是在债务人自身的财产上设立的（如抵押权或质权），它们以特别的方式确保被担保之人的债权获得满足。

虽然一般担保与特别担保一样，仅旨在于在债务不被履行的情况下被执行，但事实上，一般担保自债务产生之时便伴随着该债务，而特别担保自其设立时起便加强了债务约束在经济和法律上的稳固性。

如此便可理解此类问题——包括关于债之一般担保的（第五章：第601条至第622条）以及关于债之特别担保的（第六章：第623条至第761条）——在新《民法典》中的体系安排，它们紧接在关于债之履行和不履行的一章（第七章）之前。

设立这一新的立法体系的目的在于强调担保对有关债务的实际稳固性——自给付义务产生之时起，或自担保关系设立之时起——所具有的价值，它在很多方面完全不同于之前法典所采纳的体系，也不同于其他外国立法所采纳的体系。

1867年《民法典》在第十章中规范（合同的）担保，该章之前一章（第九章）的标题为"合同的效力和履行"，其中混杂地规范着债之移转方式和债之消灭方式。除此之外，在1867年《民法典》关于合同的担保的一章中，仅在连续的四节中规定了债之特别担保（分别是保证、质权、收益用途之指定、优先受偿权和抵押权），而完全未提及债务人的财产责任（债之一般担保）。同样，完全未被提及的还有给付之强制履行，仿佛债之强制执行现象仅与民事诉讼法有关而没有任何实体法特征的投射一样。

此外，1867年《民法典》还将债之一般担保的保全方法不痛不痒地规定在关于"损害第三人而订立的行为和合同"的一章中。[①]

1966年《民法典》的做法与此非常不同，分别在不同的两章中规定了债之一般担保（第五章）和债之特别担保（第六章）。

对于债之一般担保，法律首先界定了关于这一问题的基本原则，然后规定了财产担保的保全方法，包括（可由债权人主张的）宣告债务人所作

（接上页注②）形下，par condicio creditorum（债权人地位平等）便被打破了(si spezza)（参见下文，第425目）。

① 关于旧法上原有的所有这些体系缺陷，参见 Vaz Serra, *Responsabilidade patrimonial*, Lisboa, 1958年（sep. doBol. Min. Just.，第75期），第6页。

出的行为无效、（在特定权利的行使上）债权人代位债务人、所谓债权人争议权（所针对的债务人作出的引致或加重债权不获满足的可能性的行为）以及假扣押。

435. 一般担保的标的

关于一般担保的标的，第601条规定，"债之履行系以债务人全部可查封之财产①承担责任②，但不影响为财产之划分而特别确立之制度之适用"。

也就是说，首先，并非债务人的所有财产均构成债之一般担保，只有（债务人）可被查封的财产才担保债的履行。这一说法的前半部分在《民事诉讼法典》第821条中获得确认并被补充，该条规定，"债务人之财产中凡可予以查封，且依据实体法之规定属用作清偿透过执行予以清偿之债务者，均可执行"。

这样，诉讼法便将界定可被执行的财产范围的任务交给了实体法，同时该条第2款不忘强调，在执行中亦可能查封第三人的财产。

而实体法（第601条）则不难理解地寻求可查封性这一诉讼元素以限定财产担保的范围。③

事实上，确实有一些财产，诉讼法会基于各种各样的原因④而将它们视为不可查封，通过牺牲债权人之债权获得满足或受侵害之权利获得弥补的

---

① 第601条把债务人债务履行责任的标的，定位在财物（一切可查封的财物）上，清晰地确立了多个世纪以来，在市民法上逐步扎根的债务人责任纯粹财产性质。作为例子，参见Betti, *Teoria generale delle obbligazioni*, Ⅱ, Milano, 1953年, 第135页及以下。

② 法律的表述本身——"债务的履行以债务人全部……财物承担责任"——便说明了，为何在债务与（债务人的）财物之间所产生的这种约束，通常被称为财产责任。Lasserra (*La responsabilità*, Nápoles, 1966年, 第3页及以下) 与Enzo Roppo (*Responsabilità patrimoniale*, 载于 *Enc. del dir.*, 第1目, 第1042页) 都指出，在教义学上（dogmaticamente）被夹在债务与强制执行之间的财产责任，几乎被挤进了一个"备受质疑的尴尬第三者处境"中。

③ 但要注意的是，不可查封这个诉讼法概念背后，也有实体法的支撑，那便是财物的不可移转或不可转让。第822条所提及的第一类不可查封的财物，实际上便是不可转让物（使用及居住权：《民法典》第1488条；对生者遗产的权利：第2028条第2款）。关于这种实体法所致的不可查封，尤其在文学、艺术、科学及工业产权方面，参见Alberto dos Reis, *Processo de execução*, Ⅰ, Coimbra, 1943年, 第86目, 第313页及以下。

④ 细阅《民事诉讼法典》第822条第1款的若干项可以发现，这些被区别出来的财物，之所以不可查封，背后其实有道德、宗教、社会、经济，甚至人道层面的理由（参见Alberto dos Reis, 前揭著作及章节, 第87目及以下；Lopes Cardoso, *Manual da acção executiva*, 1987年, 第3版, 第326页及以下）。

利益以维护债务人的利益，使后者继续占有有关物或拥有有关权利。这一不可查封性可能有两种类型：其一是《民事诉讼法典》第 822 条各项中所列出的财产（诸如国家的公产、用于公开礼拜的物件、坟墓、对残疾人士属不可缺少之器具），它们的绝对或完全不可查封之财产；其二是《民事诉讼法典》第 823 条和第 824 条所列举的财产（从事职业所必需的书籍、用具或其他物件，三分之二的收入，等等），它们是相对或部分不可查封之财产。前者是指在任何情况下均不得被查封——哪怕是部分查封——的财产。后者是指仅可被部分查封或仅在特定情况下为达到司法执行的特定目的而被查封的财产。[①]

第 601 条在界定财产担保的标的时聚焦的第二个问题是"为财产之划分而特别确立之制度"的例外。

事实上，在一些情况下，法律会在属于特定自然人或法人的财产整体中分离出一部分财产，使它们从属于一个特别的指定用途。这些被一起从拥有人之全部财产中分离出来的财产集合被称为分离财产或独立财产，[②] 它们作为特别的分类服务于特定的目的，这些财产作为一个整体，仅对与该目的有关的债务负责。[③]

这类情况中较为人所熟悉的典型例子，一方面是遗产，另一方面是当配偶之间的婚姻财产制度为共同财产制时的配偶共同财产。

当遗产被交予继承人时，在此之前属于死者的财产便转而成为其继受人的财产。然而，鉴于忽略死者原债权人对之前构成死者财产的财物的期待是不公正的，所以法律不仅将死者的债务移转于继承人，而且不容许以属遗产的财产——尽管它们在此之后即纳入继受人的财产——平等地对死者的债权人和继承人的债权人负责。在对以属遗产之财产进行的清偿中，死者的债权人被赋予以优先地位。

相反，虽然遗产的债权人通过死因继承而成为继承人的债权人，但是，假如使之能够在违背继承人意思的情况下以继承人自身的（先于遗产的）

[①] 绝对不可查封的财物被查封，或相对不可查封的财物被查封但超逾了容许执行扣押的限制情况时，被执行人的反对方式，作为例子，参见 Lopes Cardoso, *Manual da acção executiva*, 第 3 版，Lisboa，1987 年，第 106 目，第 338 页及以下。

[②] 关于这个概念的含义与制度，详见 Lina Geri, *Patrimonio autonomo e separato*，载于 *Enc. del dir.*。

[③] 此制度的名称本身——（分离）财产——便表明了，这种情况完全不同于担保物权。担保物权，让某名债权人有权优先于他人以特定物受偿。至于独立财产，所涵盖的是受特别责任制度约束的一个财物群，它会让多名债权人受惠。

财产而获清偿债权，同样是不公正的，也是不合理的。

因此，在就遗产之负担作出规范时，法律首先规定（第2070条），遗产之债权人和受遗赠人较继承人之债权人优先，而遗产债权人之优先权亦较受遗赠人优先——从优先权自继承开始时起维持五年，如属继承开始后方设定之债务，则自设定债务时起维持五年（第2070条第3款）。

接着，法律规定（第2071条），对于遗产的负担（显然包括死者的债务），仅以构成遗产的财产（而非继承人的其余财产）支付，只是就遗产财产不足够的举证责任会因有关遗产是被单纯接受还是限定接受而有所不同。

独立财产的另一个相当有代表性的例子是，如前所述，在婚姻财产制为共同财产制时双方的共同财产。

配偶双方作为共同拥有人的共同财产要满足于双方及子女的专门需要，因而，亦具有本身的债务制度。

双方的共同财产作为真正统一的财产集合，仅对由双方或其中一方所订立的共同债务负责（第1695条）。

没有共同财产或共同财产不足时，则由配偶中任一方的个人财产补充承担。

但是，忠实于立法宗旨，共同财产仅对共同债务的支付负责。对于仅由配偶中之一方独自负责的债务，首先由作为债务人的一方的个人财产承担责任。仅当该方无个人财产或其个人财产不足时，方以该方在共同财产中所占的半数承担责任。

这一以负债一方在共同财产中所占半数承担的责任本来还须遵守最初版本的第1696条第1款后半部分所设立的迟延规则，但是，自最近的一次民事诉讼法改革开始（1995—1996年），《民法典》第1696条第1款后半部分所设立的迟延消失了，而因为迟延规则的废除，负债一方以其个人财产对其个人债务承担的责任仍然为首要责任，但只要主张并证实该债务人无个人财产或其个人财产不足，即其在共同财产中所占的半数直接受制于该等债务的执行。

第601条在界定债之一般担保的基本原则时要求遵守的就是这些为财产之划分而特别确立之制度。

436.（财产）担保的限制

以债务人全部可查封之财产对债务人之履行承担责任这一原则是一种

符合债权人正当利益的解决办法，它超越了用债务人生命或自由承担人身责任的古老阶段。

但这又没有达到在整体构成上设立公共利益和秩序的要求。以财产总体负责的原则是可受到限制的。[1]

事实上，允许当事人在自愿设定任何债务时将不履行的债务人责任限制于其财产中的某些财物上——除因财产之划分而产生的限制——这并不与社会生活法律秩序的共同意识相抵触。

同样，原则上不难承认，向他人赠予或遗赠特定财产之人有权为之前的债权人的利益而将无偿移转之物排除出以相对人之财产提供之担保的范围。

如果作出慷慨行为之人具有完全自由以选择是否作出该行为，如果受益人的债权人并没有任何合理期待以主张将被赠予或被遗赠的财物纳入其债务人的财产之中，那么，我们便没有任何正当理由以反对赠予人或遗嘱人排除以被移转之财物承担责任——至少对赠予或遗赠前的债务——的可能性。

于是，首先我们便可理解第 602 条的规定（关于因约定而限定财产责任），根据该条，当事人得约定在债务尚未被自愿履行之情况下，债务人之责任范围仅限于其某些财产上，但涉及当事人不可处分之事项除外。

同样可以理解，法律（第 602 条）亦将当事人不可处分的债务作为例外，排除在因约定而限定财产担保范围的情况之外，例如，大多数依法产生的债务（如一般意义上的扶养之债和赔偿之债）即属此情况。[2]

在可处分的债之关系的范畴内（尤其是因合同而生之债），为使将责任限制于债务人的部分财产的做法有效，该限制自然必须符合当事人严肃且合理的利益。一方面，应当根据法律本身的文本列出哪些财产用于担保；另一方面，该限制应当符合债务人的真实需要或利益，且该需要或利益须与债务约束的可强制性相容，因为当事人不可在法律关于自然之债的存在和设立的规定以外创设自然之债（不具备真实强制性的给付义务）。[3]

---

① 参见 Enzo Roppo，前引文章，第 9 目。

② Pires de Lima 与 Antunes Varela（*Código Civil anotado*，Ⅰ，第 4 版，Coimbra，1987 年，对第 602 条的注释，第 619 页）写道："一切由公共利益与公共秩序规范所施加的债，都是当事人不可处分的。一切不可放弃的债权，如受扶养债权（第 2008 条），便是如此。"

③ Vaz Serra 的债法草案（载于 *Bol. Min. Just.*，第 99 期，第 28 页）第 163 条第 1 款，明确承认债权人与债务人可约定排除"债权人诉诸司法途径"，但这项权能没有被《民法典》第 602 条的最终版本所采纳，此即明证。

437. 特定财产不须承担责任的条款

在某些方面，较第 602 条（关于将债务人的责任限于其特定财产）走得更远的是第 603 条，该条允许作出慷慨行为（遗留或赠予）之人排除以被遗留或赠予的财产对受益人的某些债务承担的责任。

但是，法律在赋予此项权能时试图定出标准，以协调应当赋予作出慷慨行为之人作出法律行为的自由以及债权人对构成债务人财产的各财物具有可执行性的合理期待。

一方面，法律承认该条款（即排除被遗留或赠予之财产的责任的条款）相对于先于慷慨行为之债权的拥有人的有效性和可对抗性。如果有些债权人的债权是在作出有关遗留或赠予之前设立的，该等债权人自然没有理由以该等被遗留或赠予的财产作为对自己债权的担保。因此，法律承认该条款对该等债权人而言具有可对抗性。[①]

但是，不应允许作出慷慨行为之人享有界定债务人财产对将来的债权人的责任的权利[②]。如果被赠予或遗留的财产在有关债务设定之日已经被纳入债务人的财产中，而债权人不能对在该日构成债务人财产的财物的执行怀有预期，则这似乎是不公正的。

如赠予或遗留的是须登记的动产或不动产，且（排除责任）条款之前的债权人已经在就该条款登记前将有关查封登记，则法律（第 603 条第 1 款）不允许以该条款对抗之前的这些债权人。

与第 603 条第 1 款和第 2 款所描绘的不同的是不以遗产信托财产承担责任的制度。

根据信托条款，须将该等财产由受托人移转于信托受益人，该等财产既不用对继承开始前的（受托人的）债权人负责，也不用对之后的债权人负责。

第 2292 条规定，"受托人之个人债权人，无权要求以信托处分所包括之财产偿还其债务，而仅可要求以该等财产之孳息偿还债务"。

---

① 显然，这方便和鼓励了人们向无偿还能力或将近无偿还能力的人作出慷慨行为。显而易见，如果这种排除条款并非有效的话，哪怕第三人重视债务人，也不会想向他作出一项根本实际上最终只让其债权人受惠的慷慨行为。

② Pires de Lima 与 Antunes Varela（*Código Civil anotado*，Ⅰ，第 4 版，第 619 页）写道："实际上，若容许第三人令某些财产享有不承担责任的永久特别待遇，那是不合理的。"

基于这一机制，由于受托人必须保全有关遗产或遗赠，以便在其死亡时将有关利益移交予信托受益人，所以信托财产不可被受托人的债权人执行，无论其为信托开始之前的债权人还是之后的债权人。

另一方面，同样清晰的是，信托财产不得在受托人生时为信托受益人的债务而被执行，因为信托受益人仅因其在信托替换中的前手死亡才取得对遗产的权利（第 2293 条第 1 款和第 2294 条）。

438. 债务人财产作为对各债权人的共同担保

第 601 条规定，债务人的财产（债务人的全部可查封之财产）是债之一般担保，① 这意味着，在债务未被自愿履行的情况下，以债务人的财产（而非其人身或自由）来确保强制履行给付或损害赔偿。

此外，根据第 604 条第 1 款的规定，债务人的财产亦是各债务的共同担保。

也就是说，无任何优先受偿权的各债权人彼此完全平等地（或者完全按比例）获得清偿。

这就是著名的"普通债权平等受偿"（*par condicio creditorum*）原则，是它在物权与债权之间划出一道鸿沟。

物权具有绝对效力（对世效力，*erga omnes*），因而受制于"期先者其权优"（*prior tempore potior jure*）的规则，这一规则不仅适用于担保物权，亦适用于用益物权。②

如果在同一不动产上设定两项或多项抵押，则首先登记的抵押便完全优先于其次登记的抵押，如此类推（第 713 条），这样，如果在同一执行程序中出现了抵押权竞合的情况，则仅在受偿顺序为首位的抵押权人获得完全清偿以后，处于第二位的抵押权人才可以开始以抵押物的价值来获得清偿，如此类推。

同样，如果不动产的所有人先后在该不动产上设定两项用益权，每一

① Fragali（前引文章，载于 *Enc. del dir.*，第 3 目）则称它为普通担保（garantia *genérica*），其义实同，这是为了突显它不是真正的*担保权*，而是实现债权人权利的通常手段。

② 就*取得性物权*（direitos reais de aquisição）而言，如果同一个物上，有数项取得性物权不能同时被满足，但它们的创设时序有先后之别的话，法律有时候会采纳优先准则（critérios de *prevalência*）：作为例子，在同一项不动产上为数名商业承租人所设的优先权，参见第 117 条第 1 款。

项都相当于整个不动产，则首先登记的用益权完全排除了后者。

而单纯阅读第604条的规定即可得知，对债权来说不会发生同样的情况。

事实上，在履行的担保的问题上，第604条区分了两大类债权：其一是优先受偿的债权，其二是一般债权（无任何优先受偿之正当原因的债权）。

对于第二类债权，法律在设定它们的受偿顺序时，既不考虑其来源，也不考虑其设定时间（在时间上的优先性）。

因此，如果债务人没有适时自愿履行债务，而两个或更多债权人都有执行债务人的财产的权利，则会出现下面两种情况中的一种：

a）要么债务人的财产足以完全满足其债务，因而在债权人之间不会出现任何优先性的问题；

b）要么债务人的财产不足以清偿全部债务，在此情况下，根据第604条第1款的规定，将按照各项债权的价值比例将债务人之财产总值分配予各债权人，而不会基于来源或性质又或设定的时间而对这些债权作出任何区分。

于是，所有的一般债权人被完全平等地对待，而不会根据他们的先后顺序对他们进行任何区分。

这就是学者们所谈论并且为我们的法律所明确确认的普通债权平等受偿原则。

但是，如前所述，第604条将有优先受偿之正当原因的债权规定为例外。

在此情况下，这一优先性表现为债权人就债务人的某些或全部财产的价值享有先于该债务人的其他债权人获得支付的权能。

该法律条文中规定的优先受偿的正当原因，或者说债权人获得优先支付的法定理由，除法律规定的其他原因，还包括收益用途之指定（原来被称为"anticrese"）、质权、抵押权、优先债权和留置权。[①]

对于本条中所明确提及的这些优先受偿的正当原因，在关于债之特别担保的一章中对它们进行了定义和阐释。

在这些法律规定的其他（优先受偿的）原因中，值得一提的是财产之划分（对其基本框架我们已经进行过阐述）和查封，后者是指在执行程序中对财产进行的司法扣押（《民事诉讼法典》第821条及续后条文）。

---

① 就利息之债而言，关于所有这些优先受偿原因，参见 Correia das Neves 的概述（*Manual dos juros*，第3版，1989年，第349页及以下）。

事实上，《民法典》本身亦在第 822 条中规定，"执行人因查封而取得优先于任何在查封前未有物权担保之债权人受偿之权利，但属法律特别规定之情况除外"。

为防止请求执行之人可以实际地优先于在查封前已经在查封物上设定物之担保的债权人而受偿，在执行程序的特定阶段，所有对查封物享有物之担保的债权人将被传召［《民事诉讼法典》第 864 条第 1 款 b）项］，[①] 以免他们因为请求执行之人透过查封的诉讼行为取得的优先地位受到不当损害。

民法本身的规定中（第 822 条）也提到了法律特别规定的情况，在该等情况下，查封不赋予请求执行之人任何相对于其他债权人的优先地位。

事实上，债务人被宣告破产即属此情况（《企业恢复与破产特别程序法典》第 200 条第 3 款）。

第二节　财产担保之保全方法

第一分节　无效之宣告

439. 法律所规定的财产担保之保全方法

法律不仅赋予债权人以在债务人不自愿履行债务时推进强制履行给付的权利，以及当强制履行给付不可能时从债务人的财产中获得赔偿的权利。

此外，如果债务人的某些行为损害了债权人之债的财产担保，削弱了债权人针对债务人之财产进行执行之权利的实际稳固性，法律亦赋予债权人以一些必要的方法使之能够针对该等行为维护自己的地位。

第 605 条及续后条文规定的即是债权人的财产担保之保全方法。[②]

法律为维护债权的实际稳固性而规定的保护工具包括宣告债务人所作

---

① 召集债权人，归根究底，便是旨在确认那些针对被执行人财产的债权，并定其受偿顺位。关于这些债权受偿顺位的订定，Rodrigues Bastos（*Notas ao Código de Processo Civil*，Ⅳ，Lisboa，1984 年，第 104 页）做了相当有用的说明。

② 这是财产担保的保全，而非财产本身的保全，因为所保护的利益是债权人的债权，而非债务人对其财产的所有权。

出之无效行为非有效、代位之诉、债权人争议权和假扣押。

透过非有效之宣告，[1] 法律承认债权人有就债务人作出的可能对债权人构成损害的无效行为提出争议的正当性。

代位之诉使债权人可以代替债务人行使对第三人拥有之具体财产内容之权利，条件是该代替对满足或担保债权人之权利为不可缺少者。

债权人争议权则赋予债权人以对债务人作出的、削弱债权之财产担保的行为（包括有效行为）作出反应的权力。

假扣押使有合理原因忧虑本身拥有之债权失去财产担保的债权人可以申请扣押债务人的财产。

这是四种不同的保护债权的工具，下面我们将从其制度的基本轮廓上认识它们，以对法律为维护财产担保而赋予债权人的权力塑造一个准确的概念。

440. 无效之诉的重要性

第 605 条赋予债权人以就债务人所作出之无效行为提出争议——尽管就该等行为而言，债权人仅具有第三人的身份——的可能性，这具有突出的实践意义，因为这尤其确认了债权人有就对其造成损害的虚伪行为进行攻击的正当性。

但是，可以说，第 605 条的规定对此并不是必不可少的，因为在《民法典》总则部分，在关于法律行为的一般规定部分，第 286 条已经规定，不同于法律行为之可撤销，法律行为之无效得随时由任何利害关系人主张。

尽管如此，第 605 条的规定在以下不可忽视的三个方面对债权人具有意义。

第一个方面，该条中明确规定，为保证提出争议之债权人的正当性，并不要求该（被争议的）行为已经引致或加重债务人之无偿还能力。[2] 只

---

[1] 这相当于以往的*虚伪之诉*，但显然覆盖范围更大，因为它除了涵盖虚伪之外，尚涵盖一切其他无效事由。参见 Vaz Serra, *Responsabilidade patrimonial*，第 34 目，第 148 页，以及 Beleza dos Santos, *A simulação*，Ⅰ，第 60—61 目。

[2] 在旧法时期，为债权人争议之诉而设的制度（1867 年《民法典》第 1033 条），让 Guilherme Moreira（*Obrigações*，第 2 版，第 44 目及以下）有不同的见解。至于 Paulo Cunha 则有另一种观点，他认为债权人这种身份，已经足以令他会因为债务人财产不减少而得益，参见 *Da garantia das obrigações*，由 Eudoro Côrte-Real 收集的讲义，Ⅰ，第 173 目。虽然这种论点并不完全有道理，但足以表明，债权人并不是仅当债务人失去偿还能力时，才开始会因为无效宣告而得益。另参见 Beleza dos Santos, *A simulação*，Ⅰ，第 77 目。

要债权人对无效之宣告具有真实的利益即可，且这并不必然表现为债务人立即无偿还能力，因为只要加重无偿还能力的危险性即足以产生前述效力。

正是因为如此，Vaz Serra 说道，"不应切断对债务人的绝对无效行为——尤其是虚伪行为——进行攻击的手段，而且，只要无效行为导致财产减损，似乎应当赋予债权人以立即宣告该行为无效的手段，以免债权人眼睁睁地看着其债务人在某一时刻成为无偿还能力人"。[①]

显然，天平偏向于债权人可对无效行为提出争议一边，无论该行为引致还是只是加重债务人无偿还能力的状态，其中导致无效的各项决定性原因通常具有的严重性具有很重分量。[②]

第二个方面，该条还彻底解决了下列问题的疑问：债权的在先性是否如在债权人争议权一样，为（债权人）提起无效之诉之正当性的要件。

根据法律的规定，债权人的正当性完全不取决于无效行为与债务人之无偿还能力或无偿还能力之加重之间的任何因果关系，这表明在此情况下完全不要求债权在先性这一要件。[③]

第三个方面，涉及由其中一位债权人申请的无效宣告的效果。[④]

现行《民法典》保留了1867年《民法典》中关于无效行为的一般规则（第1032条和第697条）的指导方向，在第605条第2款中明确规定，一旦应其中一位债权人申请而宣告有关行为无效，则该无效不仅惠及作出主张之债权人，亦惠及其他债权人。

---

① 参见 *Responsabilidade patrimonial*，Lisboa，1958 年，第 34 目，第 150 页。
② 关于无效事由相较于*可撤销*事由的严重性这个课题，参见 Tommasini，*Nullità*（*dir. priv.*），载于 *Enc. del dir.*，第 5 目及以下。在葡萄牙法上，关于以往绝对无效事由与*相对无效*事由的区别，参见 Manuel de Andrade，*Teoria geral da relação jurídica*，Ⅱ，第 4 次重印，Coimbra，1974 年，第 197 目，第 416 页，尽管相当简明扼要。
③ 在现行《民法典》生效之前，Vaz Serra（前揭著作，第 151 页）在面对旧法时已有相同的观点。他写道："毫无疑问，虚伪之诉无须符合'债权在先'这项专属于债权人争议之诉（第 1033 条）的要件，因为它针对的是一项无效行为，任何利害关系人都可以声请宣告无效。"
④ 无论是葡萄牙学者还是外国学者都认为，应为利害关系人的债权人声请，而确认债务人所实施行为无效的判决，毫无疑问，纯属宣告性质，而非创设性质。作为例子，参见 Rui Alarção，*A confirmação dos negócios anuláveis*，Coimbra，1971，第 58 页；Tommasini，前引文章，第 16 目；Fedele，*La invalidità del negozio giuridico di diritto privato*，Torino，1943 年，第 68 页及以下。

第二分节　债权人代位债务人[*]

441. 前身：代位之诉

如前所述，第二种财产担保之保全方法是债权人代位债务人，它与无效之宣告非常不同。顾名思义，债权人代位债务人机制是赋予债权人的一种权能，使债权人代替债务人行使某些能够使债务人财产中的资产增加、负债减少或防止某项资产丧失的权利。

早在 1867 年《民法典》中，法律已经赋予债权人一种此类型的措施，名称为代位之诉（acção sub-rogatória）。但在当时，代位之诉只是一项具有例外性质的措施，仅在法律明确规定的情况下才存在。[①]

这些情况分别是第 509 条（由债权人主张债务人已放弃的时效[②]）、第 694 条（作为债务人偶然的债权人的保证人要求撤销由债务人所作出的相对无效行为的权能）、第 1405 条（以定作人欠承揽人的债务金额为限，承揽人的雇员和供货人有要求定作人支付的权利[③]）和第 2040 条（债权人接受

---

[*]　参见 Vaz Serra, *Responsabilidade patrimonial*, Lisboa, 1958 年，第 35 目及以下；Nicolò, *Azione surrogatoria*，载于 Scialoja 与 Branca 的 *Com.*，art. 2900；Del Giudice, *Azione surrogatoria ...*, *Rev. trim. dir. proc. civ.*，1957 年，第 824 页及以下；Giampiccolo, *Azione surrogatoria*, *Enc. del dir.*。

[①]　作为例子，参见 Pires de Lima 与 Antunes Varela, *Noções fundamentais de direito civil*，Ⅰ，第 4 版，第 50 目，335 页及以下；Cunha Gonçalves, *Tratado*，Ⅹ，第 540 页及以下。

[②]　在这种情形下，以及在接受遗产的情形下，在主张债务时效或接受遗产之前，债权人当然必须就债务人的放弃提出争议，或者就继承人或受遗赠人的放弃提出争议——严格而言，这种争议属于债权人争议之诉的领域，而非代位之诉的领域。
　　然而，这些方案的*特征*，并不在于"消除债务人所作的行为"这个*消极*面上，而在于"由债权人替代债务人行使权利"这个*积极*面上。
　　归根究底，这一切就如同法律视债务人的放弃表示或不接受表示，不对债权人生效，并索性向后者赋权替代前者行使权利。

[③]　正如 Vaz Serra 所正确地观察到的那样（前揭著作，第 45 目，第 189 页），1867 年《民法典》第 1405 条所规管的情形，有相当特殊的面貌。
　　一方面，债权人（承揽人的雇员和供货人）的诉讼，并非针对任何第三人，而是针对债务人（承揽人）的一名债权人（定作人）。
　　另一方面，在此情形下，债权人并非替代债务人行使权利，反之，他们是在行使自身的债权。1867 年《民法典》的第 1405 条，容许他们直接地针对其债务人的债务人行使自己的债权，而不是针对其债务人行使。
　　Vaz Serra 和其他学者们，把这类情形称为*直接代位之诉*，因为本义的代位之诉相反，是*间接或者说是曲折*的。

债务人已抛弃的遗产的权利）。

由于该等规定被公认为具有例外性质，无论学说还是司法见解均一致认为不可将此类推适用于其他情况。

学者们之所以接受代位的例外性质，决定性的考虑因素是代位对债务人行使其权利之自由所造成的限制。

原则上，权利人应当具有完全的自由以行使或不行使法律赋予其的权力（除非所涉及的是通常被称为义务性权利或职权的情况）。该项措施公然限制这一自由（因为在代位之诉中，债权人行使的是债务人的权利而非自己的权利），不可避免地被视为一项违背一般原则的措施。

442. 新的代位的一般特征

现行《民法典》中的债权人代位债务人（第606条及以下）则具有完全不同的一番面貌。

债权人的代位不再如旧法一般仅限于特定权利，而是被接纳为一般制度，当然仍须符合特定的要件。

第606条第1款规定："就债务人对第三人拥有之具财产内容之权利，债务人不行使时，债权人可对第三人行使之……"

可见，法律确实想严肃地维护财产担保，为此确认债权人有代替债务人行使能使债务人财产增加或防止其财产减少（债务人之财产是其债务的物质支持或经济基础）的权利的权能。

但是，这并不意味着立法者沉迷于维护债权人的利益而失去理智，立法者并没有忽略该措施的副作用，即代位对债务人行使其权利之自由造成的限制。

实际上，法律寻求尊重债务人在合理限度内对其财产利益进行管理的行动自由，寻求协调该自由与直接涉及其人身和间接涉及其财产的债务约束的要求。

虽然债权人代位债务人被规定为一种一般性的机制，但法律明确规定了代位的一个例外情况（第2067条）：债权人代位被赋权继承却抛弃遗产而给自己造成损害的债务人。

很多理由可以解释和说明《民法典》第2067条对上述情况的特别处理。

首先，在此情况下债权人的代位并不仅仅基于债务人的不作为。

它首先涉及对债务人的一项积极行为（对遗产的抛弃）的消除。然后，在逻辑上，民法才确认债权人有代替被赋权继承却抛弃遗产之人接受遗产的权利。

其次，在大多数情况下，债权人对债务人的代位作用于后者可针对第三人行使权利。而在第 2067 条所考虑的特别情况下，所涉及的并不是针对第三人的权利的行使。对遗产的接受是一种单方法律行为，是对法律或单方意思处分向债务人赋权的同意。

最后，此种情况下的代位亦具有一个在法律中不能被忽略的特别之处：法律规定（第 2067 条第 3 款），向抛弃遗产之人的债权人作出清偿后，剩余之遗产不惠及抛弃遗产之人，而是惠及下一次序之继承人。

443. 与债务人之不作为有关的代位要件

作为保护财产担保的工具，债权人代位债务人之诉范围的客观限制不仅表现在该诉只适用于针对第三人的权利。第一个限制表现为，该诉仅适用于债权人有权限行使的（具财产内容的）权利。这意味着，债权人对债务人的替代仅可指向已存在或已创设的主观权利，[①] 而不是取得某项权利的单纯期待（如对赠予、买卖、租赁、公司合同等的要约作出的承诺，作品的发表或对已发表作品新版本的发行，等等）。

除此之外，第 606 条第 1 款亦将（在这个意义上的）人身性质的权利——因权利本身性质或法律规定仅能由拥有该权利之人行使的权利——规定为上述代位的例外。[②]

在对《民法典》的注释中，笔者曾指出，[③] "这些诉讼是指关乎个人身份的诉讼（例如，对父亲身份或母亲身份的争议之诉和调查之诉、离婚之诉、分居和分产之诉等）或者基于受赠人的忘恩而废止赠予的诉讼，尽管它们可能对债务人的财产产生重要的影响"。

最后，法律还要求，为使代位成立，它还必须是"对满足或担保债权人之权利为不可缺少者"（第 606 条第 2 款）。

第 606 条第 2 款规定，"然而，上述代位仅在对满足或担保债权人之权

---

① 参见 Vaz Serra，前揭著作，第 39 目。

② 《法国民法典》第 1166 条及《意大利民法典》第 2900 条的规定也是如此。

③ 参见 Pires de Lima 与 Antunes Varela，*Código Civil anotado*，I，第 4 版（由 Henrique Mesquita 协助完成），第 623 页。

利为不可缺少者，方可为之"。

如果我们将第 606 条的严格规定与第 605 条第 1 款关于无效之诉所勾画的粗线条进行比较，我们立即可以注意到，法律在规定代位时确实比就无效之诉进行展开时要更为严厉，更受限制，这也是不难理解的。

在无效之宣告中，债权人只要可从此宣告中获益，即获承认具有主张该无效的正当性，"而不论该行为会否引致或加重债务人之无偿还能力"，而在代位之中，为使债权人能够诉诸这一机制，必要条件是该代位对满足或担保债权人之权利为不可缺少。①

这两个相邻规定之间的清晰对比只能意味着，为行使代位权，债权人必须主张并证明以下任一事实：

a）债务人的不作为引致或加重了其无偿还能力，而为消除这一后果，债权人必须行使上述权利；②

b）债务人的不作为导致债权人的权利不可能获得满足（履行），例如，债务人的不作为导致从其财产中剥夺了作出须为之给付所必需的不可替代物。

相反，法律却完全没有禁止诉诸所谓二级代位之诉。

事实上可能发生的情况是，甲的债务人乙无偿还能力完全是因为他（乙）没有代替其债务人丙接受后者被赋权但抛弃的遗产。

当出现此情况时，甲可代替丙接受遗产，当然，条件是甲要主张并证明该行为对避免被赋权人丙无偿还能力或避免加重其无偿还能力属必需，正如该代位的行使对于防止其债务人乙无偿还能力或防止其无偿还能力加重属必需一样。

---

① 这两种情形各自的要求，程度有别，自然反映了这两种财产担保的保全方法在结构上有所不同。

宣告无效之诉，是（债权人）针对一项本身沾染了法律所认定严重瑕疵的行为提出反对。代位之诉，则是债权人针对本身完全合法的不作为提出反对，因为是否行使（财产性）权利，是权利人的自由，这不作为只不过是因为对第三人（不作为者的债权人）财产有所影响，才变得可受谴责。

② Vaz Serra（前揭著作，第 42 目，第 173 页）有同样的见解。他写道："然而，代位之诉的要求，理应比虚伪之诉严格。就虚伪之诉而言，人们所支持的方案认为，只要债权人因债权一般担保不减少而得益，就足够了。但是，代位之诉并非旨在对抗使财产减少的行为，而只是确保财产不因债务人不作为而减少或不增加，因此，仅当债权人无法预期债务人会满足其债权，或有强烈且严重的可能性无法如此预期时，方应认为债权人行使债务人权利是正当的。因此，如果债务人显然有偿还能力，即应驳回代位之诉。"

在对《民法典》的注释中，笔者曾指出，① "这并不妨碍诉诸所谓二级代位之诉，也就是说，由债权人的债权人行使前者的债务人的权利"，并且援引了 Vaz Serra 在准备工作中就此机制所表达的学理②以支持我们的解决方案。

444. 拥有附期间或附条件之债权之人

第606条第2款对债权人在行使代位权中具有重要利益的要求，自然会反映在一个在外国法学界广泛讨论的问题上：拥有附条件或附期间之债权之人是否有行使代位权的正当性。

严格地说，如果法律中仅确立了第606条第2款的规则，那么无论是拥有附条件之债权之人还是拥有附期间之债权之人，均不得行使代位权。由于在这两种情况下，债权在有关债权人主张代位之时并不存在，债权人无法主张存在实际损害，也就无法证明牺牲债务人的自由是正当的。

但是，法律作出了明确规定以解决上述问题，在一定程度上放宽了或者说弹性化了第606条第2款所设定的严格标准。

事实上，第607条规定，"拥有附停止条件及期间之债权之人，仅在显示不待条件成就或债权到期而行使代位权系对其有利时，方可行使代位权"。

事实上，正如 Vaz Serra 所敏锐地观察到的，③ 可能发生的情况是，如果阻止拥有附期间之债权之人在债权到期前行使代位权，将会对其造成不可弥补的损害，因为他在债权到期后不可能获得假如在债权到期前行使代位权本来可以轻易获得的结果。

上述考虑也比照适用于（mutatis mutandis）拥有附条件之债权之人，而且正如我们所知，法律（第273条）也允许拥有附条件之权利之人作出为维护其利益所必需的（保全）行为。

最重要的是，债权人要主张并证明，面对所处的具体情况，不待条件

---

① 参见 Pires de Lima 与 Antunes Varela，前揭著作，I，第4版，第623页。

② 参见 Vaz Serra，*Responsabilidade patrimonial*，Lisboa，1958年，第40目，第171页。这位学者在提到连续转租的情形后，写道："另一个例子是：B 是 C 的债权人，而 B 的债权人 A 则代 B 行使一项 C 对 D 的债权。"

③ 参见 Vaz Serra，*Responsabilidade patrimonial*（sep. do Bol. Min. Just.，第75期），第42目，第174页及以下。

成就即行使代位权存在一个严肃的、特别的利益。

偶然的债权人（相对于受托人的委托人，就前者可能须向他交付的价值而言；相对于其出纳或会计雇员的雇主实体，就前者可能承担的责任而言）则不享有同样的保护。

我们并不要求债权人必须具备执行名义方可行使代位权。

不能将执行名义的可执行性之一的诉讼法上的问题与代位这一主要实体法范畴的问题相混淆，前者与执行程序中的特有风险有紧密的联系。

445. 代位权的行使与效力

从前将债权人例外地替代债务人行使具财产内容的特定权利的现象命名为"代位之诉"，这可能会使人们认为，代位只可能透过司法裁判作出。

在这个问题上，第 608 条可谓一石二鸟。

一方面，该条暗示，要行使代位权并不必然要诉诸司法诉讼。如果债权人想要代替其债务人收取后者对第三人的某项马上因时效完成而消灭的债权，则并不必须诉诸给付之诉，而完全可以使用单纯的非司法催告。

另一方面，在债权人为行使代位权而提起的司法诉讼中，除了债权人所行使之权利所针对的人，该条还规定必须传唤债务人。

因此，此处所涉及的是真正的必要共同诉讼（《民事诉讼法典》第 28 条），对上述要求的违反会导致当事人不具正当性。

关于代位权之权利，需要强调的最重要的一点是，代位所涉及的财产纳入或重新纳入债务人的财产中，这惠及所有的债权人以及债务人本身。这就是说，债权人中之一人行使代位权并不仅仅惠及其自身，这在原则上是合乎逻辑的和自然的。

虽然这个问题在学者之间是有争议的，但立法者接受了 Vaz Serra 的意见，该学者认为，"既然行使代位权的债权人只是使用了一项债务人本来也可以使用的方法，毫无疑问，在此情况下产生的利益要惠及所有债权人，假如令代位的债权人仅凭此即可享受该诉讼的利益而排除其他债权人的利益，则是既不公正也不合理的"。[①]

而如我们所知，法律对债权人争议权所采纳的是不同的解决方法。

另外，要强调的是，债权人通过代位而行使一项不属于自己而属于债

---

① 参见 Vaz Serra，前揭著作，第 44 目，第 186 页及以下。

务人的权利的另一个后果是，第三人（债权人所行使之权利所针对之人）仅得以本来可针对债务人使用的防御方法对抗债权人，而不得使用属于其个人的针对债权人的防御方法。

第三分节　债权人争议权[*]

446. 概念和来源

在财产担保的各种保全方法中，有一种不同于代位之诉——或更严格地说，债权人代位债务人——的保全方法，即古老的"保罗之诉"（*acção pauliana*），《民法典》（第610条及续后条文所属分节）将之命名为"债权人争议权"（*impugnação pauliana*）。

债权人代位债务人机制使债权人能够针对债务人的不作为作出反应，行使后者怠于行使的权利，而债权人争议权则使债权人能够针对债务人所作出的不适当地减少其资产或增加其负债的行为作出反应。①

债权人通过保罗之诉而对类似性质的行为作出反应的可能性在法律上是根深蒂固的，众所周知，这至少可追溯至古老的古典罗马法。长久以来所使用的这一著名的命名——保罗（pauliana）——其实源自一位罗马裁判官的名字（*Paulus*），他是首位在其告示中创制和使用该措施之人。

我们还知道，古典罗马法中充斥着自由的、在某种程度上亚里士多德式的思想氛围，债权人针对债务人损害自己的行为作出反应的方法不止一种，而有三种不同的方法，包括 actio pauliana poenalis（D. 22，1，38，4）、interdictum fraudatorium（D. 42，8，10，pr）和 in integrum restitutio ob fraudem。②

优帝的法律汇编将在这个问题上赋予债权人保护财产担保的三种工具

---

* 参见 Vaz Serra，*Responsabilidade patrimonial*，Lisboa，1958年，第47目及以下，以及所引的参考文献；Antunes Varela，*Fundamento da acção pauliana*，载于 *Rev. Leg. Jurisp.*，第91期，第349页及以下；Impallomeni，*Azione revocatoria*（*dir. rom.*），*Novissimo Dig. Ital.*；Talamanca，*Azione revocatoria*（*dir. rom.*）；De Martini，*Azione revocatoria*（*dir. priv.*），*Novissimo Dig. Ital.*；Natoli，*Azione revocatoria*，载于 *Enc. del dir.*。

① Vaz Serra（前揭著作，第52目，第223页）写道："根据传统学说，债权人争议之诉，适用于债务人用来减少财产的行为，而不适用于仅仅用来避免财产增加的行为。"

② 参见 Impallomeni，*Azione revocatoria*，载于 *Nov. Dig. Ital.*。

合而为一（即保罗之诉）。①

事实上，只有这一种赋予债权人的法律工具（保罗之诉或债权人争议权）——针对的是债务人损害债权人的财产行为，以保护财产担保——保留在当代各国的法律体系之中。

447. 债权人争议权的要件：A）损害财产担保的行为（eventus damni）

由于债权人争议权表现为第三人（债权人）对债务人所作出之行为的干涉，故法律对其行使设定严格的要件便不难理解了。

法律在第 610 条的两项中规定了行使债权人争议权的两个一般要件。

其中相对比较重要的一个要件是，（被争议的）行为对财产担保造成损害。

第 610 条首先指出，该行为必须是可引致削弱债权之财产担保的行为。担保的削弱既可能表现为资产的丧失或减少（如赠予某一不动产），也可能表现为负债的增加（例如，承担他人之债务、对他人债务的保证），因为无论通过哪一种途径都可能使依第 601 条规定对债的履行承担责任的可查封财产的总价值减少。

（被争议的）行为具有具体危害（novicidade concreta）的要件更明确地规定在第 610 条 b）项，据此，该行为必须引致债权人的债权不可能获得全部满足或加重了这个不可能性。②

不加修饰地表述这一要件的话，可以说，可被争议的（债务人的）行为必须是导致或加重债务人无偿还能力的行为，因为只有在该等情况下债权人的债权才明显不可能获得完全满足。

然而，如果我们对比第 610 条 b）项的行文与 1867 年《民法典》第 1033 条的文本（"债务人所订立的符合其真意但损害其债权人的行为或合同，可应受损害之债权人的声请而取消，只要其债权先于该行为或合同且

---

① 作为例子，参见 Talamanca，前引文章，第 1 目。
② 在旧法生效期间，虽然 1867 年《民法典》的第 1033 条写少了，但学说认为，就债权人争议之诉而言，无偿还能力状态的加重，必须被等同于无偿还能力本身或无偿还能力的确定。作为例子，参见 Guilherme Moreira，前揭著作，第 46 目；J. G. Pinto Coelho，载于 *Bol. Fac. Dir.*，第 2 期，第 471 页。

该行为或合同导致债务人无偿还能力"），① 则根据现行《民法典》的准备文件，② 可以清楚地证实，法律之所以使用新的表述方式，是想涵盖这样的情况：尽管有关行为没有导致债务人无偿还能力，但事实上它却导致强制清偿债权的实际不能。

典型的情况是，债务人将其被查封后将足以确保其债务完全履行的唯一不动产出售，认为这样便可轻易地隐匿该不动产的价金以逃避司法诉讼。

1966 年《民法典》以新的方式表述了上述要件，乃有意将此类行为——虽然严格来说不引致债务人无偿还能力，但可能导致债权人事实上（现实或实际）不能通过强制执行使其债权获得完全满足——纳入可行使债权人争议权的范围。③

在该等情况下，行使争议权的债权人有责任主张并证明债务人所作出的行为——哪怕是有偿行为——确实导致其债权不可能获得完全满足（或者加重这个不可能性）。④

判断有关行为是否在事实上导致行使争议权的债权人的债权不可能获得完全满足，所考虑的时间应当是作出被争议的行为的时间。⑤

然而，裁判者必须十分务实，且既要关注法律的文本，更要关注法律

---

① 虽然条文失之过窄，但好的司法见解仍将其适用于以下典型个案：买卖以正确价金为之，但债务人（让与人）这样做的意图（取得人是知悉的）是更容易隐匿价金，避开债权人的诉讼。参见由 Vaz Serra 注释的最高法院 1968 年 1 月 30 日的合议庭裁判，载于 *Rev. Leg. Jurip.*，第 102 期，第 4 页及以下。

② Vaz Serra 在 *Responsabilidade patrimonial*，第 48 目，第 199 页中——就以往 1867 年《民法典》第 1033 条所列的无偿还能力要件，写道："债权人的损失通常表现为，行为引致或加重无偿还能力。但也可以发生以下情形：虽然行为不引致或加重无偿还能力，但因为其他财物不可能执行、难以执行或执行耗费巨大，跟被让与的财物相反，导致执行在实际上不可能，因而造成债权人损失。"

③ 《民事诉讼法典》第 1200 条第 1 款 c) 项实际上有相同的取态：为了破产的财产，而视协议分割（partilhas amigáveis）被解除，只要那是在宣告破产前一年内缔结，而且破产人仅仅从中得到易于隐藏的有价物。

④ 在普遍情形下，法律（《民法典》第 611 条）就债权人财产担保的损失，明智地分配了举证责任（onus probandi）：债务人的负债金额，由债权人（争议人）证明；至于债务人（或因行为的维持而得益的第三人），则要证明其拥有价值相同或更高的可查封财产。参见早有相同的所罗门王式（salomónica）的取态的 1867 年《民法典》第 1043 条。（新旧制度的）差异在于，现行《民法典》合理地让因行为的保持而得益的第三人，也可以证明债务人资产充足。

⑤ 这种观点，在葡萄牙法上，参见 1972 年 12 月 19 日最高法院的合议庭裁判（载于 *Bol. Min. Just.*，第 222 期，第 386 页及以下）。

的精神。[①]

如仅考虑债务人所作出的行为本身而不考虑其后果，该行为并不直接或必然导致其无偿还能力，但有重要迹象表明他准备对债权人和法庭隐匿其所受领的金钱或其他有价物，则法庭应当允许债权人行使争议权。

448. 续B）债权的在先性；有预谋的欺诈

法律［《民法典》第610条a）项］亦将债权先于被争议之行为作为行使争议权的要件。

只有拥有先于该行为而产生之债权之人方可被认为是该行为的受害人，因为只有他们才可能正当地将那些从债务人财产中减少的财物视为对其债权的财产担保构成的价值。[②]

所拥有之债权在债务人对其财产的处分行为或设定负担的行为之后方产生的债权人则显然不会将该等财产视为对自己权利的（财产）担保。[③]

然而，新《民法典》在这一问题上引入了一个有意义的革新。当有关行为先于债权的设定时，如该行为乃为妨碍满足将来债权人之权利而故意作出者，则作为一种例外情况，法律亦容许行使争议权。[④]

法律有意涵盖［第640条a）项最后部分］的情况即是学者们明确称为"有预谋的欺诈"的情况。

在该等情况下，债务人为获得债权而故意令债权人相信某些已被自己转让或设定负担的财产仍属自己的财产，是没有任何负担的财产。

由于当涉及有偿行为时，仅当双方当事人均系出于恶意而作出有关行

---

① 按此思路，要令债权人争议之诉理由成立，争议人只需主张和证明，清偿负债所需的债务人余下的财物，在执行程序中难以扣押，其扣押耗费巨大或不可靠。Vaz Serra，前揭著作，第48目，第199页。

② 然而，债权人若要对到期前的（减少财产担保的）行为提出反对，债权无须到期，只要债权的创设先于那项行为。
就（停止）条件未成就的债权而言，法律所采纳的方案（第614条第2款）则有所不同。在这种情形下，债权人可正当地请求提供担保（caução）。参见 Pires de Lima 与 Antunes Varela，*Código Civil anotado*，Ⅰ，对第614条的注释。

③ Vaz Serra（前揭著作，第204页）从另一个角度检视这种情况，也得出相同的见解。他写道："债权人所能依靠的，只是那些在债权创设之日存在于债务人财产内的财物，以及之后才纳入债务人财产的财物。"关于破产人的债权如何争议在破产前所做的行为，也参见 Vaz Serra，前揭著作，第204页，注282。

④ 在1867年《民法典》生效时，《立法及司法见解评论》（*Rev. Leg. Jurisp.*）持相反的观点，参见第66期，第344页及以下。

为时，方可行使债权人争议权（见下文第 449 目），故法律的这一革新不会对作为取得人的第三人造成任何不公平。

449. 有偿行为中恶意的要件

除了上述两个一般要件，对于有偿行为，法律还要求另一元素。[1]

事实上，第 612 条规定，"有偿行为仅于债务人及第三人出于恶意作出时，方成为债权人争议权之目标；如属无偿行为，即使债务人及第三人出于善意作出，争议权亦得成立"。

而对于恶意这一有争议的概念的含义和真实范围，该条第 2 款规定，"明知作出有关行为将有损债权人者，即视为恶意"[2]。

如果我们将新《民法典》第 612 条第 2 款对恶意的规定与 1867 年《民法典》第 1036 条第 2 款对同一要件的界定（"该等情况下的恶意是指对该状况的知悉"，所指的是该条第 1 款所规定的无偿还能力的状况）进行对比即可发现，二者在两个方面存在区别。

一方面，诚如上文所述，现行法律故意背离了债权人争议权必然与债务人的无偿还能力相联系的想法，而是以债权在事实上不可能获得完全满足为该行为的后果。

另一方面，债务人和第三人——他们是被争议的行为中的当事人——知悉债务人财产的不稳定状况还不够，因为他们可能有充分的理由相信该行为最终会改善债务人的状况。相反，债务人和第三人必须知悉该行为将对债权人造成损害。[3]

---

[1] 关于有偿行为的概念，以及有偿与无偿之间的区别概述，参见 Antunes Varela, *Ensaio sobre o conceito do modo*, Coimbra, 1955 年，第 53 页及以下；同一作者，*Das obrigações em geral*, I，第 6 版，1989 年，第 96 目，第 368 页及以下。
关于这种区分有特别困难的领域（为第三人债务创设担保权利），参见 Mota Pinto, *Onerosidade e gratuitidade das garantias de dívidas de terceiro na doutrina da falência e da impugnação pauliana*，载于 *Estudos em homenagem a T. Ribeiro*, Ⅲ，1983 年，第 93 页及以下，以及 Caropo, *Gratuità ed onerosità dei negozi di garanzia*，载于 *Riv. trim. dir. proc. civ.*, 1961 年，第 444 页及以下。Vaz Serra, *anot. ao* (1972 年 3 月 7 日的) *ac. do Sup. Trib. Just.*，载于 *Rev. Leg. Jurisp.*，第 106 期，第 59 页及以下，连债务人自己创设的担保也包括在内。

[2] 关于这个概念（*恶意*）的演进，参见 Carraro，载于 *Riv. trim. dir. proc. civile*, 1949 年，第 788 页。

[3] 在受争议的有偿行为中，如果给付与对待给付的价值相同（众所周知，价值相同并不是行为有偿性所必需的），那么，对损害有所意识，通常是指：知悉债务人想隐匿所受领的对待给付，避开债权人的诉讼。参见 Vaz Serra，前揭著作，第 214 页，注 301 - a。

法律的这一表述方式同样明显区别于那些将恶意与损害债权人的意图等同起来的学者的立场。

债务人和第三人作出行为时可能有其他意图,可能所追求的是其他的目标,但他们完全知悉将会造成的损害。在法律看来,这便足以令债权人争议权成立。[①]

当作为商人的债务人被宣告处于破产状况时,法律(《企业恢复与破产特别程序法典》第158条)不仅推定在两年内与第158条 a)项所指之人缔结的有偿行为为恶意作出的行为,而且推定该条其他项所强调的"为行使债权人争议权的效力"其所有受到怀疑的行为为恶意。

450. 债权人争议权所针对的行为

根据第610条的定义,债权人争议权可针对债务人的一切可引致削弱债权之财产担保的行为(不包括不作为,后者包含代位的范围,见第606条),显然其中最值得强调的是转让财产或移转权利的行为以及对其财产中已有权利的放弃。[②]

然而,有一些行为可能具有特别的性质,对于是否可以针对该等行为行使争议权,可能存在一些可以理解的疑问。尤其容易产生疑问的包括无效行为(如虚伪的法律行为)、债务的履行(惠及受清偿的债权人而损害了其余的债权人)、设定担保(同样惠及某些债权人而损害其他债权人)以及有偿赠予(附负担或负担条款之赠予)。

对于无效行为——毫无疑问此处亦考虑虚伪行为[③]——第615条规定,"债权人争议权之行使,不因债务人所为之行为属无效而受影响"。

因此,当债权人想要针对损害财产担保的行为作出反应,而该行为实为无效行为(例如,因合同当事人虚伪而无效)时,法律并不想向该债权人施加必须首先诉诸无效之宣告的负担。

同样,在这一解决方案中,法律还考虑的一个因素是,行使债权人争

---

① 在有偿让与中,债务人(让与人)与第三人(取得人)被要求具有的这种*对待损害的意识*,以及(各种类型的)*故意与有意识的过失*那些概念,两者之间的关系,参见1992年1月23日最高法院的合议庭裁判,载于 *Rev. Leg. Jurisp.*,第127期,第270页及以下(由 Almeida Costa 注释)。

② 债权人争议之诉,所能对抗的免除行为或放弃行为,自然也包括任何担保物权的*放弃*(这很容易显露债务人的恶意)。

③ 参见 Vaz Serra,前揭著作,第53目,第229页。

议权时参与有关行为的第三人受到的待遇要比该行为无效（以及撤销）时其受到的待遇更为严苛。

根据第 290 条的规定，因法律行为无效而生之相互返还义务应当同时履行，这样，无效申请所针对的一方当事人在对方不具条件时返还所受领之物或等价物之前并无义务作出返还。相反，在行使债权人争议权的情况下，第三人必须立即交出从债务人处受领的给付，之后才能在十分不稳定的条件下尝试重获已让与或交付债务人的东西。①

对于债务的履行，法律正确地将到期之债务——或笼统而言，可请求之债务——与尚不可请求之债务区分开来。就可请求之债务的履行，不可行使债权人争议权，即使债务人在履行时知悉此举将惠及受领人而不惠及其他债权人亦然。债权人所受领的是他本来就有权受领的东西（给付），不能单凭这一事实认为债权人有应受谴责的行为（nullam videtur fraudem facere qui suum recipit）。②③

但是，无论是对尚不可请求之债务的履行，对自然债务的履行，还是对代物清偿，假如同样确认上述做法，都将是不合理的。

在不可请求之债务的情况下，债务人在该等条件下向债权人作出的支付导致无法使已到期之债权获得完全满足，这意味着对此债权人的优惠系以牺牲其他债权人为代价。同样的判断也可——甚至更有理由——适用于自然债务的履行。在法定债务的债权人尚未完全满足的情况下，假如满足这些被公认为更松散的约束，不仅是不公平的，也是不合理的。

正如债务人不应在实际有损其债权人的情况下作出慷慨行为（nemo liberalis nisi liberatus）一样，在未清偿所有可强制请求的债务之前，债务人不应奢侈地满足那些非强制性的债权。④

同样可以比照着理解的是，代物清偿、方便受偿之代物清偿和更新本

---

① 参见 Pires de Lima 与 Antunes Varela，*Código Civil anotado*，I，第 4 版，第 632 页（对第 615 条所作的注释）以及 Antunes Varela，*Fundamento da noção pauliana*，载于 *Rev. Leg. Jurisp.*，第 91 目，第 379 页及以下。

② 参见 Vaz Serra，前揭著作，第 241 页。

③ 如果不是由债务人支付，而是由第三人支付，从而损害了清偿人的那些债权人的财产担保的话，就不是这样了。显然，这些债权人也可以反对履行行为，而受偿的债权人不得主张他"只不过是受领自己应得的东西"来予以对抗。参见 Pires de Lima 与 Antunes Varela，*Código Civil anotado*，I，第 4 版，对第 615 条的注释 4。

④ 参见 Antunes Varela，*Natureza jurídica das obrigações naturais*，载于 *Rev. Leg. Jurisp.*，第 90 期，第 3 页及以下，以及 Vaz Serra，前揭著作，第 54 页，第 231 页，注 330。

身作为满足或预先满足债权的特别方式，伤害了对债权人平等对待（par conditio creditorum）这一合理的——这也是有人对第 615 条第 2 款所规定的限制的评价——原则。因此，与自然债务的履行类似，对上述所有行为均可行使债权人争议权。[1]

相同的学理还适用于债务人为某一债权人的利益而设定任何担保的情况，这是公正的，合乎逻辑的。

虽然为已存在的债权设定担保并没有增加作为担保人的债务人的负债，但可以肯定的是，这一行为削弱了对其他债权人的财产担保。而财产担保的削弱——应当灵活地理解这一表述的内容——是判断是否可行使债权人争议权时的决定性标准。

受损害的债权人针对设定担保的行为提出争议，就其要件而言，视该行为为无偿还是有偿而定。

如果获担保的债权人为其所获得的担保付出了代价，则该行为是有偿的，因此，仅当债务人和获担保的债权人均系出于恶意作出该行为时，才可针对该行为行使债权人争议权。相反，如果债权人因该担保获得了财产利益而不需要作出任何对待给付，则该行为是无偿的，因此，无论行为人是出于善意还是恶意作出行为，均可对此行使债权人争议权。

对于有偿赠予（附负担的赠予），由于认为它们构成混合行为的过时理论（在 1867 年《民法典》第 1455 条的文本中仍有体现）已被确定性地超越，基于它们在任何维度上都构成真正的慷慨行为（尽管当该负担在经济上可衡量时要从慷慨行为中扣减负担的价值），[2] 显然同样可以行使债权人争议权，无论当事人是否系出于恶意作出有关行为。

451. 债权人争议权的效力：A）对债权人而言

关于债权人争议权对行使该权之债权人的效力，根据第 616 条的规定，有以下几个方面需要强调。

第一，债权人争议权是一个极具人身性质的诉讼，故其效力乃通过行

---

[1] 这就解释了为何《企业恢复及破产特别程序法典》第 158 条 b）项遵循了旧法的解决方案：以"通常不会被用于这种用途的有价物"来支付破产人已到期的债务，这种行为被推定为其中一种破产人的恶意行为。

[2] 参见 Antunes Varela, *Ensaio sobre o conceito do modo*，第 6 目，第 82 页及以下；Vaz Serra，前揭著作，第 268 页及以下。

使该权的债权人的利益来衡量。正如长期以来人们所认为的那样，债权人争议权并不是无效之诉，后者一旦被判理由成立，会完全破坏受争议的行为。

第二，法律允许行使争议权的债权人要求将有关财物返还于债务人——尽管以该债权人的利益为限——这清楚地表明，在转让行为中，行使债权人争议权的后果不包括导致受争议的行为完全不产生效力，而只是使行使争议权的债权人有触及被转让的财产的可能性，但他仍有义务承受与取得人之债权人的竞合。将被转让的财物返还——有人将此称为回归（retor-no）——于债务人，以弥补在行使争议权的债权人的财产担保上打开的缺口，这自然意味着两件事：

（1）行使争议权之人可执行被转让的财物，好似它们并没有脱离过债务人的财产一样，但由于该争议权被判理由成立仅惠及行使争议权之人，该债权人与债务人的其他债权人[1]之间不存在竞合。

（2）在执行财物转让——好似它们已经回归债务人的财产而不继续由取得人所拥有一样——时，行使争议权之人可以满足其债权所需为限执行它们，而不受取得人各债权人的竞争影响。[2]

第三，由于行使争议权之人的债权的财产担保继续存在，好似被转让的财物并没有脱离债务人的拥有一般，法律合逻辑地允许该债权人作出为保全该担保而原则上许可的所有行为。

第四，由于债权人行使争议权的目的只是在于消除对其财产担保造成的损害，故该争议权被判理由成立并不导致被争议之行为被破坏，这意味着，一旦该损害获得弥补，没有任何理由不维持该行为未受争议权影响的其他部分的有效性。

例如，甲欠乙 1000 元且其财产中共有价值 1600 元的财物，甲将其中价值 1200 元的部分赠予丙。

在此情况下，如债权人乙基于该赠予损害其债权的财产担保且导致债务人无偿还能力而对之提出争议，则该争议权仅在金额为 600 元的部分影响该赠予，因为这是与甲之财产中余下的可查封财物（价值为 400 元）一起

---

[1] 如果恶意取得人已经将这些财物转让，或这些财物因其过错或意外事件而灭失或毁损，即须就这些财物的价值负责，除非在意外事件引致灭失或毁损的情形下，他主张和证明了即使财物继续由债务人管领，这些事也照样会发生。

[2] 参见 Vaz Serra, *Responsabilidade patrimonial*，第 66 目，第 305 页及以下。

满足行使争议权之人的债权所必需的金额。

对于该赠予的其余部分（价值为 600 元），没有任何理由不尊重其有效性和完全的效力。

如果与大多数情况不同，被争议的行为的目标并不是财物的转让，而是其他的效果（为某位一般债权人设定担保、承担第三人的债务等），则原则上仅需否定该行为对行使争议权之债权人的效力（而不需要将财物返还予债务人的财产）即足以保证该争议权的目的。

对此，Vaz Serra 亦写道，[①] "另一方面，该返还可能只是表现得好似否定该行为的效力。当该行为单纯表现为债务人与第三人之间的债之关系时即属此情况：例如，设定债务、担保，有利于第三人的债务免除等。同样的效果也发生在其他情况中，如抵押的设定，在该等情况下，对效力的否定即足以消除对各债权人的损害"。[②]

该等情况与更常见的转让财物的行为的情况一样，最重要的都是要始终牢记债权人争议权的效力具有人身性和相对性，这一点在第 616 条第 4 款中有明确的规定，该款笼统地规定，"争议权之效力仅惠及提出声请之债权人"。

452. 与旧法中的制度的对比

于是，我们可以轻易地看出，1966 年《民法典》所采纳的债权人争议权制度与旧民法典所建立的规则之间存在根本的差异。

1867 年《民法典》第 1044 条规定，"该行为或合同被解除后，被转让的价值为债务人之债权人的利益回到债务人的财物集合中"。

将所转让的财物系统性地返还予债务人且该等财产会带来集体受惠——学者们争论的只是受惠的债权人是否只是拥有先于该行为之债权之人[③]还是亦包括该行为之后所生债权的拥有人——这清楚地显示了这一债权

---

① 参见前揭著作，第 65 目，第 296 页。
② 这是 1867 年《民法典》的第 1042 条，就债务人向第三人所作的任何担保创设行为，所确立的解决方案。
债权人争议之诉的效力，因应受争议行为的性质，而可能展现的不同形态，也参见 Vaz Serra 对 1977 年 10 月 13 日最高法院的合议庭裁判所做的注释，载于 *Rev. Leg. Jurisp.*，第 111 期，第 153 页及以下。
③ 这是 C. Gonçalves（前揭著作及章节，第 776 目）所支持的学说，这样的话，1867 年《民法典》的第 1044 条和第 1043 条便得以互相协调。

人解除权——《塞亚布拉民法典》将此构思为一种解除——的历史联结，以及当时的学说为该制度披上的无效之诉的外衣。

一旦债务人的转让行为被触及——可能因为双方当事人系出于恶意，也可能因为作为取得人的第三人不当得利——所有被转让的财物均回到起点，仿若该行为已被撤销，而提出争议的债权人单纯是各债权人集体利益的代理人。

关于这一制度的指导方针的转向开始于 Vaz Serra 草案（第 174 条和第 175 条），这是该学者对财产责任问题进行深入理论研究的结果。

而无论是在第一次部内修订的文本中（第 606 条和第 607 条），还是在第二次部内修订以及《民法典》最终版本的规定中（第 616 条），这一关于债权人争议权的新方针都由立法者所保持。①

453. 续 B ） 对债务人而言

如前所述，如债权人争议权被判定理由成立，则债权人可要求将被转让的财物返还予债务人的财产中，或可在取得人的财产中执行该等财物而不与取得人的债权人竞合，又或可将债务人作出的其他对自己造成损害的处分行为视为对自己的财产担保不产生效力，在此基础上要探讨的另一问题是，债权人争议权对债务人与作为取得人的第三人之间的关系会产生怎样的效力。

由于法律并未将债权人争议权视为撤销之诉，故只要被争议的行为对提出争议之人债权的财产担保造成的损害得以消除，则倾向于令该行为维持其在当事人之间（债务人和作为取得人的第三人之间）的全部效力。②

但是，如果债权人争议权的行使意味着对作为取得人之第三人所受领之给付的全部或部分牺牲，则该第三人对其作出的对待给付享有怎样的权

---

① 债权人争议之诉只惠及提起诉讼的债权人——亦把它视为（这个意义上的）个人诉讼，而非普遍惠及一切债权人的*撤销诉讼*——这种方案，同样确立在《意大利民法典》（第 2902 条）、《希腊民法典》，以及德国 1879 年 7 月 21 日非破产领域债权人争议之诉的法律中，而且也获得了法国主流学说的赞同。

　Carbonnier（前揭著作及章节，第 142 目，第 594 页）这样定义债权人争议之诉对争议人发生的所谓*相对效力*，"财物得以回归债务人财产，这只惠及身为原告的债权人自己，而其他一切债权人都被排除在外"（En faveur du créancier demandeur lui même, qu'il sera seul, à l'exclusion de tous autres créanciers, à pouvoir saisir de bien rentré dans le patrimoine du débiteur...）。

② 这意味着，如果争议并不涵盖债务人向第三人所作的全部给付（尤其在无偿让与的情形下），给付的其余部分会继续维持。

利呢（在有偿转让的情况下）？例如，债权人争议权系针对一名购买了某名贵珠宝之人提起，而该买受人知悉出卖人的意图是隐匿所受领的价金以逃避其债权人的执行权。

由于行使了债权人争议权，则该珠宝被用于清偿提出争议之人的债权。在此情况下，该买受人有何权利以重获他为此珠宝所支付的价金呢？

如被争议之行为是有偿行为，则第617条第2款所界定的解决方案受《意大利民法典》所采纳的学说的启发（第2902条第Ⅱ款）。

第三人因债权人行使争议权而取得的针对债务人的权利，仅在提出争议之人的债权获得满足后方可行使。

事实上，正如我们《民法典》第617条第2款所规定的，"以须返还之财产满足债权人之权利，不会因第三人对债务人拥有第一款所指之权利而受影响"。

这就是说，在上述例子中，仅在以返还予债务人财产的珠宝价值清偿提出争议之人的债权以后，买受人获返还价金的权利才可能得到满足，这可能以债务人的其他财产满足（如果他有的话），也可能以（在提出争议之人提起的执行中）出售该珠宝的价金超出提出争议之人的债权金额的部分满足。[1]

那么，第617条第2款所欲指出的第三人对债务人拥有的权利是什么权利呢？

很明显，这里所指的是该条第1款规定的作为取得人之第三人的权利。

在这一方面，法律对无偿取得和有偿取得进行了区分。

在前一种情况下，仅当债务人（赠予人）所为属欺诈或明示对第三人权利的维持承担责任时，作为取得人之第三人方对债务人拥有权利（第957条）[2]。

在后一种情况下，第三人系出于恶意作出有关行为（否则债权人争议权便不成立），第三人有权要求债务人返还其获得的全部利益——通常是提

---

[1] Vaz Serra说明了这种方案被采纳的理由。他写道："第三人应退让于债权人。第三人固然也是债权人，但他并不因受争议行为而受损，而且他只是因为债权人争议之诉而成为债权人。若第三人是恶意的话，那么，被原告指控是受争议行为同谋的第三人，其债权假如能损害原告债权，是匪夷所思的。"

[2] 在报酬性或附负担赠予的情形下，受赠人同样有权获得支付，或者有权获得其履行的该等负担的价值，又或者有权获得赠予人打算给予报酬的服务的价值［第956条第2款c)项及d)项］。

出争议之人为满足其债权，通过行使争议权而获取的利益。

454. 债权人争议权的失效

鉴于债权人争议权对取得人的各债权人造成损害，鉴于该制度对取得人本身相当严苛，对于有关行为的债权人，其争议权会在五年后失效。

这个相对较长的期限（与基于错误、欺诈或胁迫而撤销有关行为的一年期限相比）在一定程度上可因该期限自可撤销之行为作出之日起计（第618条）而抵销。[1]

而如我们所知，1867 年《民法典》第 1045 条中所确立的是不同的解决方案。

这部法典中所规定的期限为一年，而且不是自行为作出之日起计，而是自司法认定债务人无偿还能力时起计——这可能使有争议的行为长期处于不确定的状况。

旧法典第 1040 条还规定，一旦债务人偿还该债务，则债权人争议权即终止，现行《民法典》没有继续这一做法。

很明显，现行《民法典》并非有意排除这一解决方案，但立法者认为，根据原则，这条规定明显是多余的。[2]

第四分节　假扣押

455. 概念和要件

民法中规定的最后一种财产担保之保全方法是假扣押（第 619 条及续后条文），即当有合理原因忧虑债务人令其财产失去价值或将它们藏匿时对该等财产进行的司法扣押。[3]

---

① 即使受争议行为受制于登记，但五年（债权人争议之诉失效）期限，也是自行为作成时算起，而不是自其登记登录时算起。参见 1986 年 4 月 29 日波尔图中级法院的合议庭裁判，载于 *Col. Jur.*，Ⅺ，2，第 205 页。

② 参见 Pires de Lima 与 Antunes Varela，*Código Civil anotado*，Ⅰ，第 4 版，1987 年，第 635—636 页。

③ 在 1995—1996 年的诉讼改革前，原则上，不能对注册为商人且常规地经商的债务人进行假扣押，这一点清楚地见于《民事诉讼法典》第 403 条第 3 款的旧版条文中。
这次改革结束了商人的这种特殊待遇，因为其被认为是不合理的（参见 Abílio Neto，*Código do Processo Civil anotado*，第 14 版，1997 年，第 406 条注 1，第 770 页）。

这一措施长期以来被认为是一个专属于民事诉讼法领域的措施，因为它与查封有紧密的功能上的关联，而且与查封保持着明显的结构上的相似性。因此，[1] 过去只在民事诉讼法中对此作出规范。

然而，在对这一事宜进行更严格的分析时，人们认为，毫无疑问应由诉讼法规范申请假扣押的步骤和进行假扣押的方式为之，但实体法则更适宜界定在何等条件下该（具有如此革命性的）措施可被容许，以及规定该措施所产生的效力，包括对债务人（被假扣押的财物的物主）的效力和对债权人（申请假扣押之人）之权力的效力。

被假扣押的财产与在执行之诉中被查封的财产一样，用于担保债务的履行。即使该等财产已被移转于第三人，只要移转登记〔指对须登记的动产和不动产的假扣押：《物业登记法典》第 2 条第 1 款 n）项及 o）项和第101 条第 2 款 a）项〕后进行假扣押的登记，亦可担保履行。

申请假扣押的主要依据是*债权人有合理原因忧虑失去财产担保*。

这一十分宽泛和概括性的表述方式将债权人对债务人的财产进行司法扣押有可以理解的、合理的利益的各种情况的共同特点总结出来。

旧的《意大利民事诉讼法典》第 924 条秉持决疑论，明确提及债务人逃跑的嫌疑、隐匿财产的忧虑和丧失债权担保的风险，葡萄牙的立法者则没有采纳这种做法，而是找到了一个具有相当广泛的范围的表述方式（有合理原因忧虑[2]失去财产担保），除包含上述三种典型情况，还包括其他类似情况。

另外，虽然实体法中并没有明确指出，但要进行假扣押，自然必须主张并证明对财产的司法扣押是能够消除所引起的忧虑的一项措施。

这就涉及一个必须根据每一案件的具体情节而批判性地分析和判断的问题。正是因此，《民事诉讼法典》第 407 条规定，假扣押的申请人除须提

---

① 尤其是因为*假扣押*除了是一种财产担保的保全方法外，还是一种保全程序。
　　实际上，*假扣押*是《民事诉讼法典》（第 406 条及以下）里的一种特定保全程序，因而，起着这个概念的两项特殊性功能：其一，预防所谓 *periculum in mora*（迟延所致危险）；其二，临时审理声请人所提的请求。参见 Vaz Serra, *Realização coactiva da prestação（execução）. Regime civil*, Lisboa, 1958 年，第 2 目，第 19 页及以下。
　　然而，正如这位优秀的民法学家所观察到的那样，假扣押属于保全程序，无碍它在实体法上被认为具有债权人财产担保保全手段的功能。
② 若要证明有丧失财产担保的*合理忧虑*（正如有人所说的*有依据的忧虑*，而不只是*忧虑*），只提出一些纯粹主观性的确信、怀疑、揣测是不够的。必须有一些客观的、使人信服的理由，足以说明声请人为何要提出这种严厉的请求，令财物拥有人不能自由地处分财产。

出有助于证明存有债权（该债权不必是已到期的债权）之事实，还必须提出证明对丧失财产担保的忧虑属合理的具体事实，因为法官必须根据该等事实来衡量是否有必要进行该措施。

原则上，只有债务人的财产才可被假扣押，因为只有对债务人的财产才可强制执行。

但法律（第619条第2款）亦例外地容许针对取得债务人财产之人申请假扣押，只要债权人之前已经通过行使争议权对该移转提出过争议。①

当发生此情况时，② 法律赋权债权人对该等财产进行假扣押是可以理解的：虽然这些财产在申请假扣押之时不属债务人所有，但由于债权人争议权的行使，在债权人之后提起的程序中可对该等财产强制执行。

456. 与假扣押有关的保全措施

在尚未完全证明债权人的权利存在并受到侵犯时，假扣押即对财产所有人的自由处分权产生如此大的影响，因此很容易理解为什么有必要防止这一虽然必要但锋利无比的武器被一些不谨慎的人所滥用。

为此所采纳的第一个措施是可要求提供担保。

第620条规定，"假扣押之声请人应法院要求，有义务提供担保"。

从法律的这一简单行文中可以得知，法院可依职权要求担保，而无须债务人申请（当时这完全不妨碍债务人提出此申请），这是因为，在实践中存在的一些情况下，虽然有关财产的所有人不具有条件申请采取保全措施，但实际上有理由这样做。③

根据《民事诉讼法典》第408条第1款的规定，命令作出假扣押时无

---

① 显然，这种解决方案也是受《意大利民法典》第2905条第2款的规定所启发的。
② 先对移转提出司法争议，这项要件尤其着眼于债权人争议之诉。然而，它同样适用于以无效宣告来争议移转的情形。
　 在这种情形下，如果宣告无效之诉理由成立，这些被让与的财物会回归到债务人的财产中。因此，便不难理解，为何法律会容许债权人假扣押这些财物，以确保已经提起的诉讼产生效果。参见 Pires de Lima 与 Antunes Varela, *Código Civil anotado*，I，第4版，第637页。
③ 例如，若债权附有条件，那么即使债务人没有声请，则法院通常也可命令提供担保，这是因为考虑到将来债权实际存在的不确定性。
　 1939年《民事诉讼法典》的第409条第2款规定，在此情形下，若未提供（强制）担保，则不得下令假扣押。
　 后来的（诉讼）法律不再视其为必要措施，是特意不强制要求的，这种做法是可以理解的，但这无碍法院在这种情形下，命令提供担保，尤其是当附条件债务人未被预先听取意见时。

须预先听取财产所有人的陈述，以更好地实现假扣押的特定目的，所以担保的金额及其适当性在没有利害关系人介入的情况下甚至无须被法院审查。

第二个旨在避免滥用且具遏止性（尽管其预防性的效力亦是不可避免的、可以期待的）的措施是，如假扣押被判为不合理或失效（《民事诉讼法典》第 390 条第 1 款中有笼统的规定），[①] 且债权人"不按正常谨慎方式而行事"（《民法典》第 621 条和《民事诉讼法典》第 390 条），则债权人须为财产被假扣押之人所受之损害进行赔偿。

目前用以限制申请人责任范围的表述方式取代了之前 1961 年《民事诉讼法典》第 404 条第 1 款中所使用的含义范围较窄的表述方式，根据之前的表述，该措施被裁定不继续存在是因为申请人"故意隐瞒或歪曲真相"。

实体法中的这一规定对债权人提出了更高的要求，这是因为，债权人不再仅限于在存在欺诈的情况下承担责任，而是在一切有过错的情况下（因为假扣押之申请人不按正常的谨慎方式而行事）均须承担责任。

457. 效力

假扣押的效力原则上（差异体现在二者与履行及执行之诉具有不同的关联：第 817 条）由查封（众所周知，这是执行程序中的一个阶段）制度来界定。

在查封的各项效力（在对有关财产作出导致剥夺其拥有人对它们使用的扣押之后：参见《民事诉讼法典》第 838 条、第 848 条第 1 款和第 856 条）中，首要的效力是，被假扣押之财产的拥有人对该等财产作出的处分或设定负担的行为对假扣押之申请人不生效力。

事实上，第 622 条规定，"对被假扣押之财产作出之处分行为，按查封之专有规则，不对假扣押之申请人产生效力"。

而本条中所特别关注的"查封之专有规则"，正是第 819 条的简要规则，根据该条，"处分被查封之财产或在其上设定负担之行为，对执行人不产生法律效力，但不影响登记规则之适用"。

法律之所以将作为假扣押之财产拥有人的债务人作出的处分或设定负担的行为规定为不生效力（而非非有效、无效或可撤销）——且只是针对

---

① 在命令假扣押之后才发生，但会影响其存续理由的那些情事，引致*假扣押失效*（法律的用词则变得没有效力）的种种情形，今天被列举在《民事诉讼法典》第 390 条第 1 款中，并普遍适用于一切保全程序。

假扣押之申请人而言——是想清晰地表达两个想法。

一方面，虽然有关财产被假扣押，但债务人仍有权力有效地处分它们。

另一方面，在不影响登记方面的限制的情况下（对于须登记的动产或不动产），债权人（假扣押之申请人）亦可继续处分该等财产，仿佛债务人其后作出的转让或设定负担的行为不存在一般（尽管它们是有效的），但只能通过对其债权的财产担保来作出。

假扣押之申请人继续优先于财产被假扣押之人的其他债权人（第 822 条），[①] 而一旦该假扣押基于《民事诉讼法典》第 846 条的规定而被转为查封，[②] 则即使被假扣押的财物已经脱离债务人的财产，仍可继续进行对该等财物的执行。

然而，假扣押与查封的等同性不仅体现在债务人作出的处分或设定负担行为不产生效力的方面，法律规定，"有关查封之其他效力"的规定中可适用的部分，亦延伸适用于假扣押（第 622 条第 2 款）。

在查封之其他效力中，除了上文刚刚提到的相对于财产被假扣押之人的其他债权人的优先权，还应要强调的是，一旦作出破产宣告，则基于查封的优先地位（相应的，基于假扣押者亦然）立即终止（《企业恢复与破产特别程序法典》第 200 条第 3 款）。

---

① 假扣押人在何日被赋予优先地位？第 822 条第 2 款的明文规定，解释了这个疑问："如被执行人之财产已先被假扣押，则因查封而生之优先权，其效力即*提前在假扣押日产生*。"

② 即使*假扣押*出于任何原因而最终没有转换为查封，但基于第 622 条第 2 款所设的广泛等同，*假扣押*人仍享有专属于查封的优先权。参见 Anselmo de Castro, *A acção executiva singular, comum e especial*, 第 3 版, Coimbra, 1977 年, 第 178 页。

第八章

债之特别担保

458. 论述次序

在界定了债之一般担保及其保全方法以后，为使债权不致在很大程度上成为柏拉图式的保障，法律又规定了债之特别担保。

所谓债之特别担保，是指为保障特定债权人的利益而加强由债务人之财产以完全平等的方式向各债权人提供的一般担保的手段。

有些特别担保是由第三人作出的，如保证（fiança）、票据保证（aval）和独立担保，以第三人的财产来加强由债务人之财产所给予的债权获得满足的期待。

另一些特别担保，如优先受偿权和留置权，一般来说涉及债务人自身的财产，它们的表现是，拥有该担保之人就债务人财产中的特定财物获得优先对待。

最后还有一些特别担保，如质权、抵押权、担保之提供和收益用途之指定，既可能指向债务人的财物，亦可能指向第三人之物。

这些特别担保的制度，尤其是使它们彼此区分开来的特征，即是下文的研究对象。

第一节　担保之提供

459.　概念

日常用语中的"担保"（caução）是指一方当事人向对方交付特定数量的动产（有时是可替代物，如金钱、货物、无记名式证券等，有时是不可替代物，如宝石、记名证券等），以确保因特定债务不履行而生之损害获得弥补。[1]

在其法律含义上，担保（caução）的标的更为广泛，简单阅读第 623 条第 1 款和第 2 款的规定即可得知，此时的担保亦包括抵押以及银行保证和非银行保证。[2]

在这个更为广泛的意义上，担保（caução）乃保障（segurança）或债之特别担保（garantia especial）的同义语，一般涵盖法律规定或当事人约定要求向债权人提供任何特别担保而未确定哪一类型的所有情况。[3]

正是由于不具有自身的内在性质（这与诸如质权、抵押权或保证等其他特别担保不同），担保长期以来仅规定在民事诉讼法中，在实体法中并没有很好地对其作出界定。该担保的三个重要的时刻都曾在民事诉讼法中占据其本身的位置：担保之提供、担保之加强和担保之消灭。

Alberto dos Reis 教授指出，"担保在诉讼方面表现为探知通过什么程序来设定、变更或消灭一项担保"。[4]

但是，还可以补充的是，除了特别担保的古典或典型方式（人之担保或物之担保），担保（caução）还可能包括对金钱、债权文件、宝石或贵重

---

① 参见 Martorano, *Cauzione*（*dir. civ.*），载于 *Enc. del dir.*，尤其是第 1 目。

② 正是在这个笼统意义上，1867 年《民法典》第二部分的第二卷，就有一章（第五章）题为"合同的 *caução* 或担保"。在这一章中，caução 这个专有名称并未被规定任何具名或特定担保（garantia）。

③ 笼统地使用 caução 一词来不加区别地涵盖任何法律有所规定的典型担保，这种做法现今（在 1966 年《民法典》中）仍有所见：根据第 624 条第 1 款，只要有人因法律行为而有义务或获许可提供 caução，又或被法院勒令提供 caução，则允许其"以任何物或人之担保（garantia）"为之。

　由此显见，caução 一词是涵盖所有这些担保的。

④ 参见 *Código de Processo Civil anotado*，Ⅱ，第 3 版，Coimbra，1949 年，第 141 页。

金属的存放。

460. 担保的各种形式：根据提供该担保之义务的来源

由于使担保债权的需要获得满足的方法有很多，法律区分了应当提供担保的情况和可以提供担保的情况：在前者的情况下，担保的提供系基于法律规定或法律的容许；在后者的情况下，担保之提供对应于由法律行为产生之债或许可，又或法院的命令。

法律要求提供担保的典型情况包括《民事诉讼法典》第 47 条第 3 款的情况（对将予执行之判决提起之上诉正处待决期间，要向请求执行之人作出支付，必须提供担保）、第 818 条第 1 款的情况（为通过接纳异议而使执行中止，必须提供担保）以及第 819 条第 1 款的情况（被提出异议之执行继续进行时，在异议仍处待决期间，要向任何债权人作出支付，必须提供担保）。①

法律容许担保的情况，例如，拥有附停止条件之债权之人在第 614 条第 2 款规定的情况下可要求提供担保；在第 648 条所列任意情况下的保证人可要求提供担保；等等。②

在上述所有情况下，由于法律没有指出要求或容许的担保的种类，故只能限定于视为适当的担保方法的范围，尽管现行法没有像先前 1876 年《民事诉讼法典》第 509 条般走得那么远，在该等情形下，后者仅承认抵押权以及对金钱、公共基金、金、银或其他贵重宝石的存放是适当的担保方法。现行法律则要求，担保之提供得通过存放金钱、债权证券（而不仅仅是公共基金）、宝石或贵重金属（而不仅仅是金和银）为之，或以设定质权、抵押权或银行担保为之。

对于将保证限于银行保证，很容易通过保证人财产状况可能有的不稳定性来解释。而当保证由银行机构提供时，这个风险可以大大降低。即便如此，当以第 623 条第 1 款规定的任何方式提供担保均不可行时，法律允许以其他种类的保证提供担保，条件是保证人须放弃检索抗辩权，目的是使债权获担保的债权人免受对债务人财产进行检索抗辩本身引致的不便和困难。

---

① 尚参见第 93 条、第 107 条、第 620 条、第 1898 条、第 2236 条及第 2246 条所规定的情形。
② 作为例子，亦参见第 673 条、第 707 条、第 1468 条 b）项。

显然，只是选择可构成担保标的之物仍不足以确保该担保的适当性。所提供的债权证券可能有贬值的风险，所存放的金钱也可能与其想要担保之债务之金额相比明显不足。

正是因此，法律并不满足于规范担保标的的选择，而是授权法院在利害关系人未达成协议的情况下就担保是否适当作出决定（第 623 条第 3 款）。

当提供担保之义务产生自法律行为或法院命令时，法律的要求则较少。

法院可决定提供担保的原因包括第 107 条（失踪人财产的确定保佐人）、第 620 条（假扣押之申请人）、第 2236 条（附解除条件之遗嘱处分中的继承人或受遗赠人）和第 2246 条（附有负担而设定的继承人或指定的受遗赠人）规定的情况。

有两个区别较突出，在该等情况下法律的要求较少。

一方面，法律不加区分地容许提供物之担保或人之担保（第 624 条），而在前一种情况下，除银行担保这一例外，法律只容许提供（更安全和稳定的）物之担保。

另一方面，对于保证，在前一类情况下，仅当所提供的是银行保证或保证人放弃检索抗辩权时，法律才承认这是一种适当的担保，而在后一类情况下（由法律行为或法院命令而产生之担保），第 624 条没有提出类似的要求。

两类情况的共同之处在于，在利害关系人未达成协议的情况下，由法官审定有关担保是否适当，为此显然要考虑该担保贬值风险的高低和执行该担保的负担的大小。

461. 未提供担保、担保之嗣后不足或不适当

如有义务提供担保之人（无论基于法律的规定、当事人的约定，还是法院的决定）不提供，将会受到严厉的制裁。

如无特别规定，债权人有取得在债务人的财产上设定抵押或作出其他适当的保全措施的权利。

第 625 条即对此作出了规定，对其文本可作如下理解：

a）未获担保的债权人既可请求在债务人财产上设定抵押，亦可（尤其是当债务人财产中无不动产时）请求作出其他类型的适当的担保；

b）在适用于债务人的各种适当的保全措施中，最突出的自然是假扣押。

在任何情况下，基于合理性的问题，尽管该措施系基于债务人的一项

不法行为，法律仍规定担保的设定仅限于足以保障债权人权利的财产（以能提供适当的保障为界限）（第 625 条第 2 款）。

第 625 条明确规定的例外，即法律规定的适用特别制裁的原因，包括第 1470 条的情况（用益权人不提供应作的担保）以及第 2238 条第 2 款的情况（附条件或期限的继承人或受遗赠人又或对附条件之遗赠的作出负有负担的继受人不提供应作的担保）。

即使有关担保在设定之时是适当的，也可能因为嗣后情事——可能是由于财产的贬值或不适合，也可能是由于债权金额的增加——而变得不足，甚至不适当。

正如在相反的情况下（即担保变得不必要或过度的情况）赋予利害关系人以申请缩减担保的权能（第 720 条）一样，在第 626 条规定的情况下，只要担保不足或不适当的原因不可归责于债权人，法律亦承认债权人有要求加强担保或替换担保的权利。

由于 1995—1996 年的诉讼法改革占据了因将终止不动产租赁的程序置于规范都市不动产租赁的新法（《都市不动产租赁制度》）中而在《民事诉讼法典》中腾出的空间，如今关于如何实现担保的加强或替代的规定置于特别程序部分的第二章中，其中包含与债之担保相关的各程序。

第二节　保证[*]

第一分节　一般概念

462. 定义：与票据保证的比较

保证是一种法律约束，[①] 第三人（保证人）本人须对债权人承担债务，

---

[*] 参见 Vaz Serra, *Fiança e figuras análogas*, Lisboa, 1957 年；同一作者, *Fiança（algumas questões）. Garantia de vícios na venda em execução*, Lisboa, 1960 年；Aru, *Della fideiussione*, Com. di D' Amelio e Finzi；Fragali, *Fideiussione. Mandato di credito*, 载于 Com. de SCIALOJA E BRANCA；Ravazzoni, *Fideiussione*, 载于 *Nov. Dig. Ital.*；FRAGALI, *Fideiussione（dir. priv.）*, 载于 *Enc. del dir.*；Larenz, *Lehrbuch*, Ⅱ, 第 11 版, §64；Weber, *Sicherungsgeschäfte*, 1973 年。

① *保证这个名称，也被用来指称这项约束的渊源本身，亦即保证合同。*

以其财产担保债权人对债务人所享有之债权获得满足。

第 627 条第 1 款规定，"保证人就债权之满足负担保之责，因此其本人须对债权人承担债务"。①

也就是说，保证人对债务人的债务承担责任。

这一定义首先清楚地表明了保证作为债之特别担保的力量和弱点。

保证人为确保债务人的履行，其本人须对债权人承担债务。这并非意味着担保的标的如同古典罗马法初期一般，是保证人被物化的人身，而是以保证人的人身，以及人身对财物的全部物质反射——其财产——来担保债务人须为之给付的实现。

因此，担保的间接标的是该第三人的全部财产，而非如同在物之担保（质权、抵押权、担保、留置权等）中一般仅以特定财物为标的。②

这是双方当事人（或一方当事人与第三人）在一般担保之旁设立的第二个支撑，以加强债权人对其债权获得实际满足的信心。

对于任何债务的保证人，人们自然会选择一个其财产能向债权人提供比债务人之财产更好的偿付能力条件的人。

但是，另外，也正是因为保证所涉及的不是具有物权的绝对效力的特定财产，而是保证人的全部财产（这同时也是对保证人之债权人的一般担保），作为整体担保而非个别担保的保证多少受到保证人财产的不稳定性的影响。

这就是保证的阿喀琉斯之踵。这就解释了为什么保证处于相对次要的地位，且法律对它充满提防，以致第 623 条第 1 款和第 2 款将保证排除出可担保债务的法律工具之外。

从上述概念中还可得出将保证人所订立的债务与债务人所承担之债务

---

① 有别于*保证*，但又与它密切相关的概念，是复保证（第 630 条）和反保证。德国人分别称它们为 Nachbürge 和 Rückbürge。
复保证（第 630 条）是指，有人（复保证人）就保证人的履行，向债权人承担责任。因此，债权人的财产担保，便有一项新的财产予以加固，而非只有保证人的财产，供债务人不履行之用。
在反保证的情形下，被担保人不是债权人，而是保证人。被担保的债权，是保证人履行其（从）债务后代位原债权人（对债务人）权利所致的那项债权。

② 显然，这并不妨碍，保证人的责任如同债务人那样（第 602 条），可被限于某些财物，而不在这些财物上创设真正的*物权担保*。参见 Pires de Lima 与 Antunes Varela, *Código Civil anotado*，I，第 4 版（由 H. Mesquita 协作完成），对第 627 条的注释。

区分开来的主要特征。①

与为债权人之利益而在自己的财产上设定抵押权或质权的第三人不同，②，保证人是债权人的真正的债务人③，但是，保证人所承担的债务乃从属于债务人的债务，因为他仅担保债务人（被保证）的债务得到满足，他所承担的债务是债务人的债务。

尽管可以说，保证人所提供之财产担保存在于债务人所提供之担保之旁，对保证人所承担的债务则不能得出相同的论断，后者与债务人所订立的债务相比处于优势地位，而不是在其旁。

《民法典》在关于保证的引介性规定（第627条第2款）中指出，"保证人之债务从属于主债务人所承担之债务"，正是有意强调保证具有从属性这一最重要的标志。

在设定保证之后，除了约束（主）债务人的主债务外，还产生了一项约束保证人的从属债务，它在主债务之上，覆盖着它，④ 以保障其履行。

与保证不同但与之有紧密的相似关系的是票据保证（aval），这种担保不仅为国家或其他公共实体所使用，主要用以进行某些对外债权的操作（一月二日第1/73号法律），而且在票据领域也有相当广泛的使用。在该等票据上，票据保证人同样（以其财产）担保被保证人所签署的票据上的债务的履行。长期以来，基于《商法典》第306条以及第336条唯一款的规定，学者在之前存在将票据保证制度等同于保证的强烈且可理解的倾向。

---

① 保证的实益不只体现在，当债务未被履行，或无法强制执行债务人财产时，执行担保实际回收债务的那个时刻。在这之前，保证作为一种担保提供，或者说债务人信用的加固，便已经有很大的实务上和理论上的用处。所以这项担保提供的财产给予必然会牵涉到保证的无偿或有偿定性。如果担保的给予以适当的对待给付为回报，则保证是有偿的，如银行保证；如果像民事保证的普遍情形那样，不存在对待给付的话，则保证是无偿的，但这无碍于保证人在支付后代位取得债权人的权利。
② 在第三人创设质权或抵押权的情形下，第三人并不会成为被担保那项债权的债务人。对履行承担责任、担保债务的，是那些被抵押或出质的财物（今天属于他，明天可能转归他人），无论其拥有人是谁亦然。
③ 因为保证本质上是旨在保护债权人，而且完全无损于债务人，所以就不难理解，为何第628条第2款明文规定，不必经债务人同意即可提供保证。
既然保证旨在使债权人受惠，而非加重其负担，因此，即使无债权人的参与，亦无碍于担保的提供，因为为第三人利益合同是被容许的。
④ 保证的保护性质，可以从一众法律规定推知，尤其是第634条。它规定"保证具有主债务之内容，且涵盖债务人迟延或过错所致之法定后果及合同所定后果"。

随着《统一汇票本票法》在葡萄牙国内法律秩序中生效，学说和司法见解的立场因该法律第 32 条的规定而发生了实质性改变，[①] 该条规定，"保证人承担之责任与被保证人同。即使被保证之债务因任何理由而无效，保证人之担保仍然有效，但担保方式有瑕疵者除外……"

事实上，这一规定清楚地表明，票据保证人对债权人所负的债务更倾向于是一项与被保证人之债务平行的债务，而非像在大多数情况下的保证一样，是一项补充性的债务。

学者们和法官们从这一基本思想中得出的其中一个结论是，与保证人不同，票据保证人不享有检索抗辩权。

不能将法律行为的无偿性视为保证的要素。因此，给予保证人的报酬并不使得保证转化为其他不同的典型合同（如同具报酬的使用借贷会转化为租赁一般），亦不会转化为非典型或无名合同，这是因为，具报酬的保证——例如银行保证——仍然是保证。

虽然保证在大多数情况下是无偿的，但他并不等同于赠予。在保证中，债权人的财产并没有以牺牲保证人的财产为代价而获得增加。债权人只是受领属其所有的东西，而保证人——使最终代替债务人履行债务——则倾向于通过代位受领所有因为保证而付出的东西。

不可否认，保证向债权人给予了一项财产利益（债权获得更大的保障）。但是，这个财产利益却不可与赠予性的财产给予——这是赠予的特征——相混淆。[②]

463. 保证的从属性

保证人所承担之债务的从属性反映在保证这种担保的一些非常重要的方面上。

从属性的各种后果中，最突出的乃是与保证之内容相关的后果。

第 631 条第 1 款规定，"保证之范围不得超出主债务之范围，而保证亦

---

① 参见 D'Espinosa, *Avallo*, 载于 *Enc. del dir.*；Ferrer Correia, *Lições de direito comercial*，Ⅲ，1966 年，第 195 页及以下；1983 年 4 月 28 日的 P. G. R. 的意见书，载于 *Rev. Leg. Jurisp.*，第 118 期，第 173 条及以下；1986 年 2 月 23 日最高法院合议庭裁判（载于 *Bol. Min. Just.*，第 353 期，第 482 页），在这之前的，还有 1973 年 6 月 20 日（载于 *Bol.*，第 230 期，第 100 页）以及 1979 年 10 月 30 日（载于 *Bol.*，290 期，第 434 页）的合议庭裁判。

② 详见 Fragali, *Fideiussione*，第 6 目，载于 *Enc. del dir.* 。

不得以重于主债务所负担之条件提供，但得以数额较少或负担较轻之条件提供"。①

法律强调保证人的债务不得超过主债务的金额，亦不得以重于主债务所负担之条件提供，这意味着，如果约定保证人在短于主债务的期限内履行或在债务人之债务为单纯之债的情况下约定保证人在特定期限内履行，该等条款非有效。②

遵守部分无效法律行为的缩减原则，该条第2款规定，当保证超出主债务的范围或以负担更重的条件提供时，该保证并非（完全）无效，而仅缩减到与被保证的债务相同的限度。

保证之从属性的另一个重要的反映是对保证人意思表示所要求的方式的规则。

保证的表示必须具备对主债务所要求的方式。

因此，第219条所规定的方式自由原则不适用于保证合同。在这个方面，支配保证人意思表示的是等同于主债务的原则。

其他可能采纳的解决方案都不是合理的。

既然保证人所订立的债务原则上具有与债务人之债务相同的内容，假如在面对以法律行为方式提供的担保时，法律对创设第三人承受的约束的要求小于对债之履行的直接责任人的要求，这将是难以理解的。

但是，法律不仅规定在这两个债务之间——一方面为债务人的债务，另一方面为保证人的债务——适用方式等同的原则。法律还要求，提供保证的意思表示必须是明确作出的。③ 要认定保证人有承担出卖人之债务的意思，有义务向债权人作出相同的给付，这必须直接产生自保证人的表示，而不是通过推断、推论或推定，当然为此效力并不需要进行精确的或神圣的程式。

因此，一人仅告知另一人（债权人）其朋友诚实可靠，仅向第三人保证债务人必将履行债务或请求第三人给予某人所请求的借贷，这些都是不够的。④

---

① 这种处理方案，一早被1867年《民法典》第823条明文确立。它应该吸纳了《法国民法典》第2013条的行文。
② 参见 Vaz Serra, *Fiança e figuras análogas*, Lisboa, 1957年，第4目。
③ 《意大利民法典》第1937条也有相同的规定，参见 Vaz Serra, 前揭著作，第33页。
④ 然而，*托付他人以被托付人的名义，且为被托付人计算，向第三人贷款，这种情形则被等同于保证。*（转下页注）

构成保证的关键是，该人（保证人）在债务人不履行的情况下自己承担债务人所负的作出给付的义务①——为此要作出意思表示，例如，声明"我对债务人负责"。

展现保证之从属性的另一方面是，保证的有效性取决于主债务的有效性。

第 632 条第 1 款规定，"主债务非有效时，保证亦非为有效"。②

这条规定不难理解。

在担保债之履行时，大多数情况下保证人都相信，仅当债务人不欲履行而债权人无法以债务人的财产满足其债权时，自己才会被召唤对该债务承担责任。

另外，即使在保证人不享有检索抗辩权的情况下，保证人总是相信，如自己代替债务人履行了债务，则将代位取得债权人的权利。

如果由于主债务无效或被撤销而使上述任一前提落空，原则上，我们没有理由维持对保证人的约束，这是因为，在该等情况下，在债权人对主债务人享有的债权消灭以后，他没有任何理由维持其对保证人的债权。③

唯一的例外情况是，主债务因债务人无行为能力、意思之欠缺或意思之瑕疵而被撤销，而保证人在提供担保时知道该撤销原因。

（接上页注④）在葡萄牙法中，这个奇特的概念被规范在第 629 条。学说称其为信贷委任（*mandatum de pecunia credenda*；金钱信贷委任）。这是一个具启迪性甚于严谨性的名称。

众所周知，若是委任，受任人的行事是为委任人计算的，而且在很多时候，甚至是以委任人名义行事。但信用委任则相反，因为*被托付人并非以托付人名义*，甚至也不是为*托付人计算*，而是向他人（债务人）贷款的。贷款人是*以自己的名义*，且*为自己计算*而行事。

然而，被法律等同于保证人的托付人，被赋予两项重要权能。

一方面，当信贷未被供给时，他可以废止委任；另一方面，他也有权力随时单方终止合同，但这样他便有义务弥补所造成的损失。

① 这样才能确凿地说明，这个人不是纯粹想向某人*提供信贷资讯*（原则上，资讯提供者不承担责任，参见第 485 条），而是有意做保。

② 因此，若主债务被宣告无效，或被撤销，则保证即告消灭。

然而，若主债务只是可撤销而非无效，则债务人可以选择维持相关法律行为有效，也可以选择撤销；仅当这项债务（主债务）被撤销后，保证人才可撤销保证。

③ 综上所述，可以说，*保证的从属性表现如下*：

a）若被要求清偿的债务（主债务）并非有效，则保证不得存在（第 632 条）；

b）既不得超出主债务的范围，也不得以负担更重的条件提供（第 631 条）；

c）其方式视主债务应遵循的方式而定（第 628 条）；

d）主债务消灭，即引致保证消灭（第 651 条）；

e）原则上，保证得以债务人可用的防御方法对抗债权人（第 637 条）。

在任何情况下，基于所涉及的具体情节，保证人好像默示地向债权人保证债务人不会申请将作为该债务渊源的行为撤销。如债务人违背保证人的预期而在其后申请撤销有关行为，那么，既然保证人已经（默示地）向债权人担保该事实不会发生，则令债权人承担其失算而产生的后果，将是不公平的。

在此情况下存在真正的"禁反言"（*venire contra factum proprium*）的情况，根据债法广泛领域的道德法律原则，这种情况必然为法律所谴责。

464. 保证的法律行为结构

在葡萄牙法学界一个相当有争议的问题是，保证关系是否必然为一个合同关系，因而根据第 232 条的规定，仅当各当事人（债权人与保证人：第 628 条第 2 款；或者保证人与债务人：第 443 条）完全达成合意时，该保证才被视为成立。还是保证可产生自保证人的单方意思表示，而在该等情况下保证相当于一项单方法律行为。[①]

在民法典的准备工作文件中，[②] Vaz Serra 公开地接受了以单方法律行为设立保证的可能性。这位著名的大师指出，"除通过合同，保证亦可通过单方法律行为设定。在此情况下，保证人基于单方意思表示对债权人负义务，而在保证人承担义务之日，债权人可以是不确定的"。

这与《德国民法典》的立场不同，正是德国法中的规定在很大程度上启发了 Vaz Serra 的研究。

《德国民法典》第 765 条明确地确认了保证的合同性质（"依保证合同，保证人对于第三人之债权人，就该第三人履行债务，负其责任"）。然而，为避免保证人承受保证的特别风险，[③] 法律（第 766 条）要求保证的意思表示以书面作出［按 Larenz 的说法，[④] 即以书面方式（*auf seiten des Bürgen*）

---

① 互有分歧的观点，参见科英布拉中级法院 1986 年 10 月 7 日的合议庭裁判（载于 *Col. Jur.*，XI，4，第 67 页）以及最高法院 1988 年 2 月 11 日的合议庭裁判（它们都承认以单方表示为基础的保证），还有 Manuel H. Mesquita, *Fiança*，载于 *Col. Jur.*，XI，4，第 25 页及以下（似乎其坚持相反的学说，其以第 457 条的规定为据）。

② 参见前揭著作，第 11 页。

③ 正如 Larenz（前揭著作，II，第 11 版，§64，II，第 421 条）所正确地观察到的那样，这些风险源于保证人心中容易萌生的一种期待，亦即觉得债务人将会履行，所以他不用负责，而且也源于他难以控制主债务的发展，而保证的存在原则上却正是取决于主债务的存在。

④ 参见前揭著作及章节。

作出]。这意味着，在实践中，保证一般通过协议（通常是口头的）设定，而该协议建基于需受领的（保证人的）书面意思表示中。

同样，在意大利法中，虽然不存在一条与《德国民法典》第 765 条类似的明确规定，但仍然无人质疑保证所具有的合同性质，这是因为保证占据着《意大利民法典》关于有名合同（个别合同；*i singoli contratti*）的二十六章中的其中一章。①

《葡萄牙民法典》采取了与《法国民法典》类似的做法，没有直接确认保证的合同性质，但在第 457 条中鲜明地强调了单方法律行为的例外性。

相反，葡萄牙民法毅然地摆脱了德国的做法，不要求以保证人意思表示的书面方式作为保证有效性（尽管保证涉及最特别的危险）的要件。法律只要求（这里是要求而非单纯的遵行）以对主债务所要求的方式为之。

如此设计的解决方案所产生的后果如下。

a）保证总是应由协议产生，可能是保证人与债权人之间的协议，也可能是保证人与债务人之间的协议。

b）该协议可能是纯粹口头的（第 219 条），除非法律要求主债务遵守特别的方式。

c）在法律未对主债务要求特别方式的情况下，须以任何方式证明在当事人之间存在（口头的）协议，即使提供保证的意思表示载于仅由保证人签署或签发的书面文件中亦然；在此情况下，载于书面文件的给付许诺具有第 458 条第 1 款和第 2 款规定的证明力。

d）如主债务需要记载于经双方当事人签署的书面文件中，则保证合同应当以相同的方式为之，否则无效；即使有经保证人签署的书面文件中，该保证仍然无效，② 因为在法律看来，并没有足够的证据显示保证人已经由

---

① 保证常在一些具体法律行为条件下出现（如银行保证）。Pescatore 与 Ruperto（*Codice civile annotato*，1927 年，第 7 版，对第 1936 条的注释）撤除这些具体法律行为条件，将保证分离出来单独观察，从而把保证定性为单务合同。

然而，Fragali（前引文章，第 5 目，载于 *Enc. del dir.*）还是很详细地指出和分析了，保证的单方表示应被例外地承认有效的那些情形。

② 这种解决方案，有别于为以下情形而提倡的那种：当合同须采用文书才有效时，双务预约合同载于仅由一方当事人签署的文书。两者之所以不同，是有个中道理的。

在后一种情形下，无效只沾染了没签署文书的那名预约人的表示，至于他方当事人的表示，则可以构成另一项合同（单务预约）的内容。

但在保证的情形下，则不一样。在文中所指情况下，当事人想做的不是预约保证而是*保证*。保证要求有合同，它是以合同协议为前提的。

单纯的合同计划的阶段进入到合同的确定成立阶段。

第二分节　债权人与保证人之关系

465. 检索抗辩权

在债权人与保证人之关系中，最突出且最能反映保证使财产担保加强者，是赋予债权人能在债务人不履行时要求获得应为之给付的权利。[①]

相反，在债权人的对面，最突出的权能是法律赋予保证人的检索抗辩权。

第638条规定，"债权人已尽索债务人之所有财产而未能满足其债权时，保证人无权拒绝履行债务"。

这样，当未执行债务人的全部财产而（尽管如此）债权人的权利仍全部或部分未获满足时，保证人可反对（依据的是各方当事人通常赋予保证的补充性）对构成其财产的（可查封的）财物所作的侵犯。

虽然法律以古典的检索抗辩权来从根本上避免在债务人的财产尚未被完全用以满足主债务的情况下对保证人财产进行司法侵占，但在逻辑上还须将检索抗辩权的效力溯及对保证人作出催告的时刻，只要没有显示已经预先执行主债务人的财产但仍不获满足，保证人可明确地（*apertis verbis*）宣示其拒绝履行的合法性。

但这并不意味着债权人不得在旨在确认债权存在及受到侵犯的给付之诉中，根据其对债务人或保证人拥有的执行名义的适当性，或者同时要求

---

① 保证人所负的义务，其逻辑上的最严重后果是：保证人不只要对最初的给付负责，还要对不履行的法定后果和合同所定的后果负责，包括债务人迟延（第634条）。

　　因此，保证人不仅对主给付负责，而且对迟延利息、所设立的违约金条款，以及债务人过错造成的损害负责，除非约定了第631条第1款最后部分所指的其他制度。

　　所以，对保证人责任范围包括所失利益的质疑，是毫无依据的。Vaz Serra（*Algumas questões em matéria de fiança*，第9页）也驳斥了这种质疑。

　　保证人所承担的义务，其逻辑上的必然推论则是，向债权人确保其获得主债务的履行，除非如同所容许的那样（第631条第1款），明示以负担较轻的条件提供保证。

　　要令保证人对迟延利息和更笼统的迟延损害负责，并不需要催告保证人使其处于迟延。因保证人责任的反射（从属）性质使然，只要债务人处于迟延即可。

　　可是，就附期限的债务而言，法律为保证人的反射责任，开设了一个很重要的例外，因为根据第782条的规定，不履行的债务人丧失期限利益，不导致其共同债务人也丧失期限利益。

二者履行，或者仅要求保证人履行。

事实上，在第 638 条规定了检索抗辩权之后，第 641 条即规定，"即使保证人享有检索抗辩权，债权人亦可只对保证人或同时对保证人及债务人提起诉讼；如仅对保证人提起诉讼，即使保证人不享有检索抗辩权，亦有权声请传召债务人应诉，以便与其共同作出防御或共同接受给付之宣判"。

检索抗辩权赋予保证人的防御方法是，即使在该等情况下，阻止在预先尽索债务人的所有财产而债权不获满足之前对保证人的财产作出执行（以及随之而来的查封）。①

集中到一点而言，尽管这一点具有根本的重要性，诉讼关系可以影响实体关系的命运。如保证人享有检索抗辩权，而债权人仅针对保证人提起诉讼，但保证人不申请传召债务人应诉，则推定保证人放弃了检索抗辩权（除非在有关诉讼程序中有相反的明确的意思表示）。

检索抗辩权启发自保证从属性的理念，在法律中有十分深厚的根源。

因此，不足为奇的是，1867 年《民法典》已确立了检索抗辩权，并规定其三个时刻：第 830 条中的一般规定；第 831 条和第 832 条中涉及给付之诉的规定；第 833 条中关于同时针对债务人和保证人提起的执行程序的规定。

此外，关于检索抗辩权的真实范围，有必要指出的是法律所特别规定的保证关系的两个方面。

首先，可能发生的情况是，在执行债务人的全部财产后，由保证所担保的债权人中有一人或数人的债权仍有待全部或部分满足，但这完全是由债权人的过错造成的（例如，在主债务已到期而且债务人的财产足以保障其完全的偿还能力时，债权人没有要求主债务的履行，或者不懂得有效地保全在第三人财产上设定的物之担保，等等）。

如属此情况，保证人的拒绝履行乃是正当的（这可能实际上等同于保证的消灭）。这个新的解决方案在某种程度上具有革命性，但也以相当清晰

---

① 这种处理方案，被明文确立在《民事诉讼法典》第 828 条第 1 款中，其规定："在针对从债务人提起之执行中，如主债务人之一切财物未被尽索，只要从债务人在第 816 条第 1 款所指期限内在说明理由下提出检索抗辩，则不得查封从债务人之财物。"
这条规定的第 4 款，完善了为检索抗辩而设计的程序。它补充道："主债务人财物被首先尽索后，从债务人得指出主债务人在被尽索后取得之财物，或其未为人知之财物，使从债务人本人财物之执行中止。"

的方式表明了新民法对贯穿于债之关系的多个方面的善意原则所赋予的范围。

其次，通常可能发生的情况是，除保证以外，还有其他的物之担保确保着主债务的履行。

债权人非常担心债务人所提供的财产担保是否充足，这或许是因为债务人的财产可能遭受经常的、深层的变更，或许是因为与同一债务人的其他债权人竞合。

因此，附有多项担保的债权变得相当常见。

当出现此情况时，自然有必要了解各担保之间所存在的优先等级。

法律预见了保证与第三人设定的物之担保（如质权、抵押权或收益用途之指定）竞合的情况，在第 639 条中将于设定保证之同时或先于保证而设定的物之担保与后于保证的物之担保区分开来。

对于前一种情况，不难理解，法律从保证人在对主债务承担责任时已经考虑现存物之担保的价值这一推定出发，赋予保证人以要求先执行该等物之担保所涉及的财产的权能（第 639 条第 1 款）。

原则上，保证人仅对该等担保所不足清偿的债务余额负责。

如果物之担保后于保证设定，则没有任何理由赋予保证人同样的检索抗辩权，因为在设定人之担保的时候，该保证人绝对不可能考虑到将来的担保。

同样可能发生的是，附有物之担保负担的财产，与保证一起保护着同一债务，它们可能同时也担保着同一债权人的其他债权。

在此情况下，如附有物之担保负担的财产不足以清偿全部债权，则保证人对被保证的债务不享有检索抗辩权，否则他可能会完全解除了对该债务的责任，这会给债权人带来不当损害。

于是产生的问题是，如果根据第 639 条第 1 款的规定执行了担保物而使保证未被触及，则提供物之担保之人在清偿之后是否代位取得债权人对保证人的权利。

根据第 639 条第 1 款的立法理由，答案显然是否定的。

这一法律规定推定保证人是在考虑确保给付之作出的物之担保（先于保证或与保证同时设定）的价值后才担保主债务的履行的，显然提供该等担保之人其后不得以牺牲保证人的利益为代价而获得补偿。

466. 检索抗辩权的排除

与保证的从属性不同，补充性并不是保证的根本性要件，而只是一项一般要素，故在一些情况下，保证人不享有检索抗辩权。

第一个情况，当保证人已放弃检索抗辩权，尤其是当其已承担主支付人之地位时（这并不罕见），即属此情况（第640条）。[1]

检索抗辩权并不对应着任何公共秩序利益，它仅旨在保护像保证人这样的第三人的正当利益。因此，只要保证人对检索抗辩权的放弃没有扭曲保证关系的本质——这存在于该关系的从属性、依赖性或附属性上——没有任何理由否定保证人的放弃的有效性。

第二个排除检索抗辩权的原因则非直接基于拥有法律所保障之利益之人的意思，而是基于以下客观情事：

a）无法在葡萄牙本土或自治区对债务人或担保物之物主提起诉讼或执行之诉；

b）这一事实上的不可能后于保证的设定［第640条b）项］。

这两个要素一起构成排除检索抗辩权的原因，就每一个要素而言，法律的精神都是明显的。

一方面，如果债权人无法在葡萄牙本土或自治区对债务人或担保物之物主提起诉讼，则比较公正的做法是使债权人能够直接执行对主债务人负责之人的财产。

另一方面，假如这一不可能在设定保证之时即已存在，则债权人在此时应当已经预见到这一困难，因而，令保证人丧失检索抗辩权以成全债权人本来没有任何理由形成的期待是不合理的。

467. 保证人可对抗债权人的防御方法

在保证人与债权人的关系中有必要特别关注的另一个方面，是前者在后者行使权利时可对抗后者的防御方法。

在这个问题上，鉴于保证的结构和功能，有必要区分防御方法的两个核心。

---

[1] 正如我们所见，其中一种被法律推定放弃检索抗辩权的情形是单独被诉的保证人没有声请传召债务人应诉（第641条第2款）。

第637条规定，"保证人除其本身之防御方法外，有权以属于债务人之防御方法对抗债权人，但与保证人之债务有抵触者除外"。

因此，首先要考虑的是保证人本身的防御方法，有人将此称为保证这一法律行为所固有的、保证人与债权人之关系所固有的防御方法。

设定保证的法律行为可能受到合同本身的任何瑕疵（如当事人无行为能力、方式之欠缺、虚伪、错误、欺诈、胁迫等）的影响。保证人可能是拥有被保证之债权之人的债权人，因而可以主张抵销，债权人可能多年没有要求保证人履行其（从属）债务，等等。

这些都是防御的理由，它们与保证这一法律行为或由保证所生之关系有直接联系，是第637条在提及保证人本身的防御方法时所欲囊括的内容。

其次，存在一些与债务人相关的防御方法，它们建基于债务人与债权人之间的关系。

由于保证人通过所提供的人之担保对债务人所负担的（主）债务负责，故显然债务人可对抗债权人的所有防御方法在原则上都惠及保证人。

如果导致主债务产生的法律行为无效或被撤销以致主债务无效或被撤销，如果债务因为时效，已被履行或代物清偿而消灭，则所有这些反对理由或抗辩原则上亦惠及保证人，唯须强调的是，在债务具单纯可撤销性的情况下，由债务人——而非保证人——作出法律赋权的个人选择（在使该债务有效、确认或撤销之间作出选择）。①

但是，在由主债务借给保证关系的这些防御方法中，例外的是与保证人的债务有抵触者。

此例外情况的其中一些情形是，主债务因债务人意思的欠缺或瑕疵而被撤销，而保证人在提供保证时已知悉该撤销原因。

在此情况下，法律（第632条第2款）向保证人所施加的，担保其完

---

① 但要注意，当债务人不决定——但他仍可这样做——撤销（主）债务时，保证人也可根据第642条第2款的规定，（合法地）拒绝履行。

葡萄牙法吸纳自《德国民法典》第770条的这种方案，是最合乎逻辑和最有道理的。因为，强制保证人今天履行债务，翌日债务人却去争议产生债务的那项法律行为，这实在不太合理。

受相同渊源启发的类似规定，适用于债务人有条件跟债权人互相抵销，但仍未这样做的情形（参见 Larenz, *Lehrbuch*，Ⅱ，第11版，§64，Ⅰ，第418页）。

不向保证人赋予权力替代或代位债务人行使*抵销权*，实际上是想尊重利害关系人的行动自由，这样的话，既然抵销必须由任一债务人提出，故最明智的方案无疑是，在抵销可被实行时，赋予保证人合法拒绝履行的权能。

全认知有关原因下而承担的责任的债务，在事实上与以债务人所主张的债务撤销对债权人的对抗相抵触。而且根据贯穿于整个债法的善意原则，债务人对任何防御方法的放弃并不妨碍保证人为自己利益而使用该防御方法。

这一原则十分清晰地反映在其中一种防御方法上，法律为此规定了特别制度。这就是马上要探讨的对时效的放弃。

事实上，有一些防御方法具有实践重要性且十分精致，因而需要以特别制度规范之。

已确定之裁判。第一种防御方法涉及已确定之裁判的效力。

第 635 条就此确立的解决方案——既适用于债权人与债务人之间的已确定之裁判，亦适用于债权人与保证人之间的已确定之裁判——与第 522 条——适用于债权人与连带债务人中一人之间的已确定之裁判——和第 531 条——适用于连带债权人中之一人与债务人之间的已确定之裁判——中所采纳的解决方案有很大关联。

债权人与债务人之间的已确定之裁判不得对抗保证人，因为保证人之前没有机会在该诉讼中对债权人的主张作出防御，亦因为相反的解决方案会为当事人之间的合谋提供便利。

但保证人可以受惠于该已确定之裁判，这是因为，如果该裁判对债权人不利，当事人之间不存在合谋的风险，亦不存在债务人在进行防御时出现过失的风险。当然，与连带之债中对已确定之裁判的规定类似，在债权人与债务人之已确定之裁判惠及保证人的可能性中，亦存在一个例外情况，即（不利于债权人的）有关裁判乃建基于债务人个人的、不惠及保证人的理由。

债权人与保证人之间的已确定之裁判亦然，该裁判亦不损害债务人，但在刚刚阐述的条件下可惠及债务人。

时效。债权人与保证人的关系中最精巧的一个方面就是时效，因为它对当事人的心理形成有很大影响。

在这一问题上所接受的原则是（与旧法相比有更突出的内容：参见 1867 年《民法典》第 556 条），两个债务相对独立，尽管保证具有从属性质。

对债务人发生的时效中断或中止，不对保证人产生效力，正如对保证人发生的时效中断或中止亦不对债务人产生效力一样（第 636 条第 1 款和第 2 款）。

同样，其中一位债务人（无论债务人还是保证人）对时效的放弃，不对另一债务人产生效力（第636条第3款）。

对于两位债务人（债务人与保证人）之间的相互独立性的对待，法律合理地规定了唯一一种例外情况。

当对债务人发生时效中断时，如债权人将此事实通知给保证人，这便足以使对保证人的时效自通知之日起中断。

要注意的是，如对保证人发生时效中断而对债务人未发生时效中断，这一事实通常很少有利于债权人，这是因为，一旦主债务消灭，而保证的从属性又必然浮出水面，故保证人的债务亦消灭。

另一方面要谨记的是，如债务人主张时效，而保证人因为不想受惠于由时效所导致的债务消灭而清偿了债务，则清偿人并不代位取得债权人的权利，只是在清偿人与债务人之间存在一项真正的自然之债。①

第三分节　债务人与保证人之关系

468. 保证人代位取得债权人的权利

在保证人与债务人之关系上，有必要强调的是（保证人的）两项权利。

第一项权利，即在实际适用中较为频繁因而最为重要的权利是，履行债务的保证人代位取得债权人的权利。

第644条规定，"履行债务之保证人以其满足债权人权利之限度，代位取得债权人之权利"。

从第592条第1款的一般规定中亦可得出相同的结论。

在确认保证人在履行债务后代位取得债权人的权利时，法律所使用的表达方式清晰地表明，保证人并不因为该履行而获赋予针对债务人的单纯求偿权，因为该履行使债权真正移转于保证人。

（新的）求偿权的赋予与前债权的移转之间的区别体现在具有重大理论和现实意义的两个方面。

一方面，移转于保证人的不仅有获得主给付的权利，还有债权人所拥有之权利上的全部属性或特征。如债权人之前有权收取利息，以特定利率

---

① 参见第一卷，第9版，第203目，第746页。

计算利息，任何特权或违约金，所有这些属性都会随着有利于清偿债务的保证人的代位而移转。

如果是连带债务，则保证人亦享有债权人所享有的连带利益，而无论他仅保证其中一位（连带）债务人还是保证所有债务人。众所周知，[①] Vaz Serra 草案中提出的是不同的解决方案（第 200 条第 2 款），将第一种情况下债权人要求全部债务的权利仅限于他所保证的债务人，使其他人的责任限于其在债务中所占的份额。

《民法典》没有接受这一解决方案，这是因为，在支付全部债务的连带债务人与仅因为有责任而支付全部债务的保证人之间，并不具有类似性。前者确定性地须承受其在债务中的部分，而保证人并不确定性地对债权人负有任何债务。

另外，由于保证人通过代位取得债权人的地位而继受后者的权利，故保证人取得与有关债权相伴随的全部担保物权。

代位的这一逻辑法律后果对在设定保证后由第三人设定的物之担保而言具有特别重要性。对于先于保证或与保证同时设定的担保，如前所述，应当在执行它们之后才可要求保证人承担责任。对于在保证之后设定的担保，保证人不得要求预先执行它们，代位的保证人对有关权利的继受自然具有更大的利益。

此外，还是由于代位现象，债务人可针对作出履行的保证人主张那些他本可针对债权人主张的抗辩。例如，如果保证人在自己与债务人均有条件向债权人主张时效的情况下（第 637 条）作出了支付，则债务人无妨使用这一时效抗辩对抗作为代位债权人的保证人。

根据第 647 条的规定，唯一例外的情况是：同意保证人之履行或获保证人通知由其履行之债务人本应将该等防御方法告知保证人而未告知。忽略这一事实的激进但合理的结果是，禁止债务人其后以该等防御方法对抗作为代位债权人的保证人。

当被保证的债务人最终陷于破产的情况，自然有所不同。

在此情况下，如和解——无论是预防性和解还是中止破产的和解——被认可，则根据经四月二十三日第 132/93 号法令核准的《企业恢复与破产

---

① 参见 Pires de Lima 与 Antunes Varela, *Código Civil anotado*, I, 第 4 版, 对第 644 条的注释, 第 661 页。

特别程序法典》第 63 条中所确立的新学说，保证人可能继续对整个债务的履行负责，而不仅仅对通过和解而维持的债务部分负责。

与履行债务的保证人代位取得债权人的权利紧密相关的是第 645 条第 1 款对保证人施加的附随行为义务。

该款规定，"履行债务之保证人应就其履行通知债务人，否则，债务人因错误而再作给付时，保证人即丧失其对债务人之权利"。

根据其内在性质和法律规定的内容，这显然是一项附随行为义务，如不遵守该义务，法律规定的后果并不是对所造成之损害的赔偿，亦非解除所作出的行为，而是作为例外情况承认债务人向表见债权人另外作出的支付的有效性。事实上，如果债务人因为保证人的过错而忽略了已经发生的代位，并向原债权人再次作出支付，第 645 条第 1 款视此为有效作出的支付。作为代位债权人的保证人得以作出不当之给付为由，要求债权人予以返还（第 645 条第 2 款）。

相反，如果保证人虽然没有作出通知，但债务人在向债权人履行债务之时已经知悉该债务已被清偿，则自然不能将此称为因错误而支付。而且，虽然债权人受领了他本来已经无权受领的给付，但应由债务人以不当给付为由要求返还有关给付，并承担由此而生的所有风险，且在任何情况下均不得拒绝作出代位债权人所要求的给付。

与履行债务的保证人被施加的义务类似，法律亦规定了债务人在类似情况下的附随行为义务。

第 646 条规定，"履行给付之债务人应通知保证人，否则，对因其过错未通知而造成之损失负责"。

在此情况下，毫无疑问，如果保证人在债务人已经履行债务以后作出支付，他便是作出不当给付并有权要求返还的人。这一权利可针对债权人行使，但可能落空，故第 646 条预见到保证人可能承受损害的情况，赋予他以从有过错者（债务人）处获得弥补的权利。

469. 要求免去责任或要求提供担保的权利

保证人对债务人拥有的第二项重要的权利是要求免去担保责任或要求提供担保以保障代位的权利。

这并不是现行《民法典》创造的完全新颖的事物，而只是对 1867 年《民法典》第 844 条所规定的一项措施的完善。旧法承认保证人在某些情况下有权要求债务人向债权人履行债务或免除保证。1966年《民法典》则更为明确和现实地允许保证人根据不同情况，或者要求债务人，或者要求债权人免去自己的责任或要求提供担保以保障自己或有的代位权。

保证人获免去责任是一种较债务的清偿更为广泛的表达方式，因为前者不仅包括履行（债务人作出须为之给付），还包括满足债权人权利的任何其他方式。另外，法律澄清了在何等条件下保证人可实际获解除保证对其财产所造成的严重风险。①

a）保证人在危险边缘可使用手中的预防性武器的第一种情况是，债权人已获得针对保证人的可执行之判决［第648条a）项］。1867年《民法典》第844条在这一问题上仅要求保证人已被提起履行之诉。

可见，立法者的意图不仅是要更加清楚地界定保证人的权利产生的时刻，而且要推迟该措施的使用，因为该措施可能对债务人造成困难。

b）该法律条文中规定的第二种情况是因保证而生之风险明显增加，这对应于1867年《民法典》第844条第2款的规定（债务人的财产减少且有陷于无偿还能力的风险）。新法中的表达方式（受《瑞士民法典》第506条第3款启发②）比旧法中的更为广泛，这是因为，基于债务人在债之关系范畴内的任一缺失导致可能存在债务人的财产（财产中的资产）并没有减少而保证的风险增加的情况。

同样明显的是，保证风险的这一增加并不必然与债务人的过错有关。保证的风险可能系因为某些严重触及债务人财产状况的客观情事而增加。

c）保证人可要求免去责任或要求提供担保的第三种情况是，保证承担后，无法在葡萄牙本土或附属岛屿对债务人提起诉讼［第648条c）项和第640条b）项］。这一情况对应的是1867年《民法典》第844条第3款规定的债务人欲离开葡萄牙的情况。很明显，新法使旧法中的规定满足了新时代的现实需要。

d）关于第四种情况［第648条d）项］，1867年《民法典》（第844条第4款）规定的是债务人承诺在特定期限内免去保证人的责任而该期限已届满，新法对此作出补充，增加了债务人承诺在某一事件发生时免去保证人的责任而该事件已发生的情况（例如，儿子从加拿大返回、某农庄的软

---

① 在旧法生效时期，免去保证的可行方法，参见 *Rev. Leg. Jurisp.*，第71期，第227条及以下。
② 参见 Pires de Lima 与 Antunes Varela，*Código Civil anotado*，I，第4版（由 H. Mesquita 协助完成），对第648条的注释，第665页。

木收成等）。

不能将源自旧法的第一种情况与有确定期限的保证相混淆，后者在所约定的期限届满后立即失效。

e）最后一种可要求免去责任的情况是，主债务无期限，但保证之提供已经过五年，又或主债务虽有期限，但法律规定期限延长（法律对任一方当事人施加的延期）。

这是为了避免保证对保证人所可能造成的噩梦的期限不确定或超出合理期限。新法将旧法所规定的十年期限（1867 年《民法典》第 844 条第 6 款）降至五年，这与《意大利民法典》（第 1953 条第 5 款）的做法类似，但要求此情况下的债务是无期限的债务。但是，这一期限并不必须是一个有确定日期的期限，而完全可以是一个不确定的期限。①

将现行《民法典》第 648 条界定的框架与旧法典中对相对应的情况的列举（第 844 条）进行对比可以发现，新法删去了旧法中的一种情况（原第 5 款），即债务因到期而成为可被要求履行之债务的情况。

在新法中，这一事实不再作为可向债务人提出要求（免去保证人的责任）的情况，而是在一定场合中作为保证人要求债权人免去其责任的原因，根据第 652 条的规定，债权人的不作为可导致保证因失效而消灭。

第四分节　多数保证人

470. 对债权人之责任

经常可能发生的情况是，就同一债务不止有一位保证人，而是有两位或更多位保证人。

在此情况下，自然有必要知道每一位保证人如何对债权人负责，以及在其中一位保证人履行债务后各保证人之间的关系如何。

对于第一个问题，必须区分两种不同的情况。

第一种情况是，每个保证人都是单独地参与，彼此之间没有商议法律行为的联系。

第二种情况是，各个保证人共同作出保证，或者在同一凭证中，或者

---

① 参见 Pires de Lima 与 Antunes Varela, *Código Civil anotado*，第I卷，前引出处，第665—666 页。

在不同的行为中，这些不同的行为甚至可能在时间上有距离，但它们彼此之间有联系。

在前一种情况下，只要每位保证人自己单独作出保证，而不与其他保证人相联系，则推定每一位保证人都想对全部债务负责。而与该等有数位保证人的情况最相适合的制度就是它们之间的连带之债。

显然，如果各保证人虽然单独地作出保证，但在保证合同中约定了分担责任之利益，则上述推定——每位保证人对债务的全部履行承担责任——不复存在。

如无此约定（分担责任的条款），则任一共同保证人可被要求满足全部债务。诚然，根据《民事诉讼法典》第 329 条第 1 款的现行规定，[①] 被诉的保证人可召唤其他所有保证人的诱发参加。然而，在 1867 年《民法典》生效期间，尽管原则上各保证人承担连带之债（不区分单独保证与共同保证），根据第 835 条的规定，古老的召唤应诉是为了"每一保证人共同被判处其份额"，而在现行法中，尽管各保证人被共同判处，但这个诱发参加并不妨碍每一保证人继续对债务的全部履行负责。

在后一种情况下——各保证人共同参加——要享有分担责任之利益，并不必然要求有分担责任的条款。只有各共同保证人是有商有量地一起作出保证的，足以推定他们想要按人数比例对债务的履行负责。

即使是在这一以分担责任之利益（仿似共同之债的制度）为原则的情况下，在数位保证人的责任制度中还会留有连带之债的一个残余。

这是指，虽然有分担责任之利益，但根据第 649 条第 2 款的规定，每位保证人就无偿还能力之共同保证人之份额须按比例分担责任。

而且，加重共同提供保证人的责任的情况还有，那些依据第 640 条 b）项的规定无法在葡萄牙本土或附属岛屿被诉的共同保证人，等同于无偿还能力的共同保证人。

值得注意的是，无论是在哪一种分担责任之利益发挥作用的情况下，第 649 条的适用都不会像 1867 年《民法典》第 835 条唯一款所规定的那样，取决于检索抗辩权的存在。

这是不难理解的。保证人与债务人之间的关系是一回事，而同一债务

---

① 1995 年的民事诉讼改革，引入了一些根本性的修改：在诉讼程序的附随事项一章，处理第三人参加的一节中，删除了传召进入诉讼、召唤原告和召唤被告的概念，但扩大了参加这个笼统概念的内涵。

的不同的保证人之间的关系又是与此不同的另一回事。

需要注意的还有，这个分担责任的制度在法律中表现为法律赋予共同保证人的一项利益，故共同保证人要想从其效力中受益，必须对此提出主张（第649条第2款）。

因此，如果共同保证人在被诉时未提出此主张，则不得要求债权人返还其所履行的超出其份额的给付，即使未提出该主张系因为错误亦然。

471. 共同保证人之间的关系

在共同保证人之间的关系的问题上，同样要区分连带责任的情况与共同保证人享有分担责任之利益的情况。

在前一种情况下，会出现一个十分有趣但完全合乎逻辑的情事，那就是完全履行债务的保证人会取得双重权利：一方面，作为清偿人的保证人，代位取得债权人对债务人的权利；另一方面，同时亦作为连带共同债务人的保证人，享有根据连带之债的规则向其他保证人求偿的权利。

显然，这两项权利不得一起行使。

如保证人通过代位从债务人处重新获得（为债务人利益而）向债权人支付的一切，则显然不得对其他保证人作出任何要求。

相反，如果保证人在向债权人清偿全部债务之后针对其他保证人行使求偿权，则同样显然，该保证人仅对债务人代位取得自己没有从其他共同债务人处受领的债权部分。

当存在分担责任之利益时，情况则有所不同。

如被提起司法诉讼的保证人在可以主张该利益的情况下支付了全部债务，则其可立即就其他共同保证人各自的份额针对他们行使求偿权，即使债务人并非陷于无偿还能力亦然。而且，显然该保证人亦在先前情况的相同条件下代位取得针对债务人的权利。

但是，如果保证人可主张分担责任之利益，但在未被提起诉讼的情况下自愿地支付了全部债务，则其在行使获赋予的代位权而预先尽索债务人的全部财产以前，不得针对其他共同保证人行使求偿权。

这如同法律在此情况下基于提前履行全部债务的保证人的自愿态度而赋予其他共同保证人一种针对作出履行之共同保证人的检索抗辩权一样。

第五分节　保证的消灭

472. 保证的从属性及其消灭

第651条规定，"主债务消灭时，保证亦告消灭"。

显然，这完全是保证之从属性的一种推论。

如果保证人担保主债务的履行，则显然，如果债务人的债务消灭，则保证人所订立的债务原则上[①]会失去其存在的理由。[②]

由于第632条对（主）债务非有效的情况作出了特别规定，可以轻易地得出结论：第651条中所指的是债务的消灭乃产生自债务设定以后的原因——尤其是导致债务产生之合同的解除或废止——的情况。

第651条在谈及保证消灭的原因时仅提及主债务消灭，但这并不意味着除了这些原因就不存在使保证关系——一项从属于但不同于主债务的关系——消灭的直接原因。

对此，只需考虑时效的特别情况即可（第636条），在此情况下，毫无疑问，保证基于时效而消灭是可能的，而不需要主债务的时效完成。[③]

关于保证的从属性有必要探讨的另一问题是，对消灭主债务的行为的无效或撤销宣告会对保证产生什么样的效力？在逻辑上，根据第289条中勾画的线条，无效或撤销宣告将导致保证的重新出现。

但是，基于各原则的逻辑，法律应当对上述解决方案引入一些例外情况，以保护保证人的善意。

关于（主债务之）履行的例外直接体现在第766条中。该条规定，"基于可归责于债权人之原因而使履行被宣告无效或撤销时，第三人所提供之

[①]　请回想第632条第2款所规范的主债务被撤销的那些情形。在这些情形下，正如我们所见，保证人默示担保了债务人将不会行使其撤销权力。

[②]　众所周知，在（作为避免破产的方法的）和解的情形下，债权人协议的债权扣除，可以不利于保证人（《企业恢复及破产特别程序法典》第63条）。然而，这项例外并不排除保证的从属性，因为以和解所作的债权部分扣除，并未消灭和解人的这部分债务。正如 Fragali（前引文章，第11目，载于 *Enc. del dir.*）所敏锐地观察到的那样，这只意味着，作为和解基础的 *pactum de non petendo*（不请求协定）出于明显的理由，并不及于和解人的共同债务人。

[③]　同样，保证也可以因主债务时效完成而消灭，即使保证债务（由于各项债务的时效相互依赖：第636条）时效未完成亦然。
这完全显示了保证的从属性质。

担保不重新出现，但第三人在获悉债务履行之日明知该瑕疵存在者除外"。

与第766条的学理完全一致的相同限制还体现在第839条（关于代物清偿）、第856条（关于抵销）、第860条（关于更新）、第866条第3款（关于免除）和第873条第2款（关于混同）中。

473. 保证消灭的其他方式

除了上述使保证消灭的两个主要原因，法律中还提到了保证关系的其他消灭原因，它们也值得特别关注。

第一个原因在前面论述免去保证人责任之原因时已经提到，与附期限之主债务的到期有关。

当定有期限之（主）债务到期时，享有检索抗辩权之保证人得要求（以防其约束不会在合理期限以外继续延长）债权人自债务到期起计两个月内或者自通知债权人起计一个月内（在到期后的两个月先于通知后的一个月完成的情况下）对债务人行使权利。如债权人不这样做，则所适用的制裁只是保证的失效（caducidade）。

根据法律的精神，人们认为，为债权人所要求的步骤的效力而言具重要性的主债务的履行期限，是产生自债务或法律的期限，而非源自债权人在未获保证人同意下所给予的任何迟延履行的期限。[①]

遵循相同的思维方向，人们认为对不附期限的债务的保证人给予一些保护是合理的。

如债务到期取决于对债务人的催告，且承担保证已经过了一年者，则只要保证人未被剥夺检索抗辩权，即有权要求债权人催告债务人（在相同的期限内，不行使该权利有相同的后果）（第652条第2款）。

另一个使保证消灭的原因继承自1867年《民法典》（第853条），该原因建基的情况是：因可归责于债权人的原因（可能是积极的事实，也可能是消极的事实），保证人不能代位取得属于该债权人的权利（第653条）。

虽然现行《民法典》中，这条规定没有如旧法典第853条一样特别地提及不可能代位取得债权人的优先受偿权和抵押权，但毫无疑问，所有这些情况以及其他类似情况都能纳入现行法律文本所使用的这个更广泛的、不作区分的表述方式之中〔值得注意的是，葡语文本中的"权利"使用的

---

① 参见 Pires de Lima 与 Antunes Varela，*Código Civil anotado*，前揭卷目，第670页。

是复数的表述（nos direitos），而不是单数的表述（no direito）]。

该法律文本确认，按保证人不能代位之限度，免去保证人所负之债务。这清楚地表明，这一不可能性只是部分不可能，而非全部不可能，因而法律规定的解决方案是保证的减少，而非完全失效。

与旧法中之规定相比，法律本文中的另一个重要的更改在于明确宣告，对债权人的制裁即适用于因积极事实（抛弃优先受偿权、免除其中一位共同保证人的担保）而导致保证人的代位实际不能的情况，也适用于因消极事实（在债务人的破产程序中没有要求清偿债权、在债权人竞合的情况下没有主张优先受偿地位等）而导致不能的情况。

最后要注意的是，可能导致保证消灭的代位不能，既包括先于保证或与之同时产生的权利的丧失，亦包括后于保证而设定的权利的丧失。①

同样不可争议的是，适用于债权人的任何权利因其过错而丧失的制裁，同样适用于当中的某些权利的单纯重大减少价值的情况。

法律还特别关注在对将来之债的保证中保证人的地位，明确承认该保证的有效性（第628条第2款）。

在此，保证人承受双重的特别风险：一方面，所预期的债务金额可能会增加；另一方面，在承担保证以后和成立债务以前，债务人的财产状况可能恶化。

基于这个原因，法律赋予将来之债（在设定保证之时，该债务的金额可能还不确定）的担保人以终结该担保的双重可能性。

在债务尚未成立时，如债务人的财产状况恶化以致危及保证人代位权的实现，保证人得免去其担保责任。

另外，如无另外约定保证存续的期限，则在（对将来之债的）保证之提供过了5年后，保证人同样具有终结该保证的可能性。

在此情况下，保证人必须作出具此含义的（需受领的）意思表示，因为该期限内的经过并不导致担保的失效，而是正如法律文本中所规定的，只是赋予保证人以免去其责任的可能性。

对于在日常生活中频繁出现的对承租人之保证的情况，法律亦合理地就其存续期方面制定了特别保护制度。

首先，推定对承租人债务之保证期仅为合同之原定存续期（但另有订

---

① 参见 Vaz Serra，前揭著作，第71目。

定者除外）。这一推定的（时间）限制具有很大的实践意义，因为根据《都市不动产租赁制度》（由十月十五日第 321 – B/90 号法令所核准）第 68 条第 2 款的规定，大多数都市不动产租赁都受制于强制续期原则。

其次，如保证人对租赁续期后的期限承担保证责任，但无限定与该保证有关的续期的次数，则在无相反约定的情况下，保证随租金的（法定的或意定的）更改或自首次续期起计经过五年即告消灭。

在最后一种情况下，为使保证消灭，保证人并不需要向出租人作出任何通知，这是因为，正如从法律文本本身所得出的，该保证的终止随着期限的经过而立即发生。

正如该法律条文本身所规定的，所有这些限制都具有候补性。即便如此，它们构成保证人的一种珍贵的防御方法，而出租人亦往往要求提供保证，尤其是在不动产租赁合同中。[1]

第三节　独立担保合同[*]

474. 概念：独立担保与复保证

随着国际商事关系的发展——特别是在欧洲经济共同体国家之间——以及因欧盟机构对不同国家之经济所造成的深入改变而产生的许多新企业

---

[1]　关于这些问题，参见 Vaz Serra，前揭著作，第 13 目，以及同一著作，前引的 *Algumas questões*，第 34 目。

[*]　参见 Cicala，*Sul contratto autonomo di garanzia*，载于 *Riv. dir. civ.*，1991 年，Ⅰ；Bonelli，*Le garanzie bancarie a prima demanda*，Milano，1991 年；Bozzi，*L'autonomia negoziale nel sistema delle garanzie perconali*，Napoli，1990 年；Mastropaolo，*I contratti autonomi di garanzia*，Torino，1994 年；Trabucchi，*Istituzioni*，第 36 版，1995 年，第 268 目，第 608 页及以下；Simões Patrício，*Preliminares sobre a garantia《on first demand》*，载于 R. O. A.，第 43 期，Ⅲ，第 677 页及以下；Almeida Costa 与 Pinto Monteiro，*Garantias bancárias. O contrato de garantia à primeira solicitação*（意见书），载于 *Col. Jurisp.*，Ⅺ，5，第 75 页及以下；Galvão Telles，*Garantia bancária autónoma*，载于 *O Direito*，第 120 期，编码Ⅲ及Ⅳ；Jorge Pinheiro 与 Francisco Cortez，*Garantia bancária autónoma*，载于 ROA，第 52 期，Ⅱ，第 417 页及以下，以及第 513 页及以下。

关于商事关系中更广泛的担保形式，尚参见 Menezes Cordeiro，*Das cartas de conforto no direito bancário*，Lisboa，1993 年；Segni，*La lettre de patronage come garanzia impropria*，载于 *Riv. dir. civ.*，1975 年，Ⅰ，以及 S. Camuzzi，*La lettera di patrocinio*，载于 *Riv. dir. comm.*，1981 年，Ⅰ。

的财务不稳定，表现为票据证券的担保合同乃至国际层面的信用证（cartões de crédito）被赋予了重大的社会经济地位。

在经济发展急速飞跃的第一个阶段，通过银行保证而进行的复保证（sub-fiança）是其中一个鲜活地反映了不同国家的商人之间的经济关系增长现象的机制。

能够更轻易地向其本国企业的债务提供保证的自然人或企业，往往不具备本国企业想要达成交易的外国企业主所要求的经济财务声望而不被后者接受作为保证人。

在国际层面，本国银行因具有高于其他企业的经济财政信用度，逐渐成为交易活动中的复保证人，即保证人的保证人。

顾名思义，复保证是分包合同（sub-contratos）这一集合概念中的一种法律行为。

从第 630 条对复保证作出的极具描述性的定义——"复保证人系指就保证人之债务向债权人提供保证之人"——出发，不难勾画出复保证的完整制度。

与保证人一样，复保证人亦向债权人担保债权的满足，但仅在保证人之后担保。保证人根据第 638 条的规定对债务人所享有的检索抗辩权，同样惠及面对保证人的复保证人。债权人未尽索（债务人以及）保证人之所有财产而未能满足其债权时，复保证人亦可拒绝向债权人履行。

同时要注意的是复保证通过其本身的功能而真正表现出来的特殊性。复保证是为债权人利益而旨在加强保证的一种担保。它是为债权人的利益而在保证之上增添的担保。

因此，分租表现为承租人本身为自己利益而以租赁关系为本而作出的租赁，次承揽表现为承揽人为实现获交托的工作物的一部分而为自己的利益而订立的真正的承揽，而复保证却通常不是由保证人订立的或不是由其主动订立的合同，而是由债权人订立或者由其主动订立的合同，目的是加强由保证所提供的对债务履行的担保。

但是，与复保证不同的是通过独立担保（garantia autónoma）提供的担保的加强，这在美国法律和司法实践中更倾向于见索即付保函（on/at first demand）。

这个术语意味着什么呢？在合同自由原则下，最终在商业实践中尤其是在银行活动中占据一席之地的独立担保又会向债权人提供什么种类的利益或保障呢？

所有对国际商事关系中债之履行之担保的问题熟知的专家都知道，保证——银行保证亦不例外——的阿喀琉斯之踵在于第637条的规定。

由于保证在事实上并不构成一种松脱于或脱离于其部分覆盖的基础关系的抽象法律行为，所以法律（第637条）允许保证人除其本身之防御方法，还可以以属于债务人的一切防御方法对抗要求其履行的债权人。

由于法律赋予保证人这一有震慑作用的武器，当债权人因为债务人财产不足而要求保证人履行其所保证的债务时，保证人除可主张基于保证合同本身的抗辩外，还可提出债务人本来可以主张的抗辩（第637条）。

而这一障碍——其产生是因为人们就导致有关债权产生的合同的有效性或效力有出现争议的风险——正是提供货物、独家代理特定品牌成衣、销售特殊机器等的外国企业（国籍不同于债务人）通过独立担保的一些方式——如见索即付保函——所企图克服的。

概念

根据其在现实商业实践中所表现的各个方面，独立担保可被一般地定义为一项有偿合同，其中一人（即担保人，通常是银行机构或信用保险人）有向债权人担保第三人之债之履行的义务，而不论作为该债权之渊源的合同关系是否具有有效性或效力。

475. 制度

正如 Trabucchi 正确地指出，[①] 独立担保合同在根本上区别于保证，这是因为，独立担保中不具补充性——这标志着保证人面对债务人之债务的地位（第638条）——的联系，取而代之的是两项债务之间的选择性的联系，这使债权人可以通过催告和构成迟延的不同行为而选择其中一人履行。

与同样与主债务具有选择性的联系（或者说相互可自由取代）的票据保证相比，独立担保的特征正是在于独立担保人见索即付的债务独立于作为债权人权利之渊源的合同关系，这种独立性在要因关系——无论是与保证人（或复保证人）之间的，还是与票据保证人之间的——中都不存在。

但须注意的是，独立担保合同既没有被规定在《民法典》债法卷关于债之特别担保的一章中，也没有被规定在债法卷第二编所列举和规范的各

_____

① 参见前揭著作及版本，第609页。

种合同中。

尽管如此，根据合同自由的一般原则（第 405 条第 1 款），原则上我们不可怀疑独立担保合同的可接受性。

关键是，该合同之标的必须遵守第 280 条及以下所规定的范围广泛的要件，尤其是税法中的规则（反对作出某些能够隐蔽地损害库房利益的形式的独立担保）。

关于已订立的独立担保合同的内容，由于法律没有规定以此作为名称的有名合同，且我们知道第 637 条并不涉及任何公共秩序或公共利益的一般原则，所以这完全取决于对每一具体合同之条款的理解和填补，只要注意避免违反那些事实上建基于公共利益和秩序的强制性规定的条款即可。

因此，我们需要就每个个案特别调查在第 637 条所特别关注的保证领域中，哪些是当事人（债权人与保证人）在具体作出的合同（指见索即付的保证合同或意大利人所称的 "a prima richiesta"）中欲排除的例外情况。

第四节　收益用途之指定[*]

476. 概念：与近似概念的比较

民法中所规定的第三种特别担保是收益用途之指定（第 656 条至第 665 条），这表现为一种约定，其通过将属于债务人或第三人的某些不动产或某些须登记的动产的收益赋予债权人来确保债之履行。[①]

---

[*] 参见 Vaz Serra, *Consignação de rendimentos*, Lisboa, 1957 年, sep. do *Bol. Min. Just.*, 第 65 目; Caberlotto, Anticresi, 载于 *Dig. Ital* 以及 *Nuovo Dig. Ital.*; Abello, *Anticresi*（*Diz prat. del dir. priv.*）; Tedeschi, *L'anticresi*, Torino, 1954 年; 同一作者, *Anticresi*, 载于 *Novissimo Dig. Ital.*; Gualazzini, *Anticresi*（*dir. rom.*）, 载于 *Enc. del dir.*; Persico, Anticresi, 载于 *Enc. del dir.*; Planiol 与 Ripert, *Traité prat.*, XII（在 Becqué 协作下完成）, Paris, 1927 年, 第 280 目及以下, 第 270 页及以下。

[①] 根据 1867 年《民法典》生效时已被提倡的优良学说（Guilherme Moreira, 前揭著作, 第 128 目; C. Gonçalves, *Tratado*, V, 第 676 目, 以及 Pires de Lima 与 Antunes Varela, *Noções fundamentais de direito civil*, I, 1945 年, 第 360 页, 注 1）, 以及 Vaz Serra 所建议的解决方案（*Consignação de rendimentos*, Lisboa, 1957 年, 第 24 页）, 现行《民法典》明确承认由第三人设立的收益用途指定。
这种解决方案, 的确更符合法律（第 767 条第 1 款）宽泛地容许第三人履行的做法。

1867 年《民法典》中与现在的收益用途之指定对应的概念是典押收益权（anticrese）。[①]

但是，在这两个机制之间有一个根本区别。当抵押物或质物交付债权人使后者可以以所受领之物的收益来支付其债权的时候，典押收益权仅作为抵押或质押的补充或从属。[②]

如今，虽然根据第 672 条第 1 款的规定在质押中原则上还存在动产收益指定的一种情况，但收益用途之指定已经作为一种独立的机制发挥着作用。

这一独立性同样早已存在于 1867 年《民法典》之中，该法典第 873 条将收益用途之指定视为一个完全不同于设定抵押的合同。

然而，如果我们将《塞亚布拉民法典》第 873 条规定的（收益用途之）指定的概念与现行《民法典》第 656 条对同一制度给出的新定义进行对比，两个重要的区别将映入读者眼帘。

一方面，旧法典将作出收益用途之指定的对象限于不动产，而 1966 年《民法典》关注到某些动产价值的相对提高，将该机制的范围延伸至须登记之动产的收益用途之指定。[③]

另一方面，虽然 1867 年《民法典》将收益用途之指定包含在规范合同的担保措施或担保一章（第十章），但它欲将此类合同定义为债务清偿的一种特别方式。该法典第 873 条规定，"当债务人约定透过将某些特定不动产的收益接续清偿债务及其利息，或者仅清偿本金，又或仅清偿利息，则构成收益用途之指定的合同"。[④][⑤]

---

① 这是一个源自希腊语的词，意指"*使用中*"。在罗马法上，它用于指称质物的孳息本身，而不只是一笔钱的利息，给予（拥有质权的）债权人的订定。参见 Gualazzini, *Anticresi* (*dir. rom.*)，载于 *Enc. del dir.*。

② 作为例子，参见 Coelho da Rocha, *Instituições*，第 688 目及以下。

③ 在那些被用作担保的须登记的动产中，第 660 条第 2 款规定，记名债权证券的收益用途指定适用于特别的方式规则。

④ 可否以收益用途指定来担保*将来*或*附条件债务*？1867 年《民法典》对此并无规定，但 1966 年《民法典》（第 656 条第 1 款）则明确承认，将收益拨用于担保这种性质的债务，就其他特别担保（保证——第 628 条；质权——666 条第 3 款；抵押权——第 686 条第 2 款）所采纳的取态，完全一致。

　　但显然，若附条件债务因条件不成就或成就（这视乎是停止条件还是解除条件而定）而最终不产生效力，或将来债务最终未被创设，则附条件或将来债务的债权人所收取的利益，须即时被返还。

⑤ 有别于《葡萄牙民法典》的立场，《意大利民法典》（第 1960 条）把 *anticrese*（典押收益权）的客体限于不动产，并仍然在（法定）定义中规定，要担保债权，便要向债权人交付财物。参见 Persico, *Anticresi*，第 1 目，载于 *Enc. del dir.*。

现行《民法典》第 656 条则不仅指出该指定的担保（保障）功能，而且还以十分明显的方式强调该指定的协议性。

该条（第 656 条）规定，"担保债之履行，得透过对某些……财产作出收益用途之指定而为之，即使该债务附条件或属将来之债务亦然"。

立法者故意强调对债之履行的"担保"（garantia）是该指定的核心要素，从而足够清晰地使人意识到，即使在作出该指定以后，有关债务也会维持到债务将来完全消灭之时，此举可谓一石二鸟，确凿无疑地排除了先前的学理中关于指定的法律性质的两个主张。

事实上，毫无疑问，由于指定不外乎对债之（履行之）担保，故不构成更新，这纯粹是因为，通过订立收益用途之指定，既没有消灭原来的债务，也没有设定一项新的债务以取代原来的债务。① 另外，同时亦可明确排除认为该指定表现为真正的代物清偿的见解，其中一个原因是有关债务并不因为单纯的指定行为而消灭；作出指定后，债务并没有消灭，而只是被担保而已。②

而构成收益用途之指定（该机制在今天不大具有实践意义）的典型的和真正的特征是，该担保表现为以某些财产的收益而对债权的逐步的和有保障的满足。③ 如此便可理解，与其他担保不同，该担保的运作并不取决于债之不履行。

477. 种类

仔细浏览规范这一有趣的担保的规定，我们可以发现，该指定可分为不同的种类，且这些不同的情况可以分为不同的方面。

---

① 当事人透过指定，并非想进行*更新*，而只是想*担保*履行，其最重要的实际后果是：债务人可随时以其他途径（如支付）消灭债务，并请求债权人返还所收取的利益，或请求以这些收益抵充债务金额。

② 在 1867 年《民法典》生效的这个问题，详见 Vaz Serra，前揭著作，第 6 页，注 4。

③ 收益用途指定的这种*清偿*功能，清晰地见于第 659 条第 1 款，其提到收益用途指定得*止于被担保的债务获支付之时*，也清晰见于第 661 条第 2 款，其同样规定物的孳息先抵充利息，后抵充本金。

Persico（前引文章，第 3 目）强调 *anticrese*（典押收益权）具有复合功能。他在界定其法律性质时说道，首先要突出的是其满足性质，同时还有这种合同的担保性质，虽然有些人把它界定为自愿受制于财产责任的手段、加固债权人权利的方法，但最好还是将它视为，在他人之物上用于担保（债权得以）满足的一项用益物权。

从哪些财产的收益可用于担保债之履行的方面，可以区分为对不动产收益用途之指定和对须登记之动产收益用途之指定（第 656 条第 1 款）。[1]从哪些债权被担保的方面，法律以一个经验哲学多于科学的角度，区分为担保债之履行及利息之支付的指定或者仅担保其一的指定（第 656 条第 2 款）。从其渊源的方面，指定分为意定指定和司法指定，前者产生自法律行为（当事人[2]或遗嘱人的意思[3]），后者直接来自法院的裁判（第 658 条[4]）。

从其存续期的角度，一个更有意义的区分方法是将之区分为有确定年数的指定[5]与止于被担保之债务获支付之时的指定（第 659 条第 1 款）。最后，基于收益用途被指定的财产的状况，第 661 条将收益用途之指定区分为以下不同情况：

a）财产继续由作出指定之人管领的指定；

b）财产转归债权人管领的指定；

c）财产以租赁或其他方式转归第三人管领的指定。

---

[1] 虽然收益用途的指定，是以财物的收益而非财物本身为客体，但别忘记，它创设了一项财物本身的（物权）负担。正因如此，第 660 条要求，只要收益用途的指定（若是生前法律行为）针对不动产的收益，创设行为即须采用公证书［也参见《公证法典》第 80 条第 2 款 c）项］，同时这项指定也须作登记［《物业登记法典》第 2 条 h）项、i）项及 o）项］。但另一方面，正是因为考虑到担保不以附负担物本身为客体，而以财物的收益为客体，所以第 657 条规定，有正当性作出指定的人，并不是处分财物的人，而是可处分财物收益的人——这种区别，对用益权人（他在用益权存续时，可以处分财物的收益，而不得处分财物的根基）和共有人（他不得处分共有物或共有物特定部分，但可以自由处分其分额的收益）而言，充分展现了其用处。参见 Vaz Serra，前揭著作，第 25 页及注 35。

[2] 所谓当事人的意思，既指债权人与债务人的意思，亦指债权人与第三人的意思。第 658 条第 2 款明文承认，第三人可将其财物的收益指定用于担保他人债务。

[3] 新《民法典》采纳了 Vaz Serra（前揭著作，第 5 目，第 25 页）的建议，转而承认指定得以遗嘱方式设立。

[4] 这种由司法裁判所作的指定，在 1967 年 5 月 11 日的第 47 690 号法令之前，被称为收益用途的判给（adjudicação de rendimentos）。随着诉讼法律被这部法规改动以迎合新的民事法律，这种担保的创设，无论是产生自法律行为，还是产生自司法裁判，其名称都变得一模一样。这也是不难理解的，因为一来，无论是哪一种情形，担保制度都是相同的，二来，即使是司法创设的指定，它终究还是建基于当事人的意思；它的确必须由请求执行人声请，而且如果必须被听取就声请有何意见的被执行人，请求宁可实行财物变卖的话，它将不获受理。实际上，众所周知，收益用途的司法指定（昔日的收益用途判给）是避免财物被毁灭性出售（venda ruinosa）的一种方法。

[5] 有别于《意大利民法典》（第 1962 条）将 anticrese（典押收益权）的最长存续期定为十年的做法，由于考虑到并非财物所有权人的人，在对不动产进行持续利用时，会遇到值得重视的不便之处，《葡萄牙民法典》第 659 条并无限制担保存续期，因为认为没必要这么做。

478. 制度

适用于收益用途之指定的制度取决于当事人所约定或者立遗嘱人、法官所确定的是何种类型的收益用途之指定而定。

A）如收益用途被指定的财产继续由债务人——或设定该担保的第三人——管领，且当事人或立遗嘱人已定出财产管理人每期应向债权人交付的金额，则适用于该指定的制度不难确定。

在此情况下，无须考察每期中有关财产的实际收益是否高于或低于所约定的金额，因为只有该约定的金额才是应交付的金额，且根据第 661 条第 2 款所规定的优先顺序，该笔款项应先抵充利息，然后抵充本金。

更微妙的情况是，当事人没有约定在每一期结束后应向债权人交付的固定金额。

在此情况下，唯一可行的机制是令债权人有权要求债务人或第三人根据民事诉讼法的规定（《民事诉讼法典》第 1014 条及以下）提交账目（每年），以控制须向其交付的金额的准确性（第 662 条第 1 款）。

B）在结构上更为复杂的情况是，收益用途被指定的财产转归债权人管领。

在此情况下，除非另有约定，债权人有权直接从该等财产中享益，或将之出租予他人［第 661 条第 1 款 b）项）。无论是哪一种情况，债权人自然有义务如谨慎所有人般管理该等财产（第 663 条第 1 款）。

如有关财产被租予他人，[①] 在确定用多少收益来抵充所担保的债务时，通常不存在很大困难。

经常发生并且在当事人之间引起争议的情况是，该等财产直接由债权人享益。众所周知，由于此种类型的指定引致某些债权人滥用权利，在交易实践中产生了针对这类物之担保的活动。

同样，在此情况下，债务人控制该等财产的实际收益（每期）的唯一有效的方式是，法律赋予债务人或第三人以要求债权人提交账目的权利（第 662 条第 2 款）。

C）另一种进行指定的类型是，有关财产既不交付于债权人，也不交付

---

① 在此情形下，财物的管领人，不被认为是次承租人（因为严格而言，获准临时享益该物的债权人，不是财物的承租人），而被认为是承租人，虽然其受制于第 1051 条第 1 款 c）项所定的特别失效事由。

于指定人，而是交付于第三人，后者可能作为承租人，可能作为管理人，也可能以其他名义，而债权人有权收取有关孳息［第 661 条第 1 款 c）项］。

与前述情况一样，这种情况的重大困难在于对每期结束时有关财产所产生的实际收益的监督。而试图解决该困难的唯一有效方式是，正如第 662 条第 2 款所规定的，向债权人施加提交账目的义务（担心债权人可能与第三人合谋）。

此外，关于收益用途之指定的制度，还需注意的是第 665 条规定的准用：第 692 条、第 694 条至第 696 条、第 697 条及第 698 条之规定，经作出必要配合后，予以适用。

首先，关于第 692 条（如被抵押之物失去或毁损，抵押债权人原拥有的优先权转移到应向物主作出的损害赔偿上），在依据第 665 条的规定配合使用于收益用途之指定时应考虑，该担保不对债权人创设任何技术意义上的优先权，而仅产生以物之收益满足债权的权利，从而在性质上排除了其他债权人参与分享的可能性。

关于抵押的替代和增加（第 701 条所涉及的）以及对抵押物的保险（第 702 条所规定的），同样必须考虑的是，收益用途之指定是以财产之收益而非附负担之财产本身为标的。

在实践中，关于当附负担之财产失去或毁损时提供予债权人以担保其债权实现的财产是否足够的问题，自然出现了很多困难和分歧。①

479. 消灭

收益用途之指定的消灭有两个主要原因，它们与为该担保所直接或间接订定的期限有紧密的联系，分别如下：

（1）为该担保之存续所订定之期限届满（第 664 条和第 659 条第 1 款）；

（2）由于向债权人作出接续的收益交付或者由债权人收取每期的收入，使债权获得全部满足。

而第 664 条还规定，收益用途之指定亦因出现导致抵押权终止之相同原因而消灭，但第 730 条 b）项所指之原因除外。

而抵押权消灭的第一个原因是该抵押权所担保之债务消灭。② 该准用不

---

① 如果被指定收益的财物被执行变卖，指定也不会消灭。然而，它会根据第 824 条第 2 款及第 3 款，转为针对这些财物的变卖所得。

② 显然，这只不过是一切担保的从属性的推论。

无实际意义，因为被担保之债务可能因不同于该指定所导致的满足以外的其他方式而消灭。[1]

其次，第730条 c）项规定的在抵押物全部灭失的情况下适用于抵押权的解决方案，同样适用于收益用途被指定之物灭失的情况，唯需强调的是，该担保（收益用途之指定）的消灭并不包含被担保之债务的消灭。

最后，同样被认为适用于收益用途之指定的抵押权消灭的原因是债权人的放弃。

根据前述准用，第731条对抵押权的放弃所确定的制度自然适用于对收益用途之指定的放弃：该放弃必须明确作出；为单纯的放弃行为，因而不需要债务人的接受，也不需要作出指定的第三人的接受；放弃须以对其设定所要求之方式为之；管理他人财产之人，不得放弃为该他人而设定之收益用途之指定。

第五节　质权[*]

480.　概念

根据第666条，质权是债权人被赋予的从特定动产（在动产这一表述中，不仅包括债权，也包括其他不可抵押的财产性权利）之价值中优先于其他债权人获得其债权之满足的权利。[2]

虽然这是一种物之担保——因此，区别于保证[3]而近似于典押收益权

---

[1] 这也考虑到债务因解除条件成就，因所取决的停止条件不成就，或因被撤销或宣告无效等而消灭的可能性。

[*] 参见 Vaz Serra, *Penhor de coisas-Penhor de direitos*, Lisboa, 1956 年, sep. do *Bol. Min. Just.*, 第58及59目; Bubino, *Il pegno*, 载于 Vassali 的 *Trat. di dir. civ. Ital.*, 第2版重印, 1952 年; Lordi, *Il pegno*, 载于 D' Amelio 的 *Com. del cod. civ.*, 1943 年; Montel, *Pegno* (*dir. vig.*), *Nov. Dig. Ital.*, 1965 年; Gorla, *Del pegno*, *delle ipoteche*, 载于 Scialoja 及 Branca 的 *Com.*, 1968 年; Ciccarello, *Pegno* (*dir. priv.*), 载于 *Enc. del dir.*; Persiani, *Pegno*, 载于 *Enc. forense*, 1950—1960 年。

[2] 新的质权制度，并未废止特别规定旨在担保特定债权的质权的那些大量零散法规。Pires de Lima 与 Antunes Varela 列出了当中最重要的那些法规，参见 *Código Civil anotado*, Ⅰ（由 H. Mesquita 协助完成），第4版，对第668条的注释。

[3] 但要注意保证与质权（以至其他物的担保）的相似之处，亦即不仅债务人可以创设质权，第三人也可以。

（anticrese）——但质权与收益用途之指定有两个根本性差异。

一方面，不同于收益用途之指定仅涉及附负担之物的孳息（收益），质权涉及整个物，此类担保所具有的以下两个方面使之构成完全的物之担保：在被担保之债务不获履行时要求出售质物的权利；① 优先于其他债权人以出售该物的价金获得清偿的权利。

另一方面，质权是一种产生优先权（针对转让质物之所得）的担保，而收益用途之指定（与其前身、古老的典押收益权一样）则表现为一种使债权获得优先满足的方法。

质权本质上是一种担保物权，质权人通常对财产担保的特定部分具有优先地位；而收益用途之指定是实现债权的一种特别方式，其中债权人的优先对待乃是该担保的运作所固有的。

但需注意的是，无论在日常用语中还是在法学家的技术术语中，质权（penhor）一词通常具有三重含义。根据第 666 条的表述，质权是赋予债权人的优先权；质权（质物）也被用作担保之物（动产）［如当铺（loja de penhores）、质物的拍卖（leilão de penhores）及质物的司法变卖（venda judicial do penhor）等等］；同时质权（出质）还被用来称谓作为赋予债权人之担保特别权利之渊源的合同。②

质权与抵押权（后者在民法中具有无可比拟的重要的实践意义）的区别则在于其标的的不同。③

抵押权通常针对的是不动产或等同物，而质权的标的通常为动产。

关于能够作为质权和抵押权之标的的权利（本质上的无体物），第 666 条第 1 款通过排除部分权利来划定质权的界限：可作为质权标的的是所有不可抵押的（可查封的）权利。

而根据法律的精神，这个实践的划分标准同样适用于物（有体物）

---

① 正是因为质权首先便蕴含在符合某些前提时请求（司法）出售质物的权利，所以第 667 条第 1 款才规定，有权力让与财物的人，方有正当性将财物出质——仅有财物管理权力，是不足以这样做的。

② 如同 Ciccarello（前引文章，第 1 目）所观察到的那样，对这种现象的考察视角的改变（从其渊源到效力），正好解释了为何 1865 年《意大利民法典》中出质（penhor）（合同）的体系位置，会有别于 1942 年《意大利民法典》中（第 2784 条及以下）质权（penhor）（担保物权，除质权外尚有抵押权和优先受偿权）的体系位置。

③ 除了客体性质不同所致的这种差异，尚有另一个与其密切相关，传统上用以划分这两个制度的差异：原则上，出质必须有物的移交，而抵押则无须将物交付。

本身。

因此，我们有理由认为，汽车、船舶和航空器不可以被出质。

基于第 666 条的行文（"……特定动产……之价值……"）和精神，同样可以认为，质权的标的物必须是特定的，因此集合物——如商业场所——不能作为此类担保的标的，因为它们的具体构成处于不断变化之中。

同样应注意的是，根据第 210 条第 2 款中作出的一般规定，除非另有约定，在特定物（如股份、债权等）上设定的质权并不涵盖其属物或从物。

第 666 条第 3 款明确确认，由质权所担保之债务得为将来或附条件之债务，这并不是现行《民法典》的创新，之前立法所确立的就是这一解决方案。①②

从质权的法律定义本身可以推断出它的一个重要特征（也是抵押权的特征），即它的不可分割性，这表现在两个方面。

一方面，被出质之动产担保债务的履行，直至其获得完全清偿。即使债务已获部分清偿，质权仍以其全部继续担保债务人须为之给付之剩余部分的履行。

另一方面，如质权涉及数个动产，则其作为整体涵盖每一个质物，即使某些质物灭失或转由另一人所有亦然。

这就是第 678 条通过规定准用第 696 条——后者规定抵押权的不可分割原则（显然是候补性原则）——而明确确认的（不可分割）原则。

第一分节　物之质权

481. 质权之设定与质物之交付

新《民法典》不仅开放地承认权利质权，尤其是债权质权（1867 年《民法典》除在第 855 条和第 856 条中规定以动产为标的的质权外，仅小心谨慎地提及在某种程度上被有形化、物化或客体化的债权证券），而且在两个不同的分节中对物之质权与权利质权作出规定。

---

① 参见 Vaz Serra, *Penhor de coisas, Penhor de direitos*, Lisboa, 1966 年，第 3 目，e）项，第 74 页及以下。

② 但显然，基于质权的从属性，当预期（将来）债务最终确定不能被创设，或债务的存在所取决于的条件不成就时，质权即告消灭。参见 Ciccarello，前引文章，第 3 目。

根据法律的编排体系，我们首先探讨物之质权。

而根据有关问题的自然顺序，关于物之质权，法学家面对的第一个问题是，质权人的这项特别权利是如何设定的。

由于涉及的是动产，且新《民法典》继续可理解地恪守动产价值相对低于不动产的古老理念，故质权的设定并不取决于任何外在的特别方式的遵守。

因此，方式自由原则（第 219 条）适用于质权［抵押权则不同：见《民法典》第 687 条和《公证法典》第 80 条第 2 款 g）项］。[1]

相反，有一个外在的手续长期以来一直作为质权之设定的特征，那就是（质）物之交付。[2]

为强调物之交付这一要件在质权之设定中的重要性，1867 年《民法典》第 855 条自动将此要件置于质权的概念之中，规定："债务人可通过将某动产交付于债权人……来担保其债之履行，这称为质权。"同时，不满足于将物之交付有意义地包含于质权担保的概念之中，旧《民法典》还在第 858 条补充规定，通过交付质物，质权合同开始在当事人之间产生效力。

1966 年《民法典》毫不犹豫地将物之交付这一要件排除于质权的概念之外，这是因为，质权已经明确地以债权及其他权利为标的，对于该等权利而言，实质交付并不适用。

但是，新法仍然将此作为物之质权中的一项基本要件，[3] 只是对物之交付作出了适用于新的生活环境的更具灵活性的规定。

第 669 条第 1 款规定，"将质物或将处分质物所必须持有之文件，交付债权人或第三人后，质权之设定方产生效力"。[4]

---

[1] 质权是必须产生自合同（或笼统地说，产生自当事人的意思），还是尚可产生自法律？从第 666 条中便可看出端倪。第 666 条是以质权的效力而非其渊源来定义质权的。法定质权的真正例子，有适用第 692 条（因第 678 条而适用于质权）和第 685 条第 1 款最后部分所引致的质权，尽管这些情形都牵连到以法律行为创设的质权。

[2] 由于交付通常是向债权人做出的，因此除了行为的公示效果，由出质人（经常是债务人）将物移交，还会产生保障效果，这会使债权人受惠，因为这样一来他便可以留置其特别财产担保的客体。参见 Ciccarello，前引文章，第 12 目。

[3] 这是出质有效（validade）和生效（eficácia）所需符合的唯一特别（外部）手续，因为现行《民法典》第 669 条，特意不采纳 1867 年《民法典》第 858 条的第二项要求：为使出质对第三人生效，尚须将应付金额、质物的种类和性质，载于公文书或经认证的文书。

[4] 因债务人不完全信任债权人，或出于其他任何理由，而获交付物的第三人，其角色是一名真正意义上的质物受寄人。

而该条第 2 款使为此效力的交付元素变得更具弹性，补充道："如让债权人共同占有质物即导致出质人不可能实际处分质物，则质物之交付得仅透过让债权人共同占有质物而为之。"①

此外，我们可以非常容易地解释为什么法律规定向债权人或第三人交付这一特别要求，使之作为质权的基本要素。

由于质权是一种（担保）物权，具有对世性（erga omnes），首先即可对抗同一债务人的其他债权人，所以确保该行为的公开性自然是一种更为适宜的做法。基于抵押的性质及对其所涉财产适用的特别制度，抵押的公开性自然是通过登记实现的，完全无须转移对有关物之占有。

而对于被设定质权的动产，为了在最低程度上确保该担保之存在具有公开性以及保障债权人权利在实践中的稳固性，唯一的方法是向出质人施加的质物的转移占有。

如此便很容易解释为什么 1867 年《民法典》十分严格地规定这一外部要件具有根本性。

但是，从某一时期开始，人们感受并强调在某些领域中不要求质物之交付这一要件的必要性，不剥夺债务人的使用，这在某种程度上甚至也符合债权人本身的利益。

这主要表现在农业债权方面，在该领域，农夫往往需要以其农具出质，在很多时候，他们不可能交付该等农具而不损害其对债权人的承诺。

如此便出现了规则以外的各种例外情况并不断扩大，不仅表现在农业债权领域，也表现在储蓄信贷银行（Caixa Geral de Depósito）的借贷、对抵押债权的质权以及获许可的银行机构发出的信贷等方面。②

这一新的指导方向最终被加入到第 669 条第 1 款最后部分，据此，"将处分质物所必须持有之文件交付债权人或第三人"的，等同于质物之交付。③

---

① Pires de Lima 与 Antunes Varela（前揭著作及卷目，第 688 页）对此写道："第 669 条第 2 款规定，让债权人共同占有，以代替交付，是受《德国民法典》第 1206 条和《意大利民法典》第 2786 条所启发的。例如，物被放进一个有两条钥匙的保险箱里，其中一条钥匙由债权人管领，另一条则由债务人管领，而只有一并使用这两条钥匙才能打开保险箱；或者，用两个不同的挂锁锁上酒窖，挂锁的钥匙以相同的方式，分由债权人和债务人管领。除了这种直接共同占有，学者们还提到了间接共同占有的情形，像是物被出租，并因而被交付给第三人，且约定承租人只能一并向债权人和出质人交付。"

② 关于这点，首先参见 Vaz Serra 所引的特别立法［前揭著作，第 2 目，b）项］，然后再参见由 Pires de Lima 与 Antunes Varela（前揭著作，I，第 4 版，对 668 条的注释）所引的。

③ 相同的规定，见于作为先驱的《意大利民法典》第 2786 条第 1 款。

在仍然要求物之交付的情况下，根据第 669 条第 1 款的明确规定，交付既可向债权人作出，亦可向第三人作出，与 1867 年《民法典》第 855 条的文本中想强调的似乎相反，第三人并不必然以债权人的名义及为其利益（作为其代理人）进行运作。[①]

482. 质权人的权利

第 670 条中所列出的质权人的第一项权利，[②] 在两个方面有意义地反映着新民法在占有的问题上所遵循的指导方向。

一方面，该条 a）项特别授予质权人以作出维护占有之行动（第 1276 条及以下）的权利，清楚地表明法律不将质权人视为占有人（这忠实于占有的概念及相关概念：第 1251 条和第 1253 条）。

另一方面，与其他所有类似情况一样，法律仍然赋予质权人以维护其持有所必需的针对质物物主本身的法律工具。

至于请求返还所有物之诉，仅当质物的孳息根据第 672 条的规定属于质权人所有时，质权人方可使用该诉讼。

第二项权利涉及质权人所作出的改善的法律制度，这与质权人的留置权亦有紧密的联系。

对于必要改善——以及有益改善，此时即使出于恶意亦然——质权人有获得赔偿的权利。对于有益改善，仅当取回改善物不损害质物时，质权人方有权取回〔第 670 条 b）项和第 1273 条〕。如在该等条件下不能取回，质权人仅有依据不当得利的缓和规定获得赔偿的权利。

如质权债权消灭，而质权人在就所作出的改善获得赔偿以前不交付质物，以至质物物主被迫要求交付质物时，如今可适用《民事诉讼法典》第 929 条第 1 款和第 2 款的规定。

应当注意的是，根据第 666 条对质权的定义，改善物的债权并不包含在质权的担保之中。但根据第 754 条的规定，该债权完全可被包含在所作出的改善赋予质权人的留置权中。

质权人的第三项权利所涉及的情况是，质物灭失或变得不足以担保债

---

① 关于最初被选定的第三人的替换条件，参见 Vaz Serra，前揭著作，第 5 目。

② 第 670 条在质权人根本权利的扼要清单中，特意不列出优先于其余债权人以质物价值受偿的权利，是因为这种权利已包含在质权本身的定义之中，而且第 674 条及第 675 条也特别对此有所规管。

务 ［第 670 条 c）项］。

在出现此情况时，债权人有权根据抵押担保的规定，要求代替或增加质物，或者要求立即履行债务。第 670 条 c）项最后部分通过规定准用关于抵押之代替或增加的第 701 条，清晰地确立了上述解决方案。

1995—1996 年的诉讼法改革将规范旨在要求增加或代替质权之诉的规定（以及关于增加或代替抵押权或收益用途之指定的规定）搬到特别程序部分，规定在关于债之特别担保的程序一章（《民事诉讼法典》第 981 条及以下，具体在现行版本的第 991 条）。

当涉及产生孳息的质物时，与质权人之权利相对应的义务还有如谨慎所有人般促进质物正常产生孳息 ［第 671 条 a）项］。

质物之持有人（债权人或第三人）所获得的孳息将首先用于支付因质物而生之支出，然后支付到期之利息，最后是偿还所欠之本金（但有相反约定的除外）。

法律候补规定将质物的孳息用作偿还债务本金，这表明对产生孳息之物的质权原则上是一种动产典押收益权（anticrese mobiliária）。

如质物不产生孳息，则不推定当事人有意就此质权订立典押收益协议。甚至没有理由假定当事人有意许可质权人出租质物。既然质权人原则上不能在未经出质人同意的情况下使用质物，同理，质权人亦不得将质物出租，因为租赁在根本上是使用物的一种方式（因而为法律所禁止）。①

483. 质权人的义务

质权人的第一项也是主要的义务是如谨慎所有人般保存（guardar）和管理（administrar）质物。因此，质权人要对质物的存在和保管负责。

其理念与 1867 年《民法典》第 861 条第 1 款规定的义务相同，但后者规定债权人有义务视质物为己有般保管，而现行法典的表述方式则更严格地强调该责任的客观性，同时也更为准确地将先前的保管义务分解为保存（受寄人的典型义务）和管理（管理他人之物之人的义务）的双重义务。

如质权人违反其被施加的任何义务，则一旦不履行的情况发生，出质人可就此要求获得损害赔偿，而不论债权是否已到期或是否已开始质权之

---

① 法律认为质权并不涵盖孳息（第 672 条第 2 款），除非有相反约定，这是不难理解的。因此，他也没有权利为了法律所提及的那些目的而留置孳息。在此情形下，孳息须被即时返还，因为拥有质权的债权人对它们不拥有任何权利。

执行程序。

施加于质权人的第二项义务是其非经出质人同意不得使用质物，除非为保管该物而必须使用［第 671 条 b）项］。

不同于收益用途之指定原则上以附负担之财产的收益为前提，在质权中（担保以质物之价值为标的），虽然为设定该担保，通常将质物交付于质权人，但质权人原则上不得使用质物。

1867 年《民法典》第 862 条中规定的是不同的制度，只要质权人对质物的使用不导致其灭失或毁损，质权人可使用质物。即使对质物的使用可导致其灭失或毁损，债务人也不能要求禁止使用，而仅可要求提供保证、质权或将质物交付于第三人保管。

主要受到《意大利民法典》（第 2792 条）的启发，新《民法典》中转而规定原则上不可使用质物。仅当为保管质物而必须使用时才允许例外，即可使用质物。[①]

无论如何，这是一项候补性规定，只要非出于公共秩序或利益的理由，在任何方面都不应禁止当事人约定不同的条款。[②]

合乎逻辑地，对质权人施加的第三项也是最后一项义务，是在有关债务消灭时返还质物的义务。

如有关债务（主债务）消灭，但利息债务仍然存在，则质权继续存在，这有两个理由：首先，正如第 666 条所规定的，该担保包括利息；其次，诚如上文所述，质权之不可分割原则不仅适用于本金债务，亦适用于利息债务。[③]

这便是第 696 条（关于抵押权）所规定的学理，该条通过第 678 条规定的准用适用于质权。

484. 质权之执行；提前出卖

如债务到期而债务人不履行（在须催告的情况下，债务人已被催告履行），根据第 675 条的规定，债权人有权提起清偿该债务的执行，在执行时

---

① 如果债权人在违反第 671 条 b）项规定的情形下使用质物，或其行事使物有灭失或毁损的风险［这违反了该条 a）项的规定］，则出质人有权请求债权人提供适当担保，或将物交由第三人保管（第 673 条），这类似于 1867 年《民法典》第 862 条的规定。

② 相同的思考，也可以适用于在意大利备受讨论的一个问题：是否承认次出质（sub-penhor）。简而言之，是否承认拥有质权的债权人能以其拥有的质权来担保他自己的债权人。关于这个问题，参见 Ciccarello，前述文章，第 9 目。

③ 《意大利民法典》第 2794 条第 1 款，有相同的规定。

得以质物之价值优先于其他债权人而获清偿其债权。

为此，原来的诉讼法中本来有一个特别程序，其准确名称为"质物之变卖与判给"（venda e adjudicação do penhor）程序（之前版本的《民事诉讼法典》的第 1008 条及以下）。

不过，基于可使用这个灵活程序的事实（对此甚至无须拥有债务的执行名义：之前版本的《民事诉讼法典》第 1008 条第 2 款），质权人在拥有充分的名义的情况下并不受阻于诉诸执行之诉，而在不拥有名义的情况下也不受阻于诉诸（普通）给付之诉及后续的执行之诉。[①]

诉诸特别程序对债权人而言有一巨大的好处，即避免进行查封，这是因为，一旦债务人被传唤清偿债务或就有关请求进行答辩而既不清偿亦不答辩，即可命令将质物出卖（之前版本的《民事诉讼法典》第 1009 条第 1 款）。

在答辩中，质权的存在显然不妨碍被诉人提出所有可对抗债权人（起诉人）之请求的防御方法。此外，法律亦可承认出质人有权在质物被出卖前将之赎回，为此，须支付债务、（倘有的）利息以及诉讼费用。

在 1867 年《民法典》生效期间（第 864 条）已经允许通过非司法程序进行质物之出卖（虽然提供的保障少于司法程序，但使当事人免受司法变卖的拖延和费用负担），但如今要求当事人（在进行该程序前）必须就此达成协议。

忠实于传统的对没收协议的禁止（proibição do pacto comissório），法律继续不允许债权人不经对质物的估价或仅通过自己对质物的估价而取得该物。不过，遵循 1867 年《民法典》中已经确立的制度，现行法律已经允许交由法院（而非旧《民法典》第 864 条规定的评审员）进行估价而将质物判给质权人，为此须遵守经 1967 年 5 月 11 日第 47 690 号法令修改的当时生效的《民事诉讼法典》的第 1011 条的规定。

同时，现行的诉讼法（经过 1995—1996 年的改革）通过废止《民事诉讼法典》第 1008 条至第 1012 条的规定，删除了质物之变卖与判给之特别程序。

删除这一特别程序的理由被写在这次法律改革的序言之中，即终结该

[①] 这种观点，参见由 Vaz Serra 注释的 1979 年 7 月 12 日最高法院合议庭裁判，载于 *Rev. Leg. Jurisp.*，第 113 期，第 8 页。

如果债权人既有一项质权，又有一项抵押权，用以担保（同一项）债务，那么他当然完全有自由选择执行对他较有利的那项担保或选择一并执行，因为在此情形中，并不存在第 639 条为保证人而设的检索抗辩权。

程序所具有的混合性质（宣告之诉与执行之诉的混合），为此扩大了构成执行名义的私文书的核心［第 46 条 c）项的新文本］。

也就是说，质权债权的强制履行不再通过质物之变卖与判给之特别程序实现，转而通过支付一定金额的执行之诉实现。

质物的提前出卖：

很多时候会发生的情况是，质物（特别是当所涉及的是食品罐头时）有立即毁损或严重贬值（例如受证券交易所牌价约束的股票）的危险，使得质权人与出质人都出于某种理由而有利益催促着以最快的速度将质物出卖。

这些不稳定的情况与第 670 条 c）项和第 701 条（关于抵押权）所规范的情况不同，在后者中，担保的灭失或不足构成已成就的恶害。

对于有理由忧虑质物将会失去、毁损或贬值的情况，第 674 条赋予债权人和出质人通过法院预先许可提前出卖质物的权利。①

然而，由于该出卖并非由债务之不履行而引致，而是基于保全担保之价值的需要，故转让所得之价金不是自然地交付质权人以满足其债权。

该价金可能放在债权人的手上，但这并不是为了清偿债权，而是作为质权，法院在有理由的情况下甚至可命令将所收取的款项存放（第 674 条第 2 款）。在此情况下，进行存放只是因为该笔金钱在债权人手中有较大风险失去，而不会使所存放的款项失去作为其质权的性质。

由于该出卖具有纯粹的预防或保全的性质，法律（第 674 条第 3 款）规定出质人有权通过提供足以代替或加强最初设定的质权的适当的物之担保②来阻止质物之提前出卖。

485. 物之质权制度的其他方面

在物之质权制度的其他方面中，有必要强调的还有其移转、其消灭原因以及法律规定准用的抵押担保制度中的规定。

关于质权之移转，1966 年《民法典》的新颖之处表现在，无论被担保

---

① 《民事诉讼法典》第 1013 条规范了实行提前出售所需司法许可的获取，以及法院认为必需的或适当的所得价金寄存。

在 1995—1996 年的改革，删除了质权变卖与判给的特别程序之后，这种质权的提前变卖特别程序，就成为此程序的唯一一条规范，跟债之担保特别程序并列，在法典中是相当怪异的。

② 之所以说适当（因为原则上更可靠和更稳定）的物之担保，是因为质权担保已经是物之担保了。

之债权是否移转，质权均可移转。

质权人可在不丧失其作为债权人（拥有有关债权的债权人）的身份的情况下将其质权让与第三人（同一债务人的债权人）。

但是，为了维护出质人的正当利益，第676条合理地规定，有关抵押权移转的规定（第727条及以下）在经作出必要配合后适用于质权的让与。

这一适用主要会产生以下结果：

a）只有非与债务人本人不可分离之质权方可移转（第727条第1款）；

b）不论是否让与被担保之债权，质权的移转仅可向同一债务人的其他债权人作出（第727条第1款）；

c）例如，质权是由第三人设定的，则非经出质人同意不得作出独立的或单独的质权移转（第727条第1款）；

d）被让与之质权仅可在原来被担保之债权的范围内担保新债权（第728条第1款）；

e）对多于一物享有质权的，仅可将该质权作为整体移转于同一人（第727条第2款）。

关于质权之消灭，除与质权之从属性有关的各项原因以外，[①] 还有一个与其设定的特别方式尤其相关的原因。

实际上，众所周知，为了对第三人之期待作出必要的保护，根据第669条的规定，设定质权时原则上必须将质物或将处分质物所必须持有的文件交付债权人或第三人。因此，质物或有关文件的返还即引致质权的消灭，而不需要主张或证明当事人有消灭的意图。

质权消灭的其他原因规定在第677条，准用抵押权消灭的原因（规定在第730条），但第730条b）项所指的消灭原因除外。[②]

在通过类似的准用而适用的消灭的各项一般原因中，第一个原因充分

---

① 关于质权的纯粹债务担保功能所致的质权从*属性*，参见 Montel，*Pegno*（*dir. vig.*），*Nov. Dig. Ital.*，XII，第791页，以及 Rubino，*Il pehno*，载于 Scialoja 与 Branca 的 *Com.*，第188页及以下。

② 第730条b）项列作抵押权消灭原因的*时效完成*，实际上不适用于质权，是出于以下两项理由。

a）首先，毫无必要特别保护取得质物的第三人，因为质物必须由债权人或获交付的第三人持有；

b）其次，在抵押权的情形下，二十年的时效，是自取得人亦即第三人取得登记时起计的，这对不须登记的被出质动产而言，并无适用空间。

体现了质权的从属性。

质权随其所担保之债务的消灭而终止，无论该消灭是通过履行这一正常方法，还是通过第 837 条及续后条文所规定的任何其他不正常的方法，抑或通过使有关债务被破坏的其他方式（如撤销、解除、废止或单方终止导致有关债务产生的合同或者宣告其无效）。

质物的灭失［第 730 条 c）项］原则上也会导致质权的消灭，但不影响有关物的代位（规定在第 692 条中）以及担保之代替或增加的规定（规定在第 701 条中）[1]。

同样，抛弃也是质权的一种独立的消灭原因。[2]

抛弃作为单方法律行为，不同于免除（第 863 条第 1 款），抛弃不需要债务人的接受，也不需要出质人的接受。

第 678 条规定准用于质权制度的有第 692 条，第 694 条至第 699 条，第 701 条及第 702 条的规定。除了上文已经分析的规定，下文介绍抵押权时将会对这些规定进行详细研究。

第二分节　权利质权

486. 候补制度；质权之标的

简单阅读第 679 条即可发现，前一分节中分析的物之质权的制度补充适用于权利质权。[3]

但需注意的是，本分节中对权利质权专门作出的规定并不直接涵盖债权证券，新《民法典》有意将后者交由商法规范。

另外，同样值得强调的是，仅在权利之标的为动产且权利为可移转时，方可就该权利设定质权（第 680 条）。

---

① 正是因为质物的灭失不总是引致质权消灭，此事才值得被视为独立的消灭原因，这跟 Montel 的想法相反（前引文章，第 796 页）。较佳的那种取态，参见 Ciccarello，前引文章，第 21 目。

② 显然，这里说的是放弃质权，而不是基于合同免除的那项被担保的债权。
　债权的免除，固然使质权消灭，但这是因为债权的免除引致那项被担保的债权消灭，因此，它属于第一种担保终止一般原因（基于其从属性而终止）。

③ 权利质权的结构与法律性质，在意大利学说中被热烈讨论，参见 Gorla，前揭著作，第 122 页及以下。

例如，地上权、分层建筑物所有人的权利、不动产的用益权均可成为抵押之标的（第688条），但根据第680条所划定的限制，它们不可以作为质权之标的。

但是，必须将权利之标的与权利之担保的标的区分开来。事实上，一项以动产（一件珠宝、一本珍藏书籍、一套珍贵的邮票）为标的的债权无妨由在特定不动产上设定的抵押权所担保。

这便解释了为何《公证法典》和《物业登记法典》均明确提及对抵押债权的质权，前者要求其设定行为须采用公证书的方式（考虑的是其担保之标的的性质），后者则要求将有关行为登记，否则不对第三人产生效力，这同样是出于对担保之标的（而非债权之标的）的特别考虑。

根据第680条规定的限制，不得成为质权之标的的权利还包括要求作出事实（无论是积极事实还是消极事实）的权利，获得以不动产作为组成部分的继承份额的权利，等等。[①]

关于权利质权的方式和公开性，有两个重要规则具有支配力。

第一个规则是，权利质权之设定，按移转出质之权利所要求的方式和公开性为之，这个制度很容易理解，因为质权总是意味着对质权之标的的虚拟（潜在的、可能的）转让。

第二个规则是，债权质权（这是实践中最普遍的情况）的设定仅自债务人获通知或接受该设定时方产生的效力，正如下文将会阐述的，债务人是权利质权现象中的核心人物或至少为核心人物之一。

在此情况下，法律为权利质权所规定的解决方案明显偏离于为债权让与（生前移转）所设定的制度。

在让与的情况下，该法律行为立即在当事人（让与人与受让人）之间以及对第三人产生效力，只有对债务人的效力取决于向其作出的通知或其对该行为的知悉。

在债权质权中，由于欠缺公开的基本手段（在物之质权中，这表现为将有关之物交付债权人或第三人），人们认为，原则上，只有通过对债务人作出通知，债务人才被提醒而知悉质权的存在，该行为对第三人才具公开性。[②]

但是，对于债权质权的一般效力取决于债务人获通知或接受这一原则，

---

① 关于著作财产权的*出质*，参见3月14日第63/85号法令第50条。关于工业专利的出质，则参见1929年6月29日命令第69条。

② 参见 Vaz Serra，前引文章，第447页及以下。

法律规定了两个例外。

第一个例外涉及须作登记的质权的情况。由于在该等情况下质权的公开性元素表现在登记，法律规定该质权的设定自登记时起产生效力（第681条第2款）。

在须作登记的质权中，包括对抵押债权的质权，以及对以不动产收益用途之指定所担保之债权的质权［《物业登记法典》第2条第1款o）项］。

第二个例外规定在第681条第3款中，该款以第583条第2款的规定为基础，后者直接涉及债权之让与，但实际第681条（第3款）将之延伸适用于以债权为标的的质权。

如果债务人在获通知或作出接受前向设定质权之人作出清偿，或与之订立与出质之债权有关的任何法律行为，如果质权人主张并证明债务人已知悉质权的存在，则前述清偿或法律行为不可对抗质权人。

这标志着，债务人对质权存在的实际知悉可以弥补通知和接受的欠缺。

487. 出质债权之收取

根据质权人须谨慎如所有人般管理质物的规则［第671条a）项］，同样，对于债权质权，法律（第683条）亦规定"质权人有义务作出必要之行为，以保存出质权利，亦有义务收取担保范围内之利息及其他从属给付"，同时规定（第685条），"出质之债权在可请求时，质权人即应收取之"。

这并不难理解。

虽然严格来说，我们不可断言债权人（一般意义上的债权人）有义务在其债权可请求时立即收取之，因为他有承受他所理解的风险的自由，但我们不难断言，正如法律所规定的（第685条第1款），质权人在出质之债权可请求时有义务立即收取之，因为他无权令出质人承受迟延催告债务人所引致的严重风险（应给付之物灭失、债权时效届满、债务人嗣后无偿还能力等）。

收取出质之质权后，被担保的债权并不必然立即获满足，其中一个原因是该债权可能尚未到期。随着出质之债权被收取，构成的是另一个法律现象。根据第685条第1款的规定，该质权转为以满足该债权之给付物为标的。

在此之前以无体物、观念的物、主观权利为标的的质权，转为以有体物、动产为标的，大多数情况下表现为作为债务人给付之标的的金钱（*res succedit in locum nominis*）。

这一由出质之债权的收取而导致的物之代物，是该情况下自然的解决方案，且不会对任一方造成损害。[①] 假如收取债权的是出质人，他自然会将所受领的给付交付于质权人以替代债权，后者随着该支付而消灭。而质权人并不会因该交换而遭受损失：原来担保其权利的债权消灭，取而代之的是具有相同功能的债务人须为之给付的标的，后者与消灭的权利具有完全相同的价值。

第 685 条第 2 款规定了实践中最常见的情况，用以满足出质之债权的给付表现为金钱或其他可代替物。

此类性质之物很容易在质权人的手上消失，交付此类物会给债权出质人带来其所不欲承受的严重风险。

因此，法律要求债务人之给付须向有关之两名债权人共同作出；如他们之间就应由谁留置该给付的问题无协议，则债务人须进行提存。[②]

第 685 条第 3 款规定了同一债权为多项质权之标的的情况。由于质权是一种典型的担保物权，是使权利人对其他所有债权人享有优先权的渊源，故只有权利优先于其他债权人的债权人才获承认有正当性收取出质之债权并进而享有其后对应的物之代位。但是，如果该质权无须登记，则必须根据第 681 条第 2 款中规定的一般标准来确定各质权人之间的优先顺序。

因此，优先于其他债权人的债权人乃是其质权（对出质之债权的质权）最先通知债务人或最先为其所接受的人，即使在设定时间上不是最先的亦然。

如果是须登记的（以债权为标的之）质权，优先顺序自然根据登记的日期确定。

对于（就同一债权的）非优先的质权人，法律（第 685 条第 3 款最后部分）规定他们可要求债务人向优先债权人作出给付。这显然不是为了使他们陷入强制的利他主义的麻烦之中，而是为了使他们在优先的一项或多项债权获得满足后还能够根据不同质权人对同一债权的优先顺序分得该担保的一些余额。

作为赋予质权人以收取出质之债权的权利的必然后果，第 685 条第 4 款规定，拥有出质之权利之人，仅在质权人同意下方得受领有关给付。

① Vaz Serra（前揭著作，第 480 页及以下）从比较法的角度，详尽地指出和评价了这种情况可能的解决方案。
② 参见 Vaz Serra，前揭著作，第 483 页及以下。

然而，在此情况下，由于质权人自愿放弃对担保标的的管领，故该担保失去了确保其效力的主要工具。

正因如此，此情况下符合逻辑的做法是规定质权即告消灭（第 685 条第 4 款最后部分）。

第六节　抵押权[*]

第一分节　一般规定

488.　抵押权的概念和价值

抵押权是一种特别担保，债权人有抵押权时，有权从属于债务人或第三人之特定不动产或等同物之价额中优先于其他债权人而受偿（第 686 条第 1 款）。

使抵押权区别于前文分析过的另外两种物之担保（质权与收益用途之指定）的特征，仍然是其标的的性质：不动产或等同物。

而抵押权所涉之财产的性质（不动产），不仅解释了为什么抵押权在与债权有关的全部操作中具有极其重要的实践意义，而且也证明了抵押权的效力取决于登记，即使对当事人亦然（第 687 条），这一独特的解决方案是正当的。

尽管抵押权与其他担保（无论人之担保还是物之担保）一样，是一项从属权利，因所担保履行之债的存在方存在，[①] 但抵押权所担保之债务可为

---

[*]　Vaz Serra, *Hipoteca*, sep. do *Bol. Min. Just.* , 62 e 63；Planiol, Ripert e Becqué, *Sûretés réelles*, 第 1433 目及以下；Maiorca, *Ipoteca* (*dir. civ.*)，载于 *Nov. Dig. Ital.*；Degni, *Delle ipoteche*, 载于 *Com. de D'Amelio e Finzi*；Gorla, *Del pegno. Delle ipoteche*，载于 Com. de Scialloja e Branca；Rubino, *L'ipoteca immobiliare e mobiliare*，载于 Trattato de Cicu e Messineo；Fragali, *Ipoteca* (*dir. priv.*)，载于 *Enc. del dir.*

[①]　葡萄牙法继续将抵押权视为债权的一种从属权利，而没有接受德国法中所采纳的混合概念：德国法在某些情况下承认抵押权是从变卖不动产所得价金中收取特定金额的权利，可能与抵押物的物主发生竞争。

在德国法中，发生的这种所有人的抵押权（否定了拉丁国家赋予担保的附属属性）的情况，例如：抵押权本来旨在担保的未来债务或附条件债务不存在，或者被担保的债权消灭或债权人放弃担保（参见《德国民法典》第 1163 条和第 1168 条）。

将来或附条件之债务（第 686 条第 2 款）。甚至可以说，原则上所谓法定抵押权所旨在担保的正是将来之债。

在有关债务存在之前即设定抵押权（如公共基金的管理人、负责对无行为能力人之财产进行监护或保佐之人、负责提供扶养之人等情况）对债权人而言具有巨大的实际利益。这是因为，当管理人、监护人、保佐人、有提供扶养义务之人有作出损害赔偿之义务时，如有关抵押权是在该义务出现之前即依法设定的，则抵押权人就抵押物所享有的优先于其他债权人的地位始于就该抵押权进行登录（登记）之日，而非实际设定该抵押权之日。

此外，与质权的情况类似（第 676 条），抵押权的从属性也不妨碍其可被移转以抵补同一债务人的另一债权，或被移转于对相同财产享有抵押担保的其他债权人（第 727 条至第 729 条）。

第 686 条明确规定，抵押权虽然通常是在债务人之财产上设定的，但也可在第三人之财产上设定。这是关于履行的规则在逻辑上的必然推论。

既然当债务为债务人所负时，任何对债之履行有利害关系或无利害关系的第三人原则上均可作出债务人须为之给付（第 767 条第 1 款），则基于更有力的理由，第三人得以其不动产担保他人之债的履行。

没有关于出卖抵押物以及相应的向抵押权人作支付的特别程序。但有两个与抵押债权之执行的独特方式有关的特别规定。

关于当事人的正当性，《民事诉讼法典》第 56 条第 2 款的现行版本规定，"对于以第三人财产作为物之担保之债务，如请求执行之人欲实现该担保，须就该债务直接针对该第三人进行执行"。

也就是说，如果被抵押之财产正由第三人占有（这可能因为其为设定抵押之人，也可能因为其为从第三人或债务人之手取得抵押物之人），则虽然其非为请求执行之人的债务人，但有正当性（消极的）在抵押的执行程序中作为被执行人。如被抵押之财产不足以完全满足待清偿之债权，则请求执行之人得在同一程序中声请针对债务人继续执行程序，为此，须在提起有关之诉时立即传唤债务人。债务人未被自始传唤的，其执行程序可根据第 56 条第 3 款的规定针对债务人继续进行。

另一方面，该法典第 835 条还作出了一项关于执行的规定：如属设有物之担保之债务，而该担保以属于债务人之财产作出者，则无须指定，先行查封用作担保之财产，仅在认定该等财产不足以达至执行之目的时，方可查封其他财产。

不过，不动产特别优先受偿权优先于抵押，即使前者设定在后亦然（《民法典》第751条）。

出于相同的原因，涉及不动产之留置权亦具有同样的优先性（第759条第2款）。

489. 标的

在第686条中提到抵押权涉及不动产或等同物之后，法律（第688条）具体规定了哪些财产可以被抵押。

第一类被指出可作为抵押担保之可能标的的财产是农用房地产（经定界之土地及在该土地上无独立经济价值之建筑物：第204条第2款）和都市房地产（土地上规定之任何楼宇连同附属楼宇之土地：第204条第2款）。

无论农用房地产还是都市房地产（主要是农用房地产），其全部或仅其部分均可被抵押（根据第1344条的规定，在垂直方向上有一些限制）。而第688条第2款甚至允许将抵押权设定于房地产中可构成独立所有权而不丧失其不动产性质的各部分之上。

因此，抵押权可以设定于房地产的一个理想份额上，因为我们的法律中并无任何规定阻止单独所有人通过将其房地产的一个理想部分转让而在该房地产上设定共有。[①] 同样，如果在某不动产上设定一项用益权，则不行使用益权的所有人亦可将其权利抵押。此外，当有关不动产设定地上权时，无论对于土地之所有人还是地上权人，亦可通过比照适用而得出上述结论（参见第1540条和第1541条）。

但是，不可以单独地在不动产的非本质构成部分（窗、门、避雷针等等）设定抵押权，因为这些物一旦与不动产实质分离即成为动产，失去了其本来因与不动产有永久联系而作为不动产的性质。

第688条第1款b）项提到在直接支配权（出租人的）和使用支配权（属永佃权人）上设定的抵押，随着立法废除了农用房地产（见三月十六日第195 - A/76号法令）和都市房地产上的（见四月二日第233/77号法令）永佃权制度，如今该规定的适用已受到影响。随着经济社会的发展，永佃权制度会逐渐地、缓慢地消灭，但商业广场[*]采取了十分革命的态度，直接

---

① Vaz Serra，前揭著作，第19目。

* 译者注：指政府。

宣判了该制度的死刑。

法律还明确允许在地上权（无论哪一类型的地上权）之上设定抵押〔第 688 条第 1 款 c) 项〕，因此，必须要注意被抵押之地上权消灭时依据法律规定（第 1539 条第 2 款和第 1541 条）对尚未执行之担保所可能产生的影响。①

同样，在因批给公产而生之权利上设定抵押时，自然必须考虑在何等条件下该权利可被移转。

用益权亦具有可抵押性（忽略笔者创造的新词），对此唯须强调的是，只有用益权人有条件将已设定的用益权抵押。因此，完全所有人不得将已设定的用益权抵押，因为正如 Vaz Serra 所正确指出的，② 在此情况下欠缺以用益权人之寿命界定的用益权之存续期这一参考点（第 1443 条）。

最后，可作为抵押之标的的还有为抵押效力而被法律视为等同于不动产的动产〔第 688 条第 1 款 f) 项〕。

事实上，要说明这一解决方案是合理的，仅基于对某些动产的登记制度等同于不动产的登记制度这一事实还不够。

事实上，第 205 条第 2 款规定，"动产制度适用于须作公共登记之动产，但涉及受特别规范之事宜除外"。

但是，在抵押权之设定方面，一些特别立法将须登记之动产等同于不动产（关于船舶，《商法典》第 584 条及以下；关于汽车，1967 年 9 月 22 日第 47 952 号法令；关于航空器，1931 年 7 月 30 日第 20 062 号命令）。

无须交付质物之质权的情况则不同，法律并不将该等情况等同于抵押担保。③

490. 所适用的一般原则

在适用于抵押权的各项一般原则中，因其理论价值和实践意义而须强调的是禁止作出不容许之约定的原则（第 694 条）和抵押权之不可分割原则（第 696 条）。

---

① Pires de Lima e Antunes Varela, *Código Civil anot.*，Ⅰ，第四版（由 H. Mesquita 协助完成），第 709 页。

② Vaz Serra，前揭著作，第 19 目。

③ 关于是否能在定期居住（time sharing）物权上设定抵押权的问题，参见 Almeida Costa，载于 *Rev. Leg. Jurisp.*，127，第 9 页。

与收益用途之指定（第 665 条）与质权（第 678 条）的情况类似，出于本质上相同的原因，法律不允许债权人和债务人约定在后者不履行时前者可将抵押物据为己有。

鉴于债务人在设定债务和提供担保之日通常处于困厄的经济状况，债权人很容易勒索取得上述条款而债务人很容易接受这样的条款。

假如承认该条款的有效性，则完全不能保证该条款不会带来严重的不公平和导致债权人的应受谴责的勒索。

因此，"不容许之约定"——人们对此类约定的称呼——不仅在葡萄牙法中受到禁止，在大多数国外立法中亦被禁止。

禁止此类约定的依据，不仅与惩罚暴利的规定（第 1146 条）的理由相同，而且与一般性地否定暴利行为（第 282 条）背后的思想相同。

曾经有人问过，该禁止仅及于有关债务到期之前的条款，还是同样亦及于债务到期以后的约定？

为尊重立法者的原意和保障法律所欲保护的决策自由，解释者不能不将该禁止的适用范围扩大到包括债务到期以后约定的此类条款，这是因为，债务人在该等情况下面临债权人诉诸司法途径执行其债务的威胁，此类条款亦使债权人勒索取得债务人的同意而作出损害后者的行为。

债权人可能仅给予债务人其所要求的延期，为此在债务到期以后加入了不容许之约定。只是这一可能性已违背法律的精神。

第 696 条中规定的抵押权之不可分割原则并非法律的强制性规定，当事人可通过作出相反约定来排除该担保之不可分割性。

抵押权之不可分割原则体现在两个方面。

一方面，如果抵押权之标的为两项或更多项同类的房地产，则抵押权完整地及于其中每一房地产，而非部分地、分别地、按比例地及于每一房地产的价值。例如，如以两项房地产担保一项 5 万康托的债权，每一房地产的价值均约为 5 万康托，则债权人得以其中任一不动产完整地执行其担保。

在被抵押之房地产被分割为两个或更多房地产的情况下，亦适用相同的制度。所担保之债务之负担完整地及于被分割之房地产的每一部分。

另一方面，如被担保之债权被分割，例如将之部分让与一名或多名受让人，则任一债权人均有以附负担的一项或多项不动产完整地执行其债权的权力。

对该原则——尤其是其第一方面——的适用可以作出一些保留。由于抵押权人被允许以有关抵押所涉不动产中的任何一项完整地执行其债权，其手上便掌握了任意损害某项附负担的不动产的次级抵押权人的力量。

尽管有此真实的、不可争辩的可能性，但人们一直认为，法律的这一候补性指引应当保留，它的一个好处是使抵押权人免于遭受某一抵押物或后来被分割的房地产的某一部分灭失或贬值的风险。

此外，不能忘记的一种可能性是，次级抵押权人可能通过偿还初级抵押权人的债权而代位取得后者的法律地位。

第二分节　抵押之种类

491. 抵押之种类：法定抵押权、司法裁判抵押权与意定抵押权

新《民法典》（第703条）根据抵押权的渊源将之分成三类：法定抵押权、司法裁判抵押权和意定抵押权。

1867年《民法典》（第904条）则仅提到了其中的两类：法定抵押权和意定抵押权。

1966年《民法典》迎合其所采纳的对法律关系进行分类和体系化的标准，毫不犹豫地将司法裁判抵押权引入民法领域，此类抵押权是由1961年《民事诉讼法典》引入法典之中的（第676条）。

关于法定抵押权，第704条规定，"法定抵押权直接由法律产生，而不取决于当事人之意思，只要存在被法定抵押权所担保之债务即可成立"。

仔细阅读这一条文即可发现，设定法定抵押权的可能性（possibilidade）直接由法律产生，而不取决于当事人的意思。但该条文同时也表明，（法定）抵押权的设定（constituição）产生自创立有关规范（"法定抵押权……即可成立"）之后的一个行为，而根据第687条的规定，该行为不外乎对抵押权的登记（registo）。

有一个特点值得强调。

在司法裁判抵押权和意定抵押权中，抵押权要么产生自判决，要么产生自合同或单方意思表示，它们是抵押权的设定凭证，无论对第三人还是对当事人本身，登记不过是抵押权产生效力的一个要件（第687条）。

在法定抵押权中，登记行为构成该担保的命脉，因为在登记以前，该抵押权在法律上并不存在；登记中应列明附负担的财产，确定被担保之债

权的识别资料，尤其是其金额。

第705条在选择令哪些债权人具法定抵押权时，显然是以确保某些债权之履行这一特别需要为基础的，考虑了债权人的身份（国家及其他公法人）、债权人相对于债务人的地位［第705条c）项］或债务的性质。

根据第710条的规定，司法裁判抵押权[①]产生自命令债务人以金钱或其他可代替物作出的一项给付判决。

第710条在界定该给付判决在抵押权之设定中的作用时规定，它"足以作为……登记之凭证"，这种界定方式清楚地表明，基于该判决及其证明，原告必须通过向登记官申请的登记，促成抵押权的设定。显然此时亦必须列明以债务人（被判给付者）的哪些财产设定抵押权，并依法列明该等财产的识别资料。[②]

法律规定司法裁判抵押权可设定于"债务人的任何财产"上，但这绝不意味着申请人被允许在总价值明显超过作为判决标的之债权的金额的财产上。

如申请人在列明以债务人的哪些财产设定抵押时无视上述基于常识的基本规则，则由于超出的部分可能严重损害债务人以及被判给付者之其他债权人的利益，法律承认任何利害关系人均有申请将抵押权缩减至合适限度的权能（第720条）。

虽然司法裁判抵押权与其他两类抵押权被无差别地规定在一起，但事实上，此类抵押权并不具有与法定抵押权和意定抵押权相同的力量。

如发生作出破产宣告的情况（参见《企业恢复与破产特别程序法典》第200条第3款），在订定同样以破产财产清偿的各项债权之间的受偿顺位时，与查封一样，司法裁判抵押权亦不被考虑。

在第703条区分的三类抵押权中，最后一类是意定抵押权，这也是交易实践中最重要的一类。顾名思义，意定抵押权是产生自当事人之某一意思

---

① 关于司法裁判抵押权在1932年5月26日第21287号法令颁布以后，至1939年《民事诉讼法典》将之移植之前的发展，参见 Alberto dos Reis, *Código de Processo Civil anotado*，第五卷，第200页及以下。

② 在司法实践中一直有疑问的一个问题是：对于债务人先前已经转让但是继续登记在作为转让人之债务人名下的财产，就该等财产的司法裁判抵押权进行了登记的债权人是否为相对于取得人的第三人。肯定的见解，参见 Vaz Serra 对最高法院1980年4月17日合议庭裁判的注释，载于 *Rev. Leg. Jurisp.*，114，347页，以及 A. Varela 和 H. Mesquita 对1992年6月3日合议庭裁判的注释，载于前引 *Rev.*，126，第374页及以下。

行为的抵押权。

第712条还更加精确地规定，意定抵押权是因合同或单方意思表示而产生的抵押权。1867年《民法典》第910条和第936条已经规定，意定抵押权产生自合同或遗嘱处分。将这两种提法对比后可得出结论，1966年《民法典》有意扩大单方法律行为范畴的抵押权之渊源，使之不再局限于遗嘱处分。

通过这一新的表述方法，法律实际上承认了财产之所有人可仅仅通过生前单方意思表示为债权人之利益设定抵押权，这与意大利法（《民法典》第2821条）和西班牙法（《抵押法》第138条）的规定类似。

这构成了对第457条规定的一种例外情况（有约束力的单方意思表示），它有两个理由：其一，因为该行为给债权人、其相对人及受益人带来的只有利益；其二，因为债权人与所有人之（单方）行为所带来之利益之间的一致性，通常表现在登记申请上，[①] 如不进行登记，则该行为不产生效力，即使在当事人之间亦然。

曾经有人反对以遗嘱处分的方式设定抵押权，理由是该行为具有所谓不道德性，通过该行为，遗嘱人在无任何正当理由的情况下令其债权人中的一位受益而损害了其余债权人的利益。

但事实上，该行为并没有什么不道德的。既然遗嘱人本来可以将对抵押物的所有权遗赠予债权人，凭什么因为在该物上设定一项有利于该债权人的单纯的担保物权而受到苛责呢？通过遗嘱处分设定抵押权的方式可能给其中一位债权人带来不正当的利益而损害了其他债权人的利益，难道在通过合同或约定设定的抵押权中就不同样存在了吗？[②]

第三分节　抵押担保之缩减、消除和移转

492. 抵押担保之缩减、消除和移转

在抵押担保关系的各种特殊变体中，基于其所具有的特别意义，有必

---

① 这正是意大利法学界在论证其解决方案时所援引的主要理由之一。"关于《意大利民法典》确定的文本的报告中提到，一旦债务人或者某位第三人通过文书表达了设置抵押权的意愿，对该提议的接受就是默示的，表现为向抵押权登记官出示登记的注记。"（转引自 Vaz Serra，前揭著作，第27目，第326页）

② 相同的观点参见 Vaz Serra 的论述（前揭著作，第27目，第327页及以下）。

要介绍抵押担保之缩减、消除和移转。

A）抵押担保之缩减

抵押担保作为从属关系，其基本目的在于担保某项债权的履行，因而完全可以理解的是，无论债务人，还是其余的债权人（抵押权人以外的债权人），在某些情况下可能希望将抵押担保缩减，这可能是因为抵押财产的价值增加，也可能是因为债务的价值减少，还可能是因为抵押权超过了所规定的金额。

1867 年《民法典》已经在其第 909 条和第 936 条中规定了抵押担保之缩减，但仅提及司法裁判的缩减，尽管该部分条文中的第一条即规定了法定抵押权且第二条规定了意定抵押权。司法裁判的抵押是由债务人申请的，不取决于债权人的意思，法律仅规范此类缩减并不意味着当时的立法从原则上反对意定的、合意的或经各利害关系人达成协议的缩减。

不过，现行《民法典》（第 718 条）明确规定了意定之缩减和司法裁判之缩减，如此不仅涵盖了法定抵押权和司法裁判抵押权，也涵盖了意定抵押权。在意定之缩减的情况下，最基本的要素是债权人须具备作出处分所需的能力，因此不难理解法律规定将为放弃担保而设立的制度适用于抵押担保之意定缩减［参见第 719 条、第 730 条 d）项和第 731 条］。

这就是说，与抵押权之放弃一样，抵押担保之意定缩减亦应明确作出，须以设定抵押权所要求的方式为之，无须经债务人或抵押人的接受即产生效力。

债权人必须具有处分能力，即使所作缩减不低于作为抵押权之标的的房地产的价值亦然。这是因为，缩减意味着所提供之担保的减少，因此，构成对债权之权利的处分。

但是，如涉及的是意定抵押权，或者已明确指出附负担之财产或所担保之金额的法定抵押权或司法裁判抵押权，不难理解法律对司法裁判之缩减的可能性提出了更高要求。

在该等情况下，（司法裁判之）缩减仅在以下两类情形之下被允许：

a）由于部分履行债务或其他消灭原因，所担保之债权减至少于原来金额之三分之二。如债务的减少没有这么严重，则处于容忍范围之内，抵押权不变［第 720 条第 2 款 a）项］；

b）因自然添附物或改善物，抵押物或被抵押之权利所具之价值较抵押权设定日之价值增加逾三分之一［第 720 条第 2 款 b）项］。

根据该等情况下（意定抵押权，以及已指出抵押财产或所担保之金额的法定抵押权或司法裁判抵押权）法律所规定的司法裁判之缩减的要件，作为申请人的利害关系人必须首先在其申请缩减的请求书中指出债权减少的金额或者附负担之财产增值的金额。

B）抵押权之消除

抵押权之消除是取得附负担之不动产之人除去（消除）抵押权以使该不动产无负担地交予自己的权能。

这里所涉及的不是清除（limpar）或消除（expurgar）抵押权，而是清除该等不动产上的肮脏（承重或负担），即抵押的执行。

显然，仅当赋予新所有人的这一权能不会导致抵押权人须作出额外的牺牲时，该权能的赋予才是可以理解的。[①]

于是法律规定这一保留得以下列任一方式满足：

a）取得有关财产之人向抵押权人支付以其取得之抵押财产所担保之全部债务；

b）表示愿意在其用以取得有关财产之金额限度内，向债权人支付债权之金额（当以有偿方式取得有关财产时）；如以无偿方式取得财产或未对财产定价（尽管此时的取得具有有偿性）时，则以其对有关财产之估价为上述之金额限度。

在前一种情况下，由于债权人并未遭受损失，唯一可能的损失是丧失对其有利的期限利益，故即使各利害关系人没有达成协议以非司法途径进行消除，该消除在程序上的操作也是非常简单的（《民事诉讼法典》第998条至第1000条）。[②]

清偿以抵押担保之债务以及存放未收取之金额后，有关财产之抵押权即消除，并命令注销以被传唤之债权人作为获抵押担保之人而登记之抵押（《民事诉讼法典》第1000条）。

比较困难和复杂的自然是后一种情况，这是因为取得时的价金可能低

[①] 显然，有一种牺牲是法律很难强加于抵押权人的：抵押权人或者接受尚未到期的债权的偿还，或者当其倾向于更晚才获偿还时，订定一个对其有利的期限。
唯有如此才可以理解为什么法律不将抵押权消除的好处赋予对被担保的债务本身负有履行之责的不动产的新主人，这与新物主作为债务人的保证人或继承人等情况下的处理不同。

[②] 如果抵押物的取得发生在执行程序中，则抵押权的消除按第864条及以下的规定为之；如果发生在特别程序中（第463条第2款），则适用经必要调整的上述规范（参见 Abílio Neto，前揭著作及版次，对旧的第1001条的注释，第1034页）。

于被担保之财产的真实价值（亦低于假如进行抵押执行，则将该财产转让极可能获得的价金），也可能因为该价金亦低于新所有权人对其的估价。

在此情况下，自然必须赋予有抵押权的债权人以对取得时的价金或声请消除之人声明的价额提出争执的机会（《民事诉讼法典》第 1002 条），只要该人所声明的价额低于已登记且具抵押担保之债权之金额（显然要在本金债务之上加上该抵押担保所包括的利息：第 693 条第 2 款）及低于优先受偿之债权之金额（《民事诉讼法典》第 1003 条）。

如有人提出争执，则必须对该等财产进行公共拍卖，以高于声请人所声明之价额之最高价额进行竞买，且完全不妨碍该声请人参加竞买，并交出其在竞买中提供的所有价值来对债权人作出清偿。

如无任何标书所提出之价额高于声请人声明之价额，则以声明之价额为准，并产生所有可产生的效果（第 1003 条第 3 款）。

因此，申请消除抵押权的新所有人可能面临法院宣告对其所取得之财产进行司法变卖的风险以及因进行公开拍卖竞买而使有关财产脱离其手的危险，[1] 在申请消除抵押权和指出其欲存放以清偿债权人的金额之前必然会三思而后行。[2]

C）抵押权之移转

抵押权是所担保之债权的从属性权利，原则上随其所担保之债权而移转。

有抵押担保的债权的移转，无论是生前移转还是死因移转，通常都涉及抵押权的拥有权，这是作为债权人之人发生变更的效力。

但是，《民法典》中所规定的抵押权之移转（第 727 条及以下）所指的并非债权移转所导致的抵押权移转，法律所指的是抵押担保的独立移转。[3]

---

[1] 但是要注意第 724 条的规定，根据该条，在执行或消除抵押权的情况下，抵押物之取得人在取得该物之前对该物已经拥有的任何物权重新出现。参见 Pires de Lima e Antunes Varela, Código Civil anot.，Ⅰ，第四版，对第 724 条的注释。

[2] 1986 年 11 月 11 日第 379/86 号法令维持了 1980 年 7 月 18 日第 236/80 号法令中已经体现的创新，新的第 830 条规定，如需特定执行之预约系涉及订立移转或设定房地产或其独立单位上物权之有偿合同，而在有关房地产或其独立单位上设有抵押权者，则为消除抵押权，预约中之取得人得声请在有关判决中，亦判违反预约之人向其交付必要的款项，以消除可能存在于不动产之上的抵押权。

由于缺乏适当的规范，行使上述权能时可能遇到一些困难，关于此，参见 Antunes Varela, Sobre o contrato-promessa，Coimbra，1988，第 42 目，第 168 页及以下。

[3] 参见 Rev. Leg. Jur.，第 65 号，第 343 页及以下，以及第 66 号，第 248 页及以下。

法律中所规定和规范的抵押权的（独立）移转有两种方式：其一，有抵押权之债权人将其抵押权移转于同一债务人的一般债权人，此时涉及整项抵押权；其二更为复杂，由有抵押权之债权人移转于另一有抵押权之债权人，这在根本上只是抵押权顺位之让与。

第一种方式在罗马法中已被承认，但已被一些国家的立法所放弃，① 此方式导致次抵押（sub-hipoteca），有人也将此称为抵押的抵押，与此相对，尤其有必要关心的是作出抵押之人（即设定抵押之人）的利益。法律想通过两个合适的条文达到的目的是：一方面，将受让之抵押权的价值限制在原担保债权的价值范围内（第 728 条第 1 款）；另一方面，当抵押由第三人设定时，要求获得作出抵押之人的同意（第 727 条第 1 款）。

法律为抵押权之移转规定了两个要件。

首先，要求有关抵押权须为非与债务人本人不可分离之抵押权。如抵押权之标的为监护人、保佐人、法定管理人或有扶养给付义务之人的财产［第 705 条 c）项和 e）项］，则该抵押权不得被移转于同一债务人的另一债权人，因为该等抵押权与义务人的身份或所处的地位存在固有的联系。在该等情况下，有关抵押权有一种不可替代性，因为该抵押权的产生是为保障特定的债权，因而不能被移转以担保另一债权，否则会损害该债权约束所欲实现的根本的目的论上的联系。

第二，受让人必须是同一债务人的另一债权人。

对于允许将抵押权移转于另一债务人的债权人，则可能对当事人之间的关系带来的扰乱，在该操作所可能满足的实际需要中找不到任何补偿。

显然，为了不对其他债权人（不论是一般债权人或无担保之债权人，还是有抵押担保的债权人）造成不正当的损害，只能在原担保债权之范围内将抵押权让与受让人（第 728 条第 1 款）。

---

① 事实上，为了证明这一立场是正当的，有人认为，有抵押权的债权人如果想利用他所拥有的担保作为谈判的工具，可以诉诸*有抵押担保的债权的质权*（penhor do crédito hipotecário）。但是，债权人可能不想牺牲其债权，而是倾向于确定性地放弃其担保，以免陷入确定性地丧失其（已出质之）债权的风险。这正是人们所努力回应的需求（当然，这并不排斥*有抵押担保的债权的质权*机制），以更好地服务于实践中的各种利益。参见 Vaz Serra，前揭著作，第 65 页。关于这一问题在意大利法中的情况，参见 M. Fragali, *Ipoteca*（*dir. priv.*），n. 54，载于 *Enc. del dir.* 及 Gorla, *Del pegno. Delle ipoteche*，载于 Com. de Scialloja e Branca，第 3 版，1968 年，对第 2843 条的注释，第 4 目；该问题在西班牙民法中的情况，参见 Diez-Picazo e Gullón, *Sistema de derecho civil*，Ⅲ，第 2 版，1981 年，该类学者认为，"抵押权的移转仅在与债权的移转同时进行时方为可能"。

假设甲作为债务人，有三名债权人：乙是有抵押担保的债权人，其债权金额为 5000 康托；丙和丁是一般债权人，他们的债权金额分别是 10000 康托和 20000 康托。如果在某一时刻，甲想将其抵押权让与丁，且想使该让与惠及受让人的整项债权，则丙显然将受到严重的、不公正的损害。而如果所涉及的是同一债务人的次级的有抵押担保的债权人，则亦可得出相同的结论。

第 728 条第 1 款想要彻底避免的正是上述不公正的损害。

根据第 727 条第 1 款的规定，抵押权之让与须遵守债权让与制度的规定（第 577 条及以下）。而且，从第 588 条的规定中亦可得出相同的解决方案。

正如抵押权须登记一样，抵押权之让与亦须登记［《物业登记法典》第 2 条第 1 款 h）项］。

但二者之间有一差别，而且是不容小觑的差别。

如果未就抵押权的让与作登记，则根据关于须登记之行为的一般规则，该让与对第三人不产生效力。但它在当事人之间是产生效力的，因为第 687 条的例外规定适用于抵押权的设定而非抵押权的让与。[①]

第 728 条第 2 款规定的一项限制，对多于一物或一项权利享有抵押权之债权人，仅可将其整项抵押权让与同一人。这是整体性（unidade）原则的一个简单的推论。

当然，债务人完全无妨获得抵押担保之缩减，而在缩减之后，债权人无妨将抵押权移转于另一债权人，此时抵押权的标的为缩减后作为抵押权标的的财产。

如前所述，抵押权之让与的第二种类型是抵押权顺位之让与（第 729 条）。《意大利民法典》第 2843 条明确了这一类型，将之命名为 "postergazione di grado"，虽然该法典不允许将抵押权让与无担保的债权人。[②]

我们知道，抵押权的顺位——优先权中优先性的顺序——是由登记日期决定的。

法律允许利害关系人的是这样一种可能性，先登录的有抵押权的债权人可以将其抵押权之顺位让与就相同财产后来登录抵押权之其他抵押权人。

对于抵押权顺位之让与，同样适用于规范债权之让与的规定，需要在

[①] 参见 Vaz Serra 对最高法院 1969 年 11 月 28 日合议庭裁判的注释，载于 *Revista*，第 103 号，第 575 页。

[②] Rubino，前揭著作，对第 2843 条的注释，第 308 页。

登记局登录（否则会受到与前一种类型的让与相同的制裁），同时，让与的效力仅存在于最初顺位在先的债权的范围之内。

第四分节　抵押权之消灭

493. 抵押权之消灭

在结束对债权担保中的"皇后"的基本特征的考察之前，我们还要了解一下抵押权消灭的原因。

第 730 条中规定了四种导致抵押担保消灭的原因。

第一个原因与抵押权的从属性有关，即有关抵押权所担保之债务消灭，不论该债务消灭的原因为何。

正如我们所见，这是从属性（acessoriedade）的必然结果，在葡萄牙法和拉丁法系立法中，从属性是抵押权设定和移转的特征。德国法采纳的是不同的概念（第 1163 条和第 1168 条），德国法承认为不动产所有人设定的抵押权，在此情况下的抵押权成为一种有趣的变种，不再是对债权的担保，而是从转让附负担之不动产的价金中优先获得特定金额的权利。

第 730 条 a）项忠实于担保物权的传统理念，规定当所担保之债务因任何原因消灭时，抵押权即消灭，其中包括判决转为确定、抵押权之消除、时效完成等情况，它们在 1867 年《民法典》第 1027 条中已有规定。

但是，时效完成作为抵押权的（而非所担保的债务的）一种独立的消灭原因出现在第 730 条 b）项，这在葡萄牙制定法中非常有趣和独特。

此处作为抵押权之消灭原因的时效完成，指的并非有利于债务人或设定抵押权之第三人的时效完成，而是有利于取得被抵押房地产之第三人的时效完成。

法律并不将时效完成视为一般意义上的物之担保消灭的原因，即使在与第 730 条 b）项类似的情况下亦然，这从第 664 条关于收益用途之指定和第 667 条关于质权规定的例外中可以看出。

对于抵押权，鉴于所涉及的财产的性质，人们认为，当超出一段时间而未行使该担保时，应当保护取得被抵押房地产之第三人的法律状况。为合理地保护债权人的权利，为使对取得附负担之房地产之第三人的例外保护具有正当性，法律从两个方向上对上述期限作出界定。为使这一解除利益（favor libertatis）有利于取得有关财产的第三人，一方面，必须于登记后的十五年以后，另一方面，债权到期后经过五年时效完成。

如上述两个期限均没有经过，则抵押权继续存在。

虽然在原则上可以讨论此种抵押权之消灭原因的性质，但法律明确将之称为时效经过而非失效，从而完全承认使二者相互区分的各方面（第298条），这不可避免地表明，一般时效完成的特殊规则（尤其是导致这一法律关系的消灭过程中止和中断的原因）应当适用于抵押权之时效完成。

第三个抵押担保消灭的原因是抵押物灭失［第730条 c）项］。

法律在这一条中规定的灭失显然是指全部失去。如果只是部分失去，且剩余的部分仍然拥有一定的财产价值，则抵押权在剩余部分中继续存在。

但是，即使作为抵押标的的不动产全部失去，根据 c）项最后部分规定的保留，在可能发生的两类情况下，抵押权并不消灭。

第一类情况规定在第692条中，是指被抵押之物或权利失去使物主或权利拥有人有权获得损害赔偿的情况。在此情况下，抵押权人本来以抵押物的价值优先于其他债权人而获得清偿的权利转移到损害赔偿的标的上。

第二类情况规定在第701条中，即抵押物非因可归责于债权人之原因而灭失的情况，抵押权人有要求债务人替换所灭失之物的实际可能性的情况，或者抵押权由第三人设定而抵押物因第三人的过错而灭失且抵押权人有要求第三人进行替换的实际可能性的情况。[①]

最后一种抵押权消灭的原因是债权人的放弃［第730条 d）项］。

为使抵押权之放弃有效，应明示作出放弃（第731条和第217条），且抵押权之放弃须以对其设定所要求之方式为之。

不过，作为一项单方法律行为，抵押权之放弃无须由债务人或抵押人接受（第731条第1款）。

但要注意的是，对抵押权的放弃不导致被担保之债务消灭，而根据第867条的一般规定，也不推定为免除债务。

为使有关债务因债权人的慷慨行为而自愿消灭，必须有免除合同（第863条）。

---

① 关于在该等情况下赋予有抵押权之债权人的其他权利，参见第701条第1款和第2款。

第七节　优先受偿权

494.　概念

优先受偿权，指法律基于债权之性质而赋予特定债权人优先于其他债权人受偿之权利，而该优先受偿权之成立无须取决于登记（第 733 条）。

这在根本上就是 1867 年《民法典》所接受的概念，旧法典第 878 条仅仅围绕优先受偿权的结构（estrutura），而没有染指无须登记而具有优先权的依据，现行法典第 733 条则明确提到其原因在于有关债权。

所有优先受偿权的来源都是法律，没有产生自法律行为的优先受偿权。

简单阅读第 736 条及以下的条文即可发现，法律在确定哪些债权人有优先受偿权时，考虑的是其债权的来源（origem）。

例如，国家和地方自治团体仅仅就由间接税而产生的债权及由某些直接税产生的债权具有动产一般优先受偿权，国家因诉讼开支而产生之优先受偿权亦在很大程度上相同（第 738 条第 1 款和第 743 条）。

但是，该优先受偿权的法律性质并不容易界定，因为其制度并不总是遵循相同的轨迹。

例如，动产一般优先受偿权原则上涉及债务人财产中存在的所有动产，但如第三人对该等动产享有可对抗执行人之权利（其间设定的用益物权和担保物权），则动产一般优先受偿权对该第三人不产生效力。但是，不动产优先受偿权则完全可对抗第三人，且优先于收益用途之指定、抵押权或留置权，即使该等担保先于优先受偿权设定亦然（第 751 条）。

由于优先受偿权对第三人产生效力，而其成立却无须取决于登记，给交易安全带来巨大的危险。由于没有哪怕最低程度的公开来表明它们的存在，它们对交易的正常进行带来严重的危险，第三人如果忽视了优先受偿权的存在及其对债务人所提供的财产担保所产生的影响，可能受到严重的影响。

这就解释了为什么现行《民法典》的指导思想（见《序言法》——1966 年 11 月 26 日第 47344 号法令——第 8 条）是明令对抗之前立法中优先

受偿权（尤其是有利于国家和地方自治团体的）的繁盛。① 不幸的是，使用并滥用优先受偿权的趋势在之后的立法中再度出现，② 在很多针对处于经济困境的企业提起的诉讼程序中，给国民经济带来了严重的影响。

495. 优先受偿权的分类

法律根据优先受偿权的标的，承认和区分了两种优先受偿权，分别是动产优先受偿权和不动产优先受偿权（第 735 条）。

顾名思义，动产优先受偿权是指以动产为标的的优先受偿权，可分为动产一般优先受偿权和动产特别优先受偿权，前者涉及在进行查封或等同行为之日债务人的全部动产，后者则只是在特定性质或来源的动产上设定负担。第 736 条和第 737 条指明了哪些债权享有动产的一般优先受偿权，而第 738 条至第 742 条则指明了享有动产特别优先受偿权的债权。

根据第 735 条中确定的方针，不动产优先受偿权一定是特别优先受偿权，必然仅设定在特定（determinados）不动产上。

可惜，七月三日第 512/76 号法令背离了《民法典》第 735 条中确立的原则，为对基于一般公积金制度的供款的债权及有关利息设立了一种不动产一般优先受偿权。这一不正常情况在五月九日第 103/80 号法令中继续存在，该法令第 11 条规定，对公积金供款的债权及相应的迟延利息，"对执行程序提起之日雇主单位财产中的不动产享有不动产优先受偿权，其受偿顺位仅次于《民法典》第 748 条中所指之债权"。③

仔细分析第 736 条的文本就不难发现，即使对于应缴付予国家和地方自治团体的税款，《民法典》在赋予它们以优先受偿权时也是相当克制的，目的是不至在制度上不当地增加该等债权的利益。

一方面，对于直接税，仅对于查封日或等同行为日当年及前两年征收

---

① Pires de Lima e Antunes Varela, *Código Civil anot.*, Ⅰ，第四版（由 H. Mesquita 协助完成），对第 733 条和第 744 条的注释。

② 与这一新的理念不同，值得注意并且值得称赞的是新的《企业恢复及破产特别程序法典》第 152 条的解决方案：根据该法，随着作为债务人之企业被宣告破产，国家、地方自治机关及社会保险机构所享有的优先受偿权被视为立即消灭。

③ 值得一提并赞扬的是，《企业恢复及破产特别程序法典》第 152 条规定随着宣告破产而被消灭的优先受偿权，不仅包括国家和地方自治机关的，而且包括社会保险机构的。

而已被登录之直接税而产生之债权赋予动产一般优先受偿权。①

另一方面，将物业转移税（通常是提前征收的）、继承及赠予税（对被移转之财产享有优先受偿权，无论被移转的是动产还是不动产，前者见第738条第2款，后者见第747条第2款）以及其他任何享有特别优先受偿权的税（第736条第2款）排除于（动产一般）优先受偿权的范围之外。

496. 优先受偿权的竞争

由于在相同的财产上可能同时存在两项或更多的优先权，有必要了解法律为它们规定的优先次序。

不同优先受偿权之间的次序问题，可通过第746条至第748条的规定获得解决；而第749条至第751条所规定和规范的是优先受偿权与其他担保物权之间可能的冲突。

在前一个方面，即优先受偿权之间的相对受偿顺位，有三个原则要强调。

第一个原则是，因诉讼开支（despesas de justiça）而产生之债权，具有绝对的优先性。

因诉讼开支——Vaz Serra 倾向于使用这一表述，而非"诉讼费用"（custas judiciais）这一传统的名称——而产生之优先受偿权，不仅优先于其他优先受偿权（无论是动产优先受偿权还是不动产优先受偿权），亦优先于附在相同财产上的其他物之担保，即使该等担保的设定在先亦然（第746条）。

第750条中所确定的当动产特别优先受偿权与第三人之一项权利发生冲突时以先取得之权利为优先的标准，在面对第738条第1款所确定的为诉讼开支所产生之债权设定的动产优先受偿权时，明显遭到了违背。

根据第738条第1款中所划定的诉讼开支的范围，很容易说明赋予该等开支以优先性是正当的；这些开支是就特定财产的保存、执行或结算而直接为各债权人共同利益（interesse comum）而作出的。

由于这些开支是为大多数债权人的利益而作出的，于是完全可以理解，其他债权人让步于收取该等开支的国家。

---

① 所谓直接税，根据通行的税收法理论，是指以直接方式施加于纳税人所拥有的财产或所取得的收入上的税负。而间接税所针对的并非所拥有的财产或所取得的收入，而是它们之上的效用。关于上述理论的解释和说明，参见 Teixeira Ribeiro, *Lições de finanças públicas*, Coimbra, 1977 年，第309页。

第二个有必要强调的原则是第 747 条和第 748 条中规定的优先顺位，前者关于动产一般优先受偿权，后者关于不动产优先受偿权。

阅读第 747 条 f）项的规定可以发现，《民法典》赋予动产特别优先受偿权以优于动产特别优先受偿权的地位，支持之前学理上的主流观点。

第三个原则涉及的情况是，各优先债权位于相同的次序，即处于同一优先顺位上。

所采取的解决方案是，（如附负担之财产不能支付全部债权）在各债权人之间按各债权金额之比例分配，该方案最好地体现了同一优先顺位上各债权人之间的平等。

497. 优先受偿权的制度和消灭

除了前文已经阐述的内容外，对于优先受偿权之制度中的其他问题，法律规定准用关于抵押权的模范性规定，对优先受偿权的消灭原因，亦采用了相同的立法技术。

对于前一个方面，第 753 条规定，第 692 条以及第 694 条至第 699 条的规定，经作出必要配合，适用于优先受偿权。

第 692 条的法理是（被抵押之物失去、毁损或价值减少，而其拥有人有权获得损害赔偿的情况下）使债务的担保成为损害赔偿的标的，这从第 752 条的规定中已经得到很好的体现，该条规定优先受偿权基于导致抵押权消灭之相同原因（第 730 条）而消灭。

之后提到的几个条文（第 694 条至第 699 条）适用于优先受偿权没有什么特别的困难，大家只需回顾我们在研究抵押权时围绕它们进行的讨论即可。

关于消灭的原因，第 752 条规定优先受偿权基于导致抵押权消灭之相同原因（第 730 条）而消灭。

通过准用，优先受偿权消灭的第一个原因是其所担保的债务消灭，这纯粹是担保具有从属性的结果。

有关债务一旦消灭，必须认为担保该债务的优先受偿权亦消灭。

同样，有利于取得附负担之不动产之人之时效完成亦使优先受偿权消灭，关于此时时效完成的具体规定见第 730 条 b）项。

第三个关于消灭的原因是附负担之物灭失，第 692 条规定的情况除外，但第 701 条规定的情况不除外，因为在此情况下担保标的之代替没有适用空间。①

优先受偿权亦因债权人放弃而消灭，对此，第 731 条的法理完全适用，但第 732 条的法理则不然，因为优先受偿权并非必须登记。

非常有必要注意的是，正如前文已经强调的，根据新的（1993 年 4 月 23 日）《企业恢复与破产特别程序法典》第 152 条的规定，一旦作为债务人的企业被宣告破产，国家、地方自治团体和社会保障机构的优先受偿权消灭。

第八节　留置权 *

498. 概念

之前的立法对留置权的定义非常不好，轮廓非常不清楚。由于新法典第 754 条及以下的规定，留置权才成为一项真正的担保物权。

这是因为，在很长一段时间里，受困于其名称（nomen iuris），留置权曾被视为一种纯粹的强制手段。当债务人不向债权人作他本应作出的支付时，如果属于债务人的某物基于某些原因而为债权人所管领，则债权人可拒绝将之交付于债务人。于是，对物的留置就成为插入出卖人意愿中的一根刺，使之必须履行其义务。

但是，当时这一强制工具并没有超越如今被松散地归于留置权的功能。

这就解释了为什么 1867 年《民法典》在篇幅巨大的合同之担保一章（第 818 条及以下）中没有为这一制度确立专门的一目，而是将之置于整部法典的不同规定之中，使之处于大风大浪之中（第 498 条及第 2 款，第 499 条第 2 款；第 1349 条；第 1407 条；第 1414 条；第 1450 条，唯一款；第 1614 条和第 2251 条）。同样，这也解释了为什么在学界不断有人对该制度究竟具有完全性还是特殊性（违反了债权人平等对待原则）提出问题。

---

① Pires de Lima e Antunes Varela, *Código Civil anot.*, 前引卷次，第 771 页。

* 参见 Vaz Serra, *Direito de retenção*, sep. do B. U. D., 载于 *Bol. Min. Just.*, 65，第 160 页及以下，以及 Calvão da Silva, *Cumprimento e sanção pecuniária compulsória*, Coimbra, 1987, 第 347 页，注释 626 中所引参考文献。

另外参见：Granito, *Ritenzione（Dir. di）*, *Dig. Ital.*；Walter D'Avanzo, *Ritenzione（Diritto di）*, *Nov. Dig. Ital.*；Larenz, Lehrbuch, I, 前引版次，§16.

1966 年《民法典》就每一个问题都给出了明确的立场。

一方面，通过该节（第七节）中最具意义的两条法律规定，法典相当明确地指出，留置权不仅仅是促使债之履行的一种强制手段，而且构成一种真正的担保物权。[①]

第 758 条实际上是将对动产拥有留置权之人等同于质权人。[②]

而第 759 条则将对不动产拥有留置权之人等同于抵押权人，明确地赋予其执行留置物以支付其债权的权能，以及优先于债务人的其他债权人而受偿的权利。沿着这一点走向极端，该条使享有留置权之人优先于抵押权人，即使抵押权登记在先亦然。

另一方面，通过两个在理念上十分不同的条文，法典也试图相当严格地定义留置人权利的适用范围。

第 755 条特别列举了在哪些情况下债权人享有留置权（运送人、旅舍主人、使用借贷之借用人以及某些预约合同中的接受许诺人）。

而在此之前，在第 754 条中，法典概括性地（尽管是相当有限地）规定了在发生哪些抽象情况时会有留置权产生。

这样，已经可以放心地对留置权进行如下定义：当属于债务人的某物处于债权人的管领之下时，该债权人不仅有权在债务人不履行时拒绝交出该物，而且有权执行该物，从该物的价值中受偿，并优先于其他债权人。

499. 留置权适用的一般范围

有两种情况，只要发生其中一种，法律就规定存在留置权。

要使拒绝将某物交予其主或其正当占有人具有正当性，拒绝交付之人的债权必须是因用于该物之开支而产生的或因该物所造成之损害而产生的。

例如，如不动产租赁合同不获更新或续期，承租人有义务在合同期限届满之时返还该不动产，而如果承租人的债权产生自对房屋的维护工程（必要改善）或不动产破损所造成的损害，则承租人享有留置权。

[①] Calvão da Silva（前揭著作，第 89 目，第 345 页）将留置权的特征概括为双重功能：担保的功能和强制的功能。

[②] 关于质权这一担保物权制度向涉及动产的留置权的延伸，Vaz Serra 写道（*Direito de retenção*，第 19 目）："只要留置权被认为是正当的，似乎不应当创设一种法定的质权。更容易接受的做法似乎是，将质权机制延伸适用于留置权的可适用的部分，而继续不承认法定的质押。"

仅在该等情况下，留置人的债权或者产生自用于留置物的开支，该等开支使留置物增值，符合大多数债权人的利益，或者产生自留置物本身所造成的损害，此时法律认为有理由赋予留置人以优先性，使之优先实现其债权。①

考虑到法律对上述要件的简单陈述，同时鉴于第755条中所列举的留置人中并无承揽人，这表明承揽人并不对正在建造或者已经建成的工作物享有留置权。

承揽人在建造工作物时所作的开支并不是用于有关"物"之开支，因为在工作物的建造过程中，该物（已完成的工作物）仍不存在。虽然这些开支可能是为了使有关物（工作物）存在而作出的，但它们并不是由承揽人想要留置之物所决定或引致的。②

不能将留置权与合同未履行之抗辩（exceptio non adimpleti contractus）混淆，虽然后者亦是为法律所采纳的法律传统。

合同未履行之抗辩是指，在双边或双务合同中，当对方当事人不履行其对待给付义务时，抗辩人可以不履行其给付义务（这既可能表现为交付某物，也可能表现为某一事实的作出）。

在留置权中，留置人所负的义务必然是一项交付某物的义务；而在这一义务与对方当事人所负的义务之间并不存在一种双务关系，③它们之间存在另外一种功能上的联结关系——它被概括性地规定在第754条中，并具体地、特别地体现在第755条的各项之中。

这一本质区别区分了合同未履行之抗辩与留置权：前者是保证构成双务合同之原因的相互义务获得履行的工具，后者只是对留置人对物主的债

---

① 如果留置有关物的债权人交出该物的条件不仅仅是支付因该物而产生的开支（或对因该物而造成的损害的赔偿），而且包括其他债权，则对于超出留置范围的这些债权，该债权人是在不正当地行使其留置权。更为极端的是最高法院1974年12月3日合议庭裁判中的观点，载于 *Bol. Min. Just.*，242，第275页以及 *Rev. Leg. Jurisp.*，108，第380页。

② 相同的观点见 Pires de Lima e Antunes Varela，*Código Civil anot.*，I，第4版，对第754条的注释，第5目；相反的观点见 Calvão da Silva，*Cumprimento e sanção pecuniária compulsória*，Coimbra，1987，第342页及以下。

③ 第754条确实表明，《民法典》甚至不满足于两个债务建立在同一法律关系基础上才会产生留置权（正如 Vaz Serra 在前揭著作第160页中所建议的）这一事实。根据第754条最后部分的规定，还需要具备其他条件才产生留置权。而这些其他条件绝不表现为将双边合同中的给付与对待给付连接起来的双务或双边约束。

权的担保。唯有通过这一区别方可理解，正如拉伦茨所恰如其分地强调的，[1] 合同未履行之抗辩不会因担保的提供而排除（第 428 条第 2 款），而原则上，留置权则可因提供足够担保而被排除［第 756 条 d）项］。

（第二卷完）

---

[1] 前揭著作，I，第 14 版，§ 16，第 212 – 213 页。

重印说明

　　适逢安图内斯·瓦雷拉的《债法总论》中译本第一卷与第二卷重印，本人受唐晓晴教授所托，对两卷中译本进行通读并修改错误。是次重印，共修正了数十处的误译或笔误，对一些段落进行整段重译，并就数十处原本未译出的拉丁语词语或句子，新增了中文译文。谨此说明。

吴奇琦

2024 年 12 月 26 日，于澳门

图书在版编目（CIP）数据

债法总论. 第二卷／（葡）若昂·德·马图斯·安图
内斯·瓦雷拉著；马哲等译. -- 北京：社会科学文献
出版社，2020.12（2025.1 重印）
（澳门特别行政区法律丛书. 葡萄牙法律经典译丛）
ISBN 978 - 7 - 5201 - 5999 - 9

Ⅰ.①债… Ⅱ.①若… ②马… Ⅲ.①债权法 - 法的
理论 - 葡萄牙 Ⅳ.①D955.23

中国版本图书馆 CIP 数据核字（2020）第 011302 号

澳门特别行政区法律丛书·葡萄牙法律经典译丛
债法总论（第二卷）

著　　者／〔葡〕若昂·德·马图斯·安图内斯·瓦雷拉
译　　者／马　哲　陈淦添　吴奇琦　唐晓晴

出 版 人／冀祥德
组稿编辑／祝得彬
责任编辑／张　萍
责任印制／王京美

出　　版　社会科学文献出版社·文化传媒分社（010）59367004
　　　　　　地址：北京市北三环中路甲 29 号院华龙大厦　邮编：100029
　　　　　　网址：www.ssap.com.cn
发　　行／社会科学文献出版社（010）59367028
印　　装／三河市龙林印务有限公司

规　　格／开　本：787mm×1092mm　1/16
　　　　　　印　张：26.25　字　数：440 千字
版　　次／2020 年 12 月第 1 版　2025 年 1 月第 2 次印刷
书　　号／ISBN 978 - 7 - 5201 - 5999 - 9
著作权合同
登 记 号／图字 01 - 2020 - 7166 号
定　　价／139.00 元